LE
THÉATRE EN FRANCE

COULOMMIERS. — IMP. P. BRODARD ET GALLOIS.

LE
THÉATRE EN FRANCE

HISTOIRE DE LA LITTÉRATURE DRAMATIQUE

depuis ses origines jusqu'à nos jours

PAR

L. PETIT DE JULLEVILLE

Professeur à la Faculté des lettres de Paris.

PARIS

ARMAND COLIN ET Cie, ÉDITEURS

5, RUE DE MÉZIÈRES, 5

—

1889

Tous droits réservés.

PRÉFACE

Voltaire disait que « la seule manière de juger d'une pièce de théâtre », c'est de la voir jouer; car « il faut voir les choses en place pour en bien juger [1]. » Un siècle avant Voltaire, Molière avait dit à peu près la même chose : « On sait bien que les comédies ne sont faites que pour être jouées », et il ne permet de lire la sienne « qu'aux personnes qui ont des yeux pour découvrir dans la lecture tout le jeu du théâtre [2]. »

Je crois bien que tous les maîtres de la scène ont pensé ainsi; et tel qui a dû se contenter, comme Sénèque, de l'approbation des lecteurs, aurait mieux aimé, sans doute, exciter l'applaudissement des spectateurs.

Ainsi le premier objet de la pièce est la représentation. Mais est-ce à dire que la pièce n'existe

---

1. A M. de Chabanon, 4 décembre 1765.
2. Préface de *l'Amour médecin* (1665).

pas en dehors du théâtre? On l'a prétendu quelquefois. Si cela était vrai, l'histoire du genre dramatique serait simplifiée à l'excès. Sur mille pièces représentées, dix peut-être survivent à leur première saison; une est jouable après cent ans. Le sera-t-elle encore après trois siècles? Non seulement les œuvres vieillissent; mais la langue change, et, à force de changer, meurt. On ne joue plus les Grecs; on ne représente plus Sophocle, ni Aristophane. Ils n'existent plus pour le théâtre : ils gardent leur rang glorieux dans la littérature dramatique.

Ainsi la littérature dramatique existe en dehors du théâtre. Celui-ci se renouvelle sans cesse, et, pour plaire aux hommes qu'il rassemble, il a besoin de variété, d'à-propos; il épie les goûts changeants, il suit la mode inconstante. Cependant la littérature dramatique s'enrichit sans fin de ce qu'elle trouve de meilleur et de plus exquis dans le répertoire inépuisable du théâtre; elle en cueille la fleur, et élève une œuvre d'amusement à la dignité d'œuvre d'art. Tout ce qui peut s'étaler sur une scène, ou se débiter devant un public, prétend appartenir au théâtre : depuis *le Cid* jusqu'aux marionnettes, et du *Misanthrope* aux ombres chinoises. Mais seules les œuvres durables appartiennent à la littérature dramatique.

Une histoire complète du théâtre embrasserait non seulement les œuvres, mais l'étude des moyens variés dont on s'est servi pour exécuter, embellir et perfectionner la représentation; elle devrait d'abord faire une place importante aux comédiens, par qui l'auteur communique avec son public; l'histoire de leur art offre à elle seule une matière infinie. Elle devrait traiter du costume, des décors, de la *machine*, et dire les conditions matérielles très différentes où le drame s'est produit à diverses époques. La description des édifices destinés aux spectacles expliquerait souvent les œuvres ou du moins les ferait mieux comprendre. La vue d'un théâtre antique éclaircit singulièrement l'intelligence d'*Œdipe roi*. On croit comprendre mieux les tragédies de Racine, lorsqu'on se souvient qu'elles se jouaient sur une scène encombrée de spectateurs.

Mais, si nous avions voulu, dans ce livre, toucher à tout ce qui tient au spectacle, même en nous bornant à la France, nous aurions grossi le volume infiniment ou bien il eût fallu rester très superficiel; et de quoi peut-il servir de répéter ce qui est partout? Nous avons préféré restreindre notre objet, pour donner à l'ouvrage, avec une unité plus grande, une valeur un peu plus personnelle. Ce n'est ici qu'une esquisse, mais nous avons tâché que les traits généraux fussent marqués, et nous espérons qu'ils seront trouvés justes. Nous voudrions qu'un lecteur, désireux de connaître l'histoire du théâtre français, pût prendre au moins ce livre pour premier guide, et ensuite, par des lectures bien conduites, achever notre ouvrage, et transformer lui-même et pour son usage, notre ébauche en un tableau plus complet.

Nous suivons l'ordre des temps : ici, réunissant les genres, lorsqu'ils tendent presque à se confondre, comme au commencement du xvii° siècle, et encore plus de nos jours; là, les distinguant lorsqu'ils ont vécu scrupuleusement séparés comme sous le règne de Louis XIV, et dans la plus grande partie du xviii° siècle. Nous avons essayé surtout de donner une part égale aux diverses époques, j'entends par là une part proportionnée à leur importance et à l'estime que nous faisons aujourd'hui et que la postérité (croyons-nous) fera encore de leur œuvre dramatique. Il était aisé de céder au plaisir de parler beaucoup des contemporains, et d'en extraire des pages, qui, facilement, eussent été charmantes. Nous avons résisté à la tentation. Nous n'avons rien cité des auteurs vivants ou récents, parce que leurs œuvres sont aux mains de tous, et qu'on les joue sur tous les théâtres. Nous avons même parlé d'eux très brièvement, plus brièvement que nous n'avions fait en parlant d'auteurs plus anciens, qui certainement sont bien inférieurs à plusieurs de nos contemporains. Mais il est très difficile de parler des contemporains dans un ouvrage tel que celui-ci, où l'on s'est efforcé de ne donner que des opinions et des jugements à peu près sûrs. Or quand il s'agit d'œuvres nées d'hier, nous ne sommes sûrs de rien ; les plus habiles s'y trompent ; que feront les autres? Ou s'ils voient bien, s'ils disent juste, s'ils parlent d'avance le langage de l'avenir, ils le font sans autorité, d'instinct peut-être ou par hasard. Les contemporains ne nous laissent jamais indifférents ; ils nous laissent rarement impartiaux. Il y a toujours chez eux quelque chose qui (parfois à notre insu) nous plaît d'abord, ou nous déplaît, quelque chose qui est en eux-mêmes, non dans leur œuvre ; qui tient à leur style, ou à leur caractère ou peut-être à leur figure. Il est difficile qu'on ne soit pas d'avance ou favorable ou défavorable à une pièce moderne qui flatte ou qui contrarie nos idées, nos sentiments ou nos préjugés.

Ce qui fait qu'on entend tous les jours tant de jugements singuliers, sur toutes choses il est vrai, mais particulièrement sur les pièces de théâtre, c'est cette sorte de contradiction qui se trouve toujours dans les conditions mêmes où nous sommes placés pour les juger. A mesure qu'une œuvre vieillit, nous l'apprécions avec plus d'impartialité, mais aussi nous la sentons moins vivement ; il semble qu'on n'arrive à la parfaite équité que par la complète indifférence. Nous sommes tout prêts à parler, sans préjugé hostile ou flatteur, d'un drame d'Eschyle; mais il faut vingt ans d'études préparatoires pour espérer de le bien comprendre. Au contraire le premier venu entend avec plaisir la comédie qu'on a jouée hier, et la goûte vivement, pour peu qu'elle soit amusante. Mais qui oserait affirmer que, telle qu'il la voit aujourd'hui, il la verra encore dans dix ans; à plus forte raison que le XXIe siècle en jugera comme nous en jugeons?

Ainsi nous avons cru prudent de ne parler qu'avec beaucoup de réserve des œuvres qui ont vu le jour dans la seconde moitié de ce siècle. Pour une raison tout opposée, nous avons passé rapidement sur l'histoire du théâtre au moyen âge. Nous en avions parlé ailleurs si longuement que cette longueur nous imposait aujourd'hui l'obligation d'être court. Le moyen âge est d'ailleurs une époque qu'on ne saurait vraiment goûter sans une sorte de préparation, sans une longue étude préliminaire.

Nous avons fait une part à peu près égale aux deux derniers siècles : le XVIIe, si riche en chefs-d'œuvre dramatiques; le XVIIIe, moins abondant en merveilles, mais si fécond en auteurs estimables, ingénieux, charmants, et qui est peut-être l'époque où le théâtre a tenu la plus grande place dans la vie de société.

Tel est d'ailleurs l'intérêt d'une étude qui touche à l'histoire du théâtre, surtout en France. C'est la faute de l'auteur si son livre n'est pas partout vivant et animé; car aucun genre littéraire n'a été plus populaire à aucune époque chez nous que celui-là; aucun n'a davantage captivé la foule; aucun n'a subi plus directement le contre-coup des émotions ou des passions publiques. Les spectateurs ont cru n'être qu'assistants au théâtre; mais souvent ils y jouaient leur rôle eux-mêmes, tant ils étaient peints fidèlement dans la pièce qu'ils voyaient jouer.

LE
THÉATRE EN FRANCE

CHAPITRE PREMIER

LES MYSTÈRES

Tout le monde sait aujourd'hui que Boileau s'est mépris en écrivant dans l'*Art poétique* ces vers tant de fois cités :

Chez nos dévots aïeux le théâtre abhorré
Fut longtemps dans la France un plaisir ignoré.

Le théâtre n'est guère moins ancien en France que la langue elle-même et la nationalité française. Nos « dévots aïeux », bien loin que leur dévotion les écartât des spectacles, croyaient, en y assistant, faire acte de bons chrétiens [1].

C'est que chez nous, comme en Grèce, comme chez la plupart des peuples, le théâtre est né du culte. Loin de proscrire le drame, la religion l'avait d'abord adopté ; on pourrait dire qu'elle l'avait créé. Il était né dans le sanctuaire, et sa forme primitive avait été celle des pompes religieuses, destinées à célébrer le

---

[1]. Voy. notre *Histoire du Théâtre en France au moyen âge. Les Mystères*, 2 vol. in-8°. Hachette, 1880. — *Les Comédiens en France au moyen âge*, in-12. Cerf, 1885. — *La Comédie et les Mœurs en France au moyen âge*, in-12. Cerf, 1886. — *Répertoire du théâtre comique en France au moyen âge*, grand in-8°. Cerf, 1886. (Spécial. pp. 31, 104 et 259.)

souvenir des scènes évangéliques par une représentation directe ou allégorique.

Noël et Pâques étaient les deux grandes époques choisies pour ces jeux sacrés. Le drame était écrit en latin, et, à l'origine, en prose. D'abord il n'employa strictement que les termes consacrés par l'Écriture sainte et par le rituel; peu à peu, dans cette première forme, sobre et serrée, sacerdotale et traditionnelle, l'imagination, la fantaisie individuelle s'introduisirent, avec les vers; plus tard, avec la langue vulgaire. Au drame purement liturgique succéda le drame semi-liturgique, où le français se mêlait au latin. Bientôt l'idiome populaire expulsa l'idiome sacré; le drame purement français naquit, et le théâtre en même temps passa aux mains des laïques. Le clergé cessa d'être l'acteur et l'auteur exclusif des pièces représentées; il approuva ces jeux par sa présence; il les soutint par ses largesses. Mais il n'en fut plus l'unique instigateur. Des sociétés laïques et bourgeoises, formées dans diverses villes, librement et par un accord tout privé, succédèrent au clergé dans ce rôle. Le drame, ainsi sécularisé, écrit en langue vulgaire et joué hors de l'église, par des acteurs profanes, apparaît pleinement constitué dès le xii° siècle.

A cette époque, il présente un caractère exclusivement sérieux, et même religieux. La comédie n'existe pas encore, ni sous ce nom, ni sous aucun autre. Il est possible que les *jongleurs*, dès les premiers temps de la dynastie capétienne, aient possédé, en dehors du répertoire des chansons de gestes [1], une ample provision de bouffonneries et de satires; il est certain que beaucoup de ces libres jeux pouvaient être dialogués; mais enfin ces temps reculés ne nous ont transmis, dans ce genre, aucun morceau qui offre net-

---

1. Les *chanteurs de gestes* formaient parmi les jongleurs une catégorie à part, plus estimable et plus estimée.

tement le caractère d'une œuvre dramatique, et l'histoire de la comédie ne peut alléguer un seul texte écrit en français avant le milieu du xiii° siècle. Nos jongleurs du moyen âge (à l'exception des chanteurs de chansons de gestes) ne furent que des bateleurs, fort goûtés du peuple et des grands qu'ils amusaient par leurs tours de force ou d'adresse, et par leur hâblerie impudente; mais, dans l'histoire des origines de notre théâtre, ils ne jouent qu'un rôle indistinct et à peu près nul.

Le plus ancien drame connu, écrit en français, appartient au xii° siècle. L'œuvre est intitulée : *Représentation d'Adam*; l'auteur n'est pas nommé. Elle se jouait devant l'église, et même l'acteur qui jouait le personnage de Dieu rentrait dans l'église quand il n'était pas en scène. La foule était groupée sur la place publique, et les *démons*, c'est-à-dire les personnages chargés de ce rôle infernal, parcouraient à plusieurs reprises les rangs des spectateurs, y jetant une gaieté mêlée d'effroi. Un « paradis terrestre », magnifiquement décoré, était disposé sur la scène. Après le tableau de la tentation et de la chute d'Adam et d'Ève, on voyait le meurtre d'Abel; la pièce s'achevait par le défilé des prophètes qui ont annoncé la venue du Messie; cette composition incohérente était conforme aux traditions du drame liturgique, dont l'esprit semble encore vivant dans cette première pièce profane; à tel point que le dialogue, tout en français, y est sans cesse interrompu par des *leçons* et des *versets* latins récités par un lecteur, ou chantés par un chœur.

Ce petit drame n'est pas dénué de tout mérite littéraire. On y peut admirer l'habile conduite de la scène où le démon cajole et séduit la femme :

> Tu es faiblette et tendre chose,
> Et es plus fraîche que la rose.

Tu es plus blanche que cristal,
Ou que neige sur glace en val.
Dieu vous a très mal accouplés.
Tu es trop tendre, Adam trop dur.
Mais toutefois tu es plus sage,
Tu as grand sens en ton courage...
Je vous préviens d'un grand engin
Qui vous est fait en ce jardin.
Le fruit que Dieu vous a donné,
N'a en soi guère de bonté.
Celui qu'il a tant défendu,
Il a en soi très grand'vertu.
En lui est la grâce de vie,
De pouvoir et de seigneurie,
De tout savoir, le bien, le mal.

ÈVE

Quel goût a-t-il?

SATAN

Un goût céleste.
A ton beau corps, à ta figure,
Bien conviendrait telle aventure;
Tu serais la dame du monde,
Monde d'en haut, monde d'en bas;
Tu saurais tout ce qui existe,
Et serais maîtresse de tout.

ÈVE

Tel est ce fruit?

SATAN

En vérité!

ÈVE

J'en ai plaisir rien qu'à le voir.

SATAN

Quoi donc, quand tu l'auras mangé?

C'est ainsi qu'un certain art dramatique naissant, mais déjà sensible, s'accuse dans la conduite de plusieurs scènes et dans l'esquisse de quelques caractères.

Le démon, la femme sont des personnages déjà réels, vrais et vivants. Ce séducteur sait parler le langage de la séduction. Cette femme faible, crédule et curieuse, est sinon le type, au moins l'ébauche d'un caractère. La scène qui les met aux prises n'est pas un dialogue entre deux froides abstractions.

Toutefois le siècle suivant nous offre les traces d'un très grand progrès du théâtre. Nous n'avons conservé que quatre ouvrages dramatiques du xiii° siècle; mais ils sont probablement les débris d'une très riche floraison; car ils offrent entre eux une étonnante variété. Ce sont : le *Saint Nicolas* de Jean Bodel; le *Théophile* de Rutebeuf, et deux comédies d'Adam de la Halle : *Adam*, ou *la Feuillée*; *Robin et Marion* [1].

Jean Bodel d'Arras [2] était un vrai poète : il y a de belles pages dans sa chanson de gestes, intitulée : *Chanson des Saxons*; il y a des accents touchants et sincères dans ce *Congé* qu'il adressait à ses amis et concitoyens, lorsqu'une affreuse maladie, la lèpre, l'obligea de se séparer à jamais du monde. A ce moment, il venait de prendre la croix, et allait partir pour la Terre sainte :

> Mais j'ai fait mon pèlerinage!
> Dieu m'a défendu le passage
> Dont j'avais bonne volonté.

Il dit l'horrible mal qui vient de le frapper :

> Dieu me le compte en pénitence!
> Ce serait trop de deux enfers.

---

1. Notons toutefois l'existence d'une très courte pièce comique analogue aux farces qui pulluleront plus tard, *le Garçon et l'Aveugle*, composée vers 1275, œuvre très insignifiante par elle-même, mais curieuse par sa date; elle donne à penser que la farce existait au xiii° siècle, mais que les monuments du genre sont perdus. *Le Jeu du pèlerin* n'est qu'un court *prologue* qui se joua probablement avant la représentation posthume de *Robin et Marion* à Arras. Adam de la Halle était mort à Naples, d'où la pièce était rapportée; et le *prologue* annonçait la fin de l'auteur.

2. Jean Bodel vivait à Arras dans la première moitié du xiii° siècle. Outre *Saint Nicolas*, il a laissé quelques chansons et une chanson de gestes, *les Saisnes* ou *Saxons*. On ignore l'époque de sa mort.

Le drame de *Saint Nicolas* renferme aussi de très beaux vers : le poète, animé par son pieux dessein de prendre part à la croisade, a voulu toucher les spectateurs par le tableau émouvant d'une poignée de chrétiens aux prises, dans la Terre sainte, avec une grande armée musulmane. L'un de ces preux s'écrie :

> O saint sépulcre, à l'aide ! C'est l'heure de bien faire.
> Sarrasins et païens viennent pour nous détruire.
> Vois leurs armes reluire. Tout mon cœur s'en éclaire.
> Or nous ferons si bien qu'on verra nos prouesses.
> Contre chacun de nous ils sont bien cent, je pense.

Un autre répondait :

> Seigneurs, n'en doutez pas, c'est l'heure de l'épreuve.
> Nous allons tous mourir au service de Dieu.
> Mais bien cher me vendrai, si mon fer ne se brise.
> Ni coiffe ni haubert n'en sauvera un seul.
> Au service de Dieu que chacun soit offert.
> Paradis sera nôtre, à eux sera l'enfer.
> Je veux qu'en la mêlée ils rencontrent nos fers.

Un jeune chrétien, « nouveau chevalier », reprenait ainsi :

> Seigneurs, si je suis jeune ne m'ayez en mépris [1] ;
> Car on a vu souvent grand cœur en petit corps.
> Je frappe le plus fort, je l'ai déjà choisi.
> Certes je l'occirai, s'il ne m'occit d'abord.

Là-dessus un ange apparaissait au-dessus des bataillons chrétiens et leur parlait ainsi :

> Seigneurs, soyez tout assurés ;
> N'ayez ni doute ni terreur.
> Je suis messager du Seigneur.
> Il vous mettra hors de douleur.

---

[1] Je suis jeune, il est vrai, mais aux âmes bien nées
La valeur n'attend pas le nombre des années.
Corneille n'avait certes jamais lu Jean Bodel, mais les belles âmes se rencontrent dans l'expression des grandes pensées.

> Ayez vos cœurs fiers et croyants
> En Dieu. Mais pour ces mécréants
> Qui sur vous viennent se ruant,
> Que vos cœurs soient en assurance.
> Exposez hardiment vos corps
> Pour Dieu; car c'est ici la mort
> Dont tout le peuple doit mourir,
> Qui aime Dieu, et en lui croit.

Ils combattent, ils meurent; et l'ange entonne sur leurs cadavres ce chant de gloire et de pitié :

> Ah! chevaliers qui ci-gisez,
> Comme vous êtes bienheureux!
> Comme à présent vous méprisez
> Le monde où tant avez duré!
> Pour le mal que vous avez eu,
> Je le crois, très bien vous savez
> Quel bien c'est que le paradis
> Où Dieu place tous ses amis.
> A vous bien prendre garde doit
> Tout le monde, et ainsi mourir;
> Car Dieu très doucement reçoit
> Ceux qui à lui veulent venir.
> Qui de bon cœur le servira,
> Déjà sa peine il ne perdra,
> Mais sera aux cieux couronné
> Des couronnes que vous avez.

Par un singulier contraste, Jean Bodel a voulu, dans la suite de son drame, égayer les spectateurs qu'il avait d'abord attendris. Il leur a offert un tableau exact et vivant, mais tout à fait vulgaire, des mœurs de leur ville et de leur temps; une peinture animée des jeux et des querelles d'un cabaret flamand. Le prétexte était de nous montrer des voleurs qui complotent de dérober un trésor confié à la garde de saint Nicolas. La pièce était probablement représentée dans une confrérie, au jour et en l'honneur du saint. Commencée en épopée, continuée en farce, elle s'achevait, très édifiante, par une conversion des Musulmans. On voit l'incohérence des moyens dramatiques dans ces lointains essais du théâtre. Toute espèce d'unité était inconnue à Jean Bodel; il usait avant Shakespeare des plus grandes hardiesses de Shakespeare et dépassait de bien loin tout ce que se sont permis nos modernes romantiques.

Le *miracle* de *Théophile* est la seule pièce écrite pour le théâtre que Rutebeuf [1] nous ait transmise. On appelait *miracle* au moyen âge le récit de quelque fait miraculeux attribué à la Vierge ou aux saints. Quand la narration était mise en drame et dialoguée, comme c'est ici le cas, elle conservait ce titre. Nous verrons plus loin que le genre des miracles dramatiques paraît avoir fleuri surtout au xiv° siècle.

Théophile était un prêtre ambitieux qui vivait au vi° siècle, et passait pour avoir vendu son âme au diable afin de recouvrer une charge perdue; il s'était ensuite converti, et avait obtenu son salut par l'intercession de la Vierge Marie. Cette histoire était très répandue par toute la chrétienté au moyen âge, et tous les arts, la poésie, la sculpture, la peinture, les vitraux, l'avaient popularisée. Le style de Rutebeuf offre plus d'énergie que de grâce ou d'onction; il convenait mieux à l'expression des sentiments amers ou violents qu'à celle de la pénitence et de l'humilité. La meilleure partie du drame est celle où s'exhale la rage impie de Théophile après sa déchéance; lorsqu'il reste seul, sans amis, sans ressources, en face de sa ruine :

> A présent faut mourir de faim;
> Vendre ma robe pour du pain...

---

[1] Rutebeuf, contemporain de saint Louis, vécut pauvre et dédaigné à Paris, où probablement il était né. Quoique excellent écrivain, poète énergique, et doué d'une inspiration très variée, il fut peu goûté de ses contemporains. Aucun ne l'a seulement nommé. Il excellait surtout dans la satire.

Car Dieu me fait l'oreille sourde,
Il n'a cure de ma falourde [1].
Soit. Je lui referai la moue.
Honni soit qui de lui se loue!
Pour l'argent, n'est rien qu'on ne fasse.
Tant pis pour Dieu et sa menace.
Irai-je me noyer ou pendre?
Mais à quoi bon à Dieu s'en prendre.
On ne peut à lui parvenir.
Ah! si on pouvait le tenir...
Mais il s'est en si haut lieu mis
Pour esquiver ses ennemis.
On n'y peut tirer ni lancer.
Ah! si je pouvais l'y tancer!...
Il est là-haut, et n'y craint rien.
Moi, chétif, je suis enlacé
De disette et de pauvreté.

Le plus ancien de nos poètes comiques est Adam de la Halle, enfant d'Arras, comme Jean Bodel [2]. Il avait trente ans à peu près, lorsqu'il composa (vers 1262) *le Jeu d'Adam* ou *de la Feuillée*, vive et brillante satire dialoguée, où il se plut à mettre en scène ses propres aventures, celles de sa famille et de ses amis; à aucune époque la comédie n'a osé hasarder une pièce aussi remplie de personnalités. Tout Arras y défilait, comme jadis la chronique médisante d'Athènes avait défrayé la verve d'Aristophane. Pour que la comparaison soit plus juste, on peut même ajouter que cette poésie fine, légère et gracieuse, qui coule à flots chez Aristophane, parmi trop de choses grossières, ne fait pas non plus défaut chez Adam de la Halle. Avec quel agrément il raconte

---

1. Bourde.
2. Adam de la Halle naquit vers 1230 à Arras. Il s'exila de sa ville natale troublée par des dissensions intestines, et suivit plus tard Robert d'Artois en Italie. Il mourut à Naples avant 1288. Il a laissé des *chansons*, des *motets*, des *rondeaux*, des *jeux partis*; mais ses deux pièces dramatiques dépassent beaucoup la valeur et l'intérêt de ces menus ouvrages. Il était admiré comme musicien autant que comme poète, et ses mélodies sont en effet fort agréables.

sa jeunesse naïve, et le mariage d'amour qu'il se repent, hélas! d'avoir fait.

> Amour me surprit en ce point
> Où deux fois se blesse un amant
> S'il se veut contre lui défendre.
> Je fus pris au premier bouillon,
> Tout droit en la verte saison,
> Et dans l'âpreté de jeunesse,
> Où la chose a plus grand'saveur...
> C'était l'été, beau et serein,
> Doux et vert, et clair, et joli,
> Délectable en chants d'oisillons.
> En haut bois, auprès d'une eau vive
> Courant sur lit de fins cailloux,
> Devant moi j'eus la vision
> De celle... Aujourd'hui, c'est ma femme.

Et l'infidèle amant avoue qu'il ne l'aime plus. Son père, maître Henri, l'engage à s'en aller à Paris où il étudiera et deviendra grand clerc; mais maître Henri est avare, et ne veut pas payer le voyage. Belle occasion de nommer tous les avares d'Arras, et de rire, entre compères. Cependant l'action se joue dans une nuit de féerie, où tous les ans à pareille époque, la reine des Fées, Morgue, et ses compagnes viennent goûter au repas que les bourgeois d'Arras leur préparent sous une *feuillée*. Les fées arrivent; Morgue et Arsile font les plus beaux souhaits à leurs hôtes, mais la fée Maglore, offensée qu'on ne l'ait pas assez distinguée, leur souhaite mille désagréments et condamne le poète à rester à Arras, en compagnie de sa femme.

Le Jeu de Robin et Marion est une œuvre moins bizarre, mais fort agréable; c'est le plus ancien de nos opéras-comiques et il ne semble pas trop défraîchi, après six cents ans. Le *livret*, qui est tout en vers, ne renferme pas moins de vingt-six morceaux qui se chantaient avec accompagnement de musique. Cet accompagnement, purement mélodique, était, aussi bien que les vers, l'œuvre d'Adam de la Halle, qui fut ensemble poète et musicien, comme beaucoup d'autres trouvères.

Robin et Marion sont les noms traditionnels au moyen âge des amoureux champêtres. Leurs naïves amours, que veut en vain troubler un importun chevalier, sont mises en scène, dans cette pastorale, avec beaucoup de grâce et de simplicité.

> — Or dites, douce bergerette,
> Aimeriez-vous un chevalier?
> — Beau sire, tirez-vous arrière.
> Je ne sais que sont chevaliers.
> Dessus tous les hommes du monde
> Jamais n'aimerai que Robin.

Puis elle chantait gentiment :

> Vous perdez peine, sire Aubert.
> Autre n'aimerai que Robert.
> — Non, bergère? — Non, par ma foi.
> — Bergère, Dieu vous donne joie!
> Puisqu'ainsi est, j'irai ma voie.

Le chevalier s'en va, en chantant; et l'heureux Robin paraît. On lui conte l'aventure; on mange un repas champêtre, fait de pain, de fromage et de pommes; le repas fini, ils jouent, ils dansent, et chantent en dansant. Il y a là une scène animée, chantée et dansée à la fois, qui devait être fort gracieuse.

Mis en train par cette danse, ils veulent des compagnons; Robin propose d'aller chercher les amis pour danser avec eux. Il s'éloigne, et pendant ce temps le chevalier revient, met sans façon Marion sur son cheval, et veut fuir avec elle; mais la brave petite bergère parle si ferme au ravisseur, qu'il se résigne à la mettre à terre, et s'en va seul tout penaud. Robin reparaît, avec les gars et les filles du village; on joue aux jeux innocents; on danse la *tresque* [1] au son de la musette, et la pastorale finit par un ballet rustique.

Le répertoire dramatique du XIVe siècle a été moins maltraité du temps que celui des deux siècles précédents. Il nous reste de cette époque quarante-trois pièces qui toutes, sauf une seule, appartiennent à un même genre, celui des miracles de Notre-Dame, et mettent en scène un événement merveilleux attribué à l'intervention de la Vierge Marie.

Quarante de ces pièces nous sont parvenues réunies dans un même manuscrit, qui probablement représente le répertoire d'un seul *Puy*. On sait que l'on nommait ainsi des associations semi-religieuses et semi-littéraires qui, dans diverses villes, ouvraient des concours entre les poètes et décernaient des prix aux vainqueurs. C'étaient les académies du moyen âge. Le nom de *puy* (montagne, éminence) désignait sans doute l'estrade où siégeaient les juges des concours et où les poètes débitaient leurs ouvrages [2].

Dans tous les Puys on lisait des vers; mais tous ne paraissent pas s'être mêlés de représentations dramatiques.

Les auteurs des *miracles* ont puisé à diverses sources. Les évangiles apocryphes, les légendes des saints, les chansons de gestes, les romans et surtout les recueils latins d'aventures miraculeuses, ont inspiré tour à tour leur imagination. Ainsi rien de plus varié que ce répertoire dramatique. Des personnages historiques ou

---

1. Sorte de danse où les danseurs se tenant par la main formaient une longue chaîne, dont un chef de la danse dirigeait les évolutions.

2. D'autres croient que les *puys* tirent leur nom de la ville du Puy en Velay, où ces sortes de concours poétiques auraient pris leur origine.

semi-historiques y jouent leur rôle, et se rencontrent avec d'autres purement fabuleux ou imaginaires. L'époque où la scène se passe varie depuis la naissance de Jésus-Christ jusqu'au temps même où la pièce était jouée. Le lieu de la scène change sans cesse et embrasse cent pays différents, depuis l'Écosse et l'Espagne jusqu'à l'Orient. Au reste, les noms tout historiques dont les *miracles* sont remplis (comme ceux de Constantin, de Julien, de Libanius, de Jean Chrysostome, de Clovis, de Pépin) ne doivent pas nous faire illusion sur la valeur historique des pièces. Elle est nulle, et les auteurs ne se sont jamais souciés de ce genre de vérité, ou plutôt l'ont ignorée. Très fidèles à la loi qui s'impose aux littératures naissantes, ils ont retracé les aventures de tous les temps, et peint les hommes de toutes les époques avec les traits qui convenaient surtout aux hommes et aux choses de leur temps, et à la société bourgeoise et crédule où ils vivaient. Une foule de détails précis et frappants, semés dans les *miracles*, sont le fruit d'une observation exacte, naturelle et vive; ils nous apprennent ainsi beaucoup de choses sur cette portion obscure et privée des existences humaines que les chroniques, surtout celles du moyen âge, ne nous révèlent jamais.

Ces drames offrent le singulier mélange d'un mysticisme qui parfois touche à l'exaltation religieuse, et d'un réalisme poussé jusqu'à l'extrême trivialité; les faits merveilleux qu'on y met en scène, se déroulent le plus souvent dans le cadre le plus vulgaire et le plus prosaïque. Les titres seuls de quelques-unes de ces pièces en indiqueront assez le sujet :

« Ci commence un miracle de Notre-Dame, comment un enfant ressuscita entre les bras de sa mère, que l'on voulait brûler, pour ce qu'elle l'avait noyé. »

« Ci commence un miracle de Notre-Dame d'Amis et d'Amille; lequel Amille tua ses deux enfants pour guérir Amis son compagnon, qui était lépreux ; et depuis les ressuscita Notre-Dame. »

« Ci commence un miracle de Notre-Dame, comment le roi Clovis se fit chrétienner à la requête de Clotilde sa femme, pour une bataille qu'il avait contre Allemands et Saxons ; dont il eut la victoire, et en le chrétiennant, envoya Dieu la Sainte Ampoule. »

Presque tous les sujets traités dans les *miracles* sont étranges et douloureux ; ils accusent vivement l'état tourmenté des imaginations à cette époque. On ne voit rien de pareil au xiii° siècle qui est, du moins en France, le moyen âge à son apogée, à l'état rassis et en équilibre. Au xiv° siècle, tout semble s'ébranler ; on traverse, sous Jean le Bon, les années les plus affreuses de notre histoire, au lendemain de Poitiers, à la veille de la Jacquerie, quand le roi est prisonnier, la France envahie et tous les ordres de l'État prêts à s'entre-déchirer.

La versification est la même dans presque toutes ces pièces : le vers employé est le vers de huit syllabes ; chaque couplet, bref ou long, dit par un même personnage, se termine par un petit vers de quatre syllabes qui rime avec le premier vers du couplet suivant ; disposition ingénieuse, qui donne une cadence assez agréable au dialogue, et qui devait surtout aider merveilleusement la mémoire des acteurs.

Entre les *miracles de Notre-Dame* composés au xiv° siècle, nous choisirons, pour en donner l'analyse, celui de *Robert le Diable* ; non que cette pièce soit meilleure, mais parce que c'est la seule du répertoire de ce temps à laquelle on ait fait l'honneur de l'exhumer dans notre siècle, pour la remettre au théâtre. Le texte, rajeuni par Edouard Fournier, fut joué à la Gaîté le 2 mars 1879. Le succès fut médiocre ; le public ne s'ennuya point, mais il rit. On aurait pu le prévoir. Certaines études préparatoires ne sont pas inutiles pour qu'on puisse goûter à la lecture les drames du moyen âge, mais elles sont surtout nécessaires pour qu'on les supporte à la scène.

Au commencement du drame, le duc de Normandie reproche à son fils Robert la vie abominable qu'il mène. Le fils répond qu'il ne se met pas en peine de bien faire, et qu'il continuera de piller les abbayes, et de tuer tout ce qui osera lui résister. Là-dessus il court retrouver ses compagnons de brigandage, et tous ensemble ils vont forcer et saccager la maison d'un riche paysan; puis ils rentrent dans leur fort, chargés de butin.

Sur les plaintes de ses barons, le duc envoie appeler son fils. Robert crève les yeux aux deux messagers. Le duc met son fils hors la loi. Robert entre en fureur. Sa mère est au château d'Arques; Robert, l'épée au poing, se met à sa recherche et tue, en passant, des ermites qui priaient dans la forêt. La Dame épouvantée s'enfuit à son approche. En voyant fuir sa mère, Robert semble rentrer en lui-même, et ressent quelque honte : « Pourquoi suis-je si méchant? » se dit-il. Il supplie la duchesse de l'écouter, et de lui répondre. « Pourquoi Dieu l'a-t-il maudit? » Alors la mère, en pleurant, avoue l'affreux secret. Ne pouvant obtenir de Dieu un enfant, elle l'a demandé au diable. Robert est né après ce vœu impie. Cette révélation l'épouvante; la peur d'être damné sans remède le saisit. Il veut aller à Rome et demander l'absolution du pape. Mais, avant de partir, il prétend faire partager ses saintes résolutions aux compagnons de sa vie criminelle; et comme ceux-ci ne se soucient pas de faire pénitence, il les tue tous. C'est sa première bonne action : elle se ressent un peu de ses anciennes mœurs.

Robert se met en route vers Rome, à pied, en mendiant sa vie. Il arrive devant le saint père et lui raconte sa diabolique origine et les crimes qu'il a commis. Le pape n'ose l'absoudre; il le renvoie à un saint ermite, que Dieu, Notre-Dame et les anges sont en train de visiter pour lui dire comment il devra traiter ce grand coupable. Sur l'ordre du Ciel, l'ermite enjoint à Robert de faire le fou et le muet, et de ne manger que la pitance qu'on jette aux chiens. Robert obéit avec joie. Le voici devant l'Empereur, qui est à table pour dîner. Le peuple s'amasse autour de Robert, et hue cet insensé, qui ricane et qui gesticule. L'un le soufflette; et l'autre lui noircit le visage; il rit sans mot dire. L'Empereur en a pitié, et lui fait donner un os garni de viande, le fou le refuse; on jette l'os au chien; le fou s'élance et le lui dispute. Ensuite il se fait sa niche sous l'escalier, à côté du chien dont il devient le camarade. Mais cependant les païens attaquent l'Empire; et l'Empereur est en grand péril. Il va fuir, ou être pris; un chevalier inconnu paraît, et rétablit la bataille. C'est Robert à qui Dieu a révélé par un ange où il devait chercher des armes cachées. L'Empereur veut savoir le nom de son sauveur; mais déjà le victorieux a disparu; et le fou a repris sa place sur son fumier. Mais la princesse l'a vu lorsqu'il ôtait son armure; elle trahit son secret. Robert s'obstine à faire l'insensé, sans vouloir prononcer un mot. L'ermite alors reparaît, et lui délie la langue en lui annonçant que sa pénitence est finie. L'Empereur donne sa fille et promet son trône au fils du duc de Normandie.

Le théâtre comique du xive siècle ne nous a pas transmis un seul ouvrage de quelque importance. Le genre dramatique, original et neuf, créé par Adam de la Halle, dans *Robin et Marion* et dans le *Jeu de la Feuillée*, ne lui avait pas survécu. D'autre part, les genres qui devaient se développer si brillamment au xve siècle sous les noms de *moralités, farces, sotties*, n'existaient pas encore au xive siècle. On trouve seulement deux pièces dialoguées dans l'œuvre immense d'Eustache Deschamps [1], encore s'y mêle-t-il une certaine partie narrative. Il semble qu'il y ait eu interruption de la veine comique entre le xiiie siècle et le xve. Car il est peu plausible que la comédie du xive siècle, si elle a existé, ait péri sans laisser presque aucune trace. Il se peut toutefois que beaucoup de farces du xve siècle ne soient qu'un rajeunissement de pièces plus anciennes, oubliées de bonne heure sous leur première forme.

On le voit; si le théâtre en France est aussi ancien que la langue; et si nous possédons des pièces vraiment dramatiques, écrites pour la représentation et jouées publiquement dès le xiie siècle, le genre ne reçut pas son plein développement avant le commencement du xve. Alors le goût du théâtre devint universel; et le spectacle fit partie des mœurs nationales, exerça une influense immense, et jouit d'une popularité sans égale. L'opinion traditionnelle attribua longtemps la fondation du théâtre en France aux confrères de la Passion, autorisés par lettres patentes du roi Charles VI en 1402. Cette opinion est sans doute erronée; on l'a bien vu par l'esquisse où nous venons de résumer à grands traits l'œuvre dramatique des trois siècles précédents. Mais il est juste d'ajouter que le théâtre au moyen âge, en France, n'a eu toute sa puissance et sa fécondité qu'à partir des premières années du xve siècle. Ce n'est pas à dire que l'œuvre exubérante de ce siècle ait surpassé en valeur littéraire et poétique, l'œuvre plus sobre, plus courte et plus concentrée de Jean Bodel, d'Adam de la Halle, ou de l'auteur anonyme des *miracles de Notre-Dame*; à la vérité, nous pensons tout le contraire.

---

1. Né vers 1340, mort vers 1410, auteur de près de 1200 ballades, et de beaucoup d'autres pièces en divers genres.

Le mot *mystère*[1] au sens dramatique n'est pas fort ancien dans la langue; il n'apparaît pas avant le xv° siècle, et désigne d'abord les représentations figurées et mimées, sortes de tableaux vivants par lesquels on célébrait à Paris et dans les grandes villes de France les entrées royales ou princières. Le 1ᵉʳ décembre 1420, lorsque Charles VI et son gendre, Henri V, après le funeste traité de Troyes, revinrent dans la capitale, « fut fait en la rue de la Calendre. devant le Palais, un moult piteux *mystère* de la passion de Notre-Seigneur au vif, selon qu'elle est figurée autour du chœur de Notre-Dame de Paris... et n'était homme qui vit le mystère à qui le cœur n'apitoyât. »

C'est seulement à partir du milieu du siècle, que le mot *mystère* a été employé pour désigner les pièces de théâtre sérieuses, historiques, ou du moins présentées comme historiques; tandis que les œuvres comiques (y compris les *moralités*, souvent presque aussi graves que les mystères) étaient tirées de l'imagination et de la libre fantaisie de leurs auteurs. Jusque-là les pièces sérieuses s'étaient intitulées *jeux*, *représentations*, *miracles*, *vie* ou *histoire* de tel personnage, mais non *mystères*.

Nous avons conservé plus de soixante mystères, formant ensemble au moins un million de vers. Cette énorme production dramatique appartient tout entière au xv° siècle et aux premières années du xvi°. Ajoutons que le nombre des mystères perdus, dont nous ne savons que les titres, surpasse encore celui des mystères conservés.

L'ensemble de ce vaste répertoire peut se partager

---

1. On croit généralement que le *mystère* s'appelait ainsi parce qu'il représentait le plus souvent les mystères de la religion. Il est possible aussi que ce mot, pris au sens dramatique, vienne, non pas du latin *mysterium*, mais du latin *ministerium* (d'où est tirée la double forme *métier* et *ministère*); il signifierait ici *fonction*, *représentation*. En tout cas, il est certain que la confusion dut se produire de bonne heure entre le *mystère dramatique* et les *mystères* de la religion.

en trois cycles, d'après la nature des sujets traités, et la source où puisaient les auteurs : le cycle de l'Ancien Testament, celui du Nouveau Testament et des apôtres, enfin le cycle des saints.

Les mystères tirés de l'Ancien Testament furent, dans la seconde moitié du xv° siècle, fondus en une vaste compilation, qui renferme 50 000 vers; elle fut encore jouée tout entière, à Paris, en 1542, par les confrères de la Passion, dans l'hôtel de Flandres; l'entrée coûtait deux sous par personne; et une loge, trente écus pour toute la durée de la représentation qui remplit environ vingt séances.

Parmi les mystères tirés du Nouveau Testament, le plus célèbre et le meilleur est la *Passion* d'Arnoul Greban, poète manceau, écrite vers 1450. Ce poème embrasse en 34 574 vers toute l'histoire de Jésus-Christ.

Une partie de l'œuvre, renfermant la Passion proprement dite, fut refaite vers la fin du siècle en 30 000 vers, par Jean Michel, médecin d'Angers. Cependant le même Arnoul Greban, aidé de son frère Simon, avait dramatisé en 62 000 vers l'histoire de tous les apôtres, depuis l'ascension du Sauveur jusqu'à leur martyre. Il les avait suivis dans tous les lieux divers où les conduisit la prédication de la foi, de l'Espagne aux Indes; jamais l'unité de lieu ne fut plus audacieusement méconnue : toutefois l'on jouait encore les *Actes des apôtres* à Bourges en 1536, à Paris en 1541; dix ans avant que Jodelle donnât sa *Cléopâtre*. A Bourges, on joua tous les jours, quarante jours durant; à Paris, tous les dimanches, pendant sept mois.

Mais aucun mystère ne fut représenté aussi souvent que *la Passion*, le mystère par excellence; depuis le commencement du xiv° siècle jusqu'à l'époque de la Renaissance, nous en connaissons plus de cent représentations données dans toutes les villes de France, et quelquefois dans de simples bourgs.

Le cycle des saints, tel qu'il nous est parvenu, renferme plus de quarante mystères, où sont exposées, dans la forme dramatique, la vie et la mort de quelque saint personnage; les plus anciens sont contemporains des temps apostoliques; les plus récents, saint Louis, saint Dominique, appartiennent au xiii° siècle.

Un très petit nombre de mystères ne rentre pas dans cette division en trois cycles : par exemple le mystère du *Siège d'Orléans*, qui met en scène la délivrance de cette ville par Jeanne d'Arc; le mystère de la *Destruction de Troie*, unique en son genre; car il est le seul emprunté à l'antiquité païenne. Jacques Milet l'écrivit en 1452.

La *Destruction de Troie* ne fut peut-être jamais représentée; elle n'eût pas intéressé vivement le peuple au xv° siècle. Tout au contraire, le fond du sujet, dans la plupart des mystères, devait passionnément toucher les spectateurs. Autrefois la Grèce avait applaudi avec des transports d'enthousiasme à la représentation, sur la scène tragique, des exploits de ses anciens héros : les Œdipe, les Thésée, les Hercule, dompteurs de monstres, fondateurs de villes. A la cité antique avait succédé la cité chrétienne, et le peuple croyant (quelles que fussent d'ailleurs la pureté de ses mœurs ou la ferveur de sa dévotion) écoutait avec une ardente curiosité l'histoire du Messie, sa vie, ses miracles, sa passion, sa mort; les plus belles inventions des poètes profanes l'auraient charmé moins que ce drame auguste et terrible, où on étalait devant lui, en les faisant vivre, agir, parler, des personnages familiers à ses yeux et connus dès l'enfance par les enseignements de la religion, par les vitraux ou les bas-reliefs de son église. On sait les jolis vers que Villon a placés dans la bouche de sa vieille mère; la bonne femme rend grâce aux peintures du moutier paroissial, qui lui ont fait haïr l'enfer et souhaiter le paradis :

> Femme je suis, pauvrette et ancienne ;
> Ne rien ne sais ; oncques lettres ne lus.
> Au moutier vois, dont suis paroissienne,
> Paradis peint, où sont harpes et luths ;
> Et un enfer, où damnés sont bouillus.
> L'un me fait peur ; l'autre joie et liesse.

Quelle joie en effet pour tant d'âmes naïves, de voir ces images sacrées prendre corps, et s'animer sur la scène ; et, pour ainsi dire, incarner la religion sous les yeux des fidèles émus et attendris ! Certes l'entreprise était grandiose ; et, sans paradoxe, on peut dire que jamais le théâtre n'a prétendu plus haut qu'à l'époque des mystères. Pourquoi faut-il ajouter qu'il n'est presque jamais tombé plus bas, tant le génie des ouvriers demeura inférieur à la conception du genre ?

Le mystère a péché par beaucoup de défauts ; mais surtout par la diffusion du style et par l'abus du mélange des tons les plus disparates. Chaque mystère est un chaos, où tous les éléments sont mêlés confusément ; Dieu, les anges, les saints, les démons, les rois, la populace, les voleurs, les « fous », les mendiants s'y heurtent, s'y coudoient dans une action multiple et touffue, ou plutôt inextricable. Le poète avait voulu calquer la vie humaine, où les bouffons rencontrent sans cesse les héros ; où le rire éclate auprès des larmes qui coulent. Mais le mélange indiscret du grotesque et du pathétique, ailleurs mieux supporté, chez les Anglais, chez les Espagnols, fut toujours dangereux en France ; et quand l'impression du drame est indécise, il est à craindre que, chez nous, le ridicule ne l'emporte. Par là finirent les mystères ; on s'était d'abord amusé du burlesque, dont ils sont remplis ; on finit par s'amuser aussi du pathétique ; et le genre s'effondra au bruit des éclats de rire. Il fallut que le parlement de Paris interdît, en 1548, de donner les choses saintes en spectacle ; car c'eût été désormais les livrer à la dérision. Triste fin d'un genre dramatique dont la renommée pendant un siècle et demi avait été sans égale !

L'intérêt historique de l'étude des mystères tient surtout à cette popularité qui fut immense ; les idées et les sentiments de l'époque s'y trouvent souvent reproduits avec fidélité. Au reste la valeur littéraire de l'œuvre est faible ; et les auteurs n'ont su que bien rarement esquisser un caractère vrai et vivant, ou écrire une seule page en beaux vers.

Toutefois la grandeur des idées soutenant le poète, il est arrivé parfois qu'il ne demeurât pas trop au-dessous de son entreprise et qu'il sût prêter à des sentiments sublimes une expression simple et vigoureuse. Mais un tel bonheur est bien rare. On a souvent cité quelques vers de l'entretien de Jésus avec sa mère à la veille du crucifiement (dans la *Passion* de Jean Michel). Notre-Dame implore de son fils l'une au moins de ces quatre grâces : ou qu'il échappe à la mort ; ou, s'il faut qu'il meure, que cette mort soit sans souffrance ; ou, s'il doit souffrir, que sa mère meure avant de le voir mourir ; ou, s'il faut qu'elle le voie mourir, au moins qu'il la rende insensible « comme une pierre. » Jésus refuse doucement ces quatre demandes, l'une après l'autre. Il répond à la dernière :

> Ce ne serait pas votre honneur,
> Que vous, mère très douce et tendre,
> Vissiez votre vrai fils étendre
> En la croix, et le mettre à mort,
> Sans en avoir aucun remords [1]

---

1. Sans ressentir ni douleur ni compassion.

De douleur et compassion.
Et aussi le bon Siméon
De vos douleurs prophétisa,
Quand entre ses bras m'embrassa,
Que le glaive de ma douleur
Vous percerait l'âme et le cœur
Par compassion très amère.
Pour ce, contentez-vous, ma mère,
Et confortez en Dieu votre âme.
Soyez forte, car jamais femme
Ne souffrit tant que vous ferez ;
Mais en souffrant, mériterez
Cette auréole du martyre...
— Au moins, veuillez, de votre grâce,
Mourir de mort brève et légère.
— Je mourrai de mort très amère.
— Non pas fort vilaine et honteuse.
— Mais très fort ignominieuse.
— Donc, soit bien loin s'il est permis.
— Au milieu de tous mes amis.
— Que ce soit de nuit, je vous prie.
— Non ; en pleine heure de midi.
— Mourez donc comme les barons.
— Je mourrai entre deux larrons.
— Que ce soit sous terre, et sans voix.
— Ce sera haut pendu en croix.
— Vous serez au moins revêtu.
— Je serai attaché tout nu.
— Attendez l'âge de vieillesse.
— En la force de ma jeunesse.
— C'est très ardente charité.
Mais pour l'honneur d'humanité,
Ne soit votre sang répandu.
— Je serai tiré et tendu
Tant qu'on nombrera tous mes os...
— A mes maternelles demandes
Ne donnez que réponses dures.
— Il faut remplir les Écritures.

Les poètes les plus inconnus ont eu quelquefois d'heureuses inspirations. Jean Le Prieur, maréchal des logis du roi de Sicile, René d'Anjou, a écrit d'assez beaux vers dans le mystère du *Roi Avenir*, qu'il composait vers 1475. C'est l'histoire toute légendaire, mais fort célèbre au moyen âge, d'un jeune prince d'Orient, Josaphat, que son père avait fait élever dans une retraite absolue, pour lui cacher l'existence de la pauvreté, de la maladie, de la vieillesse et de la mort; car ce roi était païen et il craignait que son fils ne cherchât dans la foi chrétienne un remède surnaturel contre ces maux de l'humanité. Mais Josaphat s'échappe un jour de sa prison; il rencontre successivement un lépreux, un mendiant, un vieillard qui se traîne, appuyé sur deux béquilles; toutes les misères de la vie sont ainsi révélées brusquement au jeune prince. Le vieillard gémit sur sa décrépitude :

LE VIEILLARD

Ah! vieillesse! quand tu m'as pris
Tu m'as bien mis à pauvreté!
Ah! vieillesse, tu m'as ôté
Toute ma joie et mon soulas [1]!
Hélas! vieillesse! hélas! hélas!
Ois [2] comment mon corps se complaint.

JOSAPHAT

Qu'est-ce donc! cet homme se plaint.
Mais venez çà, mon ami. Qu'est-ce?

LE VIEILLARD

Que c'est, Monseigneur. C'est vieillesse
Qui m'a si longuement chassé
Qu'elle m'a enfin attaché.
Je vous en dirai mes raisons :
Si ne fussent mes deux bâtons,
Soutenir je ne me pourrais.
Par elle s'éloigne ma joie.
Par elle finit ma liesse.

---

1. Consolation. | 2. Entends.

JOSAPHAT

Quelle chose est-ce que vieillesse ?
S'il vous plaît, vous me le direz.

LE VIEILLARD

Ah ! mon enfant, vous le saurez ;
Tant votre temps se passera.
Jeune toujours point ne serez.
Jà n'est besoin de la presser.
Quand nature s'affaiblira,
Que prenez peine de nourrir,
Votre charogne envieillira,
Et ne pourrez vous soutenir.

JOSAPHAT

Or, me le contez sans mentir.
Qu'est-ce que charogne nommez ?

LE VIEILLARD

Mon enfant, pour vous avertir,
C'est la chose que vous avez,
Que si tendrement soutenez ;
Dont enfin vous serez trompé.
Car vous ne vous donnerez garde
Quand serez de mort attrapé.
Devez savoir que nous sommes formés
Tant seulement du limon de la terre,
Et qui voudrait de notre vie enquerre,
Ce n'est sinon méchance et pauvreté.
En quelque terme vous mourriez,
A la fin vous faut envieillir.

JOSAPHAT

Un nouveau propos me contez.
Et quelle chose est-ce, mourir ?

LE VIEILLARD

C'est le point où devra venir
Chacun en la fin de sa vie.
Dieu fait du corps l'âme partir,
Puis, de ses péchés est punie.

JOSAPHAT

Et comment? punir, qu'est-ce à dire?
Qui est-ce qui la punira?

LE VIEILLARD

C'est Dieu, en lui donnant martyre,
Selon que méfait elle aura.
Sachez que tout envieillira,
Mort ou vif, par cours de nature.
Savoir dois, que chacun mourra,
Et tournera en pourriture;
Les grands n'y ont point davantage
Leur trésor, ni leur grand bagage.
Mon bel enfant, m'entendez-vous?
A mort faut payer le trevage [1],
C'est son souverain héritage;
Par ce chemin passerons tous.

JOSAPHAT, *à lui-même.*

Qu'est-ce à dire? faut-il mourir?
Qu'est-ce à dire de cette mort?
Qu'est-ce à dire? faut-il pourrir?
N'y a-t-il quelque reconfort?...
Mais comment me faut-il mourir?
O mort, comment m'occiras-tu?

Ce n'est pas seulement par les sujets traités que le mystère différait profondément de la tragédie; en effet depuis la Renaissance, avant et après *Polyeucte* et *Athalie*, et jusque dans notre siècle, on a écrit plusieurs centaines de tragédies sacrées, dont les sujets, quoique plus limités, sont au fond les mêmes qu'avaient traités les auteurs des mystères. Toutefois il n'y a nul rapport entre le mystère et la tragédie, même chrétienne ou biblique.

D'abord le mystère ignore absolument les unités classiques. La règle des vingt-quatre heures n'était

1. Tribut.

pas encore inventée. Le drame embrassait une année, dix années, un siècle, mille ans ; quatre mille ans (comme fait le mystère du *Vieux Testament*).

L'unité de lieu n'était pas connue davantage ; l'action se transportait cent fois pendant la durée d'un mystère, d'un lieu à l'autre, sans sortir de la même enceinte, par une disposition de la mise en scène très particulière et longtemps mal expliquée, quoique au fond bien simple.

De nos jours, l'unité de lieu n'est pas plus respectée au théâtre, mais notre système décoratif diffère absolument de celui du moyen âge. Quand nous jouons un drame en cinq ou six actes, le décor change, ou peut changer, cinq ou six fois, même davantage ; mais successivement. La scène se transporte ainsi d'une ville dans une autre ville ; d'une maison dans un jardin ; d'un palais dans une église ou sur une place publique.

Au XV° siècle, dans la représentation des mystères, on disposait d'avance, ensemble, à la fois, les lieux divers, si nombreux qu'ils fussent, où l'action devait successivement se passer. La scène était permanente, à la fois unique et multiple, le décor ne changeait jamais ; c'est l'action qui voyageait dans l'enceinte de cette vaste scène, et se transportait successivement aux divers lieux où elle était censée se placer. La scène était de plain-pied ; elle ne formait pas cinq ou six étages superposés, comme on l'a si longtemps prétendu. Seul le « Paradis », séjour permanent de Dieu, des anges et des saints, dominait tous les lieux terrestres.

On a pu voir à l'Exposition universelle de 1878 (dans l'exposition théâtrale), une restitution du théâtre où la *Passion* fut jouée à Valenciennes en 1547, restitution faite avec une grande sûreté d'après la gouache qui se trouve en tête du manuscrit de ce mystère [1]. Sur une scène qu'on peut supposer large de cinquante mètres, et profonde environ de la moitié, on voyait disposés de gauche à droite : un pavillon à colonnes, au-dessus duquel était le Paradis où Dieu trônait dans sa gloire entouré d'anges et des « quatre vertus [2]. » Une muraille percée d'une porte, entre deux colonnes doriques, figurait Nazareth. Un second pavillon à colonnes, entouré d'une balustrade, et renfermant un autel et l'arche d'alliance : c'était le Temple. Une seconde muraille, également percée d'une porte et derrière laquelle on voyait se dresser le sommet d'une tour et le faîte d'une maison, représentait Jérusalem. Au centre, un pavillon à quatre colonnes surmonté d'un fronton avec escalier à droite ; à gauche, un trône ; au milieu, une figure de roi dans le fronton ; cela représentait le palais. Une troisième muraille, percée de deux portes et au delà de laquelle se dressait le toit d'une maison, s'appelait « la maison des Évêques » et la « porte Dorée. » Devant ces deux portes, un bassin carré, portant bateau, figurait « la mer », c'est-à-dire le lac de Tibériade. A droite enfin, l'Enfer et les Limbes, représentés par deux tours percées d'ouvertures grillées, et par la gueule d'un énorme dragon, qui livrait passage aux démons. Mais la représentation de *la Passion* de Valenciennes exigeait beaucoup d'autres lieux ; l'auteur de la miniature a simplifié et comme résumé la réalité. On arrivait à tout figurer, en ne figurant rien complètement ; on se bornait à indiquer ; un pan de mur, c'était une ville ; trois arbres faisaient une forêt ; un fauteuil entre deux colonnes s'appelait un palais royal ; un bassin de dix pieds carrés représentait tour à tour la mer de Génésareth ou la mer Morte, au besoin la Méditerranée. On voit assez les inconvénients de ce système décoratif :

---

1. Cette maquette est déposée aux archives de l'Opéra.
2. Justice, Paix, Sagesse. Miséricorde.

tous les acteurs étaient toujours en scène à la fois; et tout, jusqu'aux plus fastidieux détails, se passait aux yeux du public. Mais, d'autre part, l'unité d'une action si vaste et si dispersée en devenait plus sensible. Et quel procédé de mise en scène est tout à fait sans inconvénient? L'unité de lieu du théâtre français classique est souvent bien conventionnelle. Le perpétuel changement de décors dans les drames conçus selon le système anglais ou espagnol, disperse l'intérêt, fatigue l'attention du spectateur, nuit certainement à la seule unité qui soit vraiment précieuse, à l'unité d'impression : c'est ce qui a fait croire à de bons esprits que celle-ci exige les autres.

Ainsi le mystère ignorait les trois unités, et même celle d'action; mais si le cadre où il se développait était si différent du cadre tragique, c'est que l'essence même des deux genres diffère aussi.

Dans le théâtre classique, le drame est un problème moral et presque abstrait à débattre et à résoudre. L'intérêt de l'œuvre est un intérêt psychologique. Une scène restreinte, sans décoration, quatre ou cinq personnages, une action réduite à quelques allées et venues, de longs discours alternant avec des dialogues vifs et passionnés, répondent aux conditions du drame ainsi conçu.

Dans le théâtre du moyen âge, le drame était surtout un spectacle animé et mouvant. La scène était immense et variée; les personnages nombreux; souvent cent ou deux cents; les événements foisonnaient; les vers n'étaient (pour ainsi dire) que pour annoncer ou expliquer l'action, et non la remplacer par l'expression des sentiments et des idées.

Il en résulte que le théâtre classique noue une action restreinte; et que le théâtre des mystères déroule une action étendue. Dans l'un, les scènes s'appellent, et, pour ainsi dire, s'engendrent l'une l'autre. Dans le théâtre du moyen âge, elles se succèdent. Le lien n'est pas dans le style; il est dans l'événement lui-même; et quelquefois il n'est nulle part. En effet, le moyen âge, loin d'être persuadé, comme on fait aujourd'hui, qu'un enchaînement logique et naturel doive déduire les uns des autres les événements qui s'accomplissent sur le théâtre, était plutôt disposé à les laisser s'y succéder dans l'incohérence où la vie nous les offre, ou du moins paraît souvent nous les offrir.

Mais la différence sensible qui sépare le mystère de la tragédie n'est pas seulement dans le cadre et dans la conception dramatique; elle est aussi dans le mélange des deux éléments sérieux et comique, mélange interdit à la tragédie, et traditionnel dans le mystère. Nous avons dit que le mystère repose tout entier sur une foi docile au merveilleux; que l'action s'y meut d'un bout à l'autre dans le surnaturel; au lieu que la tragédie, toujours raisonnable et raisonneuse, n'admet que bien rarement l'emploi de moyens ou d'incidents surhumains. Mais en même temps que le mystère abuse du surnaturel, il est *réel*, il est *réaliste*, comme on dit maintenant; jusqu'à la trivialité, dans la peinture des détails de la vie, et dans le langage qu'il prête à ses personnages; il admet le comique, le familier, la bouffonnerie même, à côté de l'héroïque et du sublime. Nous avons montré plus haut comment l'abus de ce mélange devint funeste au genre et amena sa décadence et sa fin.

La versification ordinaire des mystères est le vers de huit syllabes à rimes plates sans distinction des rimes masculines et féminines; le dernier vers de chaque couplet rime avec le premier du couplet suivant pour aider à la mémoire des acteurs. En dehors de ce rythme traditionnel et fondamental, toutes les formes de versification trouvaient aussi place dans le mystère. Les morceaux d'un caractère lyrique y abondent; ils étaient chantés ou déclamés avec un accompagnement musical.

La langue et la facture du vers sont généralement correctes dans les mystères; le style y est ordinairement mauvais. Le goût manque absolument aux auteurs; ils disent les choses comme elles leur viennent; ils n'ont à aucun degré l'art de choisir, de condenser, de graduer. Le bavardage et la diffusion sont souvent fastidieux chez eux. Ils travaillaient trop vite. Andrieu de la Vigne acheva en cinq semaines son *Saint Martin* en vingt mille vers, joué à Seurre pendant trois jours de suite, en 1496.

Les auteurs se souciaient fort peu des lecteurs à venir, et songeaient uniquement à la représentation. C'était d'ailleurs une chose coûteuse et malaisée que de faire jouer un mystère. Mais le goût du théâtre était si vif et si général, que nous voyons, au moyen âge, toutes les classes de la société s'imposer à l'envi cette charge : le clergé, les princes, les municipalités, les confréries, les corporations, les particuliers, soit isolés, soit associés, semblaient rivaliser d'ardeur pour entreprendre les représentations. Le clergé, se souvenant du temps où il avait seul célébré les drames liturgiques, ne se désintéressa jamais des mystères, et leur fournit souvent un local, des acteurs, des costumes; toujours au moins de larges subsides. Beaucoup de nobles favorisèrent aussi les représentations; quelques-uns même y prirent une part active et personnelle. Mais rien n'égale le zèle et l'ardeur que les corps de ville montraient en faveur de ces jeux; le théâtre, au moyen âge, est cher à tous, mais surtout aux échevins, aux bourgeois, aux marchands, aux artisans, et à tout le menu peuple.

Quelquefois les frais d'une représentation étaient supportés par des particuliers, ou par un couvent, qui l'organisaient; plus souvent, c'est un échevinage qui se chargeait de l'entreprise. Mais le mode le plus habituel était de la confier à une association temporaire, formée de tous les gens de bonne volonté qui voulaient bien souscrire pour une certaine mise, au risque de n'en retirer que la moitié, ou moins encore, après tous les comptes faits et les dépenses soldées.

A Paris, les fameux *confrères de la Passion* eurent, depuis 1402, le monopole de la représentation des mystères. Sur la foi de Boileau, on les a pris longtemps pour des pèlerins [1], et l'on a cru qu'ils avaient été les fondateurs du théâtre en France. Mais lorsque Charles VI leur accorda les lettres patentes qui instituaient officiellement leur confrérie, il y avait deux cents ans qu'on jouait, à Paris et ailleurs, des pièces en français. Ces prétendus pèlerins étaient des bourgeois et des artisans; toute la nouveauté de leur entreprise consista dans la permanence de leur théâtre, et dans le monopole qu'ils trouvèrent moyen d'obtenir et de conserver [2]. Ce monopole était limité à Paris et à sa banlieue. Ailleurs on jouait librement les mystères : dans les moindres villes comme dans les plus importantes. Environ deux cents représentations de mystères données en France au XV° siècle et au XVI° ont laissé trace de leur existence; et il n'est pas douteux qu'un beaucoup plus grand nombre aient eu lieu sans qu'il en reste aucun souvenir.

Les chroniques abondent en témoignages curieux sur ces représentations, sur l'enthousiasme qu'elles excitaient, sur le dévouement infatigable avec lequel tout le monde se prêtait à y contribuer de sa personne. « En 1437, au mois de juillet, fut joué à Metz le jeu de

---

1. De pèlerins, dit-on, une troupe grossière
En public, à Paris, y monta la première,
Et sottement zélée, en sa simplicité
Joua les saints, la Vierge, et Dieu, par piété.

2. Il est vrai que ces deux faits sont d'importance, et que le théâtre des confrères, théâtre permanent, et seul autorisé dans un vaste ressort. ressemble plus à nos théâtres modernes qu'à tout ce qui l'avait précédé.

la Passion de N.-S.-J.-C. », l'amphithéâtre avait neuf degrés de haut, et derrière il y avait « grands sièges, et longs, pour les seigneurs et pour les dames. » Le rôle du Messie était tenu par le curé de Saint-Victor de Metz, lequel « cuida mourir étant en l'arbre de la croix; car le cœur lui faillit, et convint mettre en sa place un autre prêtre », qui s'était d'abord contenté modestement de jouer le rôle « d'un des bourreaux dudit jeu. » Le lendemain, « ledit curé de Saint-Victor fut revenu à lui, et parfit la Résurrection; et fit très hautement son personnage ». Mais un autre prêtre, « lequel portait le personnage de Judas, pour ce qu'il pendit trop longuement, fut pareillement transi et quasi mort; il fut bien hâtivement dépendu, et emporté pour le frotter de vinaigre. La bouche et entrée de l'enfer d'icelui jeu était très bien faite; car, par un engin, elle s'ouvrait et recloait[1] seule, quand les diables voulaient entrer, ou issir. Et avait cette hure deux gros yeux d'acier qui reluisaient à merveille. »

Telle était l'ardeur passionnée que ces acteurs volontaires apportaient dans leur jeu. Qu'on ne croie pas que le public était trop grossier pour savoir déjà faire la distinction d'un bon acteur et d'un mauvais; plusieurs joueurs de mystères surent exciter un enthousiasme qui les conduisit à une haute fortune. En 1468, on jouait à Metz le mystère de *Sainte Catherine de Sienne* aux frais d'une dame riche dont cette sainte était la patronne. Le rôle de sainte Catherine fut joué par une jeune fille; la présence des femmes sur la scène au moyen âge est tout à fait exceptionnelle; toutefois on en a rencontré cinq ou six exemples. Celui-ci est le plus curieux. « Cette jeune fillette, âgée de dix-huit ans, dit le chroniqueur, fit merveilleusement bien son devoir, au gré et plaisir d'un

---

1. Refermait.

chacun; toutefois avait-elle vingt-trois cents vers (2300) de personnage, et néanmoins elle les savait tous sur le bout du doigt; et parla cette fille si vivement et piteusement, qu'elle provoqua plusieurs personnes à pleurer, et était agréable à toutes gens. » Et quoique de petite naissance « fut cette fille richement mariée à un gentilhomme de Metz, appelé Henri de Latour, qui d'elle s'enamoura par le grand plaisir qu'il y prit. » Mais la plupart du temps, c'étaient de très jeunes gens qui jouaient les rôles de femmes; et quelques-uns, paraît-il, s'en tiraient à merveille : le rôle de sainte Barbe fut tenu à Metz, en 1485, par « un jeune fils barbier, nommé Lyonard, qui était un très beau fils et ressemblait une belle jeune fille »; il fit le personnage de la sainte « si prudemment et dévotement que plusieurs personnes pleuraient de compassion. » Après le mystère, il n'était seigneur, clerc ni lai, qui ne voulût l'adopter; une riche veuve prétendait en faire son unique héritier; un chanoine de Metz eut la préférence; il mit l'adolescent aux écoles, « où il profita plus en un an qu'autres en dix »; et sainte Barbe devint régent, et plus tard chanoine lui-même, comme son protecteur.

Nous sommes surpris de tant d'admiration; et l'œuvre dramatique du moyen âge nous paraît aujourd'hui médiocre et vulgaire. Mais il faut se bien persuader que les arts se perfectionnent ou se raffinent sans que le plaisir de ceux qui les goûtent devienne pour cela plus vif. Les essais grossiers des auteurs de nos mystères ont excité jadis un enthousiasme que les plus habiles d'entre nos contemporains n'exciteront jamais [1].

---

[1]. Voy. nos *Mystères. Introduction*, p. 17. En somme, il nous est resté du XII° siècle. *Adam* et un fragment de *Résurrection* (de l'époque antérieure nous n'avons que de courts drames liturgiques en latin où se mêlent quelquefois des vers ou des couplets français). Du XIII° siècle. *Saint Nicolas* de Jean Bodel; *Théophile* de Rutebeuf; les deux comédies d'Adam

de la Halle, le *Jeu d'Adam ou de la Feuillée*, et le *Jeu de Robin et Marion*. Du xiv⁰ siècle, quarante *miracles* de Notre-Dame réunis dans le même recueil manuscrit; et quelques autres pièces du même genre en petit nombre. Du xv⁰ siècle, le *Vieux Testament*, compilation qui réunit sept ou huit mystères distincts; une vingtaine de rédactions différentes de la vie entière ou d'une partie seulement de la vie de Jésus-Christ; toutes celles qui renferment la vie entière, ou seulement *la Passion* sont également désignées par ce dernier nom; les autres s'appellent *Nativité*, *Résurrection*, etc. En dehors de l'immense mystère des *Actes des apôtres*, plusieurs apôtres ont fourni matière à un mystère distinct. D'autres saints ont eu le même honneur, au nombre de quarante environ. Tous ces mystères sont du xv⁰ siècle. Au xvi⁰ siècle et jusqu'à 1550, on a composé encore une vingtaine de mystères dont le plus important est le mystère de saint Louis par Gringoire, auteur d'une sottie célèbre (voyez ci-dessous, p. 61). Enfin nous savons les titres de plus de soixante mystères qui ont existé certainement, et qui sont aujourd'hui ou qui paraissent être perdus.

CHAPITRE II

MORALITÉS, FARCES ET SOTTIES

Le théâtre comique en France ne s'est développé pleinement qu'au XVe siècle : il comprend trois genres principaux de pièces : les *moralités*, les *farces*, les *sotties* [1].

On appelle *moralités* des pièces dramatiques d'un caractère assez varié, tantôt sérieuses comme le plus grave des mystères, tantôt gaies, comme la plus joyeuse des farces; mais toujours marquées par une intention didactique, et par la prétention d'enseigner quelque chose, de donner une règle de conduite. Le plus souvent la moralité mettait en scène des personnages allégoriques. Depuis le succès inouï du *Roman de la Rose*, l'allégorie faisait fureur dans la poésie française. Il nous reste environ cinquante moralités composées au XVe siècle et dans la première moitié du XVIe siècle. La plupart, fidèles à leur titre, s'attachent à prêcher la vertu et à faire haïr le vice, en offrant un tableau frappant des malheurs réservés aux méchants dans ce monde et dans l'autre. Tantôt la moralité oppose la vie d'un impie à celle d'un homme de bien; à travers cent aventures, elle conduit l'un jusqu'en enfer et l'autre jusqu'au ciel : tantôt

---

[1]. Voy. notre ouvrage, *la Comédie et les Mœurs en France au moyen âge*. Paris, Cerf, 1886, in-12.

elle attaque un vice en particulier, comme le blasphème, la gourmandise, la jalousie fraternelle ou l'impiété filiale ; elle montre à quelles misères, à quelle vie, à quelle mort sont réservés ceux qui s'abandonnent à ce vice. Quelques moralités mettent en scène un fait historique ou légendaire, et rappellent assez les *miracles* du xiv° siècle, si ce n'est que l'élément merveilleux y tient une moindre place et que l'intention du poème est simplement édifiante, plutôt que religieuse.

Le type le plus complet et le plus développé des moralités religieuses, c'est la pièce intitulée *Bien-Avisé, Mal-Avisé* ; elle est qualifiée de *mystère* dans l'édition imprimée, dont il n'existe plus qu'un exemplaire unique (on n'en connaît aucun manuscrit). Mais il ne faut pas attacher à ces appellations plus d'importance que n'en attachaient les auteurs et les spectateurs du xv° siècle. *Bien-Avisé, Mal-Avisé* est réellement une moralité ; c'est même un modèle achevé du genre. Elle renferme environ huit mille vers ; mais l'étendue des moralités n'était pas plus strictement déterminée que celle des mystères ; c'est seulement au xvi° siècle que les auteurs de poétiques se sont avisés de limiter à mille vers au plus la mesure de ce genre dramatique.

Au début de la pièce, Bien-Avisé et Mal-Avisé font route ensemble ; mais ils ne tardent pas à se séparer. Bien-Avisé s'attache à Raison qui le conduit à Foi. Foi le mène à Contrition ; Contrition le remet à Confession. En chemin, Humilité l'endoctrine et lui fait quitter ses souliers « à grans poulaines [1]. » Cependant Mal-Avisé suit une route différente. Entraîné d'abord par Oisance et Rébellion, il fréquente la taverne avec Folie et Hoquelerie (Débauche). Il boit,

---

1. A pointes très relevées. Bien-Avisé paraissait d'abord habillé comme un élégant de l'époque.

il joue ; ses compagnons de plaisir le dépouillent et l'abandonnent.

En même temps Bien-Avisé quitte Confession pour Pénitence, laquelle lui donne la discipline, puis Pénitence pour Satisfaction ; celle-ci paraît nue et elle invite Bien-Avisé à se dépouiller, comme elle-même a fait, de tout ce qu'il a pris à autrui. Bien-Avisé visite ensuite Aumône, Jeûne, Oraison, pendant que Mal-Avisé, tout furieux, s'en va trouver Désespérance. Il tombe aux mains de Pauvreté, de Male-Chance ; et de Larcin ; peu à peu tous les vices lui font cortège, et se chargent à l'envi de le conduire à Male-Fin.

En même temps, Bien-Avisé rend des visites fort longues à Chasteté, Abstinence, Obédience, Diligence, Patience, Prudence et Honneur. Honneur lui permet d'aller contempler la roue de la Fortune. Bien-Avisé voit la Fortune qui montre un double visage aux hommes, l'un riant, l'autre affreux. Sur la roue qu'elle fait tourner quatre hommes sont attachés, qui lui servent de jouet ; portés de bas en haut et de haut en bas par le perpétuel mouvement. Le premier s'appelle *Regnabo*, le second *Regno*, le troisième *Regnavi*, le quatrième *Sum-sine-regno* (les quatre formules font ensemble un vers hexamètre) : *Je-régnerai*, *Je-règne*, *J'ai-régné*, *Je-suis-sans-royaume*. Ainsi sont personnifiées les vicissitudes de la grandeur.

Après ce tableau frappant, Male-Fin demande à Mal-Avisé s'il se repent du chemin qu'il a suivi ; Mal-Avisé déclare qu'il ne se repent point. Là-dessus, Male-Fin le tue et les diables accourent pour se jouer de son âme devenue leur proie. Avec lui *Regno* et *Regnabo* sont précipités en enfer. « Notez que l'enfer doit être en manière de cuisine comme chez un seigneur, et doit y avoir serviteurs à la mode. Et là doit-on faire grand'tempête, et les âmes doivent fort crier en quelque lieu que l'on ne les voie point. » Mal-Avisé soupe chez Satan de mets diaboliques; rien n'était négligé pour que la mise en scène fût effrayante : la table était noire; la nappe rouge, les plats flambaient; et à la fin se renversaient sur les convives et les incendiaient. A la punition des méchants s'opposait l'apothéose des bons. Bien-Avisé, mort entre les mains de Bonne-Fin, était emporté au ciel par les anges, avec *Regnavi* et *Sum-sine-regno*, comme lui pénitents et réconciliés.

A cette moralité, tout édifiante, mais un peu ennuyeuse, opposons une autre pièce, beaucoup plus courte, et d'un genre très différent : la moralité de l'Aveugle et du Boiteux, jouée à Seurre, en 1496, après la représentation du mystère de saint Martin; la petite pièce faisant pour ainsi dire suite à la grande [1].

La moralité s'ouvre au moment où le saint vient d'expirer. Son corps est resté exposé au fond du théâtre, et l'on va tout à l'heure l'emporter à l'église en procession solennelle. Deux mendiants sont en scène : l'un est aveugle et ne marche qu'en tâtonnant; l'autre est boiteux et gît au milieu de la route. Mais n'ayons pas trop grand'pitié d'eux. Ce sont deux paresseux, deux gourmands, deux ivrognes; quoiqu'ils gémissent d'une voix plaintive : l'aveugle en disant :

> L'aumône au pauvre disetteux
> Qui jamais nul jour ne vit goutte;

et le paralytique :

> Faites quelque bien au boiteux
> Qui ne peut bouger pour sa goutte.

Quand ils sont bien sûrs qu'il ne passe personne, les deux truands se font leurs confidences, et s'avouent l'un à l'autre, heureux d'une infirmité qui les nourrit

---

1. L'une et l'autre sont l'œuvre du même poète, Andrieu de la Vigne.

grassement sans rien faire. Mais voici la mauvaise nouvelle que le boiteux apporte à son compère :

> Un saint est mort nouvellement
> Qui fait des œuvres merveilleuses.

« Dieu ! si ce saint allait nous guérir malgré nous ! » Quel plus grand malheur ces paresseux peuvent-ils redouter ? Le boiteux en frémit d'avance :

> « Quand serai guéri, je mourrai
> « De faim ; car chacun me dira :
> « Va travailler. » Jamais n'irai
> « En lieu où ce saint-là sera.

Il faut fuir ; mais comment ? le boiteux ne peut faire un pas ; l'aveugle ne peut se conduire. Une bonne idée leur vient. Le boiteux monte sur le dos de l'aveugle ; et l'un prête ses yeux, l'autre ses jambes ; nos gens s'en vont lourdement au cabaret le plus voisin. Mais l'aveugle est trop chargé pour courir.

> — Ecoute ! — Quoi ?
> — Cela qui mène si grand bruit...
> Si c'était ce saint ? — Quel émoi !...
> Cachons-nous sous quelque fenêtre
> Ou au coin de quelque pourpris...
> Garde de choir...

Mais il est trop tard pour fuir ; la procession défile, et le corps de saint Martin passe tout près de nos deux drôles, qui sont subitement guéris.

Leur miraculeuse guérison ne produit pas à tous deux le même effet. Le boiteux jure et tempête, en se sentant solide sur ses jambes. L'aveugle-né, en contemplant pour la première fois le ciel, rend grâce à Dieu, et éclate en transports. Le poète a-t-il voulu indiquer assez finement qu'il vaut mieux perdre ses jambes que ses yeux et qu'il n'est pas d'être assez ingrat pour en vouloir à Dieu de lui avoir montré le monde. En tout cas, la joie du nouveau voyant n'est pas sans charme et sans poésie :

> Hélas! le grand bien ne savais
> Que c'était de voir clairement!
> Bourgogne vois, France, Savoie,
> Dont Dieu remercie humblement.

Le boiteux lui-même finit par prendre assez gaiement son parti d'être ingambe ; il en sera quitte pour feindre désormais l'infirmité qu'il n'a plus et une foule d'autres :

> Homme n'aura qui ne me donne
> Par pitié et compassion.
> Je ferai si bien la personne
> Pleine de désolation.
> « En l'honneur de la Passion,
> Dirai-je, voyez ce pauvre homme
> Le quel par grande extorsion
> Est tourmenté, vous voyez comme! »
> Puis dirai que je viens de Rome,
> Que j'ai tenu prison en Acre,
> Ou que d'ici m'en vais en somme,
> En pèlerinage à Saint-Fiacre.

Dans la moralité intitulée *l'Aveugle et le Boiteux* l'on peut chercher où réside l'intention édifiante, qui est, nous l'avons dit, le trait propre au genre. Tout au plus la pourrait-on trouver dans l'efficacité merveilleuse attribuée aux reliques de saint Martin. Mais le cadre un peu trop profane où le miracle était mis en scène, rendait fort douteuse, à ce qu'il nous semble, l'édification qu'en pouvaient tirer les spectateurs.

Au reste, beaucoup de moralités n'offrent aucun caractère religieux ; leurs auteurs veulent enseigner la vertu, au nom d'une morale tout humaine et civile, plutôt qu'au nom de la foi chrétienne. Telle est la célèbre *Condamnation des banquets* [1], par Nicolas de la Chesnaye, qui en explique ainsi l'objet moral et l'intention didactique dans un long *Prologue* :

> Médecine consent assez
> Qu'on doit diner compétemment.
> Car l'estomac point ne cassez
> Pour diner raisonnablement.
> Or faut-il souper sobrement,
> Tant les drus [2] que les indigents,
> Sans banqueter aucunement;
> Car banquet fait tuer les gens.

Voilà donc ce qu'il faut prouver : dinez bien ; soupez peu ; ne banquetez jamais. Voici comme au xvᵉ siècle on mettait le précepte en scène : Bonne-Compagnie, Gourmandise, Friandise, Passe-Temps, *Je-bois-à-vous*, *Je-pleige-d'autant* (je vous fais raison) et Accoutumance, joyeuse société de bons vivants, acceptent l'invitation de Diner, celle de Souper, celle de Banquet. Diner les traite plantureusement ; toutefois ce premier repas se termine encore sans encombre. Mais les maladies guettent déjà les gourmands ; par les fenêtres elles viennent se présenter « en figures hideuses et monstrueuses, habillées si étrangement qu'à peine peut-on discerner si ce sont hommes ou femmes. » Chacune récite un petit couplet pour expliquer sa qualité. Elles s'appellent Apoplexie, Paralysie, Épilepsie, Pleurésie, Esquinancie, Hydropisie, Jaunisse, Gravelle, Goutte. Elles s'entendent avec Souper et Banquet pour attaquer leurs hôtes pendant les longs repas que ces traîtres vont leur offrir. Le diner est fini. On chante, on danse un moment ; puis l'on se rend chez Souper, chez qui la goinfrerie de nouveau s'en donne à cœur joie. Les maladies sont en

---

1. La première édition est de 1507. | 2. Riches.

embuscade; vers la fin du repas elles sautent sur les convives, et, sans les tuer, les blessent ou les assomment. Ils s'échappent clopin-clopant; mais, après quelques lamentations sur leur déconvenue, ces incorrigibles se rappellent l'invitation de Banquet; vite ils s'y rendent et recommencent à boire et à manger.

Au milieu du repas, le traître Banquet introduit les maladies, et les lance sur ses convives; ce n'est plus pour les battre, mais c'est bel et bien pour les tuer. Trois d'entre eux, Bonne-Compagnie, Passetemps et Accoutumance, trouvent le moyen de s'enfuir; les quatre autres, Gourmandise et Friandise, *Je-bois-à-vous* et *Je-vous-fais-raison*, saisis à la gorge par les assassins, restent morts sur le carreau. Bonne Compagnie, au désespoir, va trouver dame Expérience et porte plainte à son tribunal contre l'infâme Banquet. Dame Expérience envoie ses sergents, Secours, Sobriété, Clystère, Pilules, Saignée, Diète et Remède, pour saisir Banquet et Souper. Les deux coupables sont jetés en prison. Expérience s'adjoint pour le jugement Hippocrate, Galien, Avicenne et Averroès. Après plusieurs interrogatoires, Banquet est condamné par le tribunal à mourir pendu. Souper moins coupable est traité plus doucement; il portera des manchettes de plomb pour servir à boire et à manger d'une main un peu moins légère, et n'approchera pas Dîner de moins de six lieues. Le procès est fort longuement développé; l'auteur était « docteur en l'un et l'autre droit »; son titre en fait mention; sa pièce en fait preuve; c'est un abîme d'érudition profane et sacrée.

Banquet fait une fin fort édifiante, assisté d'un confesseur auquel il dit tous ses crimes, en demandant pardon à Dieu et aux hommes. Il avoue n'avoir fait de bien qu'aux médecins, lesquels devront prier pour lui en récompense :

> Pour ce que j'ai bien fait gagner
> Les médecins bons et parfaits
> (Car ils ont eu à besogner
> A guérir les maux que j'ai faits),
> Vu qu'ils sont riches et refaits,
> Je veux qu'ils me fassent promesse,
> Que, pour mes péchés et méfaits,
> Chacun fera dire une messe.

Après quoi, le pauvre Banquet est pendu haut et court par Diète, faisant office de bourreau ; et le docteur résume ainsi la morale de la pièce :

> Il suffit deux fois tenir table
> Pour compétente nourriture :
> Le banquet n'est point profitable,
> Car il nuit et corrompt nature.

Dans beaucoup de moralités les auteurs se sont proposé d'enseigner les vertus de famille, et d'apprendre aux spectateurs comment les maris doivent vivre avec leurs femmes, les pères, les mères avec leurs enfants, les frères entre eux, dans une tendre union. Tel est le dessein de plusieurs pièces intitulées *les Enfants de maintenant*, *les Frères de maintenant*, *l'Enfant ingrat*, *l'Enfant prodigue*, *l'Enfant de perdition*. Ces drames bourgeois qui, sous le nom peu justifié de comédies, ont depuis cinquante ans obtenu de si éclatants succès sur la scène française, en y montrant une famille bouleversée par l'inconduite d'un père ou d'un fils, par la faiblesse ou la coquetterie d'une mère ou d'une fille, ces tragédies domestiques, que nos contemporains ont excellé à décrire, ont leurs plus anciens types, leur première origine dans les moralités du XVe siècle, où l'on prêchait les vertus de famille, tantôt avec une franchise un peu crue, tantôt avec une onction pédantesque.

On peut regretter que le genre intéressant et neuf

de la moralité historique ait été essayé trop tard, à la veille de la Renaissance, et dans des circonstances défavorables. Il ne put complètement se développer; nous n'avons que trois ou quatre pièces dans ce goût. Telle est la moralité de *l'Empereur qui tua son neveu*. L'Empereur devenu vieux abdique l'exercice du pouvoir en faveur de son neveu, mais réserve la souveraineté. Le jeune prince, fougueux et pervers, use d'abord de sa puissance pour amener de force au palais une jeune fille qu'il n'a pu séduire. La fille déshonorée va demander justice au souverain. Celui-ci appelle son neveu, l'accable de reproches et finalement l'égorge de sa main. Les grands s'indignent; le chapelain refuse la communion au vieil Empereur qui est tombé mourant après cet acte de violente justice; car le moribond refuse de s'accuser à péché d'un fait qu'il tient à honneur. Alors, à son ardente prière, un miracle s'accomplit : l'hostie vient d'elle-même se poser sur ses lèvres. Il expire en priant. Cette pièce singulière est semée de vraies beautés; l'intérêt dramatique n'y languit pas un moment et les beaux vers y abondent. Encore une fois il est fâcheux que ce genre de la moralité historique, né trop tard, ait disparu si tôt devant l'avènement triomphal et les présomptueuses promesses de la tragédie pseudo-classique, inaugurée par Jodelle.

Dès l'apparition de la Réforme, les partisans des nouvelles doctrines religieuses, quoique hostiles en principe aux spectacles, se servirent du théâtre pour attaquer l'Église catholique; et, sous prétexte de discussion religieuse, les revendications politiques les plus hardies se produisirent souvent sur la scène. Les princes protestants ne s'aperçurent pas d'abord où tendaient ces mordantes satires; tant qu'elles n'attaquaient que le pape, ils crurent que le théâtre pouvait servir leurs desseins. C'est ainsi qu'en 1558, *la*

Maladie de Chrétienté, moralité de Mathieu Malingre, fut jouée à La Rochelle sous les auspices et en présence du roi et de la reine de Navarre, Antoine de Bourbon et Jeanne d'Albret. Leur fils Henri IV, en devenant roi de France, en rétablissant l'ordre, en ramenant la paix sociale, eut soin de bannir la polémique religieuse loin de la scène, où fatalement elle prend toujours une âpreté périlleuse. Les auteurs comiques durent se contenter dès lors de peindre les vices, les travers, les ridicules des conditions privées.

Mais déjà on avait cessé d'écrire des *moralités*; la Renaissance avait remis à la mode les anciens noms de *tragédie* et de *comédie*; toutefois dans ce qui venait au jour, combien de traces et de débris de ce qui n'était plus! La persistance des genres est sensible à travers la transformation des mœurs. La moralité du xve siècle est devenue la grande comédie de caractère, la comédie classique par excellence, où le poète s'efforce d'incarner dans un personnage unique un type entier, un caractère universel. Prenez le *Misanthrope* et supposez qu'Alceste, au lieu de porter un nom d'homme, s'appelle Misanthropie; que Célimène s'y nomme Coquetterie; Philinte, Optimisme; Arsinoé, Pruderie; les deux marquis, Sottise et Fatuité; le *Misanthrope* serait-il alors autre chose qu'une pure moralité? avec un génie d'analyse psychologique, une vigueur de conduite et une perfection de style, où les auteurs encore maladroits du xve siècle ne purent atteindre. Mais l'extrême inégalité de mérite ne doit pas dissimuler la similitude des genres.

Le mot bas latin *farsa*, tiré du latin *farcire* (farcir ou bourrer), a donné *farce* en français. Qu'est-ce qu'une farce? En cuisine, on appelait ainsi un mélange de viandes hachées; en liturgie, une paraphrase non canonique insérée dans le texte consacré de l'office. Au théâtre, on appela *farce* une petite pièce comique mêlée de divers langages et de différents dialectes. *Pathelin* est une vraie farce avec ce langage polyglotte que le principal personnage affecte de parler dans son feint délire. Peu à peu, ce sens particulier s'effaça; le nom de farce n'éveilla plus d'autre idée que celle d'une comédie très réjouissante, où étaient retracés d'une façon plaisante les ridicules et les travers de la vie privée ou de la vie sociale. Ainsi, à la définir, non plus d'après l'étymologie, mais d'après les œuvres intitulées de ce nom, la farce est une petite pièce exclusivement comique ou plutôt bouffonne, ordinairement plus courte que n'était la moralité. La farce saisit et met en scène et en action tous les ridicules et tous les travers de la maison et du carrefour, toutes les petitesses de la vie privée et journalière, tout ce qu'on peut rencontrer de grotesque en courant à travers le monde. Elle n'a pas de hautes idées morales ou philosophiques, politiques ou religieuses; son seul objet est de faire rire par une représentation frappante du ridicule. La gaieté y déborde, sans arrière-pensée ni sous-entendu; sans retour amer ou sérieux sur nous-mêmes, sur nos défauts, sur nos vices, dont elle s'amuse, sans perdre le temps à s'en plaindre, sans prétendre à nous corriger.

Beaucoup de farces sont malheureusement gâtées par l'extrême licence du langage et des inventions. Ce défaut toutefois n'est pas inhérent au genre; car *Pathelin*, qui en est le chef-d'œuvre, échappe tout à fait à ce reproche.

Il est vrai que tout dans *Pathelin* est exceptionnel. *Pathelin* est la merveille de notre vieux répertoire, et *Pathelin* a toujours été regardé comme une merveille. Tandis que la plupart des farces nous sont parvenues manuscrites, ou dans une édition unique, nous avons vingt-cinq éditions de *Pathelin* entre 1480 et 1600.

Pathelin, à peine né, enrichit la langue de proverbes, de locutions, d'allusions, de tours nouveaux et originaux. Il est plus développé qu'aucune autre farce; il renferme plus de 1500 vers : les plus longues n'ont pas la moitié; les plus courtes, moins du dixième. *Pathelin* est aussi mieux composé. L'auteur est un fort habile homme, expert dans son métier : rien n'est naïf dans *Pathelin*; mais la profondeur du comique y est égale à l'habileté de la mise en œuvre. Toutefois cet habile auteur est demeuré inconnu; les suppositions de noms que l'on a faites sont démontrées fausses ou, tout au moins, sans preuves. Cette gloire reste anonyme. La date de ce chef-d'œuvre est plus facile à fixer. *Pathelin* dut voir le jour vers 1470. Avant cette époque, il n'en est pas question et le nom est inconnu; à partir de cette date, *Pathelin* est nommé partout et il y est fait sans cesse allusion. Maître Pierre Pathelin n'a-t-il pas d'ailleurs bien l'allure d'un contemporain du roi Louis XI?

Ce n'est rien au fond que cette pièce, et l'invention semblerait bien pauvre à nos faiseurs de vaudevilles à quiproquos et à surprises. Un drapier, fripon et sot, est dupé par un avocat fripon et retors, qui lui extorque six aunes de drap; survient un rustaud de berger, un « mouton vêtu » qui, en feignant l'épaisse bêtise, trouve moyen de tromper le trompeur et sa victime, et qui se joue de l'un et de l'autre. La moralité n'est pas non plus très élevée; si l'on veut absolument que *Pathelin* ait une moralité, c'est celle qu'un vieux proverbe résumait ainsi : « A trompeur, trompeur et demi. » Moralité toute négative; simple leçon d'expérience qui ressemble à celle des *Fables* de La Fontaine. Mais cette insignifiante action est mise en scène avec un remarquable génie comique. Que d'esprit, que de finesse, quel accent de vérité frappante et d'observation attentive dans la première scène entre Pathelin et le drapier! Comme l'auteur décrit bien le circuit par où le fripon arrive à ses fins!

— Que Dieu m'aide ainsi que j'avais
De vous voir bonne volonté!
Comment se porte la santé?
Êtes-vous sain et dru, Guillaume?
— Oui, de par Dieu. — Çà, cette paume.
Comment vous va? — Très bien vraiment.
Tout à votre commandement.
Et vous? — Par saint Pierre l'apôtre,
Comme celui qui est tout vôtre.
Ainsi vous êtes content. — Voire!
Mais marchands, vous pouvez le croire,
Ne font pas toujours à leur guise.
— Comment se porte marchandise?
Peut-on vivre à l'aise, engraisser!
— Hé! Que Dieu m'aide! mon doux maître,
Je ne sais. Toujours hue! avant!
— Ah! c'était un homme savant
(Je requiers Dieu qu'il en ait l'âme)
Que votre père! Douce dame!
Il m'est avis tout clairement
Que lui, c'est vous, tout proprement.
C'était un bon marchand, et sage!
Vous lui ressemblez de visage,
Par Dieu! comme droite peinture.
Si Dieu eut onc de créature
Merci, Dieu vrai pardon lui fasse
A l'âme! — Amen, par sa grâce,
Et à nous. Seyez-vous, beau sire,
Il est bien temps de vous le dire;
Mais je suis ainsi gracieux.

(*Pathelin s'assied.*)
— Plus je vous vois, par Dieu le Père!
Vous voilà, voilà votre père.
Vous lui ressemblez mieux que goutte
D'eau; vraiment je n'en fais nul doute.
Ah! quel vaillant garçon c'était.
Le bon prudhomme! et qui prêtait
Sa marchandise à qui voulait.

Dieu lui pardonne! et qui aimait
Toujours de si bon cœur à rire!
Plût à Jésus-Christ que le pire
De ce monde lui ressemblât,
Afin qu'on ne prît ni volât
L'un à l'autre comme l'on fait.

(*Maniant le drap d'une pièce qu'il trouve sous sa main.*)
Ah! que ce drap-ci est bien fait!
Qu'il est moelleux, et doux et souple!

« Vraiment, continue Pathelin, me voilà bien attrapé. J'avais mis à part quatre-vingts écus pour éteindre une rente; et vous en aurez la moitié, tant ce drap-ci me plaît fort. — Mais il est bien cher, dit Guillaume un peu défiant. Combien vous en faudrait-il? — A combien l'aune? — Vingt-quatre sols! — Non, c'est trop cher. — Ah! vous ne savez

Comme le drap est renchéri!
Mais tout le bétail a péri
Cet hiver, par la grand'froidure.

Et tout l'intarissable verbiage propre au marchand qui surfait le prix de sa marchandise. Enfin l'on tombe d'accord; Pathelin se débat; pour la forme, puisqu'il ne payera jamais. Les six aunes de drap sont mesurées; le paquet fait, Pathelin l'a mis sous son bras en disant au drapier : « Venez tantôt chercher votre argent, et manger d'une oie que ma femme fait rôtir. » Il est rentré chez lui triomphant, et il fait à Guillemette, sa femme, le récit de son exploit :

GUILLEMETTE
Comment l'a-t-il voulu prêter,
Lui qui est homme si rebelle?

PATHELIN
Par sainte Marie la belle!
Je l'ai armé et blasonné [1],

---

1. Locution toute faite qui signifiait : je l'ai amadoué de toutes les façons.

Si bien qu'il l'a presque donné.
Je lui disais que feu son père
Fut si vaillant. « Ha! fais-je, frère,
« Vous êtes de bon parentage!
« Vous êtes, fis-je, du lignage
« D'ici en tour plus à louer. »
Mais je puisse Dieu avouer
S'il n'est attrait d'une peautraille,
La plus rebelle villenaille,
Qui soit, je crois, en ce royaume.
« Ha! fais-je, mon ami Guillaume,
« Que vous ressemblez bien de chère
« Et du tout à votre bon père. »
Dieu sait comme j'échaffaudais
Et à la fois j'entrelardais
En parlant de sa draperie!
« Et puis, fais-je, sainte Marie!
« Comme il vous prêtait doucement
« Ses marchandises humblement.
« C'est vous, fais-je, vous tout craché! »
Toutefois on eût arraché
Les dents du vilain marsouin
(Le feu père) et du babouin
De fils, avant qu'ils en prêtassent
Ceci [1], ou qu'un beau mot parlassent.

Et quelle jolie scène que celle où le drapier vient réclamer son argent, et trouve Guillemette, la fine mouche, qui lui montre Pathelin au lit, et jure qu'il n'en a bougé « depuis onze semaines. » — Mais il m'a pris ce matin six aunes de drap pour s'en faire une robe. — Hélas! messire :

> Il n'a nul besoin d'avoir robe,
> Jamais robe il ne vêtira
> Que de blanc, ni ne sortira
> D'où il est que les pieds devant.

— Et vous n'avez pas d'oie au feu, dit Guillaume tout ahuri.

1. En disant ceci, Pathelin faisait sans doute claquer ses doigts.

> C'est très belle demande,
> Ah! sire, ce n'est pas viande
> Pour malades!...

Et la scène du feint délire de Pathelin, un peu longue à la lecture qui la refroidit, mais étincelante de gaieté au théâtre, comme on en a pu juger quand la traduction de *Pathelin* par Edouard Fournier fut représentée aux Français avec un si vif succès en 1872. Dans son verbiage insensé, il mêle toutes les langues et tous les patois; d'abord il parle en limousin; Guillaume abasourdi regarde Guillemette qui se penche à son oreille :

> Il eut un oncle limousin,
> Le frère de sa belle-tante.
> C'est ce qui le fait, je me vante,
> Jargonner en limosinois.

Au limousin succède le picard :

> Sa mère fut de Picardie.
> Pour ce le parle maintenant.

Puis le flamand remplace le picard; et le normand vient après le flamand :

> Celui qui l'apprit à l'école
> Était Normand; ainsi advient
> Qu'en la fin il lui en souvient.
> Il s'en va.

Après le normand c'est le tour du breton :

> Ce fut la mère de son père
> Qui fut native de Bretagne.
> Il se meurt.

Après le breton, le lorrain; après le lorrain, le latin. Pour le coup, Guillaume épouvanté quitte la partie, aimant mieux donner son drap au diable, si c'est lui qui l'a pris, que voir mourir un enragé sous ses yeux.

Et la fausse niaiserie du berger de Guillaume, assassin de ses brebis, dont il fait de si bons repas, comme elle est finement mise en scène, et comme on sent percer la ruse au travers de la bonhomie affectée, quand il vient prier Pathelin de lui servir d'avocat :

> Il est vrai et vérité, sire,
> Que je les lui ai assommées,
> Tant que plusieurs se sont pâmées
> Mainte fois, et puis tombaient mortes
> Les plus saines et les plus fortes ;
> Et puis je lui faisais entendre,
> Afin qu'il ne m'en pût reprendre,
> Qu'elles mouraient de clavelée.
> « Ah ! fait-il : ne soit plus mêlée
> « Avec les autres ; jette-la. »
> Volontiers, fais-je, mais cela
> Se faisait par une autre voie ;
> Car, par saint Jean, je les mangeais.

Mais un bon avocat saura bien colorer la chose et tirer Thibault l'Agnelet de ce mauvais pas :

> Je sais bien qu'il a bonne cause,
> Mais vous trouverez telle clause,
> S'il vous plaît, pour qu'il l'ait mauvaise.

Et l'immortelle scène du jugement quand Guillaume retrouve, en robe d'avocat, Pathelin le voleur de drap, Pathelin le moribond. Sa pauvre tête s'embrouille ; il ne sait plus s'il réclame le drap ou les moutons :

LE JUGE
Sus ! revenons à nos moutons.
Qu'en fit-il ?
GUILLAUME
Il en prit six aunes.

Et la fureur de Pathelin, dupé à son tour, quand Agnelet, tiré d'affaire, et sommé de payer son avocat, lui répond en bêlant, comme il a répondu au juge. Ainsi du premier vers au dernier, la verve, la gaieté, l'esprit, le trait comique et la finesse d'observation ne tarissent pas dans *Pathelin*, ce chef-d'œuvre de la farce française.

Beaucoup de farces ont d'ailleurs une portée plus ambitieuse; beaucoup sont remplies d'allusions aux événements politiques et de récriminations contre les puissants du jour. Pendant un siècle et demi environ (de 1440 à 1580) la France, qui n'avait en ce temps-là ni tribune politique, ni clubs, ni journaux, trouva sur la scène comique un lieu favorable à l'expression de ses vœux, de ses griefs, de ses doléances, et se servit de la comédie pour louer quelquefois, plus souvent pour railler et maudire les gouvernants et dire librement sur les choses d'État le mot de l'opinion nationale ou du moins de l'opinion populaire. Dans cette revue décousue, alerte et presque constamment satirique des événements publics, il ne faut chercher, comme on pense, ni l'impartialité, ni la profondeur des jugements. C'est l'histoire de France traduite en caricature avec le degré de vérité propre à ce genre qui n'est plaisant que si les traits qu'il exagère et qu'il déforme ne sont pas complètement imaginaires. La bouffonnerie n'a son prix et la charge n'a sa portée qu'à condition que ce qu'elle grossit soit, au fond, la réalité.

A ce genre appartiennent « la farce morale à cinq personnages, à savoir Métier (les artisans), Marchandise (les marchands), le Berger (les paysans), le Temps, « les Gens », ou bien « la Bergerie nouvelle fort joyeuse et morale de *Mieux que devant* », ou bien « la farce nouvelle de Marchandise, Métier, Peu-d'acquêt, le Temps-qui-court et Grosse-Dépense. » Ces trois pièces, composées sous Charles VII, attaquent tantôt les seigneurs brouillons et avides, qui troublaient l'œuvre du roi par ambition personnelle ou par avarice; tantôt les réformes de la royauté, résumées malicieusement dans *Grosse-Dépense*; ou les pilleries des gens de guerre, mal résignés, après cent ans de désordre, à s'abstenir de vivre sur l'ami, à défaut d'ennemi. La « farce des Gens nouveaux qui mangent le Monde et le logent de mal en pire », écrite aux premiers jours d'un règne nouveau, se moque des belles promesses que font toujours les gouvernements nés de la veille; elle peut appartenir aux débuts de Louis XI ou à ceux de Charles VIII. Mais le régime de Louis XII fut le plus favorable aux libertés de la comédie politique; le roi avait le goût très rare de la vérité; il aimait à entendre faire la satire des abus qui se commettaient dans son gouvernement. « Je veux qu'on joue en liberté », disait-il (selon Jean Bouchet, dans ses *Annales d'Aquitaine*), et que les jeunes gens déclarent les abus qu'on fait en ma cour, puisque les confesseurs et autres, qui sont les sages, n'en veulent rien dire. » Il eut aussi d'autres intentions moins désintéressées. Louis XII, en favorisant la farce et la sottie, se les attacha; il fit entrer le théâtre dans sa politique, il put se servir de la scène pour agir sur l'opinion et la tourner toute à ses vues dont la sagesse et l'opportunité étaient fort discutables [1].

François 1ᵉʳ fut moins tolérant, sans être plus sage; et, sous son règne, la satire politique fut réduite à se taire, ou à louer, ce qui est peu dans ses goûts. Elle reprit courage avec les guerres de religion et ne fut jamais plus agressive qu'en ces années de désordres et de luttes sanglantes. Les réformés se servirent du théâtre pour vanter leurs doctrines et noircir leurs

---

1. Voy. ci-dessous, p. 64.

adversaires; nombre de moralités, de farces et de sotties sont nettement protestantes et attaquent l'Église catholique et surtout le pape avec la dernière violence. Ces excès de langage ne contribuèrent pas peu à dégoûter la France de la comédie politique. Comme nous l'avons dit plus haut, à propos de la moralité, Henri IV, en rétablissant l'ordre, en ramenant la paix, dut se préoccuper de pacifier aussi la scène. Il ne paraît pas qu'il ait eu beaucoup de peine à en bannir absolument la politique et la religion. Les vices, les travers, les ridicules des conditions privées laissaient une assez ample matière à la verve et à la malice des auteurs comiques; ils durent s'en contenter. A la comédie ancienne succédait, comme en Grèce, la comédie nouvelle; Ménandre à Aristophane. A deux mille ans de distance et dans des conditions sociales absolument différentes, les choses avaient suivi le même cours. Il en sera toujours ainsi fatalement. La comédie politique et la satire personnelle au théâtre s'enhardissent par leur succès et périssent ensuite par leurs excès.

D'ailleurs, cette partie du répertoire de notre moyen âge, à la juger au seul point de vue littéraire, en dehors de l'intérêt historique qu'elle peut offrir, nous paraît inférieure aux farces qui peignent simplement les ridicules de la vie privée. Celles-ci n'ont ménagé aucun vice, aucun travers; mais les ruses des femmes, leurs mensonges, leurs artifices sont le sujet favori de cette comédie très peu galante.

Voici la farce de la *cornette* [1] par Jean d'Abundance, « bazochien et notaire royal », auteur fécond, dont cette petite pièce est le chef-d'œuvre. Les excellents vers y abondent; les caractères sont bien tracés. Un trop vieux mari est épris de sa trop jeune femme et

---

1. Écrite avant 1545.

celle-ci, comme la Béline du *Malade imaginaire*, laisse croire au crédule bonhomme que, s'il meurt, elle ne voudra pas lui survivre. En attendant, elle le trompe sans vergogne ; et deux neveux du vieillard, fort inquiets sur l'héritage, se mettent en devoir de l'avertir. Mais la tante les a fait épier par un valet ; elle s'arrange pour prévenir le coup : « Vos neveux sont fort insolents ; ils trouvent à redire à tout ce que vous faites : ils blâment surtout votre cornette, et prétendent qu'elle va tout de travers. » Le vieillard est furieux : « De quoi se mêlent mes neveux ? » Quand ceux-ci se présentent, à peine ont-ils ouvert la bouche que leur oncle les interrompt. « Je sais ce que vous m'allez dire. Elle me plaît comme elle est, elle peut aller de travers, si je le trouve bon. » Le quiproquo se prolonge, l'oncle parlant de sa cornette ; les neveux comprenant de la tante. A la fin, ils sont mis tous deux à la porte et le vieillard, fier de son énergie, redouble de tendresse et de confiance envers sa fidèle épouse.

L'ancienne comédie française est foncièrement hostile aux femmes, incrédule à l'amour, irrespectueuse envers le mariage. Il n'en faudrait pas conclure qu'il n'y eût au moyen âge ni femmes honnêtes, ni amours sincères, ni mariages heureux. Mais l'esprit comique et satirique est une réaction contre l'esprit poétique et chevaleresque. Celui-ci avait fort idéalisé la femme et l'amour. La satire et la comédie s'attachèrent à dénigrer et à rabaisser l'un et l'autre. Il y a beaucoup de monotonie et de redites dans ces attaques, mais aussi quelques jolis traits comme celui-ci :

Un pèlerin vient de parcourir une route bien longue, la route du mariage, et s'afflige d'être entré jadis en cette voie douloureuse :

> Ce chemin duquel on ne sort
> Que le plus faible ne soit mort [1].

La même inspiration a dicté quelques-uns de ces monologues, appelés *sermons joyeux*; tel est le sermon joyeux des *Maux de mariage*. Maux de l'état de fiançailles, maux du jour du mariage et maux du lendemain; maux de l'accouchement, du baptême et des relevailles; l'impitoyable « prêcheur » n'en oublie aucun dans son sermon en quatre points. La pièce abonde en jolis vers. Quelle déconvenue quand, la noce finie, les fournisseurs accourent pour se faire payer.

> Tout l'argent de son mariage
> Prendra volée, et s'en courra.
> Mais sa femme demeurera !

Depuis Aristophane et sa *Lysistrate* le théâtre comique a raillé volontiers les femmes émancipées. Celle du pauvre Jacquinot a fait jurer à son époux, le poing sous le nez, qu'il fera les trois quarts au moins de la besogne du ménage. On a tout écrit, pour assurer son obéissance; il doit soigner l'enfant, faire le pain, laver le linge et mettre le pot au feu; s'il résiste, on le battra ferme. Là-dessus, le *rôlet* signé, la terrible femme enjoint à Jacquinot de l'aider tout d'abord à tordre la lessive. Par mégarde ou par malice, le mari lâche à point le bout du drap qu'il retenait; voilà sa femme dans le cuvier. « A l'aide ! mon bon mari; tirez-moi de là, ou je meurs. » Jacquinot, gravement, consulte la charte de ses devoirs; il n'y est pas question de tirer sa femme du cuvier :

> Cela n'est pas à mon *rôlet*.

---

[1]. *Le Pèlerin, la Pèlerine*, farce de Claude Mermet (écrite vers le milieu du xvi° siècle).

Dix fois il adresse la même réponse aux supplications de la dame ; froidement le mari relit le *rôlet* ligne par ligne. A la fin l'épouse est domptée ; elle reconnaît humblement ses torts, et promet d'être à l'avenir soumise et obéissante. A ces conditions, elle est tirée du cuvier. Mais tiendra-t-elle parole ? On n'en sait rien, et Jacquinot conclut, sans trop se flatter :

Heureux serai, si marché tient.

Quoique nous possédions beaucoup de farces, peut-être n'avons-nous pas la centième partie des pièces de ce genre composées au moyen âge. Ce qui a survécu n'est rien au prix de ce qui a certainement existé, mais a péri sans laisser aucun souvenir. Dans chaque ville et dans beaucoup de bourgs, jusqu'au seuil du XVIIIe siècle, il a existé ou une ou deux, quelquefois même cinq ou six compagnies joyeuses qui n'étaient occupées à certains jours de l'année qu'à jouer des pièces, surtout des farces ; le répertoire dramatique n'était pas, comme aujourd'hui, tiré directement de Paris ; la capitale n'était pas encore devenue cette grande fabrique de rires et de larmes et d'émotions littéraires, où s'approvisionne à présent toute la France ; chaque province s'amusait elle-même avec l'esprit de son cru. Du Verdier s'exprime ainsi dans sa *Bibliothèque française*, en 1585 : « On ne saurait dire les farces qui ont été composées et imprimées, si grand en est le nombre, car au temps passé chacun se mêlait d'en faire. » Mais combien de ces farces ne furent jamais imprimées ! Ces fruits improvisés d'une verve toute locale et tout éphémère n'étaient pas estimés même par leurs auteurs, au delà de leur vrai mérite ; une fois qu'ils avaient fait rire l'objet semblait atteint, et la farce de la veille était oubliée, dès qu'on pensait à ébaucher celle du lendemain. Beaucoup de ces petites pièces purent n'être pas même écrites. On s'enseignait oralement les rôles, on les improvisait à moitié. Ainsi s'explique la perte à peu près complète d'un répertoire qui fut immense, mais dont tant d'accidents inévitables menaçaient la durée : à commencer par l'indifférence même des auteurs, presque tous anonymes, tous désintéressés du succès littéraire, et jaloux seulement de s'amuser eux-mêmes en amusant les autres.

Parmi ce grand nombre de farces dont le texte s'est perdu, donnons un souvenir à celle que Rabelais et ses amis, étudiants en l'université de Montpellier, représentèrent, vers 1530, « la morale comedie de celuy qui avoit espousé une femme mute. » — « Le bon mary voulut qu'elle parlast. Elle parla, par l'art du medicin et du chirurgien qui luy coupperent un encyliglotte qu'elle avoit sous la langue. La parolle recouverte, elle parla tant et tant, que son mary retourna au medicin pour remede de la faire taire. Le medicin respondit en son art bien avoir remedes propres pour faire parler les femmes ; n'en avoir pour les faire taire. Remede unique estre surdité du mary contre cestuy interminable parlement de femme. Le paillard devint sourd par ne sçay quelz charmes qu'ilz firent. Sa femme, voyant qu'il estoit sourd devenu, qu'elle parloit en vain, de luy n'estoit entendue, devint enragée. Puis le medicin demandant son salaire, le mary respondit qu'il estoit vrayement sourd, et qu'il n'entendoit sa demande. Le medicin lui jecta ou doz ne scay quelle poudre par vertus de laquelle il devint fol. Adoncques le fol mary et la femme enragée se rallierent ensemble et tant battirent les medicin et chirurgien qu'ilz les laisserent a demy morts. » Et Rabelais, que réjouissaient fort ces généreuses volées de horions, ajoute en riant encore à ce souvenir de jeunesse : « Je ne ris oncques tant que je fis a ce *patelinage*. » (Tiers livre, chapitre XXXIV.)

Qu'est-ce que la sottie ? Nous la définirons d'un mot. C'est toute pièce jouée par des *sots*. Mais qu'était-ce que les sots dans le langage du théâtre et des facéties au moyen âge ? Une idée chère à la malice du « bon vieux temps », c'est que le monde est composé de fous ; et que la folie de ces fous est faite surtout de sottise et de vanité. L'acteur qui pour mieux figurer la folie humaine revêtait le costume traditionnel, la robe mi-partie de jaune et de vert, et le chaperon aux longues oreilles, prenait en même temps le nom de *fol* ou *sot* ; et quel masque commode que celui de la folie pour dire à tous, et surtout aux grands, leurs vérités !

Les *fêtes des Fous*, les *fêtes de l'Ane*, ces saturnales indécentes qui, jusqu'au milieu du XVe siècle, malgré les anathèmes des papes, des conciles, des évêques, déshonorèrent les églises, n'ont qu'un rapport très indirect avec les origines de notre théâtre comique. C'étaient des mascarades, mais non des comédies. Toutefois s'il est un genre de comédie dont l'origine peut être cherchée dans ces burlesques solennités, c'est la *sottie*. Les *sots* sont les anciens célébrants de la fête des Fous jetés hors de l'église par les conciles indignés, puis rassemblés sur la place publique ou dans le prochain carrefour pour y continuer la fête. La confrérie des Sots, c'est la fête des Fous sécularisée. A la parodie de la hiérarchie et de la liturgie ecclésiastiques, ils font succéder la parodie de la société tout entière. Dans toutes les villes de France (et non pas seulement à Paris, comme on l'a cru longtemps) il se fonda au XIVe siècle, et au siècle suivant, une foule de sociétés joyeuses, sous le nom de *sots*, ou sous d'autres noms. Elles prirent à tâche de s'amuser elles-mêmes, et

4

d'amuser les autres, en attaquant avec vivacité les ridicules contemporains. Les *Enfants sans souci* à Paris avec leurs dignitaires, le *Prince des sots*, la *Mère-Sotte*; en province, la *Mère-Folle* à Dijon, les *Connards* ou *Cornards*, à Rouen ou à Évreux, sont les plus célèbres de ces sociétés, mais il en existait cinq cents autres et peut-être davantage, dans toutes les provinces de France.

Le répertoire des *sots* varia infiniment, quant aux sujets et à la portée des pièces représentées par eux. Ils descendirent souvent jusqu'à l'extrême niaiserie, et franchirent même la limite où l'art dramatique, à force de s'abaisser, se transforme en cabrioles, en échange de horions et de coups de pied; bref ils aboutissent, de ce côté, à la simple parade foraine. Ils s'élevèrent quelquefois jusqu'à la satire politique; ils furent les interprètes très hardis des griefs populaires, ils furent même, à certains jours, les confidents non avoués de la pensée royale, chargés d'amener le peuple à appuyer de ses applaudissements une politique ambitieuse. La sottie a connu la grandeur et la décadence; elle a tenu lieu, dans un temps, de la tribune et de la presse non encore inventées. A la fin elle s'est perdue dans les calembours des bateleurs.

La farce des *Gens nouveaux* est sans doute une sottie écrite au début d'un règne, celui de Louis XI ou plutôt de Charles VIII. Les seigneurs, affranchis par la mort du vieux roi, promettaient alors monts et merveilles; la petite bourgeoisie, qui n'avait point haï Louis XI, son *compère*, demeurait défiante. De là ce joli tableau satirique. Les *Gens nouveaux* s'élancent sur la scène en vantant leur savoir-faire :

> Du temps passé n'avons que faire,
> Ni du fait des gens anciens.
> Nous allons par autres moyens.
> Somme, nous sommes gens nouveaux.

Place aux jeunes ! Mais quoi faire de vraiment nouveau ?
Faisons les avocats honnêtes, les seigneurs loyaux ;
les abbés retirés ; les médecins savants. Sur ce thème
ingénieux, on brode cent jolis vers. Le Monde arrive
alors et nos étourdis se mettent en tête de le gouverner. On en parle au Monde qui hoche la tête :

> Dieu ! tant de gens m'ont gouverné
> Depuis l'heure que je fus né.

Cependant ses derniers gouvernants s'en sont si mal
tirés ! Essayons de ces « gens nouveaux. » Mais voilà
que d'abord ils demandent de l'argent. « De l'argent,
dit le Monde ; mais c'est tout comme les autres ! » Les
gens nouveaux prennent sa bourse et se la partagent ;
puis ils mènent le pauvre homme au logis qu'ils lui
destinent. C'est un vieux hangar ouvert à tous les
vents. Le Monde récrimine. On le menace, on lui prend
quelques sous qui lui restaient encore. Il se tait ; il
baisse le nez, craignant toujours de tomber de mal
en pis.

Voici la sottie du *Monde* et des *Abus*. Le Monde
vieilli, fatigué, se plaint de sa décadence. Abus se
présente à lui, le console et l'endort. Pendant le sommeil du Monde, Abus appelle ses suppôts : Sot-Dissolu,
habillé en homme d'Église ; Sot-Glorieux, habillé en
juge ; Sot-Trompeur, habillé en marchand ; Sot-Ignorant, qui personnifie la bêtise populaire, et Sotte-
Folle, qui représente les femmes. Ces sots, pour se distraire, s'amusent à tondre le Monde ; puis, quand ils
l'ont tondu, le trouvent si laid, qu'ils le chassent avec
mépris, et veulent en construire un nouveau. Chacun
apporte les vices qui conviennent à sa profession ;
et sur ces beaux piliers, on bâtit le Monde nouveau.
En apportant l'Avarice, Sot-Glorieux lance un trait
hardi contre l'économie chère à Louis XII :

Libéralité interdite
Est aux nobles pour avarice :
Le chef lui-même y est propice.

Voilà le nouveau Monde édifié : les Sots commencent à faire la cour à Sotte-Folle, pour se distraire. Afin de l'éblouir, ils font à l'envi des sauts périlleux et des tours de force. Mais ils ont heurté l'un des piliers fragiles : tout s'écroule sur leurs têtes ; ils s'enfuient ; ils disparaissent ; le vieux Monde rentre en scène, et moralise sur la folie de ces constructions éphémères.

Voici l'apogée de la sottie, le chef-d'œuvre du genre, et surtout la pièce où se marque le mieux l'importance du rôle qu'eut un moment le théâtre au moyen âge, c'est le *Prince des sots* de Gringore [1].

En 1510, le pape Jules II, d'abord notre allié en Italie, s'était tourné contre Louis XII : un concile français réuni à Tours reconnut que le roi avait le droit de faire la guerre au pape. Louis XII voulut aller plus loin et faire déposer Jules II. Pour gagner l'opinion publique à une politique si hasardeuse, il usa de tous les moyens ; entre autres il fit appel à la verve satirique du poète Pierre Gringore, qui avait déjà servi les desseins du roi dans divers pamphlets rimés. Chargé par le roi, ou de sa part, d'ameuter l'esprit populaire contre la papauté, Gringore fit représenter aux Halles de Paris, le mardi gras 24 février 1512, le *Jeu du Prince des sots*. Les acteurs furent les *Enfants sans souci* dont Gringore était le second dignitaire sous le nom de

---

1. Gringore ou Gringoire, né vers 1475, écrivit, de 1500 à 1527, un grand nombre de pièces de vers de tous genres ; entre autres plusieurs pamphlets politiques contre nos ennemis italiens, les Vénitiens, Jules II ; un *mystère* de *Saint Louis*, etc. Il finit sa vie auprès du duc de Lorraine, qui l'avait fait son héraut d'armes. En 1512, il était *Mère-Sotte* des Enfants sans souci de Paris. C'était la seconde dignité dans cette confrérie joyeuse. En cette qualité, il dut jouer en personne le rôle de Jules II, dans la sottie du *Prince des sots*.

Mère-Sotte. Le chef de la confrérie était le *Prince des sots*.

Au début du jeu, trois sots s'entretiennent vivement de la situation politique et récriminent contre les ennemis du Prince des sots; on l'amuse, on le trompe; il faut en finir avec eux. Le Prince est trop bon, trop ami de la paix, trop prompt à pardonner. Cet entretien est interrompu par l'arrivée des seigneurs et prélats. La confusion se poursuit à dessein entre le royaume de la Sottise et le royaume de France. Seigneurs et prélats portent tous des noms burlesques, qu'avaient vulgarisés les farces et les facéties du temps. Mais leur nom et leur caractère offrent une allusion constante à des personnages réels et bien connus. Enfin paraît le Prince des sots qui figure le roi même, et après lui Sotte-Commune qui figure le peuple. Sotte-Commune veut la paix à tout prix; et supplie le roi et les grands d'attendre au moins qu'on les attaque. Mais cela ne tardera guère. Voici l'entrée de Mère-Sotte, « habillée comme l'Église », c'est-à-dire habillée en pape, appuyée sur *Sotte-Fiance* et *Sotte-Occasion*, à qui elle explique sa merveilleuse politique en disant :

> La bonne foi c'est le vieux jeu.

Pour séduire les prélats, pour les détacher du Prince des sots, Mère-Sotte leur offre des chapeaux rouges. Elle veut aussi séduire la fidèle noblesse ; mais elle y échoue. Il n'importe ; elle a trop grande hâte d'engager la bataille. Mère-Sotte crie : « Aux armes! » et saisit son épée. Le 11 janvier 1511 Jules II tout armé était entré par la brèche dans la place de la Mirandole. La mêlée s'engage et Commune en gémit disant à demi-voix :

> Je paye en fin toujours l'écot.

Mais voici que dans la bagarre on a déchiré le vêtement d'emprunt dont se couvrait Mère-Sotte; on la voit telle qu'elle est, et Commune s'écrie joyeusement :

> Afin que chacun le cas note,
> Ce n'est pas mère Sainte-Église
> Qui nous fait guerre; sans feintise
> Ce n'est que notre Mère-Sotte.

Qu'on détrône cette intruse; c'est-à-dire : qu'on dépose ce faux pape.

> Mère-Sotte selon la loi
> Sera hors de sa chaire mise.
> Car elle fut posée, de fait,
> En sa chaire par Simonie.

Nous l'avons dit plus haut, ces jours de licence absolue ne durèrent pas longtemps; la liberté du théâtre ne survécut pas à Louis XII; dès le règne de François Ier une censure vigilante, et quelquefois sévère, réprima l'audace des *sots* et les réduisit aux attaques détournées et à la satire des mœurs privées.

Nous pouvons rattacher à la farce et à la satire un genre qui en est voisin : le monologue, à l'heure présente assez à la mode et florissant d'un regain de jeunesse, tellement qu'il se croit à tort né d'hier. Il brillait sous le même nom, dans la mê... ..., au temps du roi Louis XI, et s'amusait dé... ... les mêmes ridicules, à peu près de la mê... ...on. Le plus souvent c'est un récit burlesque dans lequel un personnage plaisant raconte naïvement ses travers ou ses vices. Un genre particulier de monologue portait le nom de *sermon joyeux*. Le sermon joyeux est né de la fête des Fous; le premier qui s'avisa, dans l'ivresse bruyante de la fête, de monter dans la chaire chrétienne et de parodier le prédicateur dans une improvisation bachique, débita le premier sermon joyeux. Plus tard, le prêcheur bouffon, enfin chassé de l'église, trouva un refuge sur le théâtre et put y continuer impunément, chose étrange! la parodie du discours chrétien; le genre s'étendit, se régularisa; il adopta les vers, il conserva le texte, tiré de l'Écriture sainte, avec un sens détourné; il affecta les divisions scolastiques, imitées exactement des usages de la chaire.

Le monologue du *Franc-Archer de Bagnolet* est le chef-d'œuvre du genre, et l'une des meilleures pièces de notre ancien répertoire. On a pu l'attribuer à Villon sans faire injure à ce grand poète. Mais en réalité on n'en connaît pas l'auteur, non plus que celui de *Pathelin*, qui est une œuvre de la même date (environ 1470).

Les francs-archers créés sous Charles VII, par lettres royaux du 28 avril 1448, furent rapidement impopulaires; car la charge de les entretenir pesait directement sur les bourgs; leur lâcheté fut proverbiale, et leur indiscipline fort gênante. Louis XI les supprima en 1480. Cette petite pièce a dû contribuer à achever le discrédit de cette institution malheureuse.

Le brave Pernet, franc-archer de Bagnolet (nous ne savons pourquoi ce petit village prêtait à rire traditionnellement), sort de chez lui un matin tout bouillant d'humeur guerrière. Il jette un défi aux vents, et déclare « qu'il ne craint page

S'il n'a point plus de quatorze ans. »

Ce procédé comique est fréquent dans les monologues : un personnage vante sa bravoure et raconte à l'appui dix traits illustres de sa lâcheté. Pernet n'a jamais tué que des poules, quand leur maître n'était pas là. Il avait fait un prisonnier, mais celui-ci l'ayant saisi à la gorge, il a crié grâce ; on l'a secouru, il a pu fuir. Il dit, avant Panurge :

> Je ne craignais que les dangers.

Encore se vante-t-il, car tout à coup le voici tout tremblant. Qu'a-t-il vu? Un épouvantail à moineaux; il le prend pour un homme d'armes; il tombe à genoux; il meurt d'effroi. Ce guerrier porte la croix blanche; le franc-archer crie : « Je suis Français. » Mais le vent souffle, et tourne le mannequin qui présente une croix noire : « Je suis Breton, crie le franc-archer, fou de peur; faites-moi quartier. » L'ennemi reste muet, inexorable. Faudra-t-il donc mourir ici? Le franc-archer tombe à genoux et commence sa confession dernière. Tout à coup, le vent souffle plus fort et fait choir l'épouvantail. « Monseigneur, ce n'est pas moi », crie Pernet tout d'abord. Puis il se rassure peu à peu ; il approche tout doucement : « Hé quoi! ce n'est qu'un homme de paille ! Se moque-t-on de moi maintenant? » Et il bat le mannequin à coups redoublés, puis, mieux avisé, le dépouille et s'enfuit en volant la robe :

> Parbleu! si me disait le cœur
> Que j'en viendrais à mon honneur.

Ces pages suffisent peut-être à donner une idée générale à peu près juste de ce que fut le théâtre au moyen âge. On voit que le nombre des pièces représentées, la foule des spectateurs et la popularité des spectacles dépassent beaucoup la valeur littéraire et poétique des œuvres. Le moyen âge eut, il est vrai, le mérite assez grand de ne devoir qu'à lui-même son répertoire dramatique, et de le tirer tout entier de son propre fonds sans rien emprunter des anciens ni des étrangers ses voisins [1]. Mais en louant cette originalité de notre vieux théâtre, on est forcé d'avouer qu'elle a produit peu de chefs-d'œuvre ; les mystères n'ont d'autre valeur que la haute conception du genre (trop supérieure, hélas! à l'exécution); puis quelques belles pages, et des traits heureux perdus dans un fatras pédantesque ou trivial. Les moralités, pour la plupart, valent moins encore et sont glacées par l'emploi constant de l'ennuyeuse allégorie. Les farces, plus courtes, ont quelque chose de plus franc, de la gaieté, de la verve; elles veulent être amusantes, elles le sont quelquefois; mais trop souvent leur grossièreté révolte les moins délicats. Les sotties sont intéressantes pour l'histoire, quand elles touchent à la politique; ailleurs leur mérite est celui d'une parade foraine. En somme, tout ce répertoire, sérieux ou plaisant, est plus curieux que beau ; mais toutefois on aurait grand tort de l'ignorer ou de le dédaigner : car son importance fut grande, et l'on connaîtrait mal l'histoire du moyen âge si l'on négligeait d'étudier celle du théâtre qu'il créa et dont il fit ses délices.

Rien ne contribua plus à la popularité de ce théâtre que le caractère des acteurs, pris dans tous les rangs de la société, non dans une classe distincte. Le moyen âge n'a jamais connu la profession de comédien; tous ses acteurs furent des amateurs qui se prêtaient au théâtre par goût, et n'en vivaient pas. Les joueurs de mystères furent des prêtres, des nobles quelquefois, mais surtout des bourgeois et des artisans. Les joueurs de farces, de moralités, de sotties furent des basochiens, des écoliers, des suppôts de compagnies

---

[1]. Tout le fond des mystères appartient, il est vrai, à l'histoire religieuse et à la légende. Mais le moyen âge développa cette donnée traditionnelle selon ses idées propres, et en prêtant le plus souvent aux personnages anciens les mœurs, les sentiments et le langage des contemporains.

joyeuses, tels que les Enfants sans souci; et en général, quiconque voulut jouer, joua; ni la loi ni les mœurs ne s'y opposèrent; le théâtre était libre, entièrement libre. Les Enfants sans souci jouaient surtout des sotties, et quelques-uns de ces joyeux compères trouvèrent tant de plaisir, et de profit peut-être, dans le théâtre, qu'ils s'en firent peu à peu comme un métier; il n'y a pas grande différence entre tel « Enfant sans souci » du XVIe siècle, tel que le fameux Jean de Pontalais, et tel acteur comique moderne, du genre bouffon. Mais les basochiens ne furent jamais que des amateurs, aussi bien que les écoliers. Les clercs du parlement de Paris formaient depuis l'an 1303 une corporation sous le nom de royaume de la Basoche; cette société de protection mutuelle et d'amusements communs célébrait des fêtes périodiques auxquelles elle commença, vers la fin du XIVe siècle, à joindre des représentations dramatiques. Les confrères de la Passion ayant le monopole des mystères, la Basoche joua surtout des moralités et des farces et se fit dans ce genre une grande renommée. Les autres villes parlementaires en France possédaient aussi des basoches qui se mêlaient souvent de théâtre, mais avec moins d'éclat que les clercs parisiens. Les basochiens dans leurs libres jeux attaquaient un peu tout le monde, mais surtout les ridicules et les vices des gens de leur ordre : juges ou avocats, huissiers ou procureurs. *Pathelin* dut naître dans la Basoche; il est tout imprégné de son esprit.

CHAPITRE III

LA TRAGÉDIE ET LA COMÉDIE AU XVIᵉ SIÈCLE
(1552-1600.)

La décadence des *mystères* commence avant le milieu du XVIᵉ siècle. A les juger comme œuvre littéraire et morale, depuis bien des années le genre était malade ; gâté par ces graves défauts que nous avons dits : la faiblesse et la négligence du style ; la prolixité dans les détails ; l'exagération dans l'emploi du comique [1]. Mais la popularité du drame chrétien grandissait toujours : au lendemain des représentations bruyantes et applaudies des *Actes des Apôtres* à Bourges en 1536 et à Paris en 1541 ; du *Vieux Testament* à Paris en 1542 ; de la *Passion* à Valenciennes en 1547, on aurait pu penser qu'un long et brillant avenir était réservé au théâtre religieux.

Malgré ces apparences de vie et d'éclat, le mystère était sur le point de disparaître et de périr, et la première moitié du siècle n'était pas encore achevée quand l'arrêt du Parlement de Paris du 17 novembre 1548 lui porta un premier coup, qui fut presque mortel. Sans doute l'arrêt ne concernait qu'une seule ville et

---

1. On pourrait ajouter pour les années les plus récentes : par l'indiscrète magnificence du costume et de la mise en scène. Des représentations comme celle des *Actes des Apôtres*, donnée à Bourges en 1536, tournaient à l'exhibition et à la mascarade : la robe et les pierreries de l'acteur intéressaient le public bien plus que la pièce.

une seule compagnie d'acteurs : Paris et les confrères de la Passion, à qui la Cour interdisait absolument la représentation des pièces sacrées, en leur reconnaissant d'ailleurs le privilège de représenter seuls dans la capitale toutes pièces « licites et profanes. » Mais le contre-coup de cette révolution se fit rapidement sentir jusqu'aux extrémités de la France. Dès cette époque Paris donnait le ton, imposait la mode. Ce qui mourait à Paris languissait bientôt dans toutes les provinces.

Plusieurs causes réunies conspiraient ensemble pour la disparition des mystères : les attaques des protestants, les scrupules des catholiques, le dégoût des lettrés, tendirent au même objet ; la Renaissance et la Réforme, la Pléiade et les calvinistes, ennemis sur beaucoup d'autres terrains, se prêtèrent la main pour anéantir le théâtre religieux.

Les protestants s'indignaient contre une audacieuse licence qui, mettant la Bible en scène, osait l'altérer si gravement par un mélange perpétuel d'ornements et d'inventions très profanes, d'épisodes plaisants et comiques. Les catholiques n'avaient pas vu grand mal auparavant dans ces licences traditionnelles : l'indignation des protestants leur inspira des doutes et bientôt des scrupules. A un autre point de vue, alors que la Bible entre les mains des protestants était devenue comme une enseigne de révolte contre l'Église, certains catholiques craignaient que le théâtre, par un commerce trop familier avec les livres saints, n'offrît un piège à la foi des faibles.

Un tout autre scrupule souleva dans le même temps, contre les mystères, une opposition non moins décisive : celle de tous les lettrés ou érudits, admirateurs de l'antiquité grecque ou romaine et partisans d'une révolution qui, coupant court à la tradition, substituerait brusquement à tous les genres littéraires du moyen âge les genres et les modèles classiques, restitués, remis en honneur.

Jean de la Taille, dans son discours sur l'*Art de la tragédie* (1572), abandonnait tout l'ancien théâtre « aux varlets et menu populaire », l'interdisant « aux personnes graves. » Il ajoutait : « Je voudrais bien qu'on eût banni de France (veut-il dire par autorité du roi?) telles amères *épiceries* qui gâtent le goût de notre langue, et qu'au lieu on y eût adopté et naturalisé la vraie tragédie et comédie, qui n'y sont point encore à grand peine parvenues, et qui toutefois auraient aussi bonne grâce en notre langue française, qu'en la grecque et la latine. » Mais qu'appelle-t-il la vraie tragédie? C'est celle qui est faite « selon le vrai art et au moule des vieux, comme d'un Sophocle, Euripide et Sénèque. »

Mais déjà le vœu de Jean de la Taille était exaucé. Un théâtre tout nouveau, du moins renouvelé, date, en France, de la Renaissance. Dans la *Défense et Illustration de la Langue française*, manifeste audacieux de la jeune école poétique [1], Joachim du Bellay avant Jean de la Taille avait déjà traité avec le même dédain tous les anciens genres dramatiques : « Quant aux comédies et tragédies, si les Rois et les Républiques les voulaient restituer en leur ancienne dignité qu'ont usurpée les farces et moralités, je serais bien d'opinion que tu t'y employasses, et si tu le veux faire, pour l'ornement de ta langue, tu sais où tu en dois trouver les *archétypes*. » Du Bellay invitait ainsi ses contemporains à ressusciter en français Sophocle et Ménandre. Déjà, vers 1540, Lazare de Baïf (père du poète) avait traduit l'*Electre* de Sophocle, et l'*Hécube* d'Euripide; en 1550, Ronsard fit jouer au collège de Coqueret la traduction du *Plutus* d'Aristo-

---

[1]. Publié en 1549.

phane. Mais Du Bellay voulait qu'on ne se bornât point à traduire les anciens; il voulait qu'on les imitât dans des œuvres originales et que ces œuvres fussent en français. Car dès 1540 Buchanan faisait jouer au collège de Guienne à Bordeaux, ses tragédies latines, *Jephté, Jean-Baptiste*. Montaigne, entre onze et quatorze ans, tint son rôle dans ces représentations scolaires dont il se rappelait l'éclat avec attendrissement [1]. Mais ces jeux étaient en latin, et Du Bellay disait très bien dans la *Défense* : « Nous n'atteindrons jamais les anciens, si nous nous obstinons à lutter contre eux dans leur propre langue. »

Enfin Jodelle avec l'audace de la jeunesse (il avait à peine vingt ans) répondit à l'appel de Du Bellay et de Ronsard, et, dès 1552, fit jouer *Cléopâtre* à l'Hôtel de Reims, puis au collège de Boncour, « où, dit Pasquier, toutes les fenêtres étaient tapissées d'une infinité de personnages d'honneur et la cour si pleine d'écoliers que les portes du collège en regorgeaient. » L'auteur et ses amis s'étaient chargés des principaux rôles. Après la représentation, Ronsard et sa troupe de poètes emmenèrent Jodelle à Arcueil pour célébrer son triomphe et, dans une fête renouvelée des Grecs, lui offrirent le bouc symbolique dont on récompensait à Athènes le vainqueur des concours tragiques. Leurs ennemis prétendirent qu'on avait sacrifié le bouc, et accusèrent la Pléiade de vouloir restaurer le paganisme. Ronsard protesta contre cette calomnie ridicule :

> ...Deux ou trois ensemble en riant ont poussé
> Le père du troupeau au long poil hérissé...
> Il venoit à grands pas, ayant la barbe peinte;
> D'un chapelet de fleurs la tête il avait ceinte;
> Le bouquet sur l'oreille, et bien fier se sentait
> De quoi telle jeunesse ainsi le présentait.

1. *Essais*, I, 25 (à la fin du chapitre).

Puis il fut rejeté pour chose méprisée,
Après qu'il eut servi d'une longue risée,
Et non sacrifié...

L'innocence de la Pléiade est hors de doute ; Ronsard et les siens, bons chrétiens au fond du cœur, n'étaient païens que d'imagination, et ne songeaient pas sérieusement à rétablir le culte de Dionysos. Mais avaient-ils mieux réussi à restaurer celui de la tragédie grecque ?

Une rapide analyse de *Cléopâtre* fera mieux saisir comment cette tragédie annonce déjà les œuvres classiques, et par où elle en diffère. L'acte premier contient trois scènes. Dans la première l'ombre d'Antoine raconte ses malheurs, son suicide et annonce celui de Cléopâtre. Dans la seconde, Cléopâtre s'entretient avec ses femmes et s'accuse d'avoir causé la perte d'Antoine. La troisième scène est un chœur de femmes d'Alexandrie qui déplorent l'inconstance de la Fortune.

Dans l'acte II, Octavian (Octave) et Agrippe moralisent longuement sur la fin d'Antoine, et expriment la crainte que Cléopâtre ne veuille le suivre dans le trépas. Puis le chœur chante les excès de l'orgueil humain, et raconte les traits fameux des punitions célestes, Prométhée cloué au rocher, Icare brûlé du soleil, etc.

Dans l'acte III, Cléopâtre essaye d'obtenir sa liberté en promettant de livrer ses trésors, et le chœur prévoit que cette reine altière ne souffrira pas l'esclavage.

Dans l'acte IV, Cléopâtre, repoussée par l'inexorable Octave, annonce qu'elle a résolu de mourir ; suivie de ses femmes, elle se rend au tombeau d'Antoine et le chœur déplore la fin prochaine de la reine.

L'acte V annonce la mort de Cléopâtre, et les lamentations du chœur terminent la pièce.

Telle est cette *Cléopâtre* accueillie jadis avec un si grand enthousiasme ; aujourd'hui nous la trouvons ennuyeuse et froide. L'action est nulle ; en cinq actes, il ne se passe rien, que la mort de Cléopâtre, qui n'est même pas racontée, mais annoncée. La pièce semi-didactique et semi-lyrique, mêlée de longues conversations, de monologues et de chœurs, est toute en réflexions morales et en effusions chantées ; elle n'est nullement dramatique. Toutefois cette tragédie de peu de mérite est importante dans l'histoire littéraire, car c'est une œuvre d'initiative. Par le choix de la fable, par le petit nombre des personnages et par la simplicité de l'action ; par l'observation rigoureuse des unités ; par la narration substituée à l'action, et par le dialogue substitué au spectacle, enfin par un effort soutenu vers le style noble [1], elle annonce la tragédie classique, mais elle en diffère par l'énorme extension donnée à l'élément lyrique. Les successeurs de Jodelle tendront tous à le restreindre. On éliminera les chœurs, puis les stances, enfin les monologues où il subsistait encore quelque chose de lyrique. Il faut convenir que le chœur est absolument déplacé dans la tragédie française, où les évolutions rythmées, vraie fonction du chœur antique, n'ont plus aucune part. Jodelle avait conservé le chœur par pure idolâtrie de la tradition antique.

Une autre tragédie de Jodelle, *Didon se sacrifiant*, offre les mêmes caractères avec plus de bonnes parties, grâce à Virgile, dont l'*Énéide* a fourni beaucoup de vers à notre poète.

> Va, je ne te tiens point ! suis ta terre italique.
> J'espère bien enfin (si les bons Dieux au moins

---

1. Le mystère était écrit en vers de six syllabes. Jodelle emploie tantôt celui de 10 et tantôt celui de 12.

Me peuvent être ensemble et vengeurs et témoins),
Qu'avec mille sanglots tu verras le supplice
Que le juste destin garde à ton injustice.
Assez tôt un malheur se fait à nous sentir ;
Mais, las ! toujours trop tard se sent un repentir.
Quelque île plus barbare où les flots équitables
Te porteront en proie aux tigres, tes semblables ;
Le ventre des poissons, ou quelque dur rocher
Contre lequel les flots te viendront attacher,
Ou le fond de ta nef, après qu'un trait de foudre
Aura ton mât, ta voile et ton chef mis en poudre.
Sera ta sépulture ; et mêmes en mourant
Mon nom entre tes dents on t'orra murmurant,
Nommant Didon ! Didon ! et lors toujours présente
D'un brandon infernal, d'une tenaille ardente,
Comme si de Mégère on m'avait fait [1] la sœur
J'engraverai ton tort dans ton parjure cœur :
Car quand tu m'auras fait croître des morts le nombre,
Partout devant tes yeux se raidira mon ombre.

Il y a beaucoup d'emphase dans ce style, mais si on le compare à la platitude des mystères le progrès est grand. On ignore si la *Didon* fut représentée ; ces tragédies de collège et de cabinet où deux personnages inertes débitent tour à tour plusieurs discours de cent cinquante à deux cents vers, ne pouvaient guère se soutenir longtemps sur le théâtre public. Après que la première curiosité fut épuisée, elles durent paraître monotones aux spectateurs et probablement l'on se borna de bonne heure à les lire. Sénèque le Tragique était, parmi les anciens, le seul que Jodelle et ses successeurs eussent vraiment bien étudié, bien compris, malgré la prétention qu'ils affichaient d'entendre à merveille Sophocle et Euripide. Il est naturellement le tragique favori des novices, des commençants, avec ses beautés tout en saillie et en relief, sa déclamation, ses sentences. Mais Sénèque

---

1. L'accord du participe passé n'a été réglé que par Vaugelas, dans ses *Remarques* publiées en 1647.

avait écrit pour être lu, non pour être joué [1]. Tel fut le principal objet que se proposèrent les successeurs de Jodelle. Jean Bastier, dit de La Péruse, du nom de son petit village natal (près de Confolens), mourut dès 1556, à vingt-cinq ans, laissant une tragédie de *Médée*, imitée aussi de Sénèque. Jean Bastier avait été l'un des acteurs de la *Cléopâtre*. Charles Toutain publia en 1555 un *Agamemnon*, également calqué sur Sénèque. Jacques Grévin fit jouer au collège de Beauvais, le 16 février 1560, la *Mort de César*, où il imite une tragédie latine de Marc-Antoine Muret ; c'est encore du Sénèque et comme à la seconde dilution. Toutefois l'auteur a, de son fait, écrit quelques beaux vers oratoires, et, çà et là, trouvé quelques situations dramatiques, au moins des germes de situations, car il ne sait guère en tirer parti.

Jacques de la Taille, mort à vingt ans, en 1562, avait déjà écrit deux tragédies : *Daire* (Darius) et *Alexandre*. Elles sont très faibles l'une et l'autre, et renferment des traits malheureux qui ont gardé une célébrité ridicule [2]. Son frère Jean de la Taille lui est bien supérieur : il eut davantage le temps de mûrir son talent, qui fut réel et délicat. Ses deux tragédies sacrées : *Saül* (1572) et les *Gabaonites* (1573), renferment de très belles parties, de beaux vers, de belles pages même, et, ce qui est plus rare au xvi**e** siècle, des situations pathétiques habilement ménagées, et un effort raisonné pour exprimer et peindre les caractères. Celui de Saül ne manque ni de vigueur, ni d'originalité, ni de poésie. Il va de soi que toutes sortes de faiblesses gâtent à tout moment ces belles qualités naturelles de Jean de la Taille [3].

1. La *poétique* de Jules-César Scaliger, qui fait autorité au xvi**e** siècle, tire la théorie de la tragédie exclusivement de l'étude de Sénèque.
2. On sait le fameux vers inachevé que prononce Darius mourant :

« Ma femme et mes enfants aie en recommanda.... »
Il ne put l'achever, car la mort l'en garda.

3. Une trilogie sur *David* de Loys Desmazures (1558) renferme quelques bons vers et l'expression aisée de

Il reste en somme inférieur à Robert Garnier [1], auteur de sept tragédies toutes remarquables, quoique aucune ne soit un chef-d'œuvre. Garnier est un vrai poète; il abonde en belles narrations, écrites avec une verve éloquente et une puissante imagination; ailleurs, et plus souvent, il offre des chœurs très remarquables par l'essor lyrique et l'heureuse variété des rythmes. Pourquoi faut-il que la science du théâtre et l'art de construire une pièce animée, intéressante, de développer une situation dramatique par la lutte des caractères opposés ou des passions contraires, lui fasse complètement défaut? Ronsard pouvait s'écrier, parlant de Robert Garnier :

> Quel son mâle et hardi! quelle bouche héroïque!
> Et quel superbe vers entends-je ici sonner?

Mais tout le théâtre n'est pas dans le style et même le style n'est pas la plus importante partie du théâtre. Voilà pourquoi Jodelle et Garnier lui-même n'ont guère donné que le squelette de la future tragédie classique. Toutefois tenons compte que Robert Garnier écrivait ses tragédies dans le feu des guerres civiles et religieuses; il intitulait sa *Porcie* « tragédie française, avec des chœurs représentant les guerres civiles de Rome, propre pour y voir dépeintes les calamités de ce temps [2]. » Ce genre d'intérêt, que ne sent plus la postérité, contribua sans doute à l'enthousiasme des contemporains.

La construction d'une tragédie de Garnier n'est guère plus compliquée que celle de *Cléopâtre*. Au commencement de *Porcie*, Mégère, l'une des trois

---

sentiments justes. Mais elle est peu dramatique.
1. Né à La Ferté-Bernard en 1534, mort en 1590.
2. Dans la *Dédicace* de la *Troade* (1578), il dit : « Les exemples anciens nous devront dorénavant servir de consolation en nos particuliers et domestiques encombres. » La même idée reparaît dans plusieurs de ses *préfaces*.

Furies, s'excite elle-même à pousser les Romains aux dernières horreurs. Un chœur de Romaines célèbre ensuite l'instabilité de la Fortune : et voilà tout le premier acte.

Dans le second, Porcie, femme de Brutus et fille de Caton d'Utique, exprime le regret de n'être pas morte avec son père. Le chœur vante le bonheur de la vie champêtre. La nourrice de Porcie moralise sur les vicissitudes de l'État romain, et essaye de consoler Porcie qui désespère de l'avenir. Le chœur s'effraye d'un bruit qui court que Brutus vaincu s'est tué.

L'acte III nous offre d'abord les longues réflexions du philosophe Arée, confident d'Octave qu'il exhorte inutilement à la clémence envers les vaincus. Il y a dans cette scène un certain souffle dramatique. Antoine paraît à son tour et raconte, en vrai fanfaron, les travaux d'Hercule, son ancêtre, en ajoutant que les siens sont au moins égaux. Les triumvirs se séparent après s'être partagé le monde; un chœur de soldats réclame le loyer de leurs longs services.

Quatrième acte : un messager vient raconter la bataille de Philippes et la mort de Brutus. Porcie se résout à mourir. Le chœur reproche aux Dieux de souffrir l'infortune des gens de bien et le triomphe des méchants.

Le dernier acte est court. La nourrice raconte au chœur le suicide affreux de Porcie, qui s'est tuée en avalant des charbons ardents. Le chœur gémit sur les malheurs de Brutus et de sa fidèle épouse, et la nourrice se poignarde pour ne pas survivre à sa maîtresse.

Mais une telle analyse, quoique exacte, donne une idée trop défavorable du talent de Garnier. Elle laisse trop voir qu'il ne sait ni combiner des situations ni créer des caractères vivants. Elle ne dit pas qu'il est souvent un très grand poète lyrique dans les chœurs, et un écrivain très éloquent dans les discours et les récits. Enfin l'édifice est mal construit; mais les matériaux sont précieux [1].

Les Juives ou *Sédécias* est assurément le chef-d'œuvre de Robert Garnier, et la meilleure tragédie de la Renaissance. Ce tableau de l'effroyable infortune des Juifs, après la défaite et la captivité de leur dernier roi, est peint avec beaucoup de force et de pathétique; l'action est faiblement conduite, mais le mouvement du style supplée en partie à celui qui manque dans l'enchaînement des faits. Garnier est un bon écrivain en vers, et sa facture n'a pas été inutile à des successeurs plus grands que lui, mais qu'il a contribué à former.

> Le Dieu que nous servons est le seul Dieu du monde :
> Qui de rien a bâti le ciel, la terre et l'onde.
> C'est lui seul qui commande à la guerre, aux assauts.
> Il n'y a Dieu que lui : tous les autres sont faux [2].

Il excelle non seulement dans le vers sentencieux; mais aussi dans le trait pittoresque; sa couleur est vive et ses images ont du relief : ainsi toute cette page fort belle où il décrit le sac de Jérusalem, emportée par les Assyriens, la fuite de Sédécias et de ses femmes durant la nuit :

> Chaque mère portant son enfant en ses bras.
> Vous eussiez eu pitié de nous voir demi nues
> Courant et haletant par sentes inconnues,
> Le front échevelé, regardant à tous coups
> Si l'ennemi sanglant accourait après nous.

Ce sont là beautés de style plutôt que proprement dramatiques. Toutefois *les Juives* sont la seule pièce

---

1. Ce n'est pas à dire qu'il n'y ait pas trop souvent beaucoup d'emphase dans les discours, et beaucoup de longueurs dans les narrations. Le récit de la mort d'Hippolyte, dans *Phèdre* de Racine, tient 73 vers, et, quoique beau, il paraît long. Le même récit, dans Garnier, occupe 170 vers!
2. *Les Juives*, IV, II.
Lui seul est Dieu, Madame, et le vôtre n'est
(*Athalie*.) [rien.

de Garnier où l'intérêt soit assez habilement suspendu par l'incertitude du spectateur, qui ne sait pas si Nabuchodonosor pardonnera au roi de Juda. Le caractère de ce vainqueur hautain, farouche, ivre d'orgueil, est assez fortement tracé.

Dans toutes ses tragédies, Garnier a conservé l'emploi du chœur, probablement par fidélité pure aux modèles antiques; son génie lyrique s'est déployé à l'aise dans une heureuse variété de rythmes, et dans des combinaisons de strophes souvent pleines de grâce et d'harmonie.

Nous sommes très disposés à blâmer chez Robert Garnier l'absence presque complète d'action dramatique ; toutefois comprenons bien qu'il conserve à dessein, plutôt que par impuissance, une sorte d'immobilité sur la scène. Il conçoit la tragédie comme l'exposition, l'étalage, pour ainsi dire, d'une situation pathétique, à peu près sans nœud et sans dénouement. Quand la situation est suffisamment contemplée, il termine la pièce par une narration et un chœur. Ainsi le mystère avait été tout spectacle ; la tragédie classique sera surtout la solution d'un problème moral ; la tragédie de Garnier, tout en se rapprochant de la tragédie classique, qu'elle annonce, demeure un genre intermédiaire.

Il faut distinguer d'ailleurs, dans le théâtre de notre auteur, ses premières pièces : *Porcie*, *Cornélie*, *Hippolyte* sont les plus maigres, et peuvent être qualifiées d'élégies dialoguées mêlées de morceaux oratoires. Dans *Marc-Antoine*, *la Troade*, *Antigone*, et surtout dans *les Juives*, l'action est plus nourrie, et Garnier s'efforce visiblement d'étendre son procédé dramatique et de lui donner plus d'intérêt avec plus de mouvement. Au reste ce n'est pas tant l'action qui manque chez Garnier, que le talent de la développer ; il emprunte quelquefois à Euripide trois tragédies pour en faire une seule qui paraît vide.

Robert Garnier n'a pas écrit seulement des tragédies : il a créé dans *Bradamante*, imitée de l'Arioste, un genre nouveau destiné à fleurir jusqu'au milieu du XVIIe siècle, sans toutefois fournir à la scène un seul chef-d'œuvre; c'est la tragi-comédie. On appela ainsi une tragédie dont le dénouement était heureux [1], et où le style plus familier admettait un élément semi-comique. Nous reparlerons plus loin de ce genre qui a fleuri surtout dans la première moitié du XVIIe siècle. Disons ici que Garnier l'inaugure avec bonheur. Sa *Bradamante* est une pièce agréable, où l'intrigue ingénieuse se déploie avec grâce, à travers des épisodes qui sont piquants sans être trop invraisemblables : l'auteur a voulu y mêler, presque à dose égale, le pathétique et le comique; il n'a pas réussi toujours à fondre les deux éléments disparates, mais d'autres après lui ne s'en sont pas mieux tirés [2].

Le Parlement de Paris qui avait interdit de jouer des mystères, ne put empêcher toutefois qu'on n'écrivît des tragédies sacrées dont plusieurs furent jouées sans doute. L'absence d'élément comique, la gravité

---

1. Le nom s'est d'abord employé un peu au hasard. En 1554 avait paru : *la tragique comédie de l'Homme justifié par foy*, par Henry de Barran (c'est réellement une moralité) ; en 1560, Antoine de la Croix donnait la *tragi-comédie des trois enfants dans la fournaise*. Au moyen âge on appelait *tragédie* tout récit même en prose, même non dialogué, dont le dénouement était malheureux; *comédie*, si le dénouement était heureux; c'est pour cela que le poëme de Dante, qui se ferme au Paradis, s'appelle : *Divine Comédie*.
2. Les sept tragédies de Garnier sont datées ainsi : *Porcie*, 1568; *Hippolyte*, 1573; *Cornélie*, 1574; *Marc-Antoine*, 1578; *la Troade*, 1578; *Antigone*, 1578; *les Juives*, 1580. *Bradamante* est datée aussi 1580. — Aux poètes dramatiques dont nous avons parlé qui ont écrit entre 1550 et 1600, joignons les noms plus obscurs de : Nicolas Filleul (auteur d'*Achille*, 1563, et de *Lucrèce*, 1566); Pierre Matthieu (auteur d'une *Clytemnestre* qui est rare par le ridicule). Jean de Beaubrueil, le père Fronton du Duc, jésuite (auteur de *la Pucelle de Domrémy*, jouée devant le duc de Lorraine en 1580). Notons encore une *Philanire*, 1560, de Jacques Rouillet, qui offre le mérite d'une situation dramatique assez belle et émouvante. La pièce avait d'abord été écrite en latin. Elle fut imitée en 1644 par Maréchal dans *le Jugement équitable de Charles le Hardi, dernier duc de Bourgogne*.

soutenue du style écartait tout danger, satisfaisait aux scrupules. Nous avons cité les noms de plusieurs de ces tragédies, obscurs essais d'un genre qui, avec *Polyeucte* et *Athalie*, devait enfanter des chefs-d'œuvre. Dès 1551, Théodore de Bèze avait fait représenter à Lausanne un *Abraham sacrifiant*, qui est encore un mystère, par l'inspiration d'où il sort; qui est déjà une tragédie par la forme sobre et sévère du style et de la composition. Il y a de vraies beautés dans cette pièce. La tragédie de *Caïn*, de Thomas Lecocq (1580), malgré son titre, est presque un pur mystère, et l'auteur emprunte beaucoup de notre vieux théâtre, mais en s'attachant à émonder le style.

On essaya aussi (que n'essaya-t-on point dans cette période féconde, mais anarchique de notre théâtre?), on essaya de mettre en scène les événements pathétiques du jour ou de la veille; imprudente entreprise, qui s'est renouvelée sous la Terreur, avec le même insuccès. Le *Coligny*, de Chantelouve, le *Guisien*, de Simon Belyard, ne sont que des pamphlets, où l'art dramatique n'a rien à voir. *Esther*, *Vasthi*, *Aman*, de Pierre Mathieu, auteur de *quatrains* moraux, presque aussi fameux jadis que ceux de Pibrac, forment une trilogie sacrée, dont l'auteur ne s'est soucié que de faire allusion à la corruption de la cour, et de donner d'amères leçons aux princes. Ces pièces, aussi bien que sa *Guisiade* (1589), sont des satires politiques, à ce titre assez curieuses.

La comédie est, de tous les genres littéraires, celui que la Renaissance a le moins modifié. Sans doute elle remit le nom en honneur, au lieu des noms de farces, de moralités, voués désormais au mépris. Elle prétendit imiter Plaute, Térence, Aristophane; mais tout en les imitant, parfois même en les traduisant, elle demeura originale, ou plutôt indigène dans la forme et le style ; une certaine verve de terroir anime toutes les comédies de ce temps, malgré l'effort des érudits et des pédants qui voudraient les calquer sur les patrons grecs et latins. La farce subsista, modifiée dans son titre et dans son cadre, mais non pas dans son fond. Un élément nouveau fut emprunté, non de l'antiquité, mais de la comédie italienne, qui inspira aux Français le goût et leur donna les modèles d'une intrigue plus compliquée, de ces *imbroglios* que la simplicité du moyen âge avait ignorés ou dédaignés.

Jodelle avait entrepris de renouveler en France, non seulement la tragédie, mais la comédie, et voulu y ramener Térence après Sophocle. A la suite de *Cléopâtre*, on avait joué à l'hôtel de Reims et au collège de Boncour *Eugène ou la Rencontre*, « ainsi nommé, dit Estienne Pasquier dans ses *Recherches de la France*, parce que au gros de la mélange (c'est-à-dire au fort de l'intrigue) tous les personnages s'étaient trouvés pêle-mêle casuellement dedans une maison ; fuseau qui fut fort bien démêlé par la clôture du jeu. » Le *prologue* d'*Eugène* est toutefois bien plus curieux que la pièce ; c'est une violente diatribe contre tous les prédécesseurs de Jodelle, tous les vieux comiques français. Il dit fort peu ce qu'il fera de neuf ; mais il se moque très haut de ce qu'on a fait jusqu'à lui, et surtout des *moralités* :

> On moralise un conseil, un écrit,
> Un temps, un tout, une chair, un esprit,
> Et tels fatras, dont maint et maint folâtre
> Fait bien souvent l'honneur de son théâtre.

Sans doute *Eugène* n'a rien d'une moralité ; mais il tient beaucoup des *farces* ; ou plutôt c'est une véritable farce, mais prolongée, divisée en actes et en scènes. Le fond est une satire du haut clergé, des abbés commendataires, satire cent et cent fois ressassée au moyen âge; la forme même n'a rien de si nouveau; c'est le même emploi preste et familier du vers de huit syllabes; c'est la même licence de langage et de situations, la même brutalité dans les mots, et aussi dans les caractères, tous tranchés, peints crûment, sans nuances. Il n'y a dans *Eugène* d'autre progrès bien marqué sur tout ce qui l'avait précédé, qu'un plus grand souci, quelquefois heureux, du style.

Les premiers successeurs de Jodelle dans la comédie n'ont pas innové beaucoup davantage. *La Trésorière* et *les Ébahis* de Jacques Grévin furent composés, comme autrefois tant de farces, sur des aventures réelles qui avaient défrayé tout récemment la chronique scandaleuse à Paris. Du moins l'auteur se vante dans ses *Avant-jeu* de n'avoir rien inventé [1]; ce n'est peut-être là qu'une feinte pour affriander la malignité publique. Mais par cette affectation de puiser ses sujets dans des aventures de quartier, la comédie de la Renaissance demeurait, sans l'avouer, fidèle aux traditions de la farce. Ce qui n'empêchait pas Jacques Grévin d'écrire majestueusement en tête de *la Trésorière* : « Je me contente de donner aux Français la comédie en telle pureté qu'anciennement l'ont baillée Aristophane aux Grecs, Plaute et Térence aux Romains. » Après Jacques Grévin, c'est Jean de la Taille, presque aussi jeune que Jodelle et Grévin (tous ces audacieux ont vingt ans, âge trop tendre pour écrire des comédies un peu fortes); c'est Jean de la Taille, qui, en tête de sa comédie en prose des *Corrivaux* (1562), commente ainsi ce titre encore presque neuf de *comédie*, dont la hardiesse lui paraît belle : « Oui, une comédie, pour certain, vous y verrez; non point une farce ni une moralité; nous ne nous amu-

---

[1]. De même dans la *Préface* des *Néapolitaines* de François d'Amboise : l'auteur prétend que sa comédie contient « une histoire vraie et fort récréative, avenue de notre temps en la ville capitale de ce royaume. »

sons point en chose ni si basse, ni si sotte, et qui ne montre qu'une pure ignorance de nos vieux Français... une comédie faite au patron, à la mode et au portrait des anciens Grecs et Latins. »

Tous ces auteurs de faible génie et de trop hautes visées sont aujourd'hui tombés dans un profond oubli. Quelques jolis vers et le nom de son auteur qui fut, dans ses meilleurs jours, un vrai poète, ont mieux protégé le souvenir de *la Reconnue*, par Remi Belleau. Un autre poète de la Pléiade, Baïf, fit jouer à l'hôtel de Guise, le 28 janvier 1567. *le Brave ou Taillebras*, traduit du *Miles Gloriosus* de Plaute. On sait que Ronsard, encore très jeune, avait aussi traduit le *Plutus* d'Aristophane, et l'avait même fait représenter au collège de Coqueret. Cette pièce est perdue. Il y a une observation assez fine des mœurs dans la *Lucelle*. comédie en prose de Louis le Jars; ce genre de mérite est rare dans le théâtre du XVIe siècle. Mais toutes les comédies de ce temps ne sont en somme que des essais plus ou moins faibles, jusqu'à Pierre Larivey.

Pierre Larivey, Champenois, né vers 1540, appartenait à une famille florentine établie à Troyes, et qui avait traduit en français son nom italien de *Giunto* (l'arrivé). Sa vie est peu connue; on sait seulement que, en 1605, il était chanoine de l'église Saint-Étienne. En 1580 il avait fait paraître un recueil de six comédies en prose, traduites de l'italien; trois autres comédies, également traduites, furent publiées par lui en 1611 [1]. On ignore si les pièces de Larivey furent jamais représentées.

Son procédé de traduction est remarquable. Persuadé, comme il le dit dans le prologue de *Constance*.

---

1. 1579 : *le Laquais; la Veuve; les Esprits; le Morfondu; les Jaloux; les Écoliers*; 1611 : *Constance; le Fidèle; les Tromperies*. — Il nomme lui-même ses originaux en francisant quelques-uns des noms : « Laurent de Médicis, père de Léon X; François Grassin; Vincent Gabiau; Hiérosme Razzi; Nicolas Bonnepart; Loys Dolce. »

que chaque époque doit produire sa comédie propre, où les mœurs du temps soient fidèlement dépeintes, Larivey, quoiqu'il n'invente rien, ne se borne pas à traduire simplement les originaux qu'il emprunte ; il les transpose pour ainsi dire, et tout ce qui était italien devient français ; tout ce qui était plus ou moins ancien devient moderne et contemporain ; les noms, les lieux, les mœurs, les caractères, les allusions, les proverbes. Jamais traductions n'ont paru à ce point originales. Son style est excellent, net, vif, et vraiment comique. Toutefois il s'excuse d'écrire en prose ; il allègue l'exemple des Italiens [1], et d'un poète même tel que l'Arioste, qui renonçait aux vers, quand il écrivait des comédies. Mais le préjugé en faveur des vers était si dominant en France, que pendant quatre-vingts ans, de Larivey à Molière, on ne fit plus de comédies en prose, et Molière lui-même, dans les préfaces des comédies qu'il écrit en prose, s'excuse quelquefois de n'avoir pas eu le temps de les mettre en vers.

Chez Larivey, l'intrigue est assez monotone et les caractères peu variés : ce sont toujours les mêmes rôles d'amoureux trop entreprenants, de jeunes filles en grand péril ; de vieillards crédules et bernés ; de valets fripons, et d'entremetteurs sans vergogne. A la fin, une reconnaissance plus ou moins plausible dénoue la pièce, et fait que tout le monde est content. Mais Molière lui-même n'a pas dédaigné de terminer plusieurs de ses comédies en usant de ces procédés trop faciles. Au reste notre grand comique doit quelque chose à Larivey, qu'il avait certainement lu et même étudié.

Le Laquais, tiré du *Ragazzo* de Luigi Dolce, a inspiré en partie l'*Avare* : c'est aussi le tableau d'une famille

---

[1]. Bibbiena, Piccolomini, l'Arétin.

troublée par la rivalité d'un père et de son fils. *Les Esprits*, imités de l'*Aridosio* de Lorenzino de Médicis, sont une combinaison de deux comédies de Plaute (la *Mostellaria*, l'*Aulularia*) et des *Adelphes* de Térence. Le contraste des éducations différentes données à deux jeunes gens par un vieillard affable et doux, et par un vieillard morose et bourru, a fourni à Molière le fond de l'*École des maris*. Pour empêcher le bonhomme Séverin de rentrer chez lui, on lui dit la maison hantée par des esprits ; Regnard a tiré de là *le Retour imprévu*. On prend au même Séverin son trésor qui ne lui est rendu qu'après qu'il a consenti aux mariages de ses enfants ; c'est le dénouement de *l'Avare*.

Ainsi le même fonds comique passe de main en main plutôt modifié que transformé, même par les plus habiles [1]. Les lamentations du vieillard volé, qui sont déjà dans Plaute, et le quiproquo amusant où Séverin croit qu'on lui parle de sa bourse, quand on lui parle de la jeune fille, ont repassé tout entiers dans *l'Avare*.

L'immoralité de Larivey nous semble souvent choquante ; lui-même s'en est excusé dans plusieurs prologues, mais assez mal ; il dit que la peinture fidèle des mœurs de son temps autorisait encore plus de « lasciveté » ; que d'ailleurs les gens qu'il fait parler ne sont ni des héros, ni des grands ; mais des personnages tout populaires [2], à qui l'on doit passer une certaine grossièreté de langage. Il eût pu s'excuser encore en disant qu'une longue et fâcheuse tradition semblait dispenser certains genres, entre autres la comédie, de tout souci de la décence. Il a, plus que personne, usé de la permission, quoiqu'il ne laisse

---

1. Ainsi l'Arioste écrit une comédie : *les Supposés* ; Jacques Bourgeois en tire *les Amours d'Érostrate et de Polymnestre*, 1545. Jean Godard tire, des *Amours*, *les Déguisés*, en 5 actes et en vers de 8 syllabes, 1594.

2. « Le commun peuple ne s'étudie tant à agencer ses paroles qu'à publier son affection qu'il a plus tôt dite que pensée. »

pas d'affirmer sérieusement que la comédie est utile aux mœurs, et même (prologue du *Laquais*) que l'auteur et les spectateurs peuvent s'en servir pour mériter le ciel. Presque en même temps, François d'Amboise, auteur des *Néapolitaines*, « comédie françoise fort facétieuse » publiée en 1584, affirme dans la préface « qu'il n'y a rien (dans sa pièce) qui ne soit bien digne de venir devant les yeux les plus chastes et modestes. » Cependant les pièces modernes les moins retenues sont décentes au prix de celle-là! Qu'est-ce à dire? François d'Amboise, qui est un personnage sérieux, « procureur de la nation de France, avocat au Parlement », se moque-t-il du lecteur? C'est plutôt que le siècle n'avait pas la pudeur des mots, et que toutes les sociétés n'entendent pas de la même façon la décence théâtrale. Nos modernes jugent fort innocente la peinture la plus hardie de certaines passions coupables, que l'ancienne comédie ne mettait jamais en scène, ou qu'elle n'effleurait qu'en riant.

Larivey ne devint pas plus sage en vieillissant : au contraire, ses dernières comédies sont encore plus licencieuses que celles de sa jeunesse. Il se peut d'ailleurs que toutes aient été composées vers le même temps, et que le second recueil ait été longtemps gardé en portefeuille par égard pour la profession de l'auteur. Mais en ce cas on ne voit pas bien quel motif l'eût tiré de l'ombre en 1611.

Telle fut la comédie au temps de la Renaissance ; peu remarquable en somme, si l'on s'attache au fond de l'œuvre ; car l'intrigue, presque toujours imitée des Italiens, y est monotone, et surtout artificielle, faite à coups de surprises, de déguisements et d'incognitos. Les caractères valent mieux ; ils sont assez vivement tracés et ne manquent pas d'une certaine réalité grossière. Mais ils sont en fort petit nombre et toujours à peu près les mêmes : il s'en faut de beaucoup que la

Renaissance ait seulement effleuré l'infinie variété des ridicules et des travers que l'humanité présente. Elle n'a pas beaucoup ajouté au vieux fonds de la farce française; elle a laissé presque tout à faire à Molière. On peut répéter d'elle ce que Fénelon disait de Térence : comme lui elle se borne à représenter « des vieillards avares et ombrageux, de jeunes hommes prodigues et étourdis, des courtisanes avides et impudentes, des parasites bas et flatteurs, des esclaves imposteurs et scélérats. » Mais il lui manque le dialogue exquis, fin, naturel de Térence; toutefois le style y vaut encore mieux que le fond. Sainte-Beuve en louait avec raison la vivacité, la franchise; dans les vers de Grévin, de Belleau, de Jean Godard, la facilité, la gaieté, la souplesse; et surtout dans la prose de Larivey, cette verve rapide, abondante, parfois épaisse, « qui tient à la fois de Plaute et de Rabelais [1]. »

---

[1]. Aux comédies que nous avons citées, on peut joindre *le Muet insensé*, 1575, de Pierre Le Loyer; *les Contents* d'Odet de Tournebu, 1581; *les Déguisés*, de Godard, 1594, en vers de huit syllabes, ainsi que *les Escoliers* de François Perrin. Dès le commencement du siècle suivant, l'emploi des vers, même dans la comédie, deviendra la règle au théâtre.

CHAPITRE IV

LE THÉATRE AU XVIIᶜ SIÈCLE AVANT CORNEILLE
(1601-1630)

Le théâtre classique en France date de Corneille, et non pas même des premiers débuts de Corneille. mais de la tragédie d'*Horace*, comme nous essayerons de le montrer. Jusque-là l'anarchie, ou, si l'on veut, la diversité, régna sur la scène française; entre la fin des mystères et du vieux théâtre chrétien (1548) et l'avènement de la tragédie classique (1639), il y eut, près d'un siècle durant, une liberté dramatique absolue, et tous les genres se rencontrèrent au théâtre, dans le désordre le plus curieux, mais le plus difficile à débrouiller pour l'histoire de la littérature. Au commencement de la Renaissance il y avait bien eu quelque effort pour s'astreindre aux règles; la loi des unités avait été brièvement formulée par Ronsard (dans l'*Art poétique* et dans la préface de la *Franciade*), plus explicitement par Jean de la Taille. Jodelle et Garnier s'y étaient à peu près soumis. Mais ils observaient cette loi sans prétendre l'imposer. Après eux la liberté l'emporta pour un demi-siècle et le théâtre ne connut plus d'autre règle que son propre caprice.

Dans *Hamlet* de Shakespeare, quand Polonius présente les comédiens au jeune prince, il lui dit : « Ce sont les meilleurs acteurs du monde pour la tragédie, la comédie, le drame historique, pastoral, comicopastoral, historico-pastoral, tragico-historique, tragico-comico-historico-pastoral; pièce sans division ou poème sans limites... Pour concilier la règle avec la liberté, il n'y a qu'eux au monde. »

Cette énumération plaisante n'est pas un pur jeu d'esprit. Tous ces genres existèrent en France, comme en Angleterre, en 1603, date de *Hamlet*, et pendant les vingt-cinq ou trente années suivantes.

La tragédie classique imitée de Sénèque, avec les chœurs, les longs monologues, avait fleuri entre les mains de Jodelle et de Garnier. Après eux Montchrétien cultivait ce genre avec succès.

La comédie italienne avait été habilement traduite et accommodée à nos mœurs par Larivey.

Le drame historique, moins développé qu'en Angleterre, n'était pas inconnu en France. En 1589, le « conseiller Mathieu » avait mis sur la scène les États de Blois, et la mort du duc de Guise.

La pastorale fleurit avec Hardy, dont l'*Alphée* est de 1606 [1]. La *Filis de Scire* de Pichou est une comédie pastorale (1630), et la *Mélize* de Du Rocher (1633) est une pastorale comique. Les tragi-comédies abondent chez Hardy. Les *Urnes vivantes* de Boissin de Gallardon sont une *tragi-pastorale* (1617). Mais l'*Écossaise* de Montchrétien est une tragédie historique (1605) [2]. La *Silvie* de Mairet (1621) et la *Silvanire* (1625) sont des tragi-comédies pastorales. *Célinde* de Baro (1629) est un « poème héroïque. » Et quant aux « pièces sans division », ce caractère est commun à toutes les œuvres du temps, car lorsqu'elles sont divisées par actes (toutes ne le sont pas) cette division ne répond à rien

---

[1]. Les dates attribuées par les frères Parfait aux pièces de Hardy sont hypothétiques.
[2]. Antoine de Montchrétien, né à Falaise, en 1575, eut une existence aventureuse ; il s'enfuit en Angleterre, après un duel où il avait tué son adversaire ; présenta l'*Ecossaise* à Jacques Stuart, fils de Marie Stuart. En 1621, il prit part au soulèvement des protestants et périt (1621) dans une escarmouche entre Falaise et Domfront. Le récit de sa mort tragique est dans les *lettres* de Malherbe.

de réel. On avait même le « poème sans limites. » Ce sera, si l'on veut, *Théagène et Chariclée* de Hardy (1601), en huit journées ou douze mille vers.

Dans cette profusion de genres, de noms et d'œuvres, un seul auteur est lisible aujourd'hui : c'est Montchrétien.

Il nous est resté de lui six tragédies : *Sophonisbe*, publiée dès 1596 ; *l'Écossaise, les Lacènes, David, Aman*, publiées en 1601 ; *Hector*, publiée en 1604. On ignore si ces pièces furent représentées : mais l'auteur les destinait à l'être : ses *préfaces* ne laissent là-dessus aucun doute.

Les tragédies de Montchrétien, très différentes entre elles par la fable, sont trop semblables par le procédé. Partout la place faite aux chants du chœur est considérable, et cette abondance de morceaux purement lyriques contribue sans doute à donner à l'œuvre un caractère peu théâtral. Mais quand même on retrancherait les chœurs, le reste du drame semblerait encore tout lyrique, tant les personnages agissent peu, tant ils semblent se borner à expliquer leurs sentiments, à chanter pour ainsi dire une hymne à leur passion.

Qu'on ne croie pas que ce procédé rende une tragédie nécessairement ennuyeuse : au moins à la lecture elle peut se soutenir par le seul charme des beaux vers ; le théâtre de Montchrétien en est rempli. Sans qu'on puisse dire qu'il accomplit à la scène un grand progrès sur Garnier, son style du moins paraît plus souple et plus coloré. Il a beaucoup d'excellentes pages écrites simplement, dans ce style fort et plein que Corneille devait porter à la perfection.

Aman supporte encore la lecture même à côté de l'*Esther* de Racine. On a pu dire sans paradoxe que la pièce de Montchrétien est plus biblique que celle de Racine ; celui-ci par l'enchantement de son style jette parfois un voile trop brillant sur les mœurs violentes des cours asiatiques. Le personnage d'Aman dans Montchrétien a beaucoup de vigueur, et sa haine contre Mardochée s'exprime avec une énergie où Racine n'a pas atteint.

L'Écossaise met en scène la mort de Marie Stuart. La catastrophe était récente encore, et ce fut une entreprise hardie et singulière que celle de représenter la fin violente d'une princesse que beaucoup de spectateurs se souvenaient d'avoir vu assise au trône de France [1]. Malheureusement Montchrétien, qui n'a rien d'un Shakespeare, manquait de génie pour embrasser dans un tableau vivant et vrai, un si grand fait historique; et son procédé de peinture, réduit à une froide esquisse sans couleur et sans vie, échouait surtout à rendre des figures contemporaines. Le vague dont s'enveloppe toujours un passé très lointain convenait mieux à son talent abstrait, pauvre en faits personnels et particuliers.

Le trait commun qui distingue tout le théâtre de Montchrétien c'est l'effort vers la grandeur, et le culte de l'héroïsme. Sophonisbe, Cléomène, Hector, Marie Stuart, sont des personnages qui, en face de la mort, acceptent leur infortune sans qu'elle leur arrache une plainte. Il se peut que cette attitude hautaine soit peu conforme à la vérité humaine; et que les tragiques grecs aient mieux connu le cœur des héros en leur prêtant quelque faiblesse. Mais Montchrétien avait ainsi conçu le genre de la tragédie, un peu d'après Sénèque, un peu d'après son propre cœur.

Il attribuait au drame ainsi compris une grande utilité morale. Dans l'*Épître au prince de Condé*, en tête de son théâtre, il dit, en parlant de ses stoïques héros : « Leur vie et leur mort est comme une école ouverte à tous venants où l'on apprend à mépriser les choses grandes de ce monde, seule et divine grandeur

---

1. On joua encore une *Marie Stuart* de Regnault en 1639. (Parfait, t. VI, p. 58.)

de l'esprit humain. » Cet effort continu vers le sublime est assurément remarquable ; mais il est vrai que d'une telle tension résulte une certaine fatigue ; et Montchrétien n'était pas homme à éviter un écueil où Corneille lui-même a fini par se briser. Oserai-je avouer que je ne rapproche pas ces deux noms au hasard? Montchrétien est une première ébauche de Corneille; la nature en le faisant s'est essayée à faire un grand homme; le moule est à peu près le même : seulement la médaille est fruste et il y manque cette flamme qui est le génie [1].

Son plus grand mérite est dans le style. Montchrétien a semé ses moindres tragédies d'admirables vers, qui annoncent déjà Corneille par leur facture puissante. Malherbe lui-même n'a pas beaucoup surpassé la beauté de ce chœur des *Lacènes* :

> Ne trouble pas ta mort par le soin de ta vie,
> Et ne trouble ta vie au souci de la mort :
> Mais vis comme n'ayant de vivre plus d'envie,
> Meurs comme si la mort des maux était le port.
>
> Que pourrais-tu gagner par un siècle d'années?
> Faut-il estimer long ce qui doit avoir fin?
> Les ans sont limités, les saisons sont bornées.
> Aussi bien que son cours Phébus a son déclin.
>
> Quoique le temps soit roi de ces choses mortelles,
> Il n'est lui-même exempt de la mortalité.
> Puisqu'on le voit finir en toutes ses parcelles,
> Lui qui limite tout, il sera limité.
>
> Si donc tu ne vois rien d'éternelle durée,
> Et que même les cieux attendent leur trépas,
> Suis la vertu qui seule au monde est assurée,
> Et qui, tout défaillant, ne défaillira pas.

---

[1]. Corneille avait lu Montchrétien, et s'en est souvenu quelquefois. Hector dit en parlant des dieux : *Faisons ce qu'il faut faire et leur laissons le reste* (cf. *Horace*, vers 710). Le conseiller d'Elisabeth lui prédit que : *Mille têtes naîtront d'une tête coupée* (cf. *Cinna*, vers 1166).

La liberté est une belle chose, mais, dans aucun ordre, elle ne suffit à faire naître les grands hommes et les chefs-d'œuvre. Elle régna quatre-vingts ans au théâtre, depuis la Renaissance jusqu'à Corneille; et rien de vraiment achevé ne parut. Cependant les règles, déjà connues, ne gênaient encore personne. Dès 1572, Jean de la Taille en avait donné la formule; il fut peu écouté. Le théâtre demeura libre. Rien n'empêchait alors qu'un Shakespeare naquit en France; les circonstances n'étaient-elles pas merveilleusement favorables? Mais, en dépit de certaines théories, les grands hommes ne paraissent pas tout juste au moment où ils sont nécessaires. Il nous fallait un Shakespeare; il naquit un Alexandre Hardy[1]. Ce n'était pas un homme sans talent; il avait de la verve, une grande puissance de travail, une certaine science du métier, mais pas un grain de génie. Il fit jouer six cents pièces; d'autres disent huit cents[2]: lui-même n'en savait plus le nombre. La qualité seule fit défaut. Il fut pendant trente ans le fabricant attitré de la moitié des pièces de théâtre jouées par les comédiens de Paris. Pour suffire à cette production effroyable, il puisait de toutes mains et à toutes les sources. Il

---

1. Né à Paris vers 1560, mort vers 1630.
2. En voici les titres, avec les dates approximatives que les frères Parfait assignent à chacune dans leur *Histoire du théâtre français* : les *Amours de Théagène et de Cariclée*, en huit poèmes dramatiques consécutifs, 1601; *Didon se sacrifiant*, tragédie, 1603; *Scédase ou l'Hospitalité violée*, tragédie, 1604; *Panthée*, tragédie, 1604; *Méléagre*, tragédie, 1604; *Procris ou la Jalousie infortunée*, tragi-comédie, 1605; *Alceste ou la Fidélité*, tragi-comédie, 1606; *Ariane ravie*, tragi-comédie, 1606; *Alphée ou la Justice d'Amour*, pastorale, 1606; *la Mort d'Achille*, tragédie, 1607; *Coriolan*, tragédie, 1607; *Cornélie*, tragi-comédie, 1609; *Arsacome ou l'Amitié des Scythes*, tragi-comédie, 1609; *Mariamne*, tragédie, 1610; *Alcée ou l'Infidélité*, pastorale, 1610; *le Ravissement de Proserpine par Pluton*, poème dramatique, 1611; *la Force du sang*, tragi-comédie, 1612; *la Gigantomachie ou le Combat des dieux avec les géants*, poème dramatique, 1612; *Félismène*, tragi-comédie, 1613; *Dorise*, tragi-comédie, 1613; *Corine ou le Silence*, pastorale, 1614; *Timoclée ou la Juste Vengeance*, tragédie, 1615; *Elmire ou l'Heureuse Bigamie*, tragi-comédie, 1615; *la Belle Égyptienne*, tragi-comédie, 1615; *Lucrèce ou l'Adultère puni*, tragédie, 1616; *Alcméon*, tragédie, 1618; *l'Amour victorieux ou vengé*, pastorale, 1618; *la Mort de Daire*, tragédie, 1619; *la Mort d'Alexandre*, tragédie, 1621; *Aristoclée ou le Mariage infortuné*, 1621; *Frégonde ou le Chaste Amour*, tragi-

n'inventa presque rien; il imita ou traduisit tout ce qui pouvait se traduire ou s'imiter.

Ses tragédies sont empruntées à la légende ou à l'histoire grecque ou romaine [1]. Il lui arrive de bien composer son plan comme celui de *Mariamne*; mais il ne lui arrive jamais de bien écrire. Il y a plus d'originalité dans ses tragi-comédies. On sait qu'il est difficile de définir ce genre mixte dont le XVIIe siècle a raffolé jusqu'au temps de Racine. Le nom désigne mal la chose : la tragi-comédie n'est pas un mélange de tragédie et de comédie. C'est plutôt le caractère du dénouement qui la détermine.

Rappelons-nous la dernière ligne d'un roman célèbre de Victor Hugo : *Notre-Dame de Paris* : « Phœbus aussi fit une fin tragique : il se maria. » La définition de la tragi-comédie est fondée sur une opinion toute contraire : c'est que le mariage n'est pas tragique. Elle s'appelle surtout tragi-comédie parce qu'elle s'achève par un mariage; ou comme disent les spectateurs naïfs : « elle finit bien. »

Desmarets, dans la *Préface* de son *Scipion* (1639), avoue qu'il aurait voulu intituler *tragédie* cette pièce, entièrement grave, quoique non sanglante; mais qu'il a cru devoir se plier à l'usage, et l'intituler simplement *tragi-comédie*, puisque tout le monde se sert de ce terme « pour exprimer une pièce dont les principaux personnages sont princes, et les accidents graves et funestes, mais dont la fin est heureuse, *encore qu'il n'y ait rien de comique qui y soit mêlé* [2]. »

D'autres caractères se joignent à celui-là pour distinguer la tragi-comédie de la comédie : la tragédie est presque toujours puisée dans la fable antique; la tragi-

---

comédie, 1621; *Gésippe ou les Deux Amis*, tragi-comédie, 1622; *Phraarte ou le Triomphe des vrais amants*, tragi-comédie, 1623; *le Triomphe d'amour*, pastorale, 1623.

1. *Méléagre, Procris, Panthée, Alcméon, Scédase, la Mort d'Achille, la Mort de Darius, Timoclée, la Mort d'Alexandre*.
2. Parfait, VI, 45.

comédie, dans le fond romanesque ou chevaleresque de la littérature française ou de celle des pays voisins.

Toutes les passions violentes s'expriment dans la tragédie; l'amour est le principal et presque l'unique ressort de la tragi-comédie.

Le style est plus hautain, plus sévère et plus noble dans la tragédie; il est plus souple et plus familier dans la tragi-comédie.

En dépit du titre, toutefois le comique y a peu de place; il peut avoir accès dans un ou deux rôles épisodiques; mais le fond de l'action est sérieux et touchant, non pas ridicule ou joyeux.

En somme, la tragi-comédie était un genre agréable; il aurait pu donner des chefs-d'œuvre. Le bonheur lui a manqué. Il n'a rien laissé qui s'impose à l'admiration absolue de la postérité.

Près de deux cents pièces ont porté ce titre, depuis la *Bradamante* de Garnier, publiée en 1582, jusqu'à la *Pulchérie* de Corneille, jouée en 1672. Celle-ci s'appelle, il est vrai, *comédie héroïque*; mais ce titre est une fantaisie de Corneille, qui l'a imposé à quelques-unes de ses pièces. Entre la *comédie héroïque* et la *tragi-comédie* il n'y a aucune différence appréciable.

Dans cette longue liste, il y a de bien charmantes pièces : *Don Bernard de Cabrère* de Rotrou; *Don Sanche d'Aragon* de Corneille. Il n'y a point de chef-d'œuvre. Le genre était né du goût passionné du temps pour les romans chevaleresques; il périt avec ce goût; et la tragédie pure régna toute seule sur la scène française.

Les tragi-comédies de Hardy ont du moins le mérite de la variété; il en puise les sujets aux sources les plus diverses. Il tire les unes des *Nouvelles* de Cervantès; les autres de la *Diane* de Montemayor, ou des *Histoires tragiques de notre temps*, compilation curieuse d'un contemporain, François de Rosset, sorte de romancier dans le goût de nos feuilletonistes. Il déniche le sujet d'*Elmire ou l'Heureuse Bigamie*, jusque dans un livre latin, les *Méditations* de Camerarius.

La pastorale, venue d'Italie au xviᵉ siècle, est un genre monotone et généralement ennuyeux; tous les personnages sont des bergers ou des bergères; et toutes ces âmes champêtres sont amoureuses. Voici la donnée d'*Alcée ou la Justice d'amour*. Alphée bergère est aimée de Daphnis berger. Daphnis berger est aimé de Corinne magicienne qu'il dédaigne. Corinne magicienne est aimée d'un satyre dont elle se moque. Le satyre est aimé d'une dryade qu'il méprise. La dryade est aimée du bel Euryale qui n'en fait compte. Le bel Euryale est aimé de Mélanie. A la fin, trois mariages rendent six personnes contentes. Les autres attendront. Jetez dans cette confusion des chœurs de bergers, des troupes de satyres; des *échos* qui rendent des oracles; force métamorphoses de bergers ou de bergères en rochers, en arbres, en fontaines. Voilà une pastorale. Celles de Hardy eurent un grand succès. Peut-être admirons-nous aussi d'autres choses dont le goût passera.

Les défauts de Hardy sont innombrables; les qualités de Hardy peuvent se résumer d'un seul mot : Hardy a l'instinct dramatique. Ses prédécesseurs avaient été tout lyriques, tout oratoires; Garnier, Montchrétien abondent en belles pages, en beaux vers : Garnier a des parties admirables dans ses chœurs, dans ses narrations; Montchrétien quelquefois s'élève à la vraie poésie; mais ni l'un ni l'autre ne savent construire un drame. Hardy revient à une conception plus juste du genre; il sait que *drame* veut dire *action*; et chez lui le drame agit. Il en bannit les longs monologues, les interminables conversations, où se complaisaient les héros et les héroïnes de ses prédécesseurs; ces parleurs infatigables qui débitaient deux cents vers, sans reprendre haleine, jusque dans les moments les plus pathétiques.

Il bannit les *chœurs*, inutiles à l'action ; ou bien, s'il les conserve dans un petit nombre de pièces, il les réduit à quelques couplets, et les déclare lui-même, dans la *préface* de son tome Ier, « superflus à la représentation. »

Hardy ne dédaigne pas d'intéresser, de surprendre et d'émouvoir ; il recherche les coups de théâtre, et surtout les situations fortes. Nous avons poussé jusqu'à l'abus cette partie de l'art dramatique ; un lecteur moderne, blasé sur ces effets scéniques, trouverait peut-être aujourd'hui le vieil auteur languissant et diffus ; mais si on le compare à ses contemporains, il a les qualités toutes contraires : le mouvement, la rapidité. Je n'ose dire qu'il sache tracer un caractère ; mais il trace des figures quelquefois vivantes ; du moins, elles ne sont jamais tout à fait inanimées.

Mais il n'a ni goût ni style : il est tantôt trivial et plat jusqu'à la grossièreté, tantôt subtil et maniéré jusqu'à l'afféterie ; plus souvent, il est boursouflé, emphatique et barbare jusqu'au vrai galimatias. Nul n'écrit plus mal que Hardy. Nous avons beaucoup de mauvais poètes (quelle nation n'a les siens?). Mais le plus mauvais écrivain en vers que nous ayons jamais eu, c'est Hardy. Il croyait bien écrire ; il en avait la volonté ferme et la constante illusion. Ses *dédicaces*, ses *préfaces* sont un cours de style dramatique où il y a de fort bons préceptes à recueillir. Quel dommage qu'il s'y soit si mal conformé !

Là, il vante « cette mâle vigueur que désirent les vers tragiques, à peu près comparable aux dames vertueuses qui ne veulent emprunter leur beauté que de la nature. »

Ailleurs, il oppose aux raffinements de la poésie, lyrique ou fugitive, la belle simplicité qui sied au théâtre.

« Le style tragique, un peu rude, offense ordinairement ces délicats esprits de cour, qui désirent voir une tragédie aussi polie qu'une ode ou quelque élégie. »

« Le vrai style tragique ne s'accorde nullement avec un langage trivial, avec ces délicatesses efféminées, qui pour chatouiller quelque oreille courtisane mécontenteront tous les experts du métier. »

La trivialité, l'affectation, voilà tout justement les défauts de Hardy.

Théophile [1], dont Boileau s'est trop moqué, est un bien meilleur écrivain et même un vrai poète. Le style de sa tragédie (*Pyrame et Thisbé*, jouée avec un grand succès en 1619) exaspérait Boileau. Il a rendu l'œuvre immortelle, mais en la ridiculisant. « Veut-on voir combien une pensée fausse est froide et puérile? Je ne saurais rapporter un exemple qui le fasse mieux sentir que deux vers du poète Théophile dans sa tragédie intitulée *Pyrame et Thisbé*, lorsque cette malheureuse amante ayant ramassé le poignard encore tout sanglant dont Pyrame s'était tué, elle querelle ainsi ce poignard :

> Ah! voici le poignard qui du sang de son maître
> S'est souillé lâchement! Il en rougit, le traître!

« Toutes les glaces du Nord ensemble ne sont pas à mon sens plus froides que cette pensée! »

Boileau avait raison, mais il serait injuste de faire peser sur Théophile seul la honte d'une mode ridicule qu'il n'avait pas créée. Le mal infestait l'Europe entière, et ce n'est pas en France qu'il était né. En Angleterre florissait l'*euphuisme*, inventé dès 1580 par John Lilly, et que M. Taine a défini ainsi : « (Ce sont) des phrases recherchées et raffinées, qui sont des énigmes... L'auteur semble chercher de parti pris les expressions les moins naturelles et les plus

---

1. Théophile de Viau (1590-1626). Il était né dans l'Agenais, et mourut jeune encore après une jeunesse malheureuse et désordonnée. Il manquait de règle et de goût, mais il était né poète; il avait de l'esprit et des idées très personnelles. Il vaut mieux que sa réputation.

lointaines, toutes remplies d'exagérations et d'antithèses ; où les allusions mythologiques, les réminiscences de l'alchimie, les métaphores botaniques et astronomiques, tout le fatras, tout le pêle-mêle de l'érudition, des voyages, du maniérisme, roule dans un déluge de comparaisons et de *concetti*. » Ce beau style régnait à la cour d'Élisabeth, et Shakespeare, bon gré mal gré, a dû le subir, et plus d'une fois le faire parler aux jeunes courtisans dans ses comédies.

L'Espagne avait le *cultisme* que nous appelons *gongorisme* du nom de son fondateur, Gongora ; il commença vers 1605 d'écrire dans ce style, qui consiste à exprimer les choses les plus simples par les façons les moins naturelles. Par exemple les oiseaux font de doux concerts ; Gongora les nommera : *ces guitares ailées*. Mais ils peuvent servir de réveille-matin ; il les nomme : *des cloches emplumées*. Toute l'Espagne a raffolé de ce style pendant près d'un siècle. En même temps l'Italie voyait fleurir les *concetti*, c'est-à-dire les pensées brillantes ; et c'était le règne du cavalier Marin, le maître du genre. Il était en France en 1615, appelé par Marie de Médicis, et la cour, l'hôtel de Rambouillet se disputaient ce grand homme, le plus habile des marchands de rimes ; sans aucun génie, il savait, en flattant tout ce qu'il y avait de faible et de vicieux dans les goûts et les tendances de son temps, s'imposer à l'admiration publique et régner par l'intrigue et l'esprit, assaisonnés de quelque facilité poétique. C'est à cette détestable école que Théophile a écrit *Pyrame et Thisbé*. Il avait pris au sérieux (il était jeune) la devise de Marini :

E del poeta il fin la maraviglia

L'objet du poète est d'émerveiller, non par l'invention, bien pauvre chez Marini, mais par les surprises du style. Toute la faveur des *pointes* si longtemps admirées en France est née de cette erreur de goût propagée par Marini. Cinquante années durant, la littérature en fut infestée. Les plus grands poètes, Corneille et Racine lui-même, n'en sont pas absolument exempts.

Mais il y a autre chose que des pointes dans *Pyrame et Thisbé*. Quelques parcelles de vraie poésie se mêlent à ces riens sonores; il n'y a pas que du mauvais goût dans cette pièce : on y trouve çà et là de l'émotion, du pathétique, une certaine fleur de jeunesse et de tendresse dans les entretiens des deux amants. L'immense succès de la pièce s'explique ainsi. Huit ans après son apparition, elle se jouait encore devant la cour et faisait couler des flots de larmes. Elle ferait rire aujourd'hui. Quelle leçon de modestie pour les auteurs de tous les temps!

Ce qui manque le plus dans *Pyrame et Thisbé* c'est l'expérience du théâtre. Le vieux Hardy savait bien mieux son métier; il a du mouvement; ses personnages agissent; il se passe quelque chose dans ses drames grossièrement écrits, et l'activité humaine s'y déploie, des caractères humains s'y dessinent. Dans *Pyrame et Thisbé*, les héros chantent, ils n'agissent pas; c'est un livret d'opéra, plutôt qu'un drame. L'auteur sentit ce défaut et désespéra de s'en corriger; son génie était tout lyrique, impropre à un genre où le poète avant tout doit savoir sortir de soi-même. Théophile, sans se laisser éblouir par le succès de *Pyrame et Thisbé*, ne se hasarda plus au théâtre. Plus tard il écrivait ces vers :

> Autrefois quand mes vers ont animé la scène
> L'ordre où j'étais contraint m'a fait bien de la peine.
> Ce travail importun m'a longtemps martyré.
> Mais enfin, grâce aux Dieux! je m'en suis retiré.

L'affectation italienne ne fut jamais entièrement à

l'aise dans la tragédie ; au contraire, elle se montrait librement dans la pastorale.

Quoique de tous les genres, le plus insupportable au théâtre, à ce qui nous semble, soit la *pastorale*, elle y fit fureur, à l'imitation des Italiens, dans les dernières années du XVIᵉ siècle et pendant trente ans ensuite jusqu'à Corneille, qui n'a point trempé dans ce genre. Le succès de l'*Astrée* mit les bergères à la mode ; on ne parla plus sur la scène que de moutons et d'amours champêtres. De tous les auteurs de pastorales un seul est lisible encore, c'est Racan, le meilleur disciple de Malherbe. Il y a aussi d'agréables vers dans la *Silvie* de Mairet, tragi-comédie pastorale (jouée en 1621), et dans sa *Silvanire ou la Morte vive* (jouée en 1625) et même dans l'*Amaranthe* de Gombaud (1624) ; mais Racan seul offre des pages entières qu'on lit encore avec un charme infini. Nous avons peine à croire que les *Bergeries* de Racan, cette interminable pastorable, ait été jamais représentée intégralement. Mais on croit qu'une partie du moins parut à la scène (en 1618), sous le nom d'*Arthénice*. Le drame est insignifiant, mais les vers sont quelquefois exquis ; et les sentiments sont rendus souvent avec une profondeur, une vérité, une simplicité, tout à fait rares. Surtout l'amour de la campagne est exprimé dans les *Bergeries* de Racan avec beaucoup de naturel ; l'auteur aimait sincèrement les bois, les prés, les champs, plus sincèrement que n'a fait aucun poète en son siècle, excepté peut-être La Fontaine.

Un poète tout différent, moins harmonieux, moins bon écrivain, mais plus véritablement dramatique, c'est Jean de Schelandre [1], poète oublié aujourd'hui, peu connu en son temps ; et toutefois son unique drame, *Tyr et Sidon*, n'est pas une œuvre vulgaire. Il

---

1. Né vers 1585, près de Verdun, mort en 1635.

ne fut probablement jamais représenté. Une première édition avait paru, croit-on, dès 1608 ; elle semble perdue, si elle exista jamais. Celle qu'on possède est datée de 1628. Elle est accompagnée d'une importante préface dont l'auteur était François Ogier, ecclésiastique lettré, érudit, qui fut l'ami de Balzac. Ce curieux morceau de critique littéraire est un réquisitoire violent contre les *règles* que l'on s'efforçait à cette époque d'imposer au théâtre et qui prévalurent en effet si impérieusement quelques années plus tard. Ogier félicite Jean de Schelandre de s'être affranchi de ces règles ; il s'élève avec vigueur contre une imitation servile de l'antiquité, qui interdirait aux poètes de chercher dans des voies nouvelles de nouvelles beautés plus conformes au génie du temps pour lequel ils écrivent.

« Les Grecs, dit-il, ont travaillé pour la Grèce et ont réussi, au jugement des honnêtes gens de leur temps » ; mais « nous les imiterons bien mieux si nous donnons quelque chose au génie de notre temps, et au goût de notre langue, que non pas en nous obligeant de suivre pas à pas et leur invention et leur élocution comme ont fait quelques-uns des nôtres. C'est en cet endroit qu'il faut que le jugement opère comme partout ailleurs, choisissant des anciens ce qui se peut accommoder à notre temps, et à l'humeur de notre nation, sans toutefois blâmer des ouvrages sur lesquels tant de siècles ont passé avec une approbation publique... Il ne faut pas tellement s'attacher aux méthodes que les anciens ont tenues ou à l'art qu'ils ont dressé, nous laissant mener comme des aveugles ; mais il faut examiner et considérer ces méthodes mêmes par les circonstances du temps, du lieu et des personnes pour qui elles ont été composées, y ajoutant ou diminuant pour les accommoder à notre usage, ce qu'Aristote eût avoué. »

Cette page fort remarquable dénote une solidité d'esprit critique et philosophique bien rare au XVIIe siècle en matière d'histoire littéraire, si rare à la vérité, qu'elle fut probablement peu comprise, et que la *préface* d'Ogier passa inaperçue et fut vite oubliée. A tel point que les mêmes idées parurent entièrement neuves et audacieuses quand elles revirent le jour juste deux siècles plus tard, dans la préface de *Cromwell*, et dans les autres manifestes de l'école romantique. Qui se douta, en 1827, que François Ogier, avant Victor Hugo, avait hautement déclaré que la vérité dramatique consiste dans le mélange du tragique et du comique, de l'héroïque et du bouffon : « Dire qu'il est malséant de faire paraître en une même pièce les mêmes personnes traitant tantôt d'affaires sérieuses, importantes et tragiques, et incontinent après de choses communes, vaines et comiques, c'est ignorer la condition de la vie des hommes, de qui les jours et les heures sont bien souvent entrecoupés de ris et de larmes, de contentement et d'affliction selon qu'ils sont agités de la bonne et de la mauvaise fortune. »

Il eût été à souhaiter qu'un chef-d'œuvre dramatique vînt justifier les théories audacieuses émises dans la *préface*; malheureusement *Tyr et Sidon* n'est pas un chef-d'œuvre. L'action se passe en Phénicie trois siècles avant l'ère chrétienne; mais le langage, les sentiments, les caractères sont tout modernes. La scène immense offre deux villes, avec leurs rues, leurs palais; entre les deux un vaste champ libre où s'engagent des batailles rangées; au premier plan, la mer; au fond, des forêts. Spectacle immense et varié, comme la vie même, dont il prétend être l'image. Même variété dans le style et dans les événements; l'héroïque et le bouffon se succèdent, se mêlent d'un bout à l'autre du drame. Nulle part, entre les *mystères* et *Cromwell*, le mélange des deux éléments dramatiques ne s'est étalé avec cette audace, au moins en France.

Jean de Schelandre avait-il voulu tenter d'acclimater en France le drame shakespearien? Nous n'osons l'affirmer. On sait seulement qu'il a vécu quelque temps en Angleterre; qu'il a vu le roi Jacques Ier, qu'il lui a dédié un poème intitulé la *Stuartide*, et qu'il a pu connaître à Londres Shakespeare, mort le 23 avril 1616, cinq ans après la publication de la *Stuartide*. On a été frappé de certaines ressemblances entre la donnée de *Tyr et Sidon* et celle de *Roméo et Juliette*; des deux parts, c'est un amour chaste et hardi, naissant dans la haine qui divise deux familles ou deux cités. On aurait pu relever quelques beaux vers de Jean de Schelandre où passe un souffle shakespearien; comme celui-ci :

> Mort, étrange sommeil qui sans réveil endors!

Est-ce assez pour qu'on puisse dire que le poète a imité Shakespeare? Mais on trouve aussi chez lui plus d'un hémistiche ou même des vers entiers dont Corneille a bien voulu se souvenir : surtout dans le *Cid*, pièce plus voisine par la date et par son caractère chevaleresque du drame de *Tyr et Sidon*; nous remarquons ces traits dans la pièce de Jean de Schelandre :

> Quelque ressouvenir de ma gloire passée.

Ou bien :

> Car pourrais-je encor vivre avec cette infamie?

Ou cette exclamation :

> O rage! ô désespoir!

Ce n'est pas seulement Virgile qui a tiré des perles du fumier d'Ennius.

Jean de Schelandre est quelquefois un remarquable écrivain en vers. On n'a jamais exprimé avec plus de force le dégoût des grandeurs dans une âme assouvie, que ne l'a fait notre auteur dans ce beau monologue d'Abdolomin, roi de Sidon, pliant sous le double poids des longs jours et d'une lourde couronne :

> Et ceux qui, soûls des biens, las des maux de ce monde,
> N'ont d'autre ambition qu'une fosse profonde,
> On les voit tout courbés, malsains et mal plaisants,
> Traîner à contre-cœur le fardeau de leurs ans !
> O mort ! que tardes-tu, que ne viens-tu dissoudre
> Cette inutile chair en sa première poudre ?
> Que me peut-il rester à dévider ici
> De repos, de travail, de joie ou de souci ?
> Ai-je quelque plaisir, sens-je quelque amertume
> Que l'usage commun ne me tourne en coutume ?

Les beaux vers abondent dans la partie tragique de *Tyr et Sidon*, et les vers plaisants et vifs dans la partie comique. Mais l'impression définitive que laisse ce drame touffu, en deux journées, dix actes, cinq mille vers, n'est pas satisfaisante. Le goût et le jugement font trop complètement défaut à Jean de Schelandre. Sa tentative ne réussit pas. Le drame shakespearien ne put s'acclimater en France. L'imitation classique et italienne l'emporta définitivement. En 1628, il était déjà trop tard pour fonder avec succès chez nous le théâtre libre. Corneille allait paraître et Mairet donnait déjà sa *Sophonisbe*, la plus ancienne de nos tragédies classiques, œuvre qui marque une date et la fin d'une phase de notre histoire littéraire. Avec Mairet commence l'histoire du théâtre régulier ; avec Corneille, le triomphe de ce théâtre et sa domination exclusive seront consacrés pour deux siècles.

Jean de Mairet[1], Franc-Comtois, doué d'une éton-

---

[1]. Jean de Mairet, né à Besançon (1604), mort en 1686. *Chriséide* et *Arimand*, tragi-comédie, 1620 ; *Silvie*, pastorale, 1621 ; *Silvanire ou la Morte*

nante précocité poétique, avait dix-sept ans lorsqu'il fit jouer sa première pièce (*Chriséide et Arimand*). Six autres suivirent dans un espace de huit années. Le jeune auteur commença par imiter la liberté ou, si l'on veut, l'extravagance espagnole et l'afféterie, la préciosité italienne; sans se soucier des règles dramatiques dont on commençait à parler autour de lui, mais entre lettrés et critiques. Les gens du métier, ceux qui écrivaient pour le théâtre au lieu de disserter sur le théâtre, se souciaient fort peu encore d'Aristote et de sa *Poétique*. Au reste Mairet lui-même semble avoir appris le respect des règles plutôt des Italiens que des anciens. Son adhésion raisonnée aux préceptes classiques se montra d'abord dans *Silvanire* (1625), et peu après dans *Sophonisbe*, son chef-d'œuvre (1629). Ce sujet, qui semble attirer invinciblement tous les poètes dramatiques [1], offre pourtant des difficultés presque insurmontables. Il n'est pas aisé d'intéresser le spectateur à Sophonisbe, épouse de deux maris dans le même jour; à Massinissa, qui, en quelques heures, voit, aime, épouse, et livre au poison des Romains la fille d'Asdrubal. Pour relever le caractère du prince numide, Mairet a supposé qu'il se tua sur le corps de Sophonisbe empoisonnée. Dans l'histoire, il lui survécut cinquante-cinq ans. Avant de mourir, le héros, chez Mairet, lance contre les Romains des malédictions éloquentes que Corneille a imitées de fort près dans *Horace*, en les plaçant dans la bouche de Camille.

La tragédie de Mairet est très loin d'être un chef-

nire, pastorale, 1625; *les Galanteries du duc d'Ossonne*, comédie, 1627; *Virginie*, tragi-comédie, 1628; *Sophonisbe*, tragédie, 1629; *Marc-Antoine*, tragédie, 1630; *le Grand et dernier Soliman*, tragédie, 1630; *l'Athénaïs*, tragi-comédie, 1635; *Roland furieux*, tragi-comédie, 1636; *l'Illustre corsaire*, tragi-comédie, 1637; *Sidonie*, tragi-comédie héroïque, 1637. (Toutes ces pièces sont en vers.)

1. Avant Mairet, sans parler du Trissin, en Italie; Mellin de Saint-Gelais, Claude Mermet, Antoine de Montchrétien, Nicolas de Montreux, avaient donné des *Sophonisbe*. Après Mairet, Corneille et Voltaire ont traité le même sujet.

d'œuvre; mais elle a mérité d'être regardée toujours comme notre plus ancienne tragédie classique. Avec cette pièce était fondé ce genre dramatique destiné à une carrière illustre, quoique courte. Les traits essentiels du genre étaient trouvés; la noblesse du style, l'exclusion absolue du comique, le raffinement dans l'analyse et l'expression des sentiments, la tendance oratoire dans le langage; la simplification et l'arrangement logique de l'intrigue; la conception abstraite et puissante des caractères. Les règles étaient observées, un peu moins rigoureuses, mais telles au fond que Chapelain allait les imposer bientôt à Corneille. Mais il faut surtout louer l'auteur de l'intérêt qu'il a répandu dans sa pièce; avec une donnée très difficile, il a fait une œuvre touchante et dramatique. Après lui de plus grands n'eurent pas toujours le même bonheur [1].

Malheureusement Mairet fut de ces esprits brillants et faciles, qui donnent tout d'abord et dès la première jeunesse tout ce qu'ils peuvent donner, puis, faute de travail ou faute de vrai génie, s'arrêtent, ne progressent plus, reculent même et vivent cinquante ans sur le souvenir de leur premier triomphe, d'un triomphe sans lendemain. Mairet qui avait fait *Sophonisbe* à vingt-cinq ans et presque montré la voie à Corneille, ne donna plus, après cet heureux début, rien de vraiment original; bientôt la réputation éclatante de Corneille le rejeta dans l'ombre, où il mourut en 1686, cinquante-sept ans après *Sophonisbe*. Il avait eu le tort de se montrer jaloux de Corneille, et Corneille eut le tort de refaire *Sophonisbe*, après Mairet, surtout de la refaire sans surpasser Mairet.

---

1. Corneille s'est souvenu de plusieurs vers de Mairet dans *Polyeucte*. Syphax disait :

Est-ce là cet amour que tu m'avais promis ?
Est-ce là cette foi que tu m'avais donnée ?
Et le sacré respect qu'on doit à l'hyménée ?

Corneille avait vingt-trois ans quand parut *Sophonisbe* : il dut l'admirer fort et la savoir par cœur. De là ces imitations peut-être inconscientes; et les *imprécations* de Camille qui sont un peu plus qu'une imitation.

CHAPITRE V

CORNEILLE ET SES CONTEMPORAINS

ROTROU, BOISROBERT, DESMARETS DE SAINT-SORLIN
TRISTAN L'HERMITE, GEORGES DE SCUDÉRY, DU RYER, LA CALPRENÈDE
BENSERADE, D'AUBIGNAC, SCARRON

Racine n'a point exagéré le génie et les mérites de Corneille [1], quand il prononçait devant l'Académie française un si bel éloge de l'auteur du *Cid* : « Il fit voir sur la scène la raison, mais la raison accompagnée de toute la pompe, de tous les ornements dont notre langue est capable ; accorda heureusement le vraisemblable et le merveilleux. A dire le vrai où trouvera-t-on un poète qui ait possédé à la fois tant de grands talents, tant d'excellentes parties : l'art, la force, le jugement, l'esprit ? Quelle noblesse, quelle économie dans les sujets! Quelle véhémence dans les passions! quelle gravité dans les sentiments! quelle dignité et en même temps quelle prodigieuse variété dans les caractères! Combien de rois, de princes, de héros de toutes nations nous a-t-il représentés toujours tels qu'ils doivent être, toujours uniformes avec

---

1. Voir notre *notice sur Corneille* dans notre édition du *Cid*, d'*Horace*, de *Cinna*, de *Polyeucte* et de *Nicomède*. Hachette, in-16, 1886-1887.

eux-mêmes, et jamais ne se ressemblant les uns aux autres! Parmi tout cela une magnificence d'expression proportionnée aux maîtres du monde qu'il fait souvent parler; capable néanmoins de s'abaisser, quand il veut, et de descendre jusqu'aux plus simples naïvetés du comique, où il est encore inimitable. Enfin, ce qui lui est surtout particulier, une certaine force, une élévation qui surprend, qui enlève, et qui rend jusqu'à ses défauts, si on lui en peut reprocher quelques-uns, plus estimables que les vertus des autres. »

Ainsi parlait Racine, s'honorant lui-même, sans y penser, par une si pénétrante intelligence des beautés d'une œuvre aussi différente de la sienne. Racine ne ressemble guère à Corneille; mais Corneille ne ressemble à rien. Ce rare génie s'est fait tout seul, par la réflexion; Garnier, Montchrétien n'ont pas été inutiles à la formation de son beau style, quoiqu'il leur soit si supérieur qu'on ose à peine rapprocher leurs noms du sien. Mais au théâtre il n'a ni maître, ni modèles; et même, parmi les anciens, il doit plus aux historiens qu'aux poètes dramatiques; il ouvre lui-même, et seul, la route où il marche dans la tragédie. Son génie paraît si naturellement tourné dans ce sens, qu'on s'étonne qu'il ait d'abord écrit des comédies. Il avait vingt-trois ans quand il acheva *Mélite*[1],

---

[1]. Corneille a fait représenter, en quarante-cinq ans, trente-trois pièces de théâtre, dix-huit tragédies, huit comédies, trois comédies héroïques, deux tragédies lyriques, une tragi-comédie, une comédie-ballet. *Mélite*, comédie, 1629; *Clitandre*, tragi-comédie, 1632; *la Veuve*, comédie, 1633; *la Galerie du palais*, comédie, 1633; *la Suivante*, comédie, 1634; *la Place Royale*, comédie, 1634; *Médée*, tragédie, 1635; *l'Illusion*, comédie, 1636; *le Cid*, tragédie (appelé d'abord tragi-comédie), 1636; *Horace*, tragédie, 1640; *Cinna*, tragédie, 1640; *Polyeucte*, tragédie, 1643; *Pompée*, tragédie, 1643; *le Menteur*, comédie, 1644; *la Suite du Menteur*, comédie, 1644; *Rodogune*, tragédie, 1645; *Théodore*, tragédie, 1645; *Héraclius*, tragédie, 1647; *Andromède*, tragédie lyrique, 1650; *don Sanche d'Aragon*, comédie héroïque, 1650; *Nicomède*, tragédie, 1651; *Pertharite*, tragédie, 1652; *Œdipe*, tragédie, 1659; *la Toison d'Or*, tragédie lyrique, 1660; *Sertorius*, tragédie, 1662; *Sophonisbe*, tragédie, 1663; *Othon*, tragédie, 1664;

représentée sur le théâtre du Marais dans le courant de 1629. Le succès fut très grand, quoique la pièce nous paraisse aujourd'hui embrouillée, diffuse et peu intéressante. Mais elle captiva les spectateurs par l'agrément du style. Corneille, dans *Mélite* et en général dans ses comédies, a réussi, en maint passage, à reproduire, avec une exactitude élégante et spirituelle, la conversation des gens du monde ou, comme on disait en ce temps, des « honnêtes gens. » Ce mérite parut neuf et piquant à une époque où régnait encore le style amphigourique et guindé du vieux Hardy.

Clitandre, joué en 1632, ne ressemble guère à *Mélite* et ne la vaut pas. C'est un drame romanesque dans le goût de ceux de Hardy; l'action, chargée d'incidents bizarres, est confuse et sans intérêt. La pièce échoua et Corneille revint à la comédie de mœurs. Il donna successivement *la Veuve* (1633), qui eut un brillant succès; *la Galerie du Palais* (1633), *la Suivante* (1634), *la Place Royale* (1634), toutes pièces dans le goût de *Mélite*, c'est-à-dire vides d'événements, et ne consistant guère qu'en conversations galantes d'amoureux plus spirituels que vraiment épris. Au temps où florissaient, avec l'Hôtel de Rambouillet, les sentiments subtils et les causeries raffinées, ce genre de comédie plut beaucoup. Il procédait directement du fameux roman de l'*Astrée*, dont le succès durait encore. A ce mérite qu'avait l'auteur de plaire au goût particulier de son temps, il joignait déjà un grand talent d'écrivain en vers; les couplets excellents abondent dans la moindre de ses comédies de jeunesse.

Richelieu se fit présenter Corneille en 1633. Le

Agésilas, tragédie, 1666; *Attila*, tragédie, 1667; *Tite et Bérénice*, comédie héroïque, 1670; *Psyché*, tragédie-ballet, avec Molière et Quinault, 1671; *Pulchérie*, comédie héroïque, 1672; *Suréna*, tragédie, 1674.

grand cardinal, on le sait, raffolait du théâtre, et se piquait d'y exceller. Il rassemblait autour de lui des poètes qu'il chargeait d'écrire des pièces dont il donnait le sujet et le plan. Corneille fut attaché un moment à cette singulière collaboration; il connut là Rotrou et fabriqua, pour le cardinal, avec Rotrou, Boisrobert, Colletet et l'Estoile : *la Comédie des Tuileries*, qui n'a de bon que quelques vers, probablement dus à Corneille. Celui-ci, indocile, avait plus ou moins retouché le plan du cardinal, qui se fâcha et lui dit le fameux mot : « Il faut avoir de l'esprit de suite. » Corneille quitta les cinq auteurs, et regagna Rouen où il fit *Médée*, sa première tragédie, jouée l'année suivante (1635). Pour la première fois il puisait aux sources antiques, non aux plus pures, car il imitait surtout Sénèque le Tragique, écrivain de décadence, mais dont le style éclatant plaisait à son génie. *Médée* n'est pas un chef-d'œuvre; mais elle étincelle de beaux vers, de superbes pages. Corneille avait trouvé sa vraie langue, et aussi sa véritable voie, car, quel que soit l'agrément de ses comédies, son génie avant tout est un génie tragique.

Vers le même temps, conseillé par un vieux gentilhomme retiré à Rouen, M. de Chalon, ancien secrétaire des commandements de la reine Anne, Corneille avait commencé d'étudier le théâtre des Espagnols. Est-ce là, dans un original ignoré ou perdu, ou dans une imitation générale du goût castillan qu'il puisa d'abord l'idée de *l'Illusion comique* (jouée en 1636) où le *matamore*, personnage tout espagnol, débite en excellents vers des forfanteries si divertissantes et quelquefois fait pressentir *le Cid* en parlant, quoique indigne, le langage de la vraie bravoure. *L'Illusion* qui donne son nom à la pièce est l'erreur d'un père qui voit représenter sous ses yeux, par l'artifice d'un magicien, d'abord les aventures de son fils, puis un drame fictif dont l'acteur principal est ce même fils devenu comédien à l'insu de sa famille. Cette pièce singulière se termine par un magnifique éloge du théâtre français, épuré par les travaux heureux des nouveaux poètes, honoré des faveurs du roi et de son ministre.

Le Cid, qui suivit de près, fut représenté sur le théâtre du Marais vers la fin de 1636. Il y avait dix-huit ans qu'un poète espagnol, Guillem de Castro, avait fait jouer *la Jeunesse du Cid*, un ample drame écrit dans le goût de son pays, tout chargé d'événements qui pour la plupart se passaient sous les yeux des spectateurs. Corneille emprunta beaucoup à Guillem de Castro, tout en s'efforçant de faire rentrer l'action dans les limites que les règles prétendues d'Aristote et surtout le goût nouveau favorisé par Richelieu commençaient à imposer au théâtre français. Dans cette pièce pour la première fois il étalait sur la scène la lutte émouvante qu'il devait par la suite y représenter tant de fois : la lutte du devoir ou de l'honneur contre la passion d'abord menaçante, enfin vaincue. Rodrigue est fiancé à Chimène, et Chimène aime Rodrigue; mais, pour venger son père outragé, Rodrigue tue le père de Chimène, et, pour venger son père immolé, Chimène demande au roi la tête de Rodrigue. A la fin, l'innocent meurtrier en repoussant une invasion des Maures et en sauvant son pays, lave sa faute involontaire et obtient le pardon ou du moins l'espoir du pardon. Un style à la fois simple et vigoureux dans la partie héroïque du poème, et profondément touchant dans la partie pathétique, exprimait avec vivacité toutes les beautés de cette action attachante et toutes les péripéties de la lutte qui se livre entre les deux fiancés et dans le cœur de chacun d'eux.

Le public s'enthousiasma pour une poésie si neuve

et si belle. Mais les rivaux de Corneille eurent la petitesse de se coaliser contre lui pour essayer de faire condamner son chef-d'œuvre par l'Académie naissante. Richelieu lui-même eut le tort de s'associer à ces manœuvres : plusieurs causes l'animaient contre *le Cid*; toute la pièce respirait une vive admiration pour la bravoure et la fierté castillanes et la France faisait alors la guerre aux Espagnols, dont l'armée avait un moment franchi la frontière pendant l'été de 1636. Elle renfermait une apologie nullement déguisée du duel, et Richelieu s'efforçait, par des édits sanglants, de réprimer la fureur des duels. Enfin les pièces des « cinq auteurs » inspirées par le cardinal, étaient toutes plus ou moins tombées, et l'œuvre de Corneille, ce transfuge, était accueillie partout avec des transports d'enthousiasme. Voilà pourquoi Richelieu encouragea Scudéry et Mairet qui attaquaient passionnément cette tragédie trop heureuse et força Chapelain d'écrire les *Sentiments de l'Académie sur le Cid*, critique assez modérée dans la forme, mais très injuste au fond, de l'œuvre de Corneille.

Cette fameuse « querelle du Cid » occupa six mois, puis s'éteignit, laissant *le Cid* aussi glorieux, mais Corneille profondément découragé. Sa pièce avait été déclarée « contre les règles » par l'Académie, et censurée par des hommes qui se disaient et qu'on croyait les oracles du goût en France. Il demeura plus de trois années sans vouloir rien donner au théâtre et ses ennemis crurent qu'il resterait muet à jamais. Le 15 janvier 1639, Chapelain écrivait : « Corneille ne fait plus rien et Scudéry a du moins gagné cela en le querellant qu'il l'a rebuté du métier et lui a tari sa veine. » Heureusement Chapelain se trompait : Corneille travaillait. L'année 1640 vit paraître et triompher *Horace* et *Cinna.*

Dans *Horace*, tiré d'un chapitre de Tite-Live, Corneille a voulu surtout peindre l'énergie du patriotisme romain aux beaux temps de la république et la lutte de cette passion sublime contre l'amour, que le poète désormais sacrifiera toujours à l'honneur et au devoir. Dans *le Cid*, l'amour avait vaincu, après de dures épreuves; mais enfin Chimène avait pardonné. Dans *Horace*, Camille, éprise de Curiace, maudit son frère, vainqueur de son fiancé: elle est poignardée par Horace et Horace est absous. L'amour est immolé avec Camille, immolé au patriotisme.

Cinna, composé presque en même temps qu'*Horace*, quoique profondément différent, semble né de la même conception dramatique. Cinna, Émilie, héritiers du parti pompéien et des haines républicaines, conspirent contre l'empereur Auguste qui, après avoir persécuté leurs parents, les a comblés eux-mêmes de bienfaits. Auguste apprend leur trahison, hésite avec angoisse s'il doit punir ou absoudre; mais sa grande âme s'ouvrant au pardon, il fait grâce à Cinna, l'unit à Émilie et consolide ainsi par la clémence un pouvoir acquis par la terreur. Dans *Horace*, l'amour était immolé au patriotisme. Dans *Cinna*, il est humilié devant la clémence royale. Dans *Polyeucte* il devait se sacrifier lui-même à la sainteté; l'amour humain dans cette œuvre sacrée est immolé à l'amour divin.

Polyeucte[1], au moyen âge, se fût appelé un *mystère*, car c'est en peignant l'âme d'un saint que Corneille a voulu compléter cette galerie d'héroïques figures. Après la grandeur chevaleresque figurée dans *le Cid*, celle du citoyen retracée dans *Horace* et la grandeur royale représentée dans *Cinna*, il a exprimé dans *Polyeucte* la grandeur d'une âme chrétienne qui dédaigne la terre et les joies terrestres pour n'aspirer

---

1. Joué au plus tôt en 1641, au plus tard en 1643 : cette date est la plus probable.

qu'au ciel; car le vrai héros de *Polyeucte*, quoi qu'en ait cru le xviiie siècle (peu en goût d'admirer les saints), ce n'est pas Sévère, c'est Polyeucte. Mais la figure de Pauline, l'admirable épouse de Polyeucte, redouble l'intérêt de cette pièce extraordinaire; l'héroïsme de son époux martyr élève jusqu'à la passion son âme d'abord indifférente et troublée un moment du souvenir de Sévère autrefois aimé. Elle-même se convertit en voyant couler le sang de Polyeucte; elle veut mourir pour le suivre au ciel.

Corneille ne s'éleva jamais plus haut que dans ces quatre admirables pièces : *le Cid, Horace, Cinna, Polyeucte*. Mais gardons-nous de limiter à ces quatre tragédies la part durable de son œuvre. Après *Polyeucte*, il écrivit encore dix pièces de théâtre, exécutées dans la pleine maturité du génie et qui renferment des parties au moins qui sont du premier ordre.

Pompée, tiré de la *Pharsale* du poète Lucain que Corneille goûtait particulièrement, semble un beau fragment de poème historique plutôt qu'un véritable drame. Pompée ne paraît pas dans cette pièce qui porte son nom; mais il en est bien l'âme et le héros: elle s'ouvre par la délibération où sa mort est résolue; elle s'achève par la punition de ses assassins. L'héroïque fermeté de Cornélie, sa veuve, en face de César vainqueur, éclate en d'admirables scènes où la sublimité du style recouvre et cache une certaine emphase des sentiments. Malheureusement l'amour épisodique de César pour Cléopâtre refroidit un peu l'action. Corneille tomba souvent dans cette faute de donner à toute force un rôle à l'amour dans des pièces où il n'a que faire; une galanterie un peu fade a gâté ainsi beaucoup de ses dernières pièces. Ses contemporains furent très éloignés de lui en savoir mauvais gré. Si Corneille aujourd'hui nous apparaît comme le poète de l'héroïsme, il fut aussi, ne l'oublions pas, pour la génération qui grandit avec lui et ressentit la fraîche impression de ses œuvres naissantes, le poète de l'amour, avant Racine qui par une manière toute neuve, et plus vraie, de peindre cette passion, devait faire oublier les tableaux très différents que d'autres en avaient tracés avant lui. Car l'amour chez Corneille n'est pas la passion toute pure, cherchant, pour se satisfaire, à renverser ou à franchir l'obstacle qui l'arrête. C'est la passion héroïque luttant contre elle-même et contre son honneur qu'elle nomme « sa gloire » et sacrifiant toujours, non sans effort, non sans déchirement, mais avec une joie austère, le sentiment au devoir. Cette peinture de l'amour idéal et chaste, enveloppé fièrement dans une draperie d'héroïsme, transporta d'admiration les contemporains du poète ; génération ardente et fougueuse qui joignait à des mœurs souvent grossières une imagination hautaine, éprise des glorieuses chimères, moins raisonnable, moins sensée que la génération suivante.

Deux comédies succédèrent à *Pompée*. En donnant *le Menteur* (1644), Corneille louait ainsi la pièce espagnole d'où il l'avait tiré (*la Vérité suspecte* d'Alarcon) : « Elle est toute spirituelle depuis le commencement jusqu'à la fin, et les incidents si justes et si gracieux, qu'il faut être de bien mauvaise humeur pour n'en aimer pas la représentation. » L'éloge convient à l'imitation aussi bien qu'à l'original. Est-il une plus charmante comédie que *le Menteur*? Elle n'est pas sans défauts, sans doute : l'intrigue est embrouillée ; la moralité incertaine et faible, ou plutôt nulle. Mais quelle verve éblouissante! quel esprit! quel style! Comment Corneille a-t-il réussi à faire que le héros paraisse aimable encore qu'il soit gâté par un défaut que tout le monde abhorre? que son père Géronte, bien que trompé indignement par un fils sans respect, demeure, à force de bonté, respectable à nos yeux, presque majestueux dans les reproches qu'il fait à son fils? *La Suite du Menteur* (1645), imitée d'une comédie de Lope de Vega (*Aimer sans savoir qui*), fut moins heureuse, comme il arrive d'ordinaire aux *suites*; toutefois, s'il est juste d'avouer que le lien qui rattache ensemble les deux pièces est tout artificiel et assez péniblement noué, que l'invention dans *la Suite* est à la fois plus romanesque et moins amusante que dans *le Menteur*, le style dans la moins bonne des deux pièces est aussi bon que dans la meilleure; il étincelle de grâce et de vivacité; ces deux comédies suffisent à confondre ceux qui se sont imaginé que Corneille n'avait pas d'esprit.

Rodogune, tragédie, fut jouée l'année suivante (1646); la reine Cléopâtre y personnifie la passion du pouvoir poussée jusqu'à la rage et jusqu'au crime. Pour conserver le trône elle fait poignarder un fils et veut empoisonner l'autre; elle est prise elle-même dans ses propres trames et réduite à boire le poison qu'elle destinait à Antiochus et à Rodogune. Ce coup de théâtre fait l'intérêt poignant du cinquième acte de cette tragédie : l'effet en est prodigieux. Toutefois l'œuvre laisse le spectateur plutôt vivement remué qu'intéressé; aucun des personnages n'obtient sa sympathie. Cléopâtre est un monstre et Rodogune à peine moins barbare. Les deux princes, jouets de ces furies, sont trop faibles; leur rôle est tout passif, leur physionomie indécise. Telle est cependant la pièce que Corneille préférait hautement dans son théâtre, parce que *Rodogune* lui semblait « un peu plus à lui que les tragédies qui l'ont précédée, à cause des incidents surprenants qu'elle renferme, et qui étaient purement de son invention. » Or, entre toutes les qualités de son génie celle que préférait Corneille était la fécondité de son imagination. De là son goût pour les pièces qu'il nomme *implexes*, c'est-à-dire compliquées et pour les situations tendues, violentes et fortement embrouillées. Le goût de Racine, tout différent, préférait « une action simple, chargée de peu de matière, soutenue par les intérêts, les sentiments et les passions des personnages. » (*Préface* de *Britannicus*.)

Théodore, tragédie chrétienne jouée en 1646, n'obtint aucun succès; la pièce est singulière, même choquante, et n'est pas intéressante. Au contraire *Héraclius* (1647), que l'illustre dramaturge espagnol Calderon imita plus tard de Corneille, est une pièce très attachante, malgré son excessive complication. L'usurpateur Phocas a fait périr Maurice, empereur d'Orient, et croit avoir tué en même temps Héraclius, le fils de Maurice, enfant au berceau. Mais Héraclius a été sauvé par sa gouvernante Léontine. Le tyran qui croit cette femme dévouée à ses projets lui confie son propre fils, Martian, qui n'est âgé que de quelques mois comme Héraclius. Léontine, pour rétablir sur le trône la postérité de Maurice, substitue un enfant à l'autre. Vingt ans s'écoulent; certains indices font soupçonner à Phocas la substitution qui s'est faite; mais les deux jeunes gens trompés par d'autres apparences croient l'un et l'autre être le véritable Héraclius. Phocas veut arracher son secret à Léontine; elle reste impénétrable et défie l'usurpateur de pouvoir distinguer son fils du fils de son ennemi.

Devine si tu peux, et choisis, si tu l'oses.

Héraclius est obscur sans doute, mais il mérite bien qu'on se fatigue à le comprendre.

Les troubles de la Fronde interrompirent quelque temps les spectacles. En 1650, Corneille reparut à la scène avec *Andromède*, tragédie lyrique, ou opéra, dont lui-même a dit : « Cette pièce n'est que pour les yeux. » Mais *Don Sanche d'Aragon*, imité de loin du *Palais magique* de Lope de Vega et joué presque en même temps qu'*Andromède*, est le chef-d'œuvre de la tragi-comédie en France; Corneille, pour rajeunir ce genre mixte, l'appelle ici : comédie héroïque. La jeune reine de Castille doit se choisir un époux : les États ont désigné trois prétendants à sa main parmi les grands d'Espagne; elle n'aime aucun des trois; elle chérit en secret un généreux aventurier, Carlos, dont la naissance est inconnue, mais qui vient d'illustrer son bras par de grands exploits contre les Maures. A la fin Carlos est reconnu fils du roi d'Aragon, et il épouse la reine. Une intrigue un peu traînante refroidit l'intérêt qu'offre *Don Sanche d'Aragon*; mais le style de la pièce est remarquable; les bons vers abondent, simples, vivement frappés, sonores et fiers. Le drame romantique, dans ses meilleures pages, procède de cette langue.

Nicomède (1651), dont Corneille a dit : « Ce ne sont pas les moindres vers qui soient sortis de ma main », *Nicomède* est, comme *Don Sanche*, une tentative toute nouvelle : ce fécond génie refusait de se répéter : toujours en quête de voies peu frayées, il aimait « à s'écarter un peu du grand chemin », dût-il « se mettre au hasard de s'égarer. » Cette fois, que nous montre-t-il ? Un jeune prince, très brave, très bon capitaine, mûri par l'expérience du malheur plus vite que par celle des années, au milieu d'une cour orientale où tout lui est hostile : sa marâtre Arsinoé, parce qu'elle veut déposséder le fils du premier lit, au profit de son fils à elle; son frère Attale, fils d'Arsinoé, parce qu'il est jaloux de Nicomède et de sa gloire; l'ambassadeur romain Flaminius, parce que la politique romaine veut que ses agents dans toutes les cours cherchent à perdre tout ce qui est généreux et fier, comme à flatter et à caresser tout ce qui est lâche et bas; enfin son père même, le roi Prusias, type achevé de ces rois de la décadence orientale, dégradé par l'exercice du pouvoir despotique et la terreur des armes romaines, tremblant devant Flaminius, devant sa femme, devant ses fils; prêt à toute lâcheté, même au crime, pour conserver une ombre de sceptre; un vrai personnage de comédie, hardiment jeté par Corneille au milieu du cadre tragique. Voltaire s'en montre fort choqué dans son *Commentaire* sur Corneille; Victor Hugo s'en autorise en fondant le drame romantique dans la *Préface* de *Cromwell*. Toutes les inimitiés liguées contre Nicomède sont devinées, désunies et déjouées, non par la force, mais « par une prudence généreuse qui marche à visage découvert, qui prévoit le péril, sans s'émouvoir, et qui ne veut point d'autre appui que celui de sa vertu et de l'amour qu'elle imprime dans le cœur de tous les peuples. » Joignez à cet appui la pointe acérée d'une ironie constante, qui ne laisse jamais s'éloigner l'ennemi vaincu sans qu'il soit un peu piqué et raillé, mais avec grâce et bonne humeur.

Un événement fâcheux éloigna peu après Corneille du théâtre pendant sept années. En 1652 il avait donné *Pertharite*; la pièce tomba sans remède à la première représentation : *Pertharite* se passait chez les Lombards au VII° siècle; les noms gothiques des personnages, le décousu de la conduite et la singularité de l'action rebutèrent les spectateurs. Il y a toutefois de beaux vers dans *Pertharite* (où Corneille n'a-t-il pas semé les beaux vers?) et Racine a certainement emprunté de cette pièce malheureuse l'idée de la situation qui fait le fond de la tragédie d'*Andromaque*.

Les sollicitations flatteuses du surintendant Fouquet qui protégeait les gens de lettres par goût, par politique et par ostentation, peut-être aussi l'ennui du repos et l'ambition de nouveaux triomphes, déterminèrent Corneille à reparaître au théâtre en 1659. Il donna *Œdipe* et obtint un grand succès qui nous surprend aujourd'hui, car cette tragédie est l'une des plus faibles de son théâtre : mais le public avait regret de *Pertharite* si mal accueilli et du long silence de l'auteur : il voulait réparer ses torts envers son poète favori. Peut-être eût-il mieux valu pour la gloire de Corneille qu'il cessât de produire avant l'épuisement de sa veine. Il y a encore de beaux vers et de belles pages, même jusqu'en ses derniers ouvrages ; mais ce génie créateur qui sait construire une œuvre dramatique, assembler et subordonner les parties de l'action, ménager l'intérêt, l'accroître de scène en scène, enfin faire vivre et agir des hommes sur le théâtre, ce don souverain fit défaut à sa verve fatiguée.

Sertorius (1662) est toutefois supérieur à *Œdipe*. « La politique, dit l'auteur lui-même, fait l'âme de toute cette tragédie. » Il n'y faut rien chercher qui émeuve ou touche le cœur. Ce n'est pas que l'amour en soit banni ; mais il n'y paraît qu'au second rang et se subordonne lui-même aux calculs de la politique. Une théorie chère à Corneille et qu'il appliqua volontiers dans tout son théâtre, mais surtout dans les œuvres de sa vieillesse, c'est que l'amour doit toujours avoir place dans une tragédie, mais au second rang. « L'amour, dit-il (dans une lettre à Saint-Évremond), est une passion trop chargée de faiblesse pour être la dominante dans une pièce héroïque ; j'aime qu'elle y serve d'ornement, mais non pas de corps. » Or il serait plus vrai de dire que l'amour dans une tragédie doit tenir la première place ou ne paraître pas du tout. S'il est épisodique, il est froid et presque toujours ennuyeux. *Sertorius* se soutient encore à demi par une belle scène entre le général rebelle et Pompée, par beaucoup de beaux vers dont la pièce est remplie. Toutefois l'immense succès qu'elle obtint nous étonne un peu aujourd'hui. Mais les modernes en acquérant le droit de traiter de la politique ailleurs qu'au théâtre, ont un peu perdu le goût de la tragédie politique si chère à la génération qui avait vu ou fait la Fronde.

En 1663, Corneille donna au théâtre une *Sophonisbe*; il ne réussit pas à faire oublier celle de Mairet. L'année suivante (1664), *Othon*, tiré des *Histoires* de Tacite, pièce obscure et embrouillée, dénuée de l'intérêt poignant qui, dans *Héraclius*, rachète les mêmes défauts. *Agésilas*, joué en 1666, est écrit en vers libres de différentes mesures à rimes croisées; cette innovation aurait pu être heureuse, mais elle fut compromise par l'insuccès d'une pièce ennuyeuse, qui est tout entière en entretiens de froide galanterie; et quels noms que ceux de Lysandre et d'Agésilas, d'un « roi de Paphlagonie » et de « princesses persanes » pour les mêler à cette métaphysique amoureuse! C'était un roman de Mlle de Scudéry, mis en vers et dialogué. Mais cette monotonie languissante a pu parfois plaire dans le livre qu'on prend et qu'on quitte: en aucun temps elle n'est supportable au théâtre.

Attila (1667) vaut beaucoup mieux qu'*Agésilas*, quoique Boileau ait enveloppé les deux pièces dans une commune épigramme. On y trouve au moins quelques pages fortement écrites dans un style coloré, pittoresque, et dans un sentiment juste, assez conforme à ce que nous savons aujourd'hui, ou croyons savoir de l'histoire des Huns.

En 1670, Madame, duchesse d'Orléans, voulut se ménager l'amusement de voir aux prises, sur le même sujet, le vieux Corneille et le jeune Racine, de qui la réputation croissante portait ombrage à celle de son rival. Chacun des deux poètes fut invité, à l'insu de l'autre, à composer une *Bérénice* et à mettre au théâtre la séparation touchante de l'empereur Titus et de cette reine de Judée. La princesse mourut sans avoir vu les fruits de ce singulier concours; mais la victoire de Racine était certaine, et dans la tragédie de Corneille, *Tite et Bérénice*, on ne trouve à louer que quelques vers heureux et une conception assez fière du personnage principal.

Pulchérie, « comédie héroïque », jouée en 1672; *Suréna*, tragédie, jouée en 1674, passèrent presque inaperçues. Ce n'est pas que ces pièces soient, comme l'a prétendu Voltaire, « ridiculement écrites. » Corneille jusqu'au bout reste un grand écrivain en vers. Cette même année (1672) il adressait au roi une *Epitre* sur la campagne de Flandre, infiniment supérieure au fameux *Passage du Rhin* de Boileau [1]. Mais il est trop vrai que les derniers enfants de sa veine tragique sont profondément ennuyeux. Ce sont pures tragédies d'amour où il n'est question que de savoir si le héros épousera ou non l'héroïne, et ni l'un ni l'autre ne réussissent à nous intéresser à leur passion verbeuse et froide. Corneille sortait de sa voie pour s'acharner à lutter contre Racine dans ce domaine de la tendresse où Racine devait rester sans rival.

Est-ce à dire que Corneille fût incapable d'exprimer l'amour? L'invention du rôle de Chimène suffirait à protester contre une telle assertion. Trente-cinq ans après *le Cid*, Corneille, vieilli et fatigué, dans le livret de l'opéra de *Psyché* (1671), composé en collaboration avec Molière et Quinault, écrivait encore, pour sa part, entre autres vers excellents, la déclaration si naïve et si passionnée que Psyché adresse à l'Amour, et cette page exquise où l'Amour jaloux reproche à la jeune Psyché le tendre souvenir qu'elle a conservé de la maison paternelle. Tout l'œuvre de Corneille

---

1. Nous ne louons ici que les vers; car l'épître est traduite des vers latins du P. de Larue.

vieilli abonde ainsi en charmantes surprises. Mais entre ces rares éclairs l'obscurité semblait plus profonde, et le génie du grand poëte allait s'affaiblissant, quoiqu'il se refusât lui-même à l'avouer et quoique des admirateurs aveugles ne voulussent pas le reconnaître. Ses qualités pâlissent et ses défauts s'accusent à mesure qu'il s'approche du terme de sa longue carrière. L'héroïque fierté de ses personnages tourne à la raideur ; ses héroïnes étaient fermes : elles deviennent dures ; ses héros raisonnaient trop : ils deviennent subtils. Le langage de la passion pouvait sembler chez lui un peu romanesque : il devient fade et alambiqué. A mesure que les idées et les sentiments perdent quelque chose de leur vérité, de leur naturel, le style même s'affaiblit. Mais, jusque dans les plus médiocres pièces de ce grand poëte, on rencontre des beautés qui ne sont qu'à lui, que lui seul pouvait trouver. C'est ce qui faisait dire à Mme de Sévigné après la représentation de *Pulchérie* : « Vive notre vieil ami Corneille ! Pardonnons-lui de méchants vers en faveur des divines et sublimes beautés qui nous transportent ! » C'est encore là le meilleur jugement que la postérité puisse rendre sur l'œuvre de Corneille vieilli.

On a souvent parlé de Corneille comme d'un génie tout instinctif, presque inconscient, qui fit, sans y penser, ses plus grandes merveilles ; supérieur à tous tant qu'il était soutenu par une mystérieuse inspiration, puis brusquement médiocre ou mauvais, quand « le dieu » cessait de dicter : d'ailleurs incapable de distinguer lui-même dans son théâtre, et préférant d'ordinaire ses plus faibles ouvrages à ses chefs-d'œuvre. Tous les traits de ce tableau sont absolument faux, ou très exagérés. Il se peut que Corneille ait eu moins de goût que de génie, et qu'il se soit un peu abusé sur la valeur de ses dernières pièces, comparées avec *le Cid* ou *Cinna*. Mais il est certain d'ailleurs que peu d'écrivains ont davantage réfléchi sur leur art; peu d'auteurs de théâtre ont médité si profondément sur les moyens dont dispose la scène, ou sur les lois qui la régissent. Les *Examens* de ses pièces et ses trois longs *Discours* (du *poème dramatique*, de la *tragédie*, des *trois unités*) pécheraient plutôt par un excès de scrupule et de minutie. Toutefois cette *poétique*, écrite par le poète lui-même, reste le meilleur commentaire de son théâtre.

Corneille, doué naturellement d'un génie dramatique tout à fait extraordinaire, se distingue et excelle surtout par ces trois qualités : la fécondité de l'invention, la variété de la mise en œuvre, et l'éclatante beauté du style. Aucun écrivain n'a écrit en vers mieux que Corneille. Ajoutons comme un trait propre à son œuvre : l'aspiration constante vers la grandeur. Il a placé très haut son idéal dramatique, si haut qu'il ne l'a pas toujours atteint. Mais s'il est des talents plus pondérés, mieux conduits, qui jamais ne se lassent ni ne se démentent, jamais ne tombent au-dessous d'eux-mêmes : il n'est pas de plus grande âme, et peu de poètes ont su s'élever aussi souvent que Corneille, par la pensée, par le style, à ces traits sublimes qui ne laissent rien désirer, rien imaginer au delà de ce qu'ils réalisent. Corneille, quelquefois obscur, ou même diffus et froid, peut lasser par moments; mais, quand il satisfait l'âme, il la remplit, il la transporte de cette sorte de joie que donne l'enthousiasme.

Auprès du grand nom de Corneille, ceux des poètes tragiques, ses contemporains, semblent bien pâles! Un critique oublié faisait ainsi la peinture, en 1635, de ces gens dont la fureur est de paraître, à tout prix, les meilleurs amis des hommes célèbres : la page est piquante, et nous intéresse ici, en rassemblant les noms de presque tous les poètes dramatiques qui furent témoins des débuts de Corneille :

« Ils auront, dit l'auteur [1], la tête levée une heure entière à l'Hôtel de Bourgogne pour attendre que quelque poète de réputation, qu'ils voient dans une loge, regarde de leur côté, afin d'avoir l'occasion de leur faire la révérence. Ils les montrent à ceux de leur compagnie; et leur disent : Voilà M. Rotrou ou M. Du Ryer... Tantôt ils s'éloignent un peu d'eux, et reviendront incontinent leur dire : Messieurs, je vous demande pardon de mon incivilité; je viens de saluer M. Corneille qui n'arriva qu'hier de Rouen. Il m'a promis que demain nous irions voir ensemble M. Mairet et qu'il me fera voir des vers d'une excellente pièce de théâtre qu'il a commencée. Enfin se jetant peu après sur le discours des auteurs du temps et de leurs ouvrages, ils révéleront tous les desseins des poètes pour montrer qu'ils ont de grandes intrigues avec eux. Ils parleront du plan de *Cléopâtre*, et de cinq ou six autres sujets que son auteur [2] a tirés de l'*Histoire romaine*, dont il veut faire des sœurs à son incomparable *Sophonisbe*. Ils disent qu'ils ont vu des vers de l'*Ulysse dupé* [3]; que Scudéry est au troisième acte de *la Mort de César*; que la *Médée* est presque achevée; que l'*Innocente infidélité* est la plus belle pièce de Rotrou...; que l'auteur d'*Iphis* et d'*Iante* [4] fait une autre *Cléopâtre* pour la troupe royale, et que Chapelain n'a guère encore travaillé à son poème de *la Pucelle d'Orléans*, ni Corneille à celui qu'il compose sur un ancien duc de son pays [5]. »

Voilà des noms bien disparates qui s'étonnent d'être rassemblés. A aucune époque, la distance n'a été plus

---

1. *Le Parnasse ou la Critique des Poètes*, par La Pizalière (1635), cité dans Parfait, t. V, p. 164.
2. Mairet.
3. Pièce inconnue.
4. Benserade.
5. Corneille ne donna pas suite à ce dessein.

grande qu'au XVIIe siècle, entre les grands écrivains et les autres. Quand on vient d'étudier Corneille, et qu'on passe à Du Ryer, on est tenté de laisser Du Ryer et de revenir à Corneille. Dans notre siècle, les meilleurs sont moins parfaits peut-être ; mais les médiocres sont moins mauvais. Au XVIIe siècle, il n'est presque pas de degrés de l'excellent au pire.

Toutefois exceptons Rotrou [1] de ce jugement un peu sévère où nous enveloppons presque tous les contemporains de Corneille. Rotrou n'a rien laissé d'irréprochable ; mais dans son œuvre étendue, inégale, il a semé mille traits de génie ; la nature l'avait fait vraiment poète dramatique, et le goût seul, ou peut-être le temps lui a manqué pour laisser des chefs-d'œuvre. Il mourut à quarante ans, victime de son dévouement à ses concitoyens. Lieutenant civil au bailliage de Dreux, il refusa de quitter la ville où sévissait une maladie contagieuse, et fut lui-même atteint mortellement.

Doué d'une extraordinaire facilité, il avait fait jouer en vingt ans trente-six pièces de théâtre (neuf tragédies, quatorze tragi-comédies, treize comédies). Il avait débuté presque au sortir du collège ; il avait dix-neuf ans quand l'Hôtel de Bourgogne joua sa première pièce, *l'Hypocondriaque*. Lui-même, en la publiant plus tard, demandait grâce pour son âge, et disait dans la *préface* : « Il y a d'excellents poètes ; mais non à l'âge de vingt ans. » Les sept années suivantes virent paraître de lui dix-sept pièces, trop vite composées pour être des œuvres durables. Heureusement il connut alors Corneille [2], il travailla même un moment

---

1. Né à Dreux en 1609, mort à Dreux en 1650.
2. Le théâtre de Rotrou se compose de trente-six pièces, jouées en vingt-deux ans entre 1628 et 1650 : quatorze tragi-comédies ; treize comédies ; neuf tragédies. En voici les titres : *l'Hypocondriaque ou le Mort amoureux*, tragi-comédie, 1628 ; *la Bague de l'oubli*, comédie, 1628 ; *Cléagénor et Doristée*, tragi-comédie, 1630 ; *la Diane*, comédie, 1630 ; *les Occasions perdues*, tragi-comédie, 1631 ; *l'Heureuse Constance*, tragi-comédie, 1631 ;

avec lui dans le bureau poétique de Richelieu. La collaboration dura peu ; l'exemple resta. Les meilleures pièces de Rotrou sont postérieures à ce commerce avec Corneille, à l'amitié duquel il resta toujours fidèle ; il fut le seul parmi les rivaux de ce grand homme que l'éclatant succès du *Cid* ne transforma point en ennemi sourd ou déclaré.

En même temps que *le Cid*, on jouait *les Sosies* de Rotrou, pièce imitée de Plaute, vivement rimée dans un style comique excellent (1636). L'année suivante Rotrou, dans *Laure persécutée*, tragi-comédie (1637), exprimait les tortures de la jalousie et les ardeurs de la passion avec une énergie qu'on trouve rarement dans ce genre tragi-comique, ordinairement voué aux sentimentalités doucereuses. Mais les chefs-d'œuvre de Rotrou appartiennent aux trois dernières années de sa vie, et, plus heureux en cela que Corneille, il mourut en plein succès, à l'apogée de son talent. *Saint Genest* (1646), imité librement de Lope de Vega, et aussi de *Polyeucte* (qu'il a suivi de près, mais non pas précédé, comme le croient quelques-uns), *Saint Genest* est la création la plus originale de Rotrou ; c'est l'histoire d'un acteur qui, jouant devant les empereurs Dioclétien et Maximien, le rôle d'un martyr chrétien, tout à coup frappé de la grâce, se sentit sincèrement pénétré des sentiments du personnage qu'il représen-

---

les Ménechmes, comédie, 1632 ; *Hercule mourant*, tragédie, 1632 ; *la Célimène*, comédie, 1633 ; *l'Heureux Naufrage*, tragi-comédie, 1634 ; *la Céliane*, tragi-comédie, 1634 ; *la Belle Alphrède*, comédie, 1634 ; *la Pélerine amoureuse*, tragi-comédie, 1634 ; *la Filandre*, comédie, 1635 ; *Agésilas de Colchos*, tragi-comédie, 1635 ; *l'Innocente Infidélité*, tragi-comédie, 1635 ; *Clorinde*, comédie, 1636 ; *Amélie*, tragi-comédie, 1636 ; *les Sosies*, comédie, 1636 ; *les Deux Pucelles*, tragi-comédie, 1636 ; *Laure persécutée*, tragi-comédie, 1637 ; *Antigone*, tragédie, 1638 ; *les Captifs* (de Plaute), comédie, 1638 ; *Crisante*, tragédie, 1639 ; *Iphigénie*, tragédie, 1640 ; *Clarice ou l'Amour constant*, comédie, 1641 ; *Bélisaire*, tragédie, 1643 ; *Célie, ou le Vice-Roi de Naples*, comédie, 1645 ; *la Sœur*, comédie, 1645 ; *le Véritable Saint Genest*, tragédie, 1646 ; *Don Bernard de Cabrère*, tragi-comédie, 1647 ; *Venceslas*, tragédie, 1647 ; *Cosroès*, tragédie, 1648 ; *Florimonde*, comédie, 1649 ; *Don Lope de Cardone*, tragi-comédie, 1649 ; *l'Illustre Amazone*, tragédie, 1650. — Plusieurs de ces dates ne sont que vraisemblables et la plupart des éditions sont défectueuses.

tait, se proclama chrétien lui-même, affirma sa foi nouvelle, résista aux menaces des souverains, aux supplications de ses camarades, demanda hautement le martyre, et le subit avec intrépidité. Cette étrange donnée fut traitée par Rotrou avec une grande richesse d'imagination, dans un style vif, animé, varié. Le comique, le familier, le tragique et le sublime s'y rencontrent et s'y mêlent avec une aisance et une souplesse admirables. La pièce que joue le héros (*le Martyre d'Adrien*) est introduite au milieu du drame, et interrompue brusquement par la conversion de Genest; ce jeu combiné d'une double intrigue est conduit avec une rare entente de l'arrangement dramatique. Les mœurs d'une troupe de comédiens dont Genest est le chef, sont vivement dépeintes au cours de la pièce, et fournissent un cadre attrayant à cette tragédie sanglante. Les sublimes effusions de l'acteur converti qui aspire au martyre rappellent sans trop d'infériorité les belles stances de Polyeucte. Rotrou payait sa dette à Corneille, dont il s'était sans doute inspiré; il plaçait dans la bouche de Genest, par un anachronisme délicat, l'éloge imprévu de *Cinna* et de *Pompée* :

> Ces poèmes sans prix, où son illustre main
> D'un pinceau sans pareil a peint l'esprit romain,
> Rendront de leurs beautés votre oreille idolâtre
> Et sont aujourd'hui l'âme et l'amour du théâtre.

Don Bernard de Cabrère, joué l'année suivante (1647), est la meilleure tragi-comédie de Rotrou; c'est une peinture souriante, et touchante à la fois, de la funeste chance attachée à tous les pas d'un brave gentilhomme espagnol, de qui la malencontreuse fortune gâte les plus belles qualités. *Venceslas*, tragédie, jouée la même année (1647), est seule restée au répertoire, comme l'œuvre la plus achevée de Rotrou : il est imité d'une pièce de **Francisco de Rojas**, intitulée : *On ne peut être père et roi à la fois*. Le héros est une âme, au fond noble et grande, mais violente, qu'une sorte de fatalité jointe à une jalousie furieuse emporte jusqu'au crime ; un sentiment profond de l'honneur le ramène à la vertu par le repentir. On peut regretter que Rotrou n'ait pas eu le courage de soutenir jusqu'au bout la logique de sa pièce. Ladislas a commis un meurtre ; le roi Venceslas, son père, le fait comparaître seul devant lui, et, malgré les grands services rendus à l'État par ce fils coupable, il lui annonce qu'il va mourir :

> Adieu ! sur l'échafaud portez le cœur d'un prince,
> Et faites-y douter à toute la province
> Si, né pour commander et destiné si haut,
> Vous mourez sur un trône ou sur un échafaud.

Le dénouement (Venceslas fait grâce à son fils et le couronne roi) ne soutient pas la sublimité de cette scène.

Cosroès (1649) déroule son action au sein d'une cour orientale et en dépeint avec vigueur les mœurs tortueuses et sanguinaires ; un vieux roi, affaibli par l'âge et le remords de ses crimes passés, voit son fils, poussé à bout par la haine d'une marâtre, se révolter contre lui et menacer sa vie et son trône. Une horreur trop uniforme est répandue dans cette pièce ; mais ni la force, ni l'intérêt n'y font défaut.

Le style de Rotrou, inégal et heurté, offre rarement une page sans reproche ; jamais une scène entière ; mais il est rempli de beautés, qui jaillissent de source et provoquent vivement l'attention et l'admiration. Chez lui l'invention, singulièrement féconde, est presque toujours heureuse ; surtout il n'ennuie jamais ; sa langue, quelquefois mauvaise et peu correcte, n'est jamais plate ni prosaïque. Il essaya vainement de se plier aux règles, dont le règne absolu s'établissait autour de lui; son génie, libre et capricieux, s'en accommodait mal; même en imitant, soit les anciens, soit les Espagnols, Rotrou restait lui-même; il transformait ce qu'il empruntait, et ne prenant qu'un trait, une idée, la développait à sa façon. A son tour il a été beaucoup imité; ses successeurs ont largement puisé dans ce répertoire oublié de bonne heure et si riche, quoique mêlé d'un peu de clinquant parmi l'or. Ainsi Racine s'est inspiré de Rotrou dans *la Thébaïde* et dans *Iphigénie*; Molière dans *l'Amphitryon*, dans *les Fourberies de Scapin*, dans *le Bourgeois Gentilhomme*; Quinault dans ses *Rivales*; Regnard dans *les Folies amoureuses*; La Motte dans *Inès de Castro*. Corneille lui-même croyait peut-être devoir quelque chose au commerce de Rotrou, puisqu'il le nommait gracieusement « son père », quoique plus âgé que lui de trois ans [1].

En plein triomphe de l'école classique, Rotrou représente, au XVIIe siècle, une poésie plus libre, non plus grande, mais toute personnelle. Certes le goût classique, le respect de la règle et l'amour de la raison, pour tout dire enfin d'un mot, l'effort vers la perfection, inspirèrent trop de chefs-d'œuvre aux grands écrivains du XVIIe siècle, pour laisser place à des regrets qui seraient injustifiables. Mais tout en rendant un plein hommage à la gloire de ceux qui furent et qui demeurent les maîtres incontestés de la pensée et du style, peut-être est-il permis de conserver quelque faveur, et comme une tendre complaisance à ces génies irréguliers qui, sans doute, eurent tort, comme Rotrou, de s'abandonner à leur imagination exubérante, plus souvent qu'ils n'écoutèrent la raison; mais à qui cette heureuse imagi-

---

1. Il est vrai que Rotrou avait débuté au théâtre avant Corneille.

nation dicta toutefois tant de choses exquises et charmantes, tant de beaux vers et de nobles pensées.

Nommons au moins les plus connus ou les moins oubliés parmi les poëtes dramatiques contemporains de Corneille : Boisrobert (1592-1662); Desmarets de Saint-Sorlin (1595-1676); Tristan l'Hermite (1601-1655); Georges de Scudéry (1601-1667); Du Ryer (1605-1658); La Calprenède (1610-1663); Benserade (1613-1691). Le plus vieux, mais non le plus grave, Boisrobert, familier ou plutôt bouffon du cardinal de Richelieu, et l'un des cinq auteurs de ce singulier bureau dramatique où travailla un moment Corneille, en vingt-cinq ans (de 1633 à 1658) ne donna pas moins de dix-sept pièces au théâtre; la plupart sont des tragi-comédies imitées de l'espagnol, et remplies d'extravagances [1].

Si Desmarets de Saint-Sorlin fit des pièces de théâtre, son excuse est qu'on l'y força. Le Cardinal voulut absolument voir sur la scène une tragédie de sa façon. Il fit *Aspasie* (1636), qui eut du succès. Il dut ensuite écrire *Mirame* sur le plan du cardinal, qui avait congédié ses cinq auteurs et ne voulait plus avoir affaire qu'à Desmarets. On dépensa trois cent mille écus pour la représentation de *Mirame*, qui tomba sans remède, et ne fut jouée qu'une fois (1639). *Scipion, Roxane, Érigone, Europe* (on attribua cette dernière pièce, toute allégorique, à Richelieu) n'eurent pas plus de succès. Mais une comédie de Desmarets, *les Visionnaires*, jouée en 1637, fut extrêmement applaudie; elle se lit encore avec intérêt. C'est une satire, ou, si l'on veut, une caricature, un peu lourde et brutale, mais amusante, de l'Hôtel de Rambouillet, et du monde des *Précieuses*.

François Tristan l'Hermite, après une jeunesse aven-

---

1. Les moins oubliées des pièces de Boisrobert sont : *la Belle Plaideuse*, comédie, 1654; *la Belle invisible*, tragi-comédie, 1656.

tureuse qu'il a racontée (non sans farder un peu la vérité) dans un roman qui est une histoire, à moins qu'on ne veuille dire une histoire qui est un roman (*le Page disgracié*, 1643), devenu gentilhomme de Gaston d'Orléans, se mit à écrire pour le théâtre, et débuta par un grand succès, *Mariamne*, jouée en 1636 à l'Hôtel du Marais. Le célèbre acteur Mondory qui joua le Cid d'original, remplissait le rôle d'Hérode, et son jeu véhément fit croire un moment que la pièce était un chef-d'œuvre. Il fut frappé de paralysie en jouant ce personnage. Tristan donna encore au théâtre *Panthée* (1637), *La mort de Sénèque* (1645), *La mort de Crispe ou les malheurs domestiques du grand Constantin* (1645), *La mort du grand Osman* (1656). Il accueillit Quinault fort jeune et forma son talent poétique. Tristan avait de l'esprit, le goût du théâtre; il trouve souvent des traits originaux, personnels, qui donnent de l'intérêt à ses pièces; il n'est pas terne, effacé, comme tant d'autres; mais il manque de goût et de souffle. Au reste, il jugeait de lui-même assez modestement. Dans une jolie pièce peu connue, où il exhorte une jeune personne à ne se point faire scrupule de paraître sur le théâtre, devenu un métier glorieux, depuis qu'il sert à récréer le grand cardinal et à prêcher l'héroïsme et la vertu, Tristan se défend ainsi de travailler aux triomphes futurs de la jeune actrice :

> Je ne fais point ces vers de choix
> Par qui l'oreille est enchantée :
> On enveloppe des anchois
> De *Mariamne* et de *Panthée*.
> Je suis presque au rang des brouillons
> Qui gâtent les plus belles choses;
> Qui se piquent aux aiguillons
> Et ne cueillent jamais les roses.

Tous les poètes du temps font grand bruit du théâtre « épuré par leurs soins » pour le rendre plus digne « du Roy et du grand Armand. » Il y aurait beaucoup à dire : l'honneur de cette épuration revient surtout à Corneille ; encore faut-il remarquer que les premières éditions de ses comédies renferment des libertés qui ont disparu des éditions suivantes. Le goût de la décence allait croissant, mais il ne s'imposa décidément que dans la seconde moitié du siècle. Encore faut-il ajouter que beaucoup de comédies s'en affranchirent. De toute façon l'on fut trop prompt à parler d'épuration. Déjà Rotrou en dédiant au roi sa seconde pièce, *la Bague de l'oubli*, se vantait d'avoir rendu sa muse si modeste que, « si elle n'est belle, au moins elle est sage ; et d'une profane, il en a fait une religieuse. » Fontenelle, en contant cela, ajoute : « Il me semble que cette religieuse se dispensait un peu de ses vœux. » Mais l'*épuration* était devenue comme un dogme officiel[1] et la *Gazette* elle-même l'annonçait comme chose décrétée en conseil du roi :

« Le soin des plus grandes choses n'empêchant pas Sa Majesté de penser aux moindres, et sachant que la comédie, *depuis qu'on a banni des théâtres tout ce qui pouvait souiller les oreilles plus délicates*[2], est l'un des plus innocents divertissements et le plus agréable à sa bonne ville de Paris ; sa bonté est telle qu'il veut entretenir trois bandes de comédiens ; la première à l'Hôtel de Bourgogne ; la seconde au Marais du Temple, de laquelle Mondory ouvrit le théâtre dimanche dernier, et la troisième au faubourg Saint-Germain. » Cette dernière scène n'eut pas de durée.

---

1. *Gazette* du 6 janvier 1635.
2. L'année suivante Mairet, dans son épître à Corneille, disait : « Les plus honnêtes femmes fréquentent maintenant l'Hôtel de Bourgogne avec aussi peu de scrupule qu'elles feraient celui du Luxembourg. » Cependant *les Galanteries du duc d'Ossonne* du même Mairet (jouées en 1627) sont une pièce absolument indécente. On l'a reproché dix ans plus tard à l'auteur dans la *querelle du Cid*.

La célèbre déclaration de Louis XIII en faveur des comédiens fut rendue peu d'années après (le 16 avril 1641). Elle prescrit, s'ils vivent bien et ne jouent que des pièces honnêtes, « que leur exercice ne puisse leur être imputé à blâme, ni préjudicier à leur réputation dans le commerce public [1]. »

Georges de Scudéry vaut un peu mieux que sa réputation ; mais en attaquant et jalousant Corneille, il a bien mérité que Boileau se moquât de lui et de sa fécondité proverbiale, et que la postérité crût ensuite Boileau sur parole :

> Bienheureux Scudéry dont la fertile plume
> Peut tous les mois sans peine enfanter un volume,
> Tes écrits, il est vrai, sans art et languissants
> Semblent être formés en dépit du bon sens ;
> Mais ils trouvent pourtant, quoi qu'on en puisse dire,
> Un marchand pour les vendre et des sots pour les lire

---

[1]. Voici le texte de cette célèbre déclaration, qu'on a parfois citée assez inexactement : elle est datée du 16 avril 1641 : « Louis, etc. Les continuelles bénédictions qu'il plaît à Dieu épandre sur notre règne, nous obligent de plus en plus à faire tout ce qui dépend de nous pour retrancher tous les dérèglements par lesquels il peut être offensé ; la crainte que nous avons que les comédies, qui se représentent utilement pour le divertissement des peuples, soient quelquefois accompagnées de représentations peu honnêtes qui laissent de mauvaises impressions dans les esprits, fait que nous sommes résolu de donner les ordres requis pour éviter tels inconvénients. A ces causes... faisons... défenses... à tous Comédiens de représenter aucunes actions malhonnêtes, ni d'user d'aucunes paroles lascives ou à double entente, qui puissent blesser l'honnêteté publique ; et ce sur peine d'être déclarés infâmes et autres peines qu'il y écherra ; enjoignons à nos Juges, chacun en son détroit, de tenir la main à ce que notre volonté soit religieusement exécutée ; et en cas que lesdits Comédiens contreviennent à notre présente ordonnance, nous voulons et entendons que nosdits Juges leur interdisent le théâtre et procèdent contre eux par telles voies qu'ils aviseront à propos, selon la qualité de l'action, sans néanmoins qu'ils puissent ordonner plus grandes peines que l'amende ou le bannissement ; et en cas que lesdits Comédiens règlent tellement les actions du théâtre qu'elles soient du tout exemptes d'impuretés, nous voulons que leur exercice, qui peut innocemment divertir nos peuples de diverses occupations mauvaises, ne puisse leur être imputé à blâme, ni préjudicier à leur réputation dans le commerce public ; ce que nous faisons afin que le désir qu'ils auront d'éviter le reproche qu'on leur a fait jusqu'ici, leur donne autant de sujet de se contenir dans les termes de leur devoir ès représentations publiques qu'ils feront, que la crainte des peines qui leur seroient inévitables, s'ils contrevenoient à la présente déclaration. » (Voir le *Recueil général des anciennes lois*, par Isambert, t. XVI, p. 536.)

Ces *sots*, c'était tout le monde, il faut l'avouer; car Georges de Scudéry signait les romans de sa sœur; et *le Grand Cyrus*, la *Clélie* ont charmé les contemporains juste autant qu'ils nous paraissent fastidieux aujourd'hui. Comptons sur l'avenir pour traiter de la même façon plusieurs de nos engouements actuels [1].

Jusqu'à Molière la prose fut rarement employée dans la comédie; elle est une langue inconnue à la tragédie et à la tragi-comédie. En présentant au public la tragi-comédie d'*Axiane*, écrite en prose (1643), Scudéry s'en excuse comme d'une hardiesse heureuse, mais tout à fait singulière : « Il y a dix ou douze ans, dit-il, que je me suis trouvé en conversation avec trois des plus beaux esprits du royaume; l'un desquels soutint fortement que la prose était aussi propre au théâtre que les vers; que par elle on pouvait aussi bien exciter les passions que par la poésie; et que, pourvu qu'un poème de cette sorte fût composé par un bon artiste, il aurait le même succès. J'avoue que j'écoutai lors ce discours comme un paradoxe, et que toutes les raisons qu'il apporta ne me persuadèrent point. Cependant... l'expérience m'a fait voir la vérité de son opinion... et confesser ingénument à l'avantage de la prose que ses forces sont plus grandes que je n'avais cru. » Scudéry était fier surtout du succès de son *Amour tyrannique*, et ne mettait rien au-dessus, si ce n'est peut-être *Arminius*. « l'ouvrage le plus achevé qui soit jamais sorti de sa plume; car soit pour la fable, pour les mœurs, pour les sentiments ou pour la versification, il est certain qu'*il* n'a jamais rien fait de plus grand, ni de plus

---

1. Scudéry fit surtout des tragi-comédies : *Lygdamon et Lydias*, pièce tirée de l'*Astrée*, 1629; *le Trompeur puni*, 1631; *le Vassal généreux*, 1632; *la Comédie des Comédiens*, 1634; *Orante*, 1635; *le Prince déguisé*, 1635; *le Fils supposé*, 1636; *la Mort de César*, 1636; *Didon*, 1637; *l'Amant libéral*, 1638; *l'Amour tyrannique*, 1638; *Eudoxe*, 1639; *Andromire*, 1641; *Ibrahim ou l'Illustre Bassa*, 1642; *Arminius*, 1643; *Axiane*, 1643.

beau, ni de plus juste. » Tel est le ton que Scudéry emploie toujours en parlant de ses ouvrages. On ne lit plus *Arminius*, ce chef-d'œuvre, mais *la Comédie des Comédiens* (1634), en partie en prose, intéresse encore par les détails curieux et précis qu'elle donne sur la vie des acteurs du temps et par la singulière donnée de la pièce, qui, retournant pour ainsi dire le théâtre, en met les coulisses sur la scène, et place le temps de la comédie avant la représentation.

Il faut bien nommer Pierre Du Ryer, poète tragique, admis à l'Académie française avant Corneille, en 1646; alors que Corneille avait déjà fait *le Cid, Horace, Cinna, Polyeucte, Pompée, le Menteur* et *Rodogune*. Mais Du Ryer avait fait *Lucrèce* (1637), *Alcyonée* (1639), *Saül* (1642), *Esther* (1643), *Scévole* (1646) et il devait faire *Thémistocle* (1648), sans parler de nombreuses tragi-comédies : *Argénis et Poliarque, Lysandre et Caliste, Alcimédon, Cléomédon, Clarigène*, etc. On voit qu'il n'était guère moins fécond que son illustre rival ; mais les contemporains auraient dû mieux distinguer entre eux l'inégalité du génie. Telle pièce de Du Ryer (par exemple la tragédie d'*Alcyonée*) eut un aussi brillant succès en 1639 que *Horace* ou *Cinna* l'année suivante. C'est là que se trouvent les fameux vers [1] que La Rochefoucauld s'appliquait en parlant de Mme de Longueville :

> Pour obtenir un bien si grand, si précieux,
> J'ai fait la guerre aux rois, je l'eusse faite aux Dieux.

Avant d'écrire les interminables romans qui firent sa grande réputation et, quarante ans plus tard, amusaient encore Mme de Sévigné (*Cléopâtre, Cassandre, Faramond*), La Calprenède avait donné au théâtre une dizaine de pièces, tragédies, tragi-comédies ; *la*

---

1. Acte III, sc. v.

Mort de Mithridate (1637) a fourni sans doute à Racine l'idée de traiter le même sujet; *Bradamante*; *Jeanne d'Angleterre*; *le Comte d'Essex* (1639) que Thomas Corneille refit en 1678 avec succès, mais non sans rendre hommage au mérite de son prédécesseur; *la Mort des enfants d'Hérode* (1639), etc. Toutes ces pièces offrent ce caractère romanesque et cet air de fausse grandeur cher aux imaginations de l'époque. C'est en lisant ces faibles rivaux et contemporains de Corneille qu'on se convainc que toutes ses beautés sont à lui seul, mais que ses défauts sont communs à son temps et à lui.

Il est à peine besoin de faire mention de Benserade qui, après le succès douteux de ses tragédies : *Cléopâtre* (1635), *la Mort d'Achille* (1636), *Méléagre* (1640), trouva sa véritable voie en écrivant pour la cour les poèmes de ces ballets, où les plus grands personnages se faisaient gloire de tenir leur rôle à côté du roi lui-même, passionné pour cette sorte de divertissements. Ce genre fade et recherché, mais souvent ingénieux par l'à-propos, valut à Benserade une renommée immense, de grasses pensions, enfin l'entrée à l'Académie française (en 1674).

Peut-on parler de la tragédie au xvii° siècle sans rappeler l'abbé d'Aubignac qui en fut le législateur, dans sa *Pratique du théâtre* (1657)[1], ouvrage médiocre d'un pédant, souvent raillé, mais après tout lu et discuté par ses contemporains. Il commença par admirer et vanter Corneille qui ne lui rendit pas ses éloges; le critique outré fit volte-face et dénigra *Sophonisbe* et *Sertorius* dans de lourdes dissertations. D'Aubignac se vantait d'entendre seul Aristote et expliquait magistralement les fameuses *règles* à ses contemporains. Lui-même avait voulu joindre l'exem-

---

1. Commencée en 1640, à la demande de Richelieu.

ple au précepte; il avait écrit, en prose, une tragédie absolument régulière, *Zénobie* (1647) qui n'est plus connue que par un bon mot du prince de Condé : « Je sais bon gré à l'abbé d'Aubignac d'avoir si bien suivi les règles d'Aristote; mais je ne puis pardonner à Aristote d'avoir fait faire une si mauvaise tragédie à l'abbé d'Aubignac. »

Scarron, qui ne prétendit qu'à faire rire, vaut bien mieux que tous ces écrivains de hautes visées, mais de petit génie. Entre ce chef-d'œuvre de style et d'esprit, *le Menteur* de Pierre Corneille, joué en 1644, et l'avènement de Molière (1659), le meilleur auteur comique fut certainement Scarron. Son *Roman comique* et son *Virgile travesti* sont moins oubliés que son théâtre, et toutefois ses comédies, que le XVIIe siècle goûta fort, et qui furent jouées jusqu'à la fin du grand règne, sont beaucoup préférables à cette parodie fastidieuse de Virgile et à tant d'autres bouffonneries où se complut Scarron, pour amuser son public et oublier ses propres misères.

L'histoire littéraire n'offre pas d'exemple plus frappant de l'incohérence de goût qui peut régner dans une nation. La même société, sous la régence d'Anne d'Autriche, faisait ses délices du théâtre austère de Corneille et des folies de Scarron. *Polyeucte*, *Pompée*, *Rodogune* et *Nicomède* sont les contemporains du *Typhon* et du *Virgile travesti*, et leur disputaient la faveur publique. Rien ne plaisait autant que la hauteur d'âme, un peu emphatique, et les grands sentiments, un peu affectés, si ce n'est la bouffonnerie la plus basse et la plus triviale. Observateur très fin des goûts de son temps, Scarron mêla hardiment les deux genres à la mode et dans ses tragi-comédies les grotesques coudoient les preux. Deux siècles plus tard, le *Ruy Blas* de Victor Hugo ramènera le même contraste au théâtre.

Tel est d'ailleurs le caractère général de la comédie espagnole, où il puisa la plupart de ses sujets. Il emprunte à Francisco de Rojas *Jodelet ou le Maître Valet* (joué en 1645). Le valet tient le rôle de son maître et finit par s'y prendre au sérieux. Molière dans *les Précieuses*, Lesage dans *Crispin rival de son maître*, et Marivaux dans *le Jeu de l'amour et du hasard*, ont repris cette donnée plaisante, chacun selon son génie propre et dans des cadres très différents. Le valet du poète espagnol s'appelait Sancho, comme le compagnon de don Quichotte, et il en reproduisait à peu près le caractère ; c'était la prose opposée à la poésie, et les vices prudents aux téméraires audaces. Jodelet, qui chez Scarron remplace Sancho dans le même rôle, était le surnom que portait depuis dix ans déjà un acteur aimé du public ; on riait d'avance en le voyant paraître ; on étouffait, lorsqu'il ouvrait seulement la bouche pour parler. Il se nommait de son vrai nom Julien Bedeau ; il joua alternativement au théâtre du Marais et à l'Hôtel de Bourgogne. Il tint avec un succès inouï le rôle de Cliton dans *le Menteur* de Corneille ; et lui-même faisait ainsi son propre portrait dans *la Suite du Menteur*, en disant à Dorante :

> Le héros de la farce, un certain Jodelet,
> Fait marcher après vous votre digne valet ;
> Il a jusqu'à mon nez et jusqu'à ma parole.

Ce nez était énorme et cette parole, bredouillante ; mais tout plaît chez ceux qui plaisent ; le public chérissait Jodelet. Notre siècle n'en doit pas rire ; il a connu de tels engouements. Jodelet mourut en pleine gloire, en 1660. L'année précédente Molière introduisait encore, dans ses *Précieuses*, le faux « vicomte de Jodelet. » Mais bientôt, le même Molière détrônait à jamais les Jodelets, en créant une comédie moins gaie, mais plus vraie, où le rire naît de l'observation profonde des caractères, non de l'exubérante fantaisie d'une imagination joyeuse. C'est alors que La Fontaine ravi écrivait à Maucroix (22 août 1661) :

> Nous avons changé de méthode,
> Jodelet n'est plus à la mode;
> Et maintenant il ne faut pas
> Quitter la nature d'un pas.

Heureusement pour Scarron et Jodelet ils étaient morts tous deux, car la nature n'a rien à voir avec leur théâtre. L'invention non plus n'en a rien de rare; elle est presque toujours prise au fonds espagnol. Que reste-t-il donc? La gaieté du style, d'un style français, quoiqu'il traduise une œuvre étrangère, et cette verve un peu épaisse, mais abondante, d'un esprit que nous trouvons souvent grossier, mais qui, du moins, est sans recherche et sans effort. L'inépuisable gaieté de Scarron lui permit de soutenir jusqu'au cinquième acte cette bouffonnerie prolongée. Jamais la comédie n'avait encore affirmé si hardiment son droit de rire tout son soûl, et d'avoir sa place au soleil, aussi bien que la tragédie. Avant Molière, Scarron a réclamé l'égalité des deux genres.

Son *Jodelet* avait été le premier de cette lignée sans fin de valets qui défilèrent sur la scène française jusqu'à Figaro. Contre l'usage l'ancêtre est le pire de la lignée; lâche, poltron, débauché, sans foi et sans honneur, Jodelet personnifie toutes les bassesses de la nature humaine; il les personnifie si gaiement que, l'acteur aidant l'auteur, le succès du personnage fut inouï. Une nuée de *Jodelets*, imités de celui-là, envahirent la scène; et Scarron lui-même voulut prolonger son succès en faisant jouer *les Trois Dorotées* ou *Jodelet souffleté* (1646), pièce également imitée de Francisco de Rojas. *L'Héritier ridicule ou la Dame intéressée*

(1649), *Don Japhet d'Arménie* (1652), furent aussi empruntés aux Espagnols ; et *l'Écolier de Salamanque* (1654) fut pris comme les deux *Jodelet* à Francisco de Rojas. Dans cette dernière pièce, qui est une tragi-comédie, Scarron a rendu quelques belles situations dramatiques en vers presque cornéliens, qu'on n'attend guère de cette folle plume ; mais on a surtout retenu la première apparition d'un rôle de valet appelé à une grande fortune : Crispin, Espagnol de naissance, entre en France par cette pièce ; c'est un Jodelet adouci, moins bas, moins vil, moins lâche, avec une nuance de cuistrerie pédante dont il se dépouillera plus tard. Dans *le Gardien de soi-même*, imité de Calderon (Thomas Corneille, en même temps, tirait de la même source *le Geôlier de soi-même*), Scarron essaye un comique plus discret ; il eut peu de succès : le public attendait de lui des bouffonneries et n'en voulait plus recevoir autre chose que cette joie sans frein qui anime les *Jodelet* et *Don Japhet d'Arménie*. Cette dernière pièce, pure caricature, un peu grimaçante, énorme bouffonnerie, un peu lourde à notre goût actuel, eut un succès extraordinaire et durable, qu'on s'explique à peine aujourd'hui. Beaucoup donneraient toute la pièce pour la fine dédicace dont elle est précédée [1]. Les contemporains de Scarron l'encourageaient dans une voie où il n'a pu conquérir qu'une renommée équivoque ; il valait mieux peut-être que son œuvre. Il est permis de croire qu'il

---

1. Au Roi. Sire, quelque bel esprit qui aurait aussi bien que moi à dédier un livre à V. M. dirait ici en beaux termes que vous êtes le plus grand Roi du monde ; qu'à l'âge de quatorze ou quinze ans, vous êtes plus savant en l'art de régner qu'un roi barbon ; que vous êtes le mieux fait des hommes (pour ne pas dire des rois, qui sont en petit nombre) et enfin que vous porterez vos armes jusques au mont Liban et au delà. Tout cela est beau à dire, mais je ne m'en servirai point ici, car cela va sans dire ; je tâcherai seulement de persuader à V. M. qu'elle ne se ferait pas grand tort en me faisant un peu de bien ; si Elle me faisait un peu de bien je serais plus gai que je ne suis ; si j'étais plus gai que je ne suis, je ferais des comédies enjouées ; V. M. en serait divertie, et, si elle en était divertie, son argent ne serait pas perdu.

rêvait parfois d'écrire une pièce qui ne fût ni une tragédie classique ni une comédie bouffonne ; une pièce où l'on peignit simplement la nature et la vérité, sans grimace et sans contorsions de rire, comme sans souci des *poétiques* et des cadres tracés d'avance. Il parle quelque part (dans le *Roman comique*) des pièces qu'on pourrait faire, « sans tomber dans les extravagances des Espagnols et sans se gêner des règles d'Aristote [1]. » Le temps, le courage ou le talent lui a manqué pour réaliser ce vague dessein. Il reste à Scarron auteur dramatique le mérite d'avoir écrit le premier de longues comédies purement gaies ; d'avoir réclamé, pour le rire et le ridicule au théâtre, un plus vaste domaine que celui qu'on leur accordait jusqu'à lui, et d'avoir ainsi frayé la voie à Molière, et dans une certaine mesure préparé son œuvre.

1. 1re partie, ch. XXI.

CHAPITRE VI

RACINE ET SES CONTEMPORAINS

THOMAS CORNEILLE, BOYER, PRADON, QUINAULT, CAMPISTRON
DANCHET, DUCHÉ, LA GRANGE-CHANCEL, LA FOSSE, LONGEPIERRE

La comédie a Molière; la tragédie a Corneille et Racine. C'est une grande fortune que de pouvoir, dans le même genre et dans la même époque, rapprocher deux grands poètes aussi différents. Leurs contemporains admirèrent leur œuvre et partagèrent entre eux leurs préférences. Le parallèle de Corneille et de Racine est déjà dans La Bruyère, tracé magistralement, avec une sûreté de critique et d'observation qu'ont rarement les contemporains. La Bruyère penchait pour Racine; mais il admirait Corneille. On ne serait pas digne d'aimer *Iphigénie*, *Athalie*, si l'on ne comprenait pas *Polyeucte* et *le Cid*.

Jean Racine, né à La Ferté-Milon, d'une famille de bourgeois anoblis, orphelin dès le berceau, fut élevé au collège de Beauvais, puis aux écoles de Port-Royal, où il apprit le grec qu'il a su et aimé mieux que la plupart de nos poètes. Il rima de bonne heure, mais assez faiblement. Ses premières stances lui valurent une pension et un commencement de réputation. Mais il cherchait encore sa voie; l'amitié précieuse de Boileau contribua beaucoup à la lui révéler. Il fit jouer en 1664 sa première tragédie, *la Thébaïde*; Racine avait alors vingt-cinq ans.

La Thébaïde ou *les Frères ennemis* met en scène la haine fraternelle qui divise Étéocle et Polynice; celui-ci assiège son frère dans Thèbes; Jocaste, leur mère, Antigone leur sœur, veulent en vain les réconcilier : Créon, frère de Jocaste, excite ses neveux, pour les perdre et jouir de leur trône. Une entrevue entre les deux frères sert à exaspérer leur fureur; ils en viennent aux mains. Hémon, fils de Créon, amant aimé d'Antigone, veut les séparer ; il tombe sous leurs coups; puis les deux frères se percent l'un l'autre. Déjà leur mère Jocaste, en les sachant aux mains, s'est frappée d'un poignard. Créon hérite du trône; amoureux d'Antigone, sa nièce, il lui offre sa main ; elle répond en se tuant elle-même. Créon s'immole à son tour, en proie aux remords de tant de crimes inutiles. Telle est la tragédie que Racine a tirée d'une vieille fable antique bien souvent traitée avant lui : par Euripide, Stace et Sénèque; par Robert Garnier et Rotrou (en 1638). Mais Racine imite moins ces modèles que Corneille, dont la gloire l'éblouissait. Malheureusement, dans Corneille, il n'imite guère que les défauts de ses moins bonnes pièces. C'est le même usage des tirades sentencieuses et des raisonnements politiques; c'est chez les scélérats et les traîtres le même étalage de noirceurs; c'est surtout un fâcheux abus de la galanterie; l'idée de rendre Créon amoureux d'Antigone est absolument inutile et déplacée. Sophocle avait indiqué avec une extrême discrétion [1] l'amour d'Hémon pour Antigone; mais dans Racine ces deux amants deviennent diffus et prolixes et parlent le pur langage de la galanterie à la mode. Les stances du monologue d'Antigone sont une imitation maladroite

---

[1]. Dans la tragédie d'*Antigone*.

de la manière cornélienne ; elles sont toutes en antithèses, en apostrophes du personnage à lui-même. Racine emprunte encore de la tragédie d'*Horace* l'idée de tromper Antigone par une fausse relation du duel fraternel qui lui fait croire que Polynice est vainqueur. Au milieu de ces faiblesses, on trouve des vers fortement écrits, toujours à l'école de Corneille. Mais tous les caractères sont faibles, pâles, sans vie et sans relief. Les deux frères sont trop semblables, calqués l'un sur l'autre. Antigone et Jocaste ne savent que gémir et mourir. Hémon est insignifiant. Créon, qui veut être vigoureux, n'est qu'odieux par sa scélératesse emphatique. Racine écrit lui-même dans la *préface* de *la Thébaïde* publiée douze ans plus tard : « J'étais fort jeune quand je fis cette pièce. » Il se loue d'y avoir fait peu de place à l'amour ; il eût mieux valu ne lui en faire aucune, puisqu'il ne pouvait y être qu'épisodique. L'emploi de l'amour comme ressort épisodique, c'est encore là une des moins bonnes traditions que Corneille lui pouvait transmettre.

La Thébaïde avait été reçue à l'Hôtel de Bourgogne. Racine, las d'y attendre son tour, donna sa pièce à Molière qui la joua le 20 juin 1664. La représentation passa inaperçue. La réputation de Racine est née avec *Alexandre*, joué sur le même théâtre du Palais-Royal le 4 décembre 1665, devant le frère du roi, Monsieur ; la duchesse d'Orléans, sa femme ; le grand Condé, le duc d'Enghien, son fils, la princesse Palatine. Le succès fut grand ; néanmoins Racine, mécontent de ses acteurs, porta secrètement sa pièce à l'Hôtel de Bourgogne où on l'apprit en hâte ; à la fin du mois les deux troupes la jouaient concurremment. Ce procédé blessa justement Molière, et il en voulut toujours un peu à Racine.

Le sujet d'*Alexandre* est tiré du huitième livre de Quinte-Curce. La scène est sur les bords de l'Hydaspe ;

Alexandre, vainqueur des Perses, veut envahir et soumettre l'Inde où règnent deux puissants rois, Porus et Taxile, et une reine, Axiane, aimée des deux rois. Axiane est l'ennemie d'Alexandre ; elle excite contre lui le vaillant mais téméraire Porus ; au contraire, Taxile, poussé par sa sœur Cléophile qui est aimée d'Alexandre, négocie avec l'ennemi, et trahit son allié Porus. Celui-ci, malgré sa valeur, essuie une défaite complète. Alexandre apparaît vainqueur au troisième acte; il veut récompenser Taxile en lui donnant la main d'Axiane; mais cette généreuse reine repousse avec indignation le traître qui l'ose aimer. Taxile désespéré court provoquer Porus sur le champ de bataille, où ce roi tient encore avec ses plus braves soldats. Porus perce le cœur de son rival, et, satisfait de s'être vengé, il se rend au vainqueur. Alexandre est touché de ce grand courage ; il dit à Porus :

Comment prétendez-vous que je vous traite? — En roi,

répond Porus, et le vainqueur qui ne veut pas le céder en magnanimité, rend au vaincu sa couronne et l'unit à Axiane. Ce dernier personnage est inconnu à l'histoire, et Racine a également inventé la parenté de Taxile avec Cléophile.

Les admirateurs de Corneille, en particulier Saint-Évremond, reprochèrent vivement à Racine son peu de fidélité dans la peinture des mœurs. Saint-Évremond énonça le premier ce reproche tant de fois répété : « Tous ses héros, grecs ou indiens, parlent et sentent en gentilshommes français. » Le critique ajoutait : « J'aurais voulu que l'auteur nous eût donné une plus grande idée de cette guerre. En effet ce passage de l'Hydaspe, si étrange qu'il se laisse à peine concevoir, une grande armée de l'autre côté avec des chariots terribles et des éléphants alors effroyables, des éclairs, des foudres, des tempêtes qui mettaient la confusion partout quand il fallut passer un fleuve si large sur de simples peaux.... tout cela devait fort élever l'imagination du poète et dans la peinture de l'appareil et dans le récit de la bataille. » Mais en vérité, Saint-Évremond parait tracer dans cette page le plan d'un drame romantique ; et ne pourrait-on lui objecter qu'il se fait une grande illusion sur la réelle importance de la vérité du décor dans l'art dramatique. Une restitution absolument fidèle d'une civilisation éteinte comme celle du royaume de Porus peut être un chef-d'œuvre de science archéologique ; au théâtre, elle serait absolument froide, ennuyeuse, incompréhensible.

Les reproches de Saint-Évremond étaient plus justes quand il blâmait Racine d'avoir fait une trop grande part à l'amour dans sa tragédie : en effet, l'histoire nous montre dans Alexandre un héros bien plus occupé de sa gloire que de ses galanteries. Corneille en remerciant Saint-Évremond des éloges qu'il lui avait donnés, et de ce premier rang où il l'avait confirmé, ne manque pas de s'associer à ce reproche, et il émet à ce propos la singulière théorie dramatique rapportée ci-dessus. Il veut introduire l'amour dans la tragédie ; mais l'y laisser au second rang. Il ajoute, faisant sans doute une allusion peu bienveillante au jeune Racine : « Nos enjoués sont de contraire avis. » Corneille ne s'est que trop conformé, surtout dans la seconde moitié de sa carrière dramatique, à cette théorie qui veut conserver l'amour dans toute pièce de théâtre, mais l'y tenir au second rang ; théorie tout à fait fausse, car l'amour n'est à sa place dans la tragédie que s'il en est l'âme et le principal ressort ; relégué dans les épisodes, il est presque toujours fastidieux ou du moins n'intéresse guère.

En 1667 *Andromaque* vit le jour et révéla pleinement le génie de Racine. « Elle fit, dit Charles Perrault, le même bruit à peu près que *le Cid* lorsqu'il fut représenté. » Les partisans de Corneille furent décontenancés. Saint-Évremond écrivit : « La pièce a bien l'air des belles choses. Il ne s'en faut presque rien qu'il y ait du grand... A tout prendre Racine doit avoir plus de réputation qu'aucun autre *après Corneille.* » Racine dans sa jeunesse n'a pas toujours été assez respectueux envers Corneille. Son excuse est dans la mauvaise humeur avec laquelle beaucoup des admirateurs de Corneille (au premier rang Saint-Évremond et Mme de Sévigné) accueillirent d'abord les succès de son jeune rival.

Racine a puisé *Andromaque* à des sources très nombreuses : dans Homère, dans Euripide, dans Virgile, dans Sénèque. La tragédie d'Euripide, qu'on a souvent rapprochée de la tragédie française, en est profondément différente. Dans Euripide, Hermione, épouse de Pyrrhus, profitant de l'absence de son mari, veut faire périr Andromaque et le fils que cette captive troyenne a eu de Pyrrhus, Molossus. L'arrivée de Pélée, aïeul de Pyrrhus, sauve la vie d'Andromaque et de l'enfant. Hermione, effrayée, craignant la vengeance de Pyrrhus, s'enfuit avec Oreste, qu'elle avait dû épouser jadis, mais qu'elle n'aime point d'ailleurs et dont elle n'est pas aimée. On apprend peu après la mort de Pyrrhus, tué à Delphes dans une embuscade qu'Oreste lui a tendue. La pièce a de belles parties, mais l'intérêt est double et la composition décousue. Chez Racine, ainsi que l'explique l'auteur lui-même dans sa *préface*, « il ne s'agit point de Molossus. Andromaque ne connaît point d'autre mari qu'Hector, ni d'autre fils qu'Astyanax. J'ai cru en cela me conformer à l'idée que nous avons maintenant de cette princesse. La plupart de ceux qui ont entendu parler d'Andromaque ne la connaissent guère que pour la veuve d'Hector et pour la mère d'Astyanax. On ne croit point qu'elle doive aimer ni un autre mari ni un autre fils. Et je doute que les larmes d'Andromaque eussent fait sur l'esprit de mes spectateurs l'impression qu'elles ont faites, si elles avaient coulé pour un autre fils que celui qu'elle avait d'Hector. » Racine avait raison; il faut peindre l'antiquité au théâtre non pas telle qu'elle fut, mais telle que nous la voyons à travers nos souvenirs, notre imagination et nos propres mœurs. La faute est de blesser ce que le public sait; non de ne lui point apprendre ce qu'il ignore; car nous ne sommes pas au théâtre pour étudier l'archéologie, mais pour y voir vivre et agir les passions humaines.

Racine dit qu'il emprunte d'Euripide le caractère d'Hermione dont la jalousie et les emportements sont assez marqués dans la pièce grecque; mais Racine a rendu cette jalousie plus naturelle et plus excusable en présentant Hermione comme fiancée à Pyrrhus et dédaignée, rejetée par lui. Oreste devient ici l'amant passionné d'Hermione, et l'on voit mieux pourquoi il lui obéit jusqu'au crime. Racine enfin met en scène Pyrrhus, qu'Euripide nous dérobait, et lui prête un double rôle; il est aimé d'Hermione, qu'il dédaigne; et épris d'Andromaque dont il est dédaigné. Cette situation des quatre personnages, Oreste, Hermione, Pyrrhus, Andromaque se retrouve exactement dans le *Pertharite* de Corneille, pièce malheureuse, qui mourut en naissant, comme on a vu plus haut.

Les Plaideurs furent joués un an après *Andromaque*. Cette vive et joyeuse satire des ridicules du Palais avait d'abord été destinée au Théâtre-Italien, où sans doute elle se fût présentée sous la forme d'une simple bouffonnerie, mêlée de prose, et comme un canevas spirituel et plaisant proposé aux acteurs, plutôt que comme une pièce achevée. Le départ du célèbre comédien italien, Scaramouche, décida Racine à parfaire sa pièce, et à la porter à l'Hôtel de Bourgogne, où elle fut représentée au mois de novembre 1688. On sait l'échec complet des premières représentations ; le public s'obstinait à rester froid. Mais *les Plaideurs* furent joués à Versailles le mois suivant, et le roi daigna beaucoup rire. Aussitôt les courtisans de rire à leur tour ; après la cour, la ville suivit, et depuis l'on n'a jamais cessé de trouver que *les Plaideurs* sont une comédie, sinon très profonde, au moins très divertissante.

Racine a raconté dans la *préface* des *Plaideurs* l'histoire de sa comédie et attesté lui-même la collaboration de « quelques-uns de ses amis » qui voulant voir sur le théâtre un échantillon d'Aristophane, moitié en l'encourageant, moitié en mettant eux-mêmes la main à l'œuvre, lui firent commencer une pièce qui ne tarda guère à être achevée. Brossette a nommé ces amis qui *mirent la main* aux *Plaideurs*. C'étaient Boileau, La Fontaine, Furetière, Chapelle, et la pièce fut ébauchée fort joyeusement dans les réunions du *cabaret* du Mouton-Blanc. Toutefois l'unité de plan est trop sensible dans *les Plaideurs* pour qu'on accuse Racine d'avoir emprunté plus que des traits plaisants, mais isolés, à cette joyeuse compagnie. Tous ils avaient été plus ou moins mêlés à la chicane, et ils ne l'aimaient pas ; leur bon goût leur faisait sentir vivement les ridicules des avocats du temps, ceux des juges et des plaideurs. Les allusions personnelles abondent dans cette comédie : c'est encore là le côté le plus aristophanesque de la pièce, car bien que Racine ait soin de rappeler dans sa préface qu'il doit plus d'une scène des *Plaideurs* aux *Guêpes* d'Aristophane, il y a plus de distance d'Aristophane aux *Plaideurs* que Racine et ses contemporains ne semblaient le croire. La comédie athénienne, tout énorme qu'y soit souvent la caricature, n'en est pas moins une œuvre admirable de style, pleine d'exquise poésie, et dont la portée politique et sociale était fort étendue et très audacieuse. La comédie des *Plaideurs* attaque vivement des travers professionnels, mais sans toucher au fond des choses; c'est une bouffonnerie délicate et amusante, relevée par une langue parfaite. Racine était naturellement doué d'une verve ironique et spirituelle qu'on retrouve dans ses *Épigrammes* si mordantes; dans ses deux lettres contre Port-Royal, qui sont deux pamphlets achevés; enfin dans plusieurs de ses *préfaces*; il n'a voulu l'exercer au théâtre que dans *les Plaideurs* : on peut le regretter.

Britannicus (1669) ramena Racine à la tragédie, qu'il ne quitta plus. Là, s'inspirant de Tacite, il a tracé des caractères politiques et restitué une page de l'histoire romaine avec une profondeur que Corneille lui-même n'a pas surpassée. Toutefois le premier accueil fut froid; mais « avec le temps les critiques se sont évanouies, la pièce est demeurée », dit Racine; et il ajoute (dans la préface de 1676) : « C'est maintenant celle de mes pièces que la cour et le public revoient le plus volontiers, et si j'ai fait quelque chose de solide, et qui mérite quelque louange, la plupart des connaisseurs demeurent d'accord que c'est ce même *Britannicus*. » Dans une autre préface (celle de 1670) dont on regrette le ton agressif, Racine avait vivement pris à partie les censeurs de sa pièce, et, sans le nommer, Corneille; mais il y donnait une remarquable définition de la tragédie, telle qu'il la comprenait : « Il ne faut pas s'écarter du naturel, pour se jeter dans l'extraordinaire; [il faut] une action simple, chargée de peu de matière, telle que doit être une action qui se passe en un seul jour, et qui, s'avançant par degrés vers sa fin, n'est soutenue que par les intérêts, les sentiments et les passions des personnages »;

sans « déclamations », sans « cette quantité d'incidents qui ne se pourraient passer qu'en un mois », sans ce « grand nombre de jeux de théâtre, d'autant plus surprenants qu'ils seraient moins vraisemblables. »

Racine se faisait honneur d'avoir copié ses personnages d'après « le plus grand peintre de l'antiquité. » Il avait voulu tracer un portrait vraiment historique de la cour d'Agrippine et de Néron. Il peignit celui-ci comme « un monstre naissant » qui a en lui déjà « les semences de tous les crimes », mais « qui n'ose encore se déclarer »; qui hait et qui caresse ceux qui le tiennent encore sous le joug. La tragédie met en scène le premier crime qui affranchira Néron, le meurtre de Britannicus. Elle ne développe pas moins le caractère d'Agrippine, car la disgrâce de cette mère impérieuse est le sujet de la pièce autant que la mort du frère de Néron. Mais Racine atténue beaucoup les vices de la reine qui dans Tacite ne fait guère moins horreur que Néron lui-même. Il peint Britannicus, que l'histoire montre à peine, comme un jeune prince « qui avait beaucoup de cœur, beaucoup d'amour et beaucoup de franchise. » Tacite ne lui fournit que le nom de Junie, cette touchante fiancée de Britannicus, victime d'un cruel caprice de Néron. Racine met aux côtés du prince, par un contraste violent, Narcisse qui l'excite au crime, et Burrhus qui l'exhorte à la vertu; mais Burrhus, plus honnête qu'habile, s'égare dans les intrigues de cette cour corrompue; Narcisse, uniquement appliqué à sa fortune, sait gouverner le prince en flattant ses mauvais penchants. *Britannicus* apprit avec éclat aux admirateurs exclusifs de Corneille, que Racine aussi savait, quand il le voulait faire, exprimer très vigoureusement d'autres passions que l'amour, et rappeler Corneille, sans l'imiter, dans la peinture des intrigues des cours et des fureurs de l'ambition.

Tout le monde sait que Madame Henriette d'Angleterre, duchesse d'Orléans, ayant conçu le dessein de mettre aux prises Corneille et Racine dans une sorte de lutte poétique, avait proposé aux deux poètes le sujet de Bérénice. L'allusion qu'elle y aurait vue, dit-on, au goût sagement réprimé qu'elle-même avait ressenti pour le roi son beau-frère et que Louis XIV avait éprouvé pour elle, est toutefois fort douteuse. Aucun des contemporains n'en a parlé ; Voltaire le premier hasarda ce rapprochement. L'histoire de Bérénice ne ressemble en rien à celle de Madame. Elle rappelle au contraire d'une façon frappante celle de Marie Mancini, nièce de Mazarin. Louis XIV l'avait aimée tendrement ; il avait voulu l'épouser ; la raison d'État seule avait empêché ce mariage : l'amante désolée s'éloigna en disant les mots fameux : « Vous êtes roi, je pars et vous pleurez. » Le plaisir de rappeler à Louis XIV un épisode touchant de sa jeunesse suffit à motiver le choix de Madame.

Les deux poètes travaillèrent à l'insu l'un de l'autre et les deux tragédies furent achevées presque en même temps. Madame mourut sans les avoir vues. Dans ce singulier concours la victoire resta et devait rester à Racine : il avait pour lui tous les avantages : la jeunesse et la vivacité du talent ; un art merveilleux de dissimuler le vide d'un tel sujet par l'agrément infini du style ; une habileté particulière à nourrir et à réchauffer la pièce par des allusions discrètes, mais piquantes, que le public du temps et surtout celui de la cour saisissaient promptement.

Vespasien vient de mourir, Titus est empereur. Depuis cinq ans il aime Bérénice ; mais le sénat repousse une reine étrangère, et Titus n'ose braver cette aversion des Romains. Il se décide à éloigner Bérénice ; il lui fait annoncer sa résolution par Antiochus, roi de Comagène, qui lui-même, en secret, depuis longtemps, adore Bérénice. La reine indignée refuse de croire Antiochus : il faut que Titus, lui-même, déclare sa volonté ou plutôt celle de Rome. Alors Bérénice obéit : majestueuse et tendre, aimante et résignée, elle dit un éternel adieu à Titus qui l'aime, et qui l'éloigne; à Antiochus qui voudrait la suivre et qu'elle écarte, ne voulant plus rien aimer après Titus.

De ce fond touchant mais vide et surtout monotone, Racine a su tirer, non une tragédie bien pathétique, mais des pages exquises et quelques-uns des vers les plus parfaits qu'il ait écrits. Son mérite est d'autant plus grand que l'histoire ne lui fournissait rien de ce qu'il a su en tirer, en la transformant. Bérénice, fille d'un roi de Judée, Hérode Agrippa Ier, était déjà veuve de deux maris et mariée à un troisième, lorsqu'à l'âge de quarante ans elle suivit à Rome ce Titus dont les vertus semblent avoir été fort embellies par des historiens complaisants. Dix années plus tard, Titus succédait à Vespasien, son père, et comme les Romains paraissaient craindre qu'il n'épousât l'étrangère et que la fille d'un roitelet juif devint impératrice, il la renvoya, « malgré lui, malgré elle », dit Suétone (*invitus invitam*). Elle avait près de cinquante ans. On voit que Racine a eu beaucoup à faire pour poétiser, jusqu'à la rendre et chaste et délicieuse, une aventure assez vulgaire que l'antiquité n'avait jamais songé d'ailleurs à vanter ni à admirer.

« Dans *Bajazet*, écrit Louis Racine, tout est vraisemblable, quoique peut-être il n'y ait rien de vrai. » En effet on ne sut jamais exactement le détail précis de cette tragédie de sérail qui coûta la vie à Bajazet, frère d'Amurat, en 1638. Racine en trouva le récit arrangé en roman dans une nouvelle de Segrais : *Floridon ou l'Amour imprudent*. Il en tira une œuvre, peut-être moins parfaite que ses autres ouvrages, mais remplie de beautés qui sont du premier ordre.

L'exposition est justement célèbre. Le vizir Acomat revoit Osmin, son émissaire, qui revient de Babylone, assiégée par le sultan. Acomat révèle à Osmin que, se sachant suspect au sultan, il songe à le détrôner; le sultan retient prisonnier son frère Bajazet, sous la menace d'une mort imminente. Acomat a favorisé l'amour de Roxane, sultane favorite, pour Bajazet captif. Demain elle délivrera Bajazet, l'épousera, le mettra sur le trône. Une jeune princesse, Atalide, sert de prétexte aux entrevues de Roxane et de Bajazet. Le vizir le croit ainsi; mais tout fin qu'il soit, il est trompé par Atalide et Bajazet; ils s'aiment réellement, et Bajazet n'a paru répondre à l'amour de Roxane que pour sauver ses jours et secouer le joug. Quand la sultane, pressée par le vizir, veut se déclarer contre Amurat absent, épouser Bajazet ce jour même, et le couronner, Bajazet se dérobe, allègue de vains prétextes. Sa froideur éveille les soupçons de Roxane. Une imprudence d'Atalide achève de l'éclairer. Sa jalousie furieuse éclate. Un messager d'Amurat vient d'apporter l'ordre de mettre à mort Bajazet. Roxane l'abandonne aux muets qui l'étranglent; mais l'ordre du sultan est double; il a su l'infidélité de Roxane, et veut qu'elle meure après Bajazet. L'infortunée Atalide se tue sur le corps du prince qu'elle aimait. Voilà « cette grande tuerie » qui laissait Mᵐᵉ de Sévigné un peu froide à la représentation de cette pièce, qu'elle goûta de moins en moins. Il faut lui concéder la faiblesse du rôle de Bajazet : ce personnage indécis et flottant, qui n'ose ni dire vrai, ni mentir, ni avouer son amour, ni le vaincre, mérite en partie les critiques dont il fut l'objet; mais Roxane est une des figures de femmes que Racine a su tracer avec le plus d'énergie; l'amour furieux, l'amour qui se transforme en haine dès que la jalousie s'y mêle, est merveilleusement dépeint dans Roxane, et Phèdre elle-même ne fera pas oublier cette première peinture de la passion sans frein. Le caractère du politique Acomat, si original et si vivant, compense aussi l'inévitable faiblesse du rôle de Bajazet. Aucun des personnages n'attire, il est vrai, bien vivement la sympathie du spectateur; ils excitent du moins sa curiosité.

Mithridate fut représenté le vendredi 13 janvier 1673, le lendemain de la réception de Racine à l'Académie française. Le succès fut éclatant, et les admirateurs de Corneille durent avouer que Racine avait su, aussi bien que l'auteur de *Cinna*, mêler avec bonheur les grandes scènes politiques à l'expression de l'amour le plus tendre et le plus passionné.

En effet *Mithridate* est d'abord une tragédie historique; Racine a cité dans la préface toutes les autorités sur lesquelles il s'appuie [1] : Florus, Plutarque, Dion Cassius, Appien. Toutefois il a beaucoup modifié l'histoire de Mithridate; il a inventé de toutes pièces le rôle de Xipharès; ce prince n'est connu que par sa mort qui arriva longtemps avant celle de Mithridate : son père le fit périr pour punir la trahison de la mère de Xipharès, laquelle avait livré une place aux Romains. La vérité des caractères est mieux observée que celle des faits. Mithridate, Monime, Pharnace, ont pu vivre, penser, sentir, à peu près tels que Racine les a dépeints. Il a fort embelli sans doute le langage de ces personnages barbares; mais il faut l'en louer; car la couleur locale absolue est irréalisable au théâtre : un discours authentique de Mithridate restitué sur la scène y serait parfaitement ridicule. Contentons-nous de la vérité relative que Racine nous a montrée. Quelle scène admirable que celle qui ouvre l'acte III, et où Mithridate expose à ses fils son grand projet d'inva-

---

1. La Calprenède avait fait jouer en 1635 *la Mort de Mithridate*, tragédie plus fidèle à l'histoire que celle de Racine, mais faible d'ailleurs et d'où notre auteur n'a rien voulu emprunter.

sion en Italie! Il n'y a rien de plus beau dans Corneille lui-même, et cet entretien est mieux lié à l'action que plusieurs des belles scènes politiques imaginées par Corneille d'une façon parfois un peu épisodique.

Mais après tout la partie romanesque de l'œuvre est peut-être celle qui nous intéresse le plus aujourd'hui. Dans *Mithridate*, rien ne vaut le rôle de Monime, et même entre les figures charmantes qui remplissent les tragédies de Racine, en est-il une plus exquise? Monime est un type très pur de ces nobles filles de l'Asie grecque, nées dans le doux climat d'Éphèse, pour l'amour, la fidélité, le sacrifice, et toutes les chastes vertus qui se cachent dans la maison et presque au fond du cœur. Elle réunit harmonieusement tous les attraits et toutes les bienséances de son sexe; elle est tendre, elle est timide, et se fait pourtant fière et hardie pour défendre son honneur outragé. La soumission est le fond de son caractère; c'était dans l'antiquité la première vertu des femmes. Mais cette soumission relève noblement la tête, aussitôt que l'honneur est en jeu; et la pudeur indignée donne à cette jeune fille l'audace de défier Mithridate.

Monime est un type idéal de toutes les vertus féminines; Xipharès si doux, si respectueux, si sage, nous charme moins; justement parce qu'il ressemble trop à Monime. On voudrait trouver chez lui des vertus plus mâles. Pharnace est plus vivant, plus animé que Xipharès; c'est une figure de *traître* conçue et peinte avec vigueur, et sans cette noirceur banale qui gâte souvent les traîtres au théâtre. Il n'est pas de ceux qui semblent méchants pour le plaisir d'être méchants. Il a son but, ses desseins arrêtés, ses passions à satisfaire, et ses ambitions à servir. Il n'étale pas inutilement sa méchanceté; il ne trahit Xipharès que parce qu'il s'en croit trahi.

Mithridate est vivant et vrai; ou du moins la figure que Racine a tracée ressemble bien au portrait que nous-mêmes, d'après l'histoire, nous nous faisons du roi de Pont. Nous y retrouvons « sa haine violente contre les Romains, son grand courage, sa finesse, sa dissimulation, et enfin cette jalousie qui lui était si naturelle et qui a tant de fois coûté la vie à ses maitresses. » Seule sa fin, majestueuse, paternelle et presque chrétienne, convient mal à son caractère et ne s'accorde pas du tout avec l'histoire.

Iphigénie en Aulide (jouée le 18 août 1674) est imitée d'Euripide, mais fort librement [1]. Racine ne traduit pas son modèle; il le transpose en l'adaptant à nos mœurs: il supprime beaucoup de détails familiers qui plaisaient aux Grecs; il adoucit la vivacité des discours et des passions; il change entièrement le dénouement. Dans Euripide un messager vient raconter à Clytemnestre qu'une biche a été substituée par miracle à Iphigénie prête à recevoir le coup mortel. Racine a craint que cette merveille un peu fabuleuse ne fit sourire les spectateurs français; mais ne voulant pas sacrifier Iphigénie, il a inventé le personnage d'Ériphile.

Au reste, cette création romanesque s'imposait à Racine, s'il voulait, dans *Iphigénie*, rester fidèle à un procédé constant, qu'il a répété dans toutes ses tragédies, sans exception, et qui consiste à étendre et varier la peinture de l'amour en le présentant sous un double aspect, et dans trois personnages. Dans toutes les tragédies de Racine, on trouve un personnage qui en aime un autre, et n'en est pas aimé; mais cet autre en aime un troisième, qui (le plus souvent) lui rend son amour. Ainsi dans *la Thébaïde*,

---

[1]. Avant Racine, Rotrou en 1640 avait fait jouer une *Iphigénie*. Les ennemis de Racine suscitèrent contre son chef-d'œuvre l'*Iphigénie* de Le Clerc et Coras: elle n'eut aucun succès.

Créon aime Antigone; Antigone aime Hémon. Dans *Alexandre*, Taxile aime Axiane; Axiane aime Porus. Dans *Andromaque*, le double nœud est triplé; mais personne ne répond à l'amour dont il est l'objet : Oreste aime Hermione; Hermione aime Pyrrhus; Pyrrus aime Andromaque. Dans *Britannicus*, Néron aime Junie, et Junie aime Britannicus. Dans *Bérénice*, Antiochus aime Bérénice; Bérénice aime Titus. Dans *Bajazet*, Roxane aime Bajazet; Bajazet aime Atalide; dans *Mithridate*, Mithridate aime Monime; Monime aime Xipharès. Dans *Phèdre*. Phèdre aime Hippolyte; Hippolyte aime Aricie. Comment Racine eût-il pu se soustraire dans cette seule tragédie d'*Iphigénie* à un procédé si régulier chez lui qu'il semble avoir été comme une loi de sa conception dramatique? Voilà pourquoi il inventa Ériphile, afin qu'Ériphile aimât Achille, tandis qu'Achille aime Iphigénie. Cette invention romanesque lui a permis d'introduire dans sa pièce un élément nouveau, une passion qu'il excelle à peindre : la jalousie amoureuse. Il existe entre les deux pièces d'autres différences sensibles : Agamemnon dans Euripide n'est pas moins orgueilleux que chez Racine, mais il parle avec moins de pompe et ne soutient pas jusque dans l'extrême douleur cette dignité majestueuse qui fait penser à Louis XIV. Le rôle de Clytemnestre est touchant chez les deux poètes; mais il est un peu refroidi dans Euripide par des raisonnements et des argumentations que Racine a bien fait d'écarter. Les deux Achille ne se ressemblent guère. L'Achille grec n'est pas du tout amoureux d'Iphigénie, qu'il n'a jamais vue; il est seulement irrité de l'abus qu'on a fait de son nom : mais, indifférent en somme au sort de la jeune fille, il finit par se soumettre à l'arrêt de Calchas. Racine a pensé que les modernes supporteraient difficilement un héros si raisonnable; il a voulu qu'Achille aimât Iphigénie, et qu'il en fût aimé ; mais c'est fort injustement qu'on a présenté quelquefois l'Achille français comme un personnage doucereux ; hormis deux ou trois vers qui se sentent un peu du goût fâcheux de l'époque pour les mièvreries galantes, Achille dans Racine est un rôle, sinon très purement grec, au moins très vigoureux, et fidèle à son nom. Mais c'est surtout Iphigénie que le poète français a profondément modifiée. Dans Euripide, elle veut vivre, parce que la vie lui est douce, et que la lumière est joyeuse ; mais, peu à peu, elle se résigne à son sort ; son âme s'exalte à la pensée du service que sa mort peut rendre à sa patrie ; elle consent à mourir pour sauver la Grèce. L'amour ne tient aucune place dans ces divers mouvements de son cœur. Racine, au contraire, a fait Iphigénie amoureuse, de l'amour le plus chaste et le plus innocent, mais toutefois le plus exclusif ; sa passion pour Achille explique tout son rôle ; elle demande à vivre, tant qu'elle espère l'épouser ; mais quand la rupture éclate entre son père et son fiancé, quand Agamemnon lui défend de jamais plus penser à Achille, elle demande à mourir, puisqu'il faut renoncer à celui qu'elle aime ; elle aime mieux n'être plus, que de n'être pas à lui.

Dieux plus doux ! vous n'avez demandé que ma vie !

Phèdre fut jouée pour la première fois à l'Hôtel de Bourgogne le 1ᵉʳ janvier 1677. Le surlendemain, Pradon fit jouer une autre *Phèdre* à l'Hôtel Guénégaud. La duchesse de Bouillon et le duc de Nevers, son frère, louèrent toutes les premières loges aux deux théâtres, les laissèrent vides pour Racine, les remplirent pour Pradon, et cette manœuvre renouvelée six fois leur coûta quinze mille livres ; mais ils eurent la joie de faire croire aux badauds pendant quinze jours que la *Phèdre* de Racine était tombée. Une querelle littéraire fort violente s'ensuivit aussitôt : de part et d'autre on avait échangé des sonnets très injurieux ; le duc de Nevers menaçait Racine ; Condé le prit hautement sous sa protection. Le bruit s'apaisa ; mais Racine, moitié par dégoût du théâtre devenu un champ clos, moitié par scrupule religieux, renonça à la scène profane et n'écrivit plus rien pour le public après *Phèdre*. Il n'avait pas trente-huit ans.

Phèdre, comme *Iphigénie*, est imitée d'Euripide [1], mais avec des modifications profondes. Elle doit aussi beaucoup à Sénèque. Mais Racine a seul inventé le personnage d'Aricie, l'amour d'Hippolyte et la mort supposée de Thésée. Dans Euripide c'est Œnone qui déclare à Hippolyte la passion de Phèdre, et c'est Phèdre qui, en mourant, accuse Hippolyte. Dans Racine, Phèdre déclare elle-même son amour ; Œnone seule accuse Hippolyte. Ces changements dans les faits accusent d'autres changements non moins graves dans les caractères : celui de Phèdre est absolument modifié.

La Phèdre de Racine n'est plus celle d'Euripide : elle est née d'une inspiration profondément chrétienne, et, particulièrement, *janséniste*. Elle a horreur de son péché ; mais son péché l'entraîne. Elle est cette âme malheureuse à qui la grâce a manqué, cette âme abandonnée que la foi d'Arnauld aimait à mettre sous les yeux de tout chrétien comme un objet de salutaire épouvante.

La Phèdre d'Euripide, tout antique et toute réser-

---

[1]. La tragédie d'Euripide est intitulée : *Hippolyte*, et celui-ci en est le vrai héros. Phèdre ne reparaît plus après le vers 731 ; la tragédie en renferme 1466. Euripide avait écrit d'abord un autre *Hippolyte* que nous n'avons pas (*Hippolyte voilé*). Dans cette première rédaction, la reine, à ce qu'on croit, avouait elle-même son amour à Hippolyte ; elle revenait à la fin déclarer l'innocence du héros. Sénèque semble avoir connu ce texte, et s'en être inspiré dans sa tragédie d'*Hippolyte*.

vée, est une victime pudique de Vénus. C'est sa nourrice qui la pervertit : car livrée à elle seule, elle voulait mourir, elle allait mourir, avant d'avoir parlé. A la fin elle se tue pour tuer sa passion. Si, du même coup, elle tue Hippolyte, c'est pour sauver sa réputation dans son suicide. C'est aussi par une sorte de jalousie passionnée : je meurs par lui; qu'il meure avec moi.

La Phèdre de Sénèque est une femme abandonnée au vice, sans réserve et sans remords; c'est elle-même qui obtient de sa nourrice, à force d'obsessions, que celle-ci essaye de fléchir le cœur d'Hippolyte; elle fait tout pour satisfaire sa passion; elle échoue; elle meurt alors.

La Phèdre de Racine moins retenue que la Phèdre grecque, moins dépravée que la Phèdre latine, agit à peu près dans la pièce comme l'héroïne de Sénèque: mais cette pécheresse, privée de la grâce, a gardé la foi : elle tremble de remords et d'épouvante, et, au delà du tombeau, redoute encore l'enfer, tandis que la Phèdre antique ignore le remords, et ne craint plus rien après le trépas. Enfin l'on peut dire que Phèdre meurt volontairement chez les trois tragiques: mais chez Euripide elle succombe à la honte d'un inutile aveu; chez Sénèque, à la rage d'un amour déçu; chez Racine, à la confusion qu'elle ressent en face de son époux. Quoiqu'on ait dit tout le contraire, c'est chez Racine que le caractère de l'épouse coupable et désespérée de l'être, se marque le plus nettement dans le personnage de Phèdre.

On sait assez qu'*Esther* est une œuvre à part dans le théâtre de Racine. Mme de Maintenon, persuadée (dit sa nièce, Mme de Caylus) que les représentations théâtrales peuvent offrir un exercice utile à la jeunesse, « qu'elles donnent de la grâce, apprennent à mieux prononcer et cultivent la mémoire », avait prié le poète « de lui faire dans ses moments de loisir quelque espèce de poème moral ou historique dont l'amour fût entièrement banni, et dans lequel il ne crût pas que sa réputation fût intéressée, puisqu'il demeurerait enseveli dans Saint-Cyr; ajoutant qu'il ne lui importait pas que cet ouvrage fût contre les règles, pourvu qu'il contribuât aux vues qu'elle avait de divertir les demoiselles de Saint-Cyr en les instruisant. » Racine hésita fort, ne voulant ni déplaire à Mme de Maintenon ni hasarder sa réputation; enfin le sujet d'Esther lui parut très propre au dessein qu'on lui imposait, et « il ne fut pas longtemps sans porter à Mme de Maintenon, non seulement le plan de sa pièce (car il avait accoutumé de les faire en prose, scène par scène, avant d'en faire les vers), mais même le premier acte tout fait. » On sait le prodigieux succès qu'obtint *Esther* durant six représentations successives (données du 26 janvier au 21 février 1689). « Cette pièce, qui devait être renfermée dans Saint-Cyr, fut vue plusieurs fois du roi et de toute la cour, toujours avec le même applaudissement. » Les allusions vraies ou fausses que la malice ou la curiosité des contemporains crurent trouver dans *Esther* contribuèrent sans doute au succès; la plupart toutefois sont imaginaires; s'il est certain que Racine a pensé à Mme de Maintenon en écrivant les tendres paroles qu'Assuérus adresse à Esther :

Je ne trouve qu'en vous je ne sais quelle grâce,

et aux jeunes filles de Saint-Cyr en rassemblant autour de la reine ces groupes de jeunes Israélites, transplantées hors du sol natal; il est au moins douteux que l'altière Vasthi figure Mme de Montespan qui avait favorisé Racine, et contribué à lui faire obtenir la charge d'historiographe. Mme de Maintenon, mariée avec le roi depuis deux ans et demi, ne se regardait nullement comme ayant succédé à Mme de Montespan. Il est douteux qu'Aman voué au gibet figurât Louvois, encore tout-puissant à cette époque et toujours en place s'il n'était plus en faveur; il est impossible que les Juifs, massacrés par Aman, figurent les protestants, victimes de Louvois; Racine, comme tous ses contemporains, avait approuvé la révocation de l'Edit de Nantes, et, dans le prologue d'*Esther*, il blâme explicitement le pape (alors brouillé avec Louis XIV) de trop ménager les hérétiques.

Quoique Racine prétende, dans la *préface* d'*Esther*, n'avoir altéré « aucune des circonstances tant soit peu considérables de l'Écriture sainte », il reste vrai qu'il a du moins beaucoup adouci l'âpreté des mœurs du peuple juif; il a borné la vengeance d'Esther et les représailles d'Israël au supplice d'Aman; le massacre qui suivit est omis; tout l'antique récit est atténué, *christianisé* par la plume suave du traducteur. Un charme singulier s'en dégage, grâce à cette versification exquise dont Racine lui-même n'a surpassé nulle part ailleurs ni peut-être atteint la perfection soutenue. Toutefois pour goûter pleinement cette agréable pièce, il faut la restituer par l'imagination dans le milieu et dans le cadre où elle fut représentée d'abord, et pour lequel Racine l'avait composée; on comprend alors l'enthousiasme de toute la cour; on est prêt à dire avec Mme de Sévigné que c'est une chose qui ne sera jamais imitée; que « c'est un rapport de la musique, des vers, des chants, des personnes, si parfait et si complet qu'on n'y souhaite rien; tout y est simple, tout y est innocent, tout y est sublime et touchant. » Transportée sur la scène publique et profane (où elle parut pour la première fois le 8 mai 1721), *Esther* n'y obtint jamais le même succès qu'elle avait eu à Saint-Cyr. Quoiqu'on eût dix fois traité ce même sujet avant Racine il est permis encore de penser qu'il n'est pas vraiment dramatique. Ce n'est pas que les événements qui y sont retracés manquent de grandeur et même d'intérêt; mais les ressorts qui les conduisent sont trop peu vraisemblables, trop peu humains pour que la conduite entière de la pièce ne laisse pas en définitive une impression assez froide au spectateur. Les personnages ne sont véritablement là que des instruments tout passifs dans la main divine qui les conduit; ils n'ont point de caractère; ils n'en peuvent avoir. Sans doute on fait peu de cas aujourd'hui des objections que Voltaire a plusieurs fois exprimées, dans une forme assez grossièrement ironique, contre le sujet d'*Esther*; il n'y voyait qu'une fable absurde, odieuse et mal inventée. Une connaissance plus approfondie de l'antique Orient, ou tout simplement un souvenir plus précis d'Hérodote et des choses qu'il raconte (sur la cour de Xerxès par exemple), auraient pu apprendre à Voltaire que ces revirements complets des hommes et des fortunes s'étaient vus fréquemment dans les monarchies asiatiques. Les destinées d'un homme et même d'un peuple y avaient été cent fois le jouet du pur caprice d'un roi. *Esther* peut donc parfaitement être vraie, mais elle reste invraisemblable à des spectateurs modernes et français, et ce défaut fondamental et inévitable lui ôte beaucoup d'intérêt au théâtre.

Dans cette tragédie non destinée au public, et, par là même, affranchie des règles, Racine avait hasardé trois innovations, ou plutôt fait retour à l'ancienne liberté théâtrale : il y avait mêlé les chants du chœur, à l'imitation du théâtre grec; il avait écrit la pièce en trois actes; il avait renoncé à l'unité de lieu, et promené l'action à travers l'appartement d'Esther, le palais d'Assuérus et les jardins de la reine. Lorsque, l'année suivante, encouragé par le succès éclatant d'*Esther*, il écrivit *Athalie*, Racine conserva le chœur, mais il revint aux cinq actes et à l'unité de lieu.

Athalie, jouée par les jeunes filles de Saint-Cyr à Saint-Cyr même et à Versailles, dans la chambre de Mme de Maintenon (janvier-février 1691), mais à petit bruit, sans décors, sans costumes, n'eut aucun succès [1]. On avait vivement blâmé l'éclat donné aux représentations d'*Esther*. Mme de Maintenon méditait de réformer Saint-Cyr, en fermant la maison à tous les bruits du dehors. *Athalie* souffrit de ces pieux desseins. La pièce, imprimée dès le mois de mars 1691, ne fut pas lue et passa presque inaperçue. Racine lui-même crut s'être trompé; il mourut dans cette illusion. Boileau tout seul, avec son goût infaillible, avait prédit que le public reviendrait sur un arrêt si injuste. L'avenir lui donna raison. *Athalie*, exhumée sous la Régence et jouée en public pour la première fois (le 3 mars 1716), fut rétablie à son rang et n'en devait plus déchoir. Il est très inutile d'examiner si c'est le chef-d'œuvre de Racine, mais assurément c'est un chef-d'œuvre.

C'est la plus classique des tragédies de Racine, au meilleur sens du mot, celle où il a mis le moins de ses défauts, le plus de ses qualités. Ailleurs il est peut-être plus pathétique; mais les plus belles œuvres ne sont pas nécessairement les plus touchantes; *Athalie* est la perfection absolue, non seulement du style, comme *Esther*, mais de l'invention, de l'arrangement, des caractères, de la forme et du fond. Le génie a produit quelquefois des œuvres plus entraînantes; jamais le talent le plus consommé n'en a produit de plus parfaites. Tout dans *Athalie* est

---

[1]. Mme de Caylus dit le contraire : mais tous les témoignages réfutent le sien.

grandiose; un esprit profondément religieux anime toute la pièce, et Dieu même semble la conduire. Le grand prêtre y prophétise sur la scène la venue du Messie, et le moins croyant des spectateurs écoute avec respect cette voix sacrée. Jamais le théâtre ne s'est élevé à une hauteur si sublime.

Racine avait beaucoup osé dans *Athalie*, mais avec bonheur; au reste on peut dire que Racine n'a jamais échoué. Aucun poëte n'a compris et mesuré aussi exactement l'œuvre où il appliquait son génie. Il a eu pleine conscience de ses forces, de son dessein, de ce qu'il pouvait et voulait faire. Rappelons-nous dans la *préface* de *Britannicus* cette définition si remarquable de la tragédie telle qu'il la concevait : « Une action simple, chargée de peu de matière », qui ne s'écarte jamais « du naturel pour se jeter dans l'extraordinaire » mais qui s'avance « par degrés vers sa fin, soutenue seulement par les intérêts, les sentiments et les passions des personnages. » Dans Corneille en effet ce sont les incidents extérieurs qui mettent en jeu le caractère des personnages; dans Racine, le plus souvent, les incidents, réduits d'ailleurs au moindre nombre, naissent du jeu des caractères, et sont amenés par les passions des hommes. Nulle tragédie n'est plus entièrement psychologique; elle se passe toute dans l'âme humaine; voilà pourquoi elle a si peu besoin de décor, et se plie si aisément au joug des trois unités, n'étant guère que le dénouement d'une crise déjà commencée avant que le drame commence.

Deux qualités excellentes mettent Racine au rang des plus grands. D'abord il est *vrai*. La Bruyère a tout dit d'un mot : « Racine peint les hommes *tels qu'ils sont*. » L'on a inventé depuis le réalisme. Le vrai réalisme est dans Racine; seulement il parle une langue divine, quoique simple, au lieu d'un plat jargon.

Naguère on reprochait bruyamment à Racine d'avoir manqué de « couleur locale. » Nous ne sommes plus, je crois, fort touchés aujourd'hui de ce reproche. Racine a peint l'antiquité telle que son temps croyait la connaître ; il suffit. Le poëte n'a pas pour objet d'en remontrer aux archéologues. D'ailleurs l'antiquité change tous les jours. Nous ne la voyons plus des mêmes yeux que faisaient Corneille et Racine. Les savants du vingt et unième siècle la révéleront peut-être à nos arrière-petits-fils tout autre que nous croyons la voir aujourd'hui. La stricte vérité historique est en outre impossible au théâtre, où elle ennuierait des spectateurs incapables de l'apprécier. On n'écrit pas un drame pour l'Académie des inscriptions, mais pour la foule. Y a-t-il cent personnes en France qui se fassent une idée juste du véritable Agamemnon, déjà faussé peut-être dans Homère, certainement dans Euripide? J'avoue que Racine lui-même n'aurait jamais voulu passer condamnation sur ce point. Dans ses *préfaces*, il s'attache moins à se justifier comme poëte que comme historien ; mais nous réclamerons, contre lui-même, le droit de l'admirer surtout comme poëte. L'objet du théâtre est de peindre les passions humaines, non de faire revivre à grand renfort d'érudition les civilisations éteintes. Racine, après Corneille, mais autrement, a excellé dans cette entreprise. Tout au plus peut-on lui reprocher d'avoir un petit nombre de fois heurté trop directement ce que nous connaissons sûrement des mœurs de l'antiquité, par exemple lorsqu'il suppose que Junie, après la mort violente de son fiancé Britannicus, va ensevelir sa douleur dans un cloître de vestales. C'est là un véritable anachronisme ; ils sont très rares dans Racine.

Après la vérité psychologique, la seule qui importe vraiment au théâtre, la perfection unie et soutenue du style est la première vertu de Racine. Mais d'où vient ce que cette langue a de rare ? Son vocabulaire est celui dont se servent communément les écrivains de son temps : seulement il s'en sert mieux que la plupart d'entre eux. Il n'use pas, comme certains puristes, de ce procédé d'élimination par lequel s'est constitué en français ce qu'on a nommé le style noble au prix de l'abandon de la moitié des mots. Dans ses *Remarques sur l'Odyssée*, il traite « ces délicatesses de véritables faiblesses. » Il n'offre point de néologismes, mais il abonde en latinismes ; tantôt par ce qu'il emploie des mots d'ailleurs usités partout, dans un sens plus voisin de leur étymologie latine ; tantôt parce qu'il use des tournures latines qu'il assouplit habilement aux lois de la syntaxe française. C'est peut-être là le trait le plus frappant du style racinien ; il excelle dans l'art de relever les mots les plus ordinaires par la façon brillante et précise dont il les encadre ; avec des termes communs, il se crée une langue neuve et personnelle, par des tours, des rapprochements, des emplois qui ne sont qu'à lui.

Ainsi la perfection de l'œuvre semble résulter plutôt du concours harmonieux de plusieurs qualités exquises que d'une inspiration sublime et entraînante, mais le savant emploi des plus rares talents, c'est encore le génie, et c'en est peut-être la forme la moins fréquente ; à coup sûr c'est la plus charmante.

La supériorité de Corneille sur ses rivaux fut éclatante. Après la *querelle du Cid*, ils se résignèrent à s'effacer devant lui, et de l'aveu de tous il fut et resta le maître. On disait alors couramment : « Le seul M. Corneille. » La phrase semblait toute faite.

Mais jamais les rivaux de Racine ne consentirent à lui reconnaître cette sorte de maîtrise dans la tragédie ; avant comme après *Phèdre*, on lui chicana sa gloire ; on suscita des Pradons pour la lui disputer. La perfection de mesure et d'harmonie qui est chez Racine n'éclate pas comme le sublime ; il faut de bons yeux pour la voir ; tous ne la voyaient pas. Parmi les émules de Racine, beaucoup se croyaient sincèrement ses égaux ; nul n'en était plus persuadé que Thomas Corneille, qui n'était pas d'ailleurs un homme sans mérite.

S'appeler Thomas Corneille, demeurer avec Pierre et faire des tragédies dans la maison de l'auteur du *Cid*, échapper toutefois au ridicule, et conquérir, sinon la gloire, au moins une honorable notoriété : telle fut la destinée, et tel est le grand honneur du frère de Corneille. Il avait dix-neuf ans de moins que son aîné ; élevé à si bonne école et mûri avant l'âge par l'exemple fraternel, Thomas Corneille, doué d'ailleurs d'une étonnante facilité, donnait à vingt-deux ans sa première pièce, *les Engagements du hasard* [1], comédie en cinq actes et en vers jouée à l'Hôtel de Bourgogne. Pendant dix ans, il ne fit paraître que des comédies, qu'il puisait ordinairement dans le théâtre espagnol. En 1656, il fit jouer *Timocrate*, tragédie romanesque dont le succès fut inouï. Il en avait trouvé le sujet dans le roman de *Cléopâtre*, commencé par La Calprenède en 1648, et encore inachevé. Timocrate est un héros en partie double, qui, sous ce

---

[1]. Thomas Corneille a fait jouer trente-deux pièces (une de moins que Pierre). Les premières sont des tragi-comédies ou des comédies : *les Engagements du hasard* (1647); *Don Bertrand de Cigarral* (1650) ; *l'Amour à la mode* (1651); *le Berger extravagant* (1653) ; *le Charme de la voix* (1653) ; *les Illustres ennemis* (1654) ; *le Geôlier de soi-même* (1655) ; *Timocrate* (1656). Puis quatre tragédies : *Bérénice* (1657) ; *la Mort de Commode* (1658) ; *Darius* (1659) ; *Stilicon* (1660). Une comédie : *le Galant double* (1660). Six tragédies : *Camma* (1662) ; *Maximien* (1662) ; *Pyrrhus* (1663) ; *Persée et Démétrius* (1664) ; *Antiochus* (1666) ; *Laodice* (1668). Une comédie : *le Baron d'Albicrac* (1668). Tragédie : *la Mort d'Annibal* (1669). Comédie : *la Comtesse d'Orgueil* (1670). Tragédies : *Théodat* (1672) ; *Ariane* (1672) ; *la Mort d'Achille* (1673). Comédies : *le Comédien poète* (1673) ; *Don César d'Avalos* (1674) ; *l'Inconnu* (1675) ; *le Festin de Pierre*, traduit de Molière (1677). Tragédie : *le Comte d'Essex* (1678). Comédie : *la Devineresse ou Madame Jobin* (1679). Tragi-comédie : *Bradamante* (1695).

nom, assiège la reine d'Argos dans sa capitale, et, sous le nom de Cléomène, pénètre dans la ville et, tout en se faisant aimer de la princesse royale, défend Argos contre sa propre armée. Ce déraisonnable imbroglio eut un succès fou ; on joua *Timocrate* quatre-vingts fois de suite, ce qui en ce temps parut merveilleux. Les acteurs s'en dégoûtèrent avant le public et se déclarèrent las de jouer une pièce que les spectateurs n'étaient pas encore las d'entendre. Les représentations cessèrent donc et, chose bizarre, *Timocrate* ne fut jamais repris. Il est illisible aujourd'hui.

Il y a plus de talent dans deux tragédies du même auteur : *Ariane*, jouée en 1672, et *le Comte d'Essex*, joué en 1678. *Ariane* a longtemps passé pour un chef-d'œuvre, une pièce égale à celles de Racine. On est bien revenu de ce jugement trop favorable. Jamais Thomas Corneille n'a su faire vivre un caractère comme Racine excelle à faire. Ni comme écrivain dramatique, ni comme poète l'auteur d'*Ariane* ne peut être mis en parallèle avec l'auteur de *Bajazet* qui fut donné au théâtre la même année. Toutefois les contemporains préféraient peut-être *Ariane* à *Bajazet*; la versification en est facile; la conduite de la fable est assez simple et naturelle; surtout les situations sont touchantes, et le rôle d'Ariane, si mal récompensée de son dévouement et de son amour par l'ingratitude et par l'abandon, pouvait assez aisément éveiller la pitié du spectateur et lui arracher des larmes.

Cet art d'apitoyer est le seul que Thomas Corneille possédât à un haut degré : il lui dut encore le succès du *Comte d'Essex* joué en 1678. La pièce, soi-disant historique, est en réalité toute romanesque; l'auteur, pour rendre son héros plus intéressant, l'a beaucoup idéalisé; il a tu toutes ses fautes et l'a montré fort de sa seule innocence en face de la jalousie et des haines associées pour le perdre. Mais la figure de ce courtisan ne saurait être aussi touchante que celle d'Ariane, belle, trahie, abandonnée. Le plan et le style sont aussi moins bons, et Voltaire disait, en somme : « Tout ce qu'on peut dire de l'*Essex* de Thomas Corneille, c'est que la pièce est médiocre ; mais il y a quelque intérêt, quelques vers heureux. » Le même disait d'*Ariane* : « Dans cette pièce il n'y a qu'Ariane ; c'est une tragédie faible, dans laquelle il y a des morceaux naturels et très touchants, et quelques-uns même très bien écrits. » Ces jugements quoique sévères sont justes, mais ils ne tiennent pas assez de compte d'un certain mérite dramatique que posséda Thomas Corneille. Ce mérite ne se sent plus guère à la lecture de ses pièces, mais en fit le succès, lorsqu'elles étaient représentées. Il savait plaire à la scène, amuser et charmer les hommes rassemblés ; don rare, qui a manqué à de plus grands que lui. Sa traduction, ou paraphrase en vers de *Don Juan* (1677) fut préférée (bien à tort) à la prose de Molière, et, sous le nom de *Festin de Pierre*, elle était restée au répertoire jusque dans notre siècle. Il eut encore un grand succès de théâtre avec *la Devineresse ou Madame Jobin*, comédie en prose, faite en collaboration avec Visé, le rédacteur du *Mercure*, et jouée en 1679. Une fausse sorcière avait fait courir tout Paris, et mystifié des dupes sans nombre, au moyen de quelques tours de passe-passe habilement exécutés. Thomas Corneille et Visé mirent cette aventure au théâtre, et amusèrent les spectateurs par un riche déploiement d'ingénieux prestiges, qui nous montrent que l'art du machiniste était déjà fort avancé dans la seconde moitié du xviie siècle.

Entre les auteurs dramatiques du temps, le plus infatigable, et non le moins fatigant, fut le fécond abbé Boyer [1], qui travailla cinquante ans durant pour le théâtre ; *la Sœur généreuse*, tragi-comédie (1646) fut jouée peu après *Rodogune*, et l'opéra de *Méduse* parut en 1697. Il fit un *Porus*, tragédie, avant l'*Alexandre* de Racine (1647). Il fit (en 1678) un *Comte d'Essex*, joué un mois après celui de Thomas Corneille. Chapelain avait salué son aurore, et rendu ce jugement célèbre, en 1662, lorsqu'il était chargé de dresser la liste des gens de lettres aptes à recevoir des pensions du roi : « Boyer est un poète de théâtre qui ne cède qu'au seul Corneille en cette profession. » Mais Racine et Boileau, et généralement le public, se moquèrent de ce rival de Corneille sans pitié ni trêve, et l'on ne se souviendrait même pas que l'abbé Boyer a fait représenter vingt-quatre pièces de théâtre, si Racine n'avait pris soin d'assommer sa *Judith* (1695) sous une épigramme écrasante. Par un caprice de la mode, la pièce avait réussi, et il fut du bon ton, pendant quelques semaines, d'y aller pleurer ostensiblement ; tout le monde y pleurait, les femmes surtout, puisque c'était la mode ; mais tout le monde ne savait pas bien sur qui, ni pourquoi l'on devait s'attendrir. De là le trait mordant que le doux Racine décochait à son vieux rival :

> A sa *Judith*, Boyer par aventure
> Était assis près d'un riche caissier ;
> Bien aise était, car le bon financier
> S'attendrissait et pleurait sans mesure.
> « Bon gré vous sais, lui dit le vieux rimeur,
> Le beau vous touche, et n'êtes pas d'humeur
> A vous saisir pour une baliverne. »
> Lors le richard en larmoyant, lui dit :
> « Je pleure, hélas ! de ce pauvre Holopherne
> Si méchamment mis à mort par Judith. »

---

[1]. Né à Alby (1618), mort en 1698.

Pradon [1], qui osa un jour entrer en concurrence avec Racine, et réussit, non à le vaincre, mais à le dégoûter du théâtre, doit à ce hasard de sa carrière une immortalité ridicule. Il avait fait représenter obscurément deux tragédies, *Pyrame et Thisbé* (1674) et *Tamerlan ou la Mort de Bajazet* (1676). Les ennemis de Racine, le duc de Nevers, la duchesse de Bouillon sa sœur, l'excitèrent à composer *Phèdre et Hippolyte* que le théâtre de la rue Guénégaud représenta le surlendemain du jour où l'Hôtel de Bourgogne avait joué la *Phèdre* de Racine. On sait le triste succès de cette misérable intrigue : elle ridiculisa Pradon, mais elle dégoûta Racine du théâtre. Ses ennemis n'avaient pas tout à fait perdu leur argent ni leurs peines.

Pradon fit encore *Statira* (1679), puis *la Troade* (1679), *Régulus* (1688), sa moins mauvaise tragédie, *Germanicus* (1694), *Scipion l'Africain* (1697). Si l'on veut absolument louer dans Pradon quelque chose, on dira que ses vers ont, parfois, une simplicité assez heureuse; mais, le plus souvent, ils sont plats et prosaïques.

Philippe Quinault [2], malgré les railleries de Boileau (qui finit par se rétracter en partie), est extrêmement supérieur à tous ces obscurs rivaux de Racine. Il débuta, trop jeune, à l'Hôtel de Bourgogne, en 1653, à dix-huit ans, par la comédie des *Rivales*. La tragé-

---

1. Né à Rouen (1632), mort en 1698.
2. Né à Paris en 1635, mort en 1688. *Les Rivales*, comédie (1653); *la Généreuse Ingratitude*, tragi-comédie pastorale (1654); *l'Amant indiscret ou le Maître étourdi*, comédie (1654); *la Comédie sans comédie* (1654); *la Mort de Cyrus*, tragédie (1656); *le Mariage de Cambyse*, tragi-comédie (1656); *Stratonice*, tragi-comédie (1657); *les Coups de l'amour et de la fortune* (1657); *le feint Alcibiade*, tragi-comédie (1658); *Amalasonte*, tragédie (1658); *le Fantôme amoureux*, tragi-comédie (1659); *Agrippa*, tragi-comédie (1660); *Astrate*, tragédie (1663); *la Mère Coquette*, comédie (1665); *Bellérophon*, tragédie (1665); *Pausanias*, tragédie (1666). Opéras : *les Fêtes de l'Amour et de Bacchus* (1672); *Cadmus et Hermione* (1672); *Alceste* (1674); *Thésée* (1675); *Atys* (1676); *Isis* (1678); *Proserpine* (1680); *le Triomphe de l'Amour* (1681); *Persée* (1682); *Phaéton* (1683); *Amadis* (1684); *Roland* (1685); *le Temple de la Paix* (1685); *Armide* (1686).

die d'*Astrate* (1663) et la comédie de *la Mère coquette* (1665) eurent un grand succès. Les tragédies de Quinault sont des pièces romanesques, assez ridicules, parfois absurdes, mais beaucoup moins ennuyeuses que les tragédies glacées du siècle suivant. Ses héros sont des fantoches, mais remuants et amusants. Parmi ses comédies, *la Mère coquette* plaît encore par des vers aisés, une intrigue plaisante et adroitement conduite. Mais une tradition vague attribue à tort à Quinault une sorte d'antériorité sur Molière. *La Mère coquette* (jouée en octobre 1665) est la première comédie de Quinault qui ait quelque valeur, et quand cette pièce parut, Molière avait déjà fait jouer *l'Etourdi*, *le Dépit*, *les Précieuses*, *Sganarelle*, *l'École des Maris*, *les Fâcheux*, *l'École des Femmes*, *la Critique*, *l'Impromptu*, *le Mariage forcé*, *la Princesse d'Elide*, *Don Juan*, *l'Amour médecin*. Voilà bien des modèles pour l'auteur de *la Mère coquette*.

Dans la tragédie, Quinault en fait de passions tragiques n'apportait guère que l'élégance, la douceur, le bel esprit. Aussi Boileau s'en moquait-il en feignant d'admirer :

> Les héros chez Quinault parlent bien autrement
> Et jusqu'à *je vous hais* tout s'y dit tendrement.

Longtemps après, La Bruyère raillait encore Quinault, devenu illustre, et excellent dans un autre genre : « La tragédie n'est pas un tissu de jolis sentiments, de déclarations tendres, d'entretiens galants, de portraits agréables, de mots *doucereux*, ou quelquefois assez plaisants pour faire rire, suivis à la vérité d'une dernière scène où les mutins n'entendent aucune raison [1], et où, pour la bienséance, il y a enfin du sang répandu et quelque malheureux à qui il en coûte la vie. »

---

1. Allusion aux *séditions*, dénouement vulgaire de beaucoup de tragédies.

Mais Quinault devait trouver sa vraie voie et son originalité dans un autre genre, dans l'opéra; pendant quinze années (de 1671 à 1686), il composa les livrets de quatorze tragédies lyriques dont Lulli écrivait la musique. Son vers harmonieux, facile et souple, son rythme aisé, mobile et flexible, se prêtaient à ce genre difficile et ingrat avec un singulier bonheur; s'il est un peu prosaïque, la musique et le chant dissimulaient ce défaut; *Atys* (1676), *Proserpine* (1680), *Roland* (1685) tiré de l'Arioste, *Armide* (1686) imité du Tasse, sont des poèmes fort remarquables, sans intérêt dramatique, mais, en maint passage, brillants de grâce et quelquefois de force. La nature avait richement doué Quinault; s'il eût travaillé moins vite, moins sacrifié à la vogue, au succès du jour, et songé davantage à la gloire, il eût obtenu sans doute une réputation moins contestée ; car tout l'esprit de Voltaire, qui l'admirait à l'excès, n'a pu suffire à faire oublier les railleries de Boileau. Celui-ci, d'ailleurs, s'était amendé en vieillissant : « Nous étions tous deux fort jeunes (M. Quinault et moi), dit-il dans les *Réflexions sur Longin*, dans le temps où j'écrivis contre lui et il n'avait pas fait alors beaucoup d'ouvrages qui lui ont dans la suite acquis une juste réputation. » Boileau d'ailleurs, comme La Bruyère, Saint-Évremond, La Fontaine, estimait peu l'opéra; écrire des vers pour les faire mettre en musique leur semblait, malgré l'exemple des anciens, une besogne inférieure.

Les premiers successeurs de Racine furent de purs imitateurs de sa manière ou de celle de Corneille; disciples sans génie, doués seulement d'une facilité fâcheuse pour aligner sans fin des vers incolores et monotones; leur élégance continue, mais banale, et leur harmonie toute négative, limitée au soin d'éviter scrupuleusement certains mots ou certains tours, couvrent mal un vide absolu d'inspiration et d'originalité.

Campistron ¹ se vantait d'être l'élève de Racine; et il paraît qu'en effet il avait reçu de lui des conseils. Mais Racine n'est pas le seul maître qui n'ait transmis son secret à personne. Le faible Campistron n'obtint pas moins de grands succès au théâtre; il fut protégé par les plus grands seigneurs, entre autres le duc de Vendôme. Il était brave, et il parut avec honneur sur plusieurs champs de bataille, à côté de ses protecteurs : à Steinkerque, à Luzzara. Que ne fut-il soldat? Campistron ne serait pas devenu le type de ces disciples sans génie dont la faiblesse extrême compromet presque leurs maîtres; et Victor Hugo n'aurait pas écrit :

Sur le Racine éteint le Campistron pullule.

Entre les mains de Campistron la tragédie est déjà un pur squelette, où rien ne rappelle plus la vie et la personnalité. Toutes ses pièces pourraient se transposer en d'autres temps, en d'autres lieux, être jouées par d'autres héros; elles n'y perdraient rien. Il semble qu'il se faisait honneur de cette parfaite abstraction de sa poésie. Ayant lu le *Don Carlos* de Saint-Réal, il médita de le porter à la scène. « Mais, dit-il, comme, par des raisons invincibles, je ne pouvais mettre sur la scène les personnages de monsieur de Saint-Réal sous leurs véritables noms, je fus obligé de chercher ailleurs quelque événement qui ressemblât à celui qu'il avait traité. » Il crut le trouver à Constantinople, et fit *Andronic* (1685).

Danchet ² prit la succession de Campistron, quand

---

1. Jean Galbert de Campistron, né à Toulouse (1656), mort en 1723. Neuf tragédies : *Virginie* (1683); *Arminius* (1684); *Phraarte* (1686); *Phocion* (1688); *Adrien* (1690); *Tiridate* (1691); *Aëtius* (1693) et *Pompeia*, non représentée. Il écrivit aussi deux opéras, et deux comédies : *l'Amante* amant (1684) et *le Jaloux désabusé* (1693) qui eut du succès. Campistron fut de l'Académie française. Il y remplaça Segrais (1701) et fut remplacé par Destouches (1723).

2. Antoine Danchet, né à Riom (1671), mort en 1748. Quatre tragédies : *Cyrus* (1706); *les Tyndarides*

celui-ci se fut retiré dans sa province, en Languedoc ; on se moqua de cet ancien précepteur, qui calquait ses tragédies, faites par recette, sur celles de Racine ; et toutefois Danchet fut de l'Académie française, tout comme Campistron. Ses livrets d'opéra valent un peu mieux que ses tragédies : il est plus facile d'imiter Quinault que Racine.

Duché, qui avait hérité de la pension faite à l'auteur d'*Athalie*, crut devoir, à son exemple, écrire des tragédies sacrées pour Saint-Cyr. Il écrivit aussi des livrets d'opéra, et traita du même style *Absalon* et les *Fêtes galantes*.

La Grange-Chancel, plus célèbre par ses virulentes *Philippiques* où il déchira le Régent, fit aussi des tragédies qui n'ont rien de virulent. Ainsi Voltaire fut partout spirituel, excepté dans ses comédies. La Grange-Chancel se voua exclusivement à la tragédie grecque : *Oreste et Pylade*, *Méléagre*, *Amasis*, *Alceste* ; et toutefois il n'y eut jamais un esprit plus fermé à l'intelligence de la Grèce. Il réduisit les qualités tragiques à la politesse, et fit dialoguer tous ses personnages comme de parfaits courtisans Chez lui, la versification est faible, et les caractères sont nuls. L'âge de ses débuts montre assez que la tragédie tendait à n'être plus qu'une œuvre de facture ; il avait dix-sept ans et sept jours lorsqu'on représenta son *Adherbal*, avec un plein succès, ce qui fit dire aux uns que Racine avait refait entièrement la pièce ; aux autres que Racine avait trouvé un successeur. Malheureusement La Grange-Chancel ne fit presque pas mieux durant soixante-cinq ans qui lui restaient à vivre [1].

(1708) ; *les Héraclides* (1710) ; *Nitétis* (1724). Son meilleur opéra est *Hésione* (1700).

1. François-Joseph de La Grange-Chancel, né le 1er janvier 1677, près de Périgueux (le jour de la première représentation de *Phèdre*), mort le 26 décembre 1758. Tragédies : *Adherbal* (1694) ; *Oreste et Pylade* (1697) ; *Méléagre* (1699) ; *Athénaïs* (1699) ; *Amasis* (1701) ; *Alceste* (1703) ; *Ino et Mélicerte* (1713).

La Fosse est très supérieur à tous ceux que nous venons de nommer, au moins dans son *Manlius*, qui est, sinon un chef-d'œuvre, au moins une très belle pièce, bien faite, quoique en grande partie d'emprunts ; mais les morceaux sont habilement rapportés, et l'auteur est un très habile artisan. Le fond est tiré du VIe livre de Tite-Live ; le cadre vient d'ailleurs. Saint-Réal avait écrit *la Conjuration de Venise* (1674), sorte de court roman historique, où est imitée avec beaucoup d'agrément la manière sobre et pittoresque de Salluste. Un dramaturge anglais, Thomas Otway en avait tiré un drame, *Venice preserved*, ou *Venise sauvée*, joué à Londres en 1682. La Fosse reprit, comme il s'en vante, notre bien aux Anglais, et calqua le plan de son *Manlius* sur la pièce d'Otway. On sent bien tout ce qu'a de factice un tel procédé ; et jusqu'à quel point il compromet le genre lui-même. Voltaire ne fera pas moins quand il fera resservir tous les morceaux d'une tragédie mal venue, comme *Artémire*, pour reconstruire un édifice tout nouveau. Plus tard, Brifaut fera mieux : d'une tragédie espagnole, il fera brusquement une tragédie assyrienne, en modifiant seulement les noms des personnages, sans toucher ni au plan, ni aux vers. Ces réserves faites, convenons que le *Manlius* offre un profil sévère assez beau ; que, s'il ne se joue plus, il peut encore se lire, et qu'il offre quelques beaux vers, quoique trop travaillés, et quelques situations pathétiques, quoique traitées sans largeur, avec une sorte de contrainte. La vie manque enfin dans cette œuvre, et le génie ; mais elle est fort supérieure à tout ce qui a paru au théâtre entre la retraite de Racine et l'avènement de Voltaire et de Crébillon [1].

[1]. Antoine de La Fosse, sieur d'Aubigny, né à Paris, vers 1653, mort en 1708. Tragédies : *Polyxène* (1686) ; *Manlius Capitolinus* (1698) ; *Thésée* (1700) ; *Corésus et Callirhoé* (1703). Toutes ces pièces, sauf *Manlius*, offrent un caractère romanesque assez fade.

C'est aussi par la froideur que pèche la *Médée* de Longepierre, fervent admirateur des Grecs, et lieutenant de Boileau dans la querelle des Anciens et des Modernes. Il avait écrit un *Discours*, en 1687, contre Perrault et pour les anciens, qui n'en pouvaient mais, quoique admirés parfois à côté, pour cent choses auxquelles ils ne pensaient guère. *Médée*, froidement accueillie à son apparition (1694), fut reprise avec un grand succès au xviii° siècle; d'illustres actrices tinrent brillamment le rôle principal, et l'auteur eut, après sa mort, un regain de célébrité. Son *Sésostris* (1695) et son *Électre* (1702) n'eurent pas le même bonheur et ne furent jamais repris. Le style de Longepierre est déclamatoire et diffus; il n'entend rien à l'action; mais quelquefois, surtout dans *Médée*, il réussit à émouvoir par une situation terrible assez vivement présentée.

C'est ainsi qu'au lendemain de la retraite de Racine, la décadence avait commencé brusquement, et la tragédie semblait ne pas devoir survivre à ses illustres fondateurs. Entre *le Cid* (1636) et *Athalie* (1691), quarante-cinq années seulement s'étaient écoulées. Mais nous n'approuverons pas les plaintes de ceux qui, pour une si courte floraison, accusent le genre lui-même. Dans tous les genres et non pas seulement dans la tragédie, les chefs-d'œuvre sont très rares. On les achète et on les mérite par une longue suite d'essais confus et maladroits; on les paye par la nécessité d'essuyer les redites et les copies. Après les maîtres, les disciples; après les originaux, les imitateurs; après les œuvres de génie, les œuvres de facture, de recette et de savoir-faire.

CHAPITRE VII

MOLIÈRE ET SES CONTEMPORAINS

HAUTEROCHE, MONTFLEURY, BOURSAULT, BARON

On a loué Socrate d'avoir ramené la philosophie du ciel en terre. On pourrait dire la même chose, en un certain sens, de Molière et de la comédie : car il a substitué au libre essor de l'imagination, l'observation exacte et scrupuleuse de la vérité.

La comédie, avant Molière, pendant la première moitié du XVIIe siècle, n'avait pas été sans mérite et sans beauté; elle n'avait manqué ni de verve, ni d'esprit, ni de grâce; elle avait manqué de vérité. Je la nommerais volontiers *comédie d'imagination*, pour l'opposer à la *comédie d'observation*. Elle procédait en effet de la fantaisie italienne et de la fantaisie espagnole; ajoutons aussi de la fantaisie personnelle, pour l'honneur de nos vieux poètes. Elle était vive, osée, galante, aventureuse; elle pétillait (dans ses bons jours) de malice et de belle humeur; mais elle ne se souciait guère de peindre les hommes tels qu'ils sont. Ses personnages n'ont qu'une faible dose de vérité dans la nature; mais à force d'art et d'esprit, ils peuvent acquérir, dans notre imagination, une vérité artificielle, et toutefois durable; ils vivent au moins dans la poésie. Le chef-d'œuvre de cette comédie d'avant Molière, c'est *le Menteur* de Corneille, pièce étincelante de grâce et d'une verve exquise, chef-d'œuvre de langue. Il se peut que nous n'ayons jamais rencontré dans la vie ni Clarice, ni Dorante. Mais il n'importe : ils vivent pour nous.

J'admire combien l'on a souvent mal compris l'influence que Corneille a pu exercer sur Molière et je m'étonne surtout de la filiation qu'on imaginait entre *le Menteur* et *le Misanthrope*. François de Neufchâteau, vers la fin du XVIIIe siècle, a inventé de toutes pièces une anecdote qui a fait fortune, et qu'on a répétée partout. C'est une prétendue conversation de Molière avec Boileau, dans laquelle on fait dire à Molière tout le contraire justement de ce qu'il devait penser : « Je dois beaucoup au *Menteur*... sans *le Menteur*, j'aurais sans doute fait quelques pièces d'intrigue, *l'Étourdi*, *le Dépit amoureux*; mais peut-être n'aurais-je pas fait *le Misanthrope*. » On ne peut se tromper plus lourdement, ni faire mieux divaguer un grand homme. C'est précisément dans ses *pièces d'intrigue*, comme *l'Étourdi*, et c'est là seulement que Molière relève du *Menteur*. Au reste, ce genre de pièces, où il ne faut pas chercher la réalité exacte, où l'imagination se joue librement, où l'agrément du style prend une suprême importance, ce genre de pièces abonde chez Molière lui-même et forme une notable partie de son œuvre : *l'Étourdi*, *le Dépit amoureux*, *Don Garcie de Navarre*, *la Princesse d'Élide*, *Mélicerte*, *le Sicilien*, *les Amants magnifiques*, sont de ces comédies que j'appelle d'*imagination* plutôt que d'*observation*. Le poète y a mis tout son esprit; mais il ne s'est pas soucié d'y peindre des hommes réels.

Nous nous sommes habitués à considérer ces pièces comme la moindre partie de l'œuvre de Molière : et nous n'avons pas tort. Sa gloire est sûrement ailleurs : et la postérité le loue bien davantage d'avoir tiré de l'observation pure une comédie aussi vraie que la vie et calquée sur elle.

« Lorsque vous peignez des hommes, il faut peindre d'après nature. On veut que ces portraits ressemblent », a-t-il dit lui-même dans la *Critique de l'École des Femmes*. Et pour les mieux peindre, il les regardait vivre et agir, avec cette attention obstinée dont ses ennemis se moquaient sottement. Mais en l'accusant d'espionner ses contemporains, ne savaient-ils pas qu'ils rendaient un piquant hommage à son génie? Le rédacteur du *Mercure*, Donneau de Visé, esquisse ainsi un portrait de Molière, espérant le noircir aux yeux de la postérité : « Il avait les yeux collés sur trois ou quatre personnes de qualité qui marchandaient des dentelles; il paraissait attentif à leurs discours et il semblait, par le mouvement de ses yeux, qu'il regardait jusqu'au fond de leurs âmes pour y voir ce qu'elles ne disaient pas... C'est un dangereux personnage; il y en a qui ne vont point sans leurs mains; mais l'on peut dire de lui qu'il ne va point sans ses yeux ni sans ses oreilles[1]. » Ainsi parle un ennemi de Molière; mais le trait ne porte pas; car nous louons plutôt et nous admirons le grand poète comique d'avoir fait si consciencieusement son métier.

Cette exactitude et cette profondeur d'observation, cette vie qu'il sait donner à l'expression de « ce qui est », à la peinture de l'homme réel, de celui qu'on voit et qu'on coudoie, qu'on entretient, qui vit avec nous, qui est vous ou moi, ou tout le monde, constitue donc la principale originalité de Molière et la plus grande beauté de son théâtre. C'est par là qu'il est tout à fait lui-même et incomparable. Les autres seront gais, spirituels, plaisants, étincelants; lui, rien de tout cela, mais purement vrai et naturel, parfois (il

---

1. *Zélinde*, comédie, par Visé, jouée le 4 août 1663.

faut l'ajouter), jusqu'à l'extrême crudité du trait, jusqu'à cette brutalité que la politesse sociale essaye ordinairement de masquer. Molière écarte ou déchire ces voiles, et souvent ne craint pas d'étaler aux yeux la triste et laide nudité de l'âme humaine. Ouvrez l'œuvre au hasard, vous serez partout frappé de cette hardiesse du trait chez Molière.

Ainsi dans *le Médecin malgré lui*, Géronte a durement expulsé Léandre, un prétendant pauvre à la main de sa fille. Après dix affronts subis, Léandre se présente en disant : « Monsieur, je viens tout à l'heure de recevoir des lettres par où j'apprends que mon oncle est mort, et que je suis héritier de tous ses biens. » — Géronte répond sans broncher : « Monsieur, votre vertu m'est tout à fait considérable, et je vous donne ma fille avec la plus grande joie du monde. »

Ne dites pas : « la volte-face est trop brusque ! » Non, la nature a parfois cette promptitude dans la bassesse, et cette naïveté. Voyez Vadius dans *les Femmes savantes* :

> Le défaut des auteurs dans leurs productions
> C'est d'en tyranniser les conversations,
> D'être au palais, au cours, aux ruelles, aux tables
> De leurs vers fatigants lecteurs infatigables.
> Pour moi, je ne vois rien de plus sot, à mon sens,
> Qu'un auteur qui partout va gueuser des encens ;
> Qui des premiers venus saisissant les oreilles
> En fait le plus souvent les martyrs de ses veilles.
> On ne m'a jamais vu ce fol entêtement
> Et d'un Grec là-dessus je suis le sentiment,
> Qui par un dogme exprès défend à tous les sages
> L'indigne empressement de lire leurs ouvrages.
> Voici de petits vers pour de jeunes amants
> Sur quoi je voudrais bien avoir vos sentiments.

On rit invinciblement ; mais quelques-uns s'en veulent de rire, et se plaignent que le trait est forcé. Nullement, la sottise et la fatuité sont aveugles à ce point, et les trois quarts des humains ne se jugent pas eux-mêmes comme ils jugent les autres. « Moi, c'est bien différent. » Qui de nous n'a ouï cette phrase? Peut-être même l'avons-nous dite, mais nous ne nous en sommes pas aperçus.

Sans doute la scène en condensant, pour ainsi dire, la réalité, grossit l'impression, exagère le trait saillant. Il le faut bien. Rarement la vie étale ses personnages dans une lumière aussi crue. Écoutez Béline, du *Malade imaginaire*; l'hypocrite et avare marâtre, emmiellant son vieux mari crédule, qui veut lui livrer tout son argent comptant, en attendant de lui donner son bien par quelque entorse faite à la loi :

« S'il vient faute de vous, je ne veux plus rester au monde. Ah!... Combien dites-vous qu'il y a dans votre alcôve? — Vingt mille francs, m'amour! — Ne me parlez pas de bien, je vous prie. Ah! De combien sont les deux billets?... »

Ainsi le trait de vérité jaillit, perce, éclate. Voilà proprement Molière. Non que la fantaisie et l'imagination soient absentes de son œuvre; elles s'y mêlent sans cesse avec la réalité, dans une heureuse harmonie; grâce du style et verve du dialogue; fraîcheur et vivacité des sentiments; brillante fécondité des détails, toutes ces beautés, tous ces charmes, Molière les possède aussi, à ses heures; et l'on pourrait le définir ainsi : beaucoup de vérité dans beaucoup de poésie. Mais enfin sa marque propre et personnelle, c'est la vérité.

Il l'avait lentement apprise et péniblement dans les hasards et les rencontres de cette vie nomade qu'il promena, douze années durant, à travers toutes les provinces de France, allant du Nord au Midi, et revenant du Midi au Nord; jouant la comédie avant de la faire, et s'essayant déjà au métier d'auteur dans de petites pièces, presque toutes perdues pour nous, mais non pour lui, qui ne perdit jamais rien, ni une observation, ni une lecture, ni une réflexion. On ne finira jamais d'énumérer tout ce qu'il doit aux autres ; mais on ne montrera jamais assez comme il le fait sien. Toute l'immense matière comique accumulée depuis près de quatre siècles est tombée en ses mains puissantes ; il l'a comme pétrie et refaite et marquée à la marque de son génie : il en a tiré cette vaste comédie, nationale et humaine à la fois, qui n'eut jamais ni peut-être n'aura d'égale en aucun temps.

Il rentre à Paris en 1658, à trente-six ans. *L'Étourdi*, joué à Lyon dès 1655, est repris par sa troupe avec un immense succès en 1659. La pièce est en grande partie imitée de l'*Inavvertito* de l'Italien Nicolo Barbieri, dit Beltrame. Mais le fond est peu de chose dans cette plaisante comédie ; il abonde en lazzis et en jeux de scène qui sont traditionnels dans la comédie italienne et dans la farce française ; le vrai charme de la pièce et le vrai mérite de l'auteur sont dans le style, plein de vivacité, de couleur et de poésie ; Molière dans *l'Étourdi* n'est pas encore le comique incomparable, l'homme qui a su le mieux pénétrer au fond des cœurs, et peindre avec vérité les mœurs des hommes ; mais il est déjà le grand écrivain en vers dont Boileau admirait la langue et enviait la rime ; et même il se peut que tel chef-d'œuvre de Molière, très supérieur à *l'Étourdi* par la portée comique, lui soit bien inférieur par la langue.

Le Dépit amoureux, joué à Béziers en 1656, fut repris à Paris en 1658 au théâtre du Petit-Bourbon. C'est encore une comédie imitée de l'Italie ; Molière doit beaucoup à l'*Interesse* de Nicolo Secchi, chez qui Larivey avait déjà puisé [1]. On ne joue plus et on ne

---

1. Les *Tromperies* de Larivey sont imitées de *Gl'Inganni* de Secchi.

lit guère que *le Dépit* réduit à deux actes, par la suppression de la partie romanesque, à la vérité médiocre, ennuyeuse, et même faiblement écrite. Mais Molière avait composé sa comédie en cinq actes, et cette façon de tronquer l'œuvre des maîtres n'est pas à l'abri de tout reproche. Les scènes de brouille et de raccommodement amoureux, qui seules ont duré, et qui forment proprement *le Dépit amoureux*, semblent imitées vaguement de plusieurs scènes de Térence, et inspirées de la jolie ode d'Horace, *Donec gratus eram...*, que Molière a traduite dans les *Amants magnifiques*.

Les Précieuses ridicules, jouées au Petit-Bourbon le 18 novembre 1659, sont une œuvre et une date importantes dans la vie de Molière. Pour la première fois, il abordait directement la peinture des ridicules contemporains avec une verve et une vérité admirables. L'attaque était hardie, quoique les réserves de la *préface*, qu'il joignit à l'édition imprimée, s'efforcent d'atténuer cette hardiesse. Vainement il affecte de distinguer les *vraies précieuses*, qu'il respecte, des *fausses précieuses* qu'il joue; ce n'est là qu'une précaution prudente, et Molière devait plus d'une fois recourir à ces distinctions plus spirituelles que sincères. Boileau ne s'y trompait pas; il avait vu jouer la pièce à l'origine, et trente-trois ans plus tard il écrivait dans la satire des *Femmes* :

> C'est une précieuse,
> Reste de ces esprits *jadis si renommés*
> Que d'un coup de son art Molière a diffamés.

On allègue, il est vrai, que les illustres *précieuses* de l'Hôtel de Rambouillet assistèrent à la première représentation de la pièce, et affectèrent d'applaudir et de ne pas se reconnaître. Cela montre leur esprit; quand on ne peut répondre aux coups, il est de bon goût de dire qu'on ne s'est pas senti frapper. La légende littéraire a multiplié les anecdotes suspectes autour de cette pièce; Ménage aurait dit à Chapelain : « Monsieur, nous approuvions vous et moi toutes les sottises qui viennent d'être critiquées si finement et avec tant de bon sens; mais... il nous faudra brûler ce que nous avons adoré et adorer ce que nous avons brûlé. » Un vieillard aurait crié du parterre : « Courage, Molière! voilà la bonne comédie. » Ces anecdotes sont peu authentiques; elles semblent faites après coup, mais elles montrent bien que l'opinion ne se méprit point sur la valeur et la portée de cette comédie.

Sganarelle, joué le 28 mai 1660, ressemble davantage aux comédies italiennes et procède en ligne directe des fabliaux et des farces du moyen âge; mais la franche gaieté de la pièce et l'excellence de la versification valurent à Molière un succès bruyant et prolongé. *Don Garcie de Navarre* (4 février 1661) fut moins heureux, et tomba complètement. Le public semble n'avoir pas voulu souffrir que l'auteur des *Précieuses* et de *Sganarelle*, après l'avoir tant fait rire, prétendît redevenir sérieux et touchant dans la comédie héroïque. Il est vrai que le fond de l'intrigue est insignifiant et même ennuyeux ; mais il est vrai aussi que la pièce renferme de grandes beautés, beaucoup d'excellents vers et des situations très pathétiques; par exemple celle-ci, au quatrième acte : lorsque D. Garcie, trompé par une fausse apparence, croit dona Elvire infidèle, et que dona Elvire lui dit : « Je veux bien condescendre à me justifier, mais si vous acceptez que je le fasse, je ne serai jamais à vous. » La jalousie est plus forte que l'amour, et don Garcie accepte d'être éclairci. Il est regrettable que Molière ait souffert qu'il fût pardonné, pour finir traditionnellement la pièce par un mariage. *Don Garcie* ne fut pas imprimé du vivant de Molière, et près de cent vers de cette pièce malheureuse furent transportés dans *le Misanthrope,* où reparaît, dans un sentiment tout autre, une situation presque analogue.

L'École des Maris (24 juin 1661), la première des innombrables *écoles* qui, pendant deux siècles, ont pullulé au théâtre, doit aux *Adelphes* de Térence le contraste des deux éducations, l'une indulgente et commode, l'autre sévère et dure. Il est vrai que l'une des deux peintures n'est qu'à peine esquissée (Ariste et Léonor); l'autre est poussée au grotesque avec un peu d'excès. Le rôle de tuteur jaloux est traditionnellement stupide dans tout notre ancien théâtre; Bartholo le premier s'avisa, chez Beaumarchais, d'y mêler quelque finesse. L'agrément des vers et plusieurs jeux de scène plaisants assurèrent le succès de *l'École des Maris* malgré la faiblesse de l'intrigue.

Les Fâcheux, joués d'abord devant la cour, à Vaux, puis à Fontainebleau (août 1661), sont ce qu'on nommait une *pièce à tiroirs,* où défilent sous nos yeux une procession d'importuns qui empêchent un honnête homme de vaquer à une affaire qui lui tient à cœur. Horace et Régnier [1] n'avaient dépeint qu'un *Fâcheux;* Molière en présente dix successivement, tous variés, vivants, plaisants. Le style est d'une vigueur admirable; la scène du théâtre, le récit de la chasse, sont des chefs-d'œuvre de versification; et toutefois la pièce fut « conçue, faite, apprise et représentée en quinze jours. » On comprend l'émerveillement de Boileau, et ces vers de la satire II :

Enseigne-moi, Molière, où tu trouves la rime.
On dirait quand tu veux qu'elle te vient chercher.

La Fontaine, dans une lettre à Maucroix, écrite au lendemain de la première représentation des *Fâcheux,*

---

1. Satire IX du livre I, et satire VIII.

caractérisait fortement la nouvelle comédie par ces vers tant de fois cités et déjà rappelés plus haut :

> Nous avons changé de méthode,
> Jodelet n'est plus à la mode,
> Et maintenant il ne faut pas
> Quitter la nature d'un pas.

La Fontaine avait bien jugé; d'autant plus louable en cela que les *Fâcheux*, au premier aspect, s'offrent à nous comme une pièce de circonstance. Mais La Fontaine avait très bien su discerner dans cette œuvre hâtive quelque chose vraiment d'assez neuf : l'effort vers la vérité.

Bientôt en voyant jouer *l'École des Femmes* (26 déc. 1662), combien La Fontaine put être encore plus vivement frappé de ce caractère nouveau de la comédie. Le rire naissait uniquement de l'exactitude dans l'observation des mœurs, non plus comme autrefois d'une fantaisie plaisante de l'imagination. De cette pièce date l'enthousiasme des amis de Molière pour son œuvre et son génie, comme aussi la haine de ses ennemis qui furent nombreux et acharnés. L'opinion se partagea en deux camps; ceux qui blâmaient, ne faisaient grâce à rien : la pièce était mal faite, mal conduite, vide d'action, pleine d'impudeur et d'irréligion; les autres disaient avec Boileau :

> En vain mille jaloux esprits,
> Molière, osent avec mépris
> Censurer ton plus bel ouvrage;
> Sa charmante naïveté [1]
> S'en va pour jamais d'âge en âge
> Divertir la postérité.

Louis XIV prenait parti pour l'auteur et le gratifiait d'une pension. Molière enhardi répondait à ses adver-

---

1. Dans la langue littéraire du temps ce mot signifie *vérité*. On appelait *romans naïfs* ceux où l'auteur se piquait de peindre les hommes tels qu'ils sont sans vouloir les idéaliser.

saires par *la Critique de l'École des Femmes* et *l'Impromptu de Versailles*. Dans la première, il raille tour à tour ses différents adversaires, gens de cour ou gens de lettres, marquis *turlupins* [1], ou poètes ridicules, entichés des règles, entêtés de la tragédie. A tous ces ennemis de sa pièce il répondait : qu'elle était bonne puisqu'elle avait plu. « Je voudrais bien savoir si la grande règle de toutes les règles n'est pas de plaire et si une pièce de théâtre qui a attrapé son but n'a pas suivi un bon chemin. » Dans *l'Impromptu de Versailles* (14 octobre 1663), il riposte aux comédiens rivaux de l'Hôtel de Bourgogne, qui le jouaient sur leur théâtre en représentant l'œuvre d'un jeune poète encore inconnu, Boursault (*le Portrait du peintre ou la Contre-Critique de l'École des Femmes*). Il y parodie plaisamment leur jeu, ampoulé, déclamatoire. En effet c'est par le naturel absolu qu'il excellait lui-même dans le jeu comique. Le roi avait commandé *l'Impromptu*. Il goûtait de plus en plus Molière, et multipliait pour lui les marques de sa bienveillance. Le 29 janvier 1664, il dansa lui-même dans le ballet joint à la comédie du *Mariage forcé*, qu'on joua au Louvre. Ce n'est rien que cette petite pièce; mais la consultation des deux docteurs, Pancrace et Marphurius, l'un péripatéticien, l'autre pyrrhonien, l'un dogmatique et l'autre sceptique, est une scène vraiment comique et dont la portée dépasse de bien loin celle d'une farce ordinaire. La même année, *la Princesse d'Élide* tint sa place dans cette brillante série de « fêtes galantes et magnifiques » (comme dit le livret) que Louis XIV offrit à sa cour dans les jardins de Versailles du 7 au 13 mai 1664. On pressa tellement Molière qu'il ne put écrire en vers que le premier acte et le début du second; tout le reste est en prose et indiqué

---

1. Toutefois à la cour les turlupins restèrent,
Insipides plaisants, bouffons infortunés,
D'un jeu de mots grossier partisans surannés.
(Boileau, *Art poét.*, III.)

plutôt que développé. Mais Molière comme Shakespeare, dans ses œuvres les plus faibles, sème encore de rares beautés ; tel ici ce rôle charmant de *Moron*, qu'il jouait en personne.

Au reste, il ne faut pas faire trop bon marché de ces *pièces galantes*; c'est par là qu'il plut au roi, et obtint de sa protection le droit d'écrire d'autres pièces plus fortes, moins inoffensives, comme *Tartuffe* dont les trois premiers actes parurent dans les fêtes de Versailles (12 mai 1664). La pièce fut bientôt achevée ; mais cette satire des faux dévots parut suspecte et même dangereuse aux dévots sincères. La reine mère, Anne d'Autriche, obtint que *Tartuffe* ne fût pas représenté. Mais elle mourut bientôt (20 janvier 1666). Cependant on jouait partout librement la pièce chez des particuliers illustres ou obscurs; et, dans la satire III, l'hôte ridicule de Boileau, faisant valoir son invitation, n'oublie pas de dire que :

> Molière, avec Tartuffe, y doit jouer son rôle.

Le 5 août 1667, Molière, usant d'une permission verbale du roi, hasarda sa pièce ; elle fut interdite le lendemain par le premier président Lamoignon. Enfin, dix-huit mois plus tard, *Tartuffe* se joua librement (5 février 1669) ; le succès fut très grand ; cette longue attente n'y avait pas nui. D'ailleurs l'œuvre est vigoureuse, intéressante, admirablement conduite, et, sauf quelques parties négligées, superbe de style et de poésie. Le dénouement seul est faible, mais il faut, une fois pour toutes, passer condamnation sur les dénouements de Molière ; il en parlait lui-même avec un entier détachement [1].

---

1. Témoin ces vers que Mascarille dit dans *l'Étourdi*, et dont la portée ironique est sensible :

... En fait d'aventure, il est très ordinaire .
De voir gens pris sur mer par quelque Turc
     corsaire ;
Pour être à leur famille, à point nommé,
     rendus
Après quinze ou vingt ans qu'on les croyait
     perdus.
Pour moi j'ai déjà vu cent contes de la sorte.
Sans nous alambiquer, servons-nous-en. Qu'importe ?

Tartuffe doit quelque chose à vingt auteurs différents : à Boccace, à l'Arétin, à Régnier, à tous les vieux conteurs, satiriques, moralistes qui ont peint l'hypocrisie. Une nouvelle de Scarron a fourni à Molière la scène si frappante entre Tartuffe, Orgon et Damis. Il y a aussi comme une sourde consonance entre le nom de l'hypocrite chez Scarron, Montufar, et Tartuffe. Malgré ces emprunts particuliers, la pièce est bien à Molière tout seul, et reste une des plus fortes créations de son génie. Mais pourquoi fut-il surpris des tempêtes qu'elle souleva? En tout temps, la peinture de l'hypocrisie offrit, surtout au théâtre, une difficulté particulière ; c'est le seul vice qui présente les mêmes caractères extérieurs que la vertu dont il est le masque; dès lors, l'attaque est double forcément, quelle que soit la pureté des intentions de l'auteur. Et ceci est vrai non seulement de la peinture de l'hypocrisie religieuse, mais de toute autre hypocrisie. Quand on joua *Tartuffe* au xvii° siècle, les dévots s'indignèrent. Mais quand, au siècle suivant, Palissot attaqua les faux philosophes, toute la philosophie protesta; quand, sous la Révolution, Laya traduisit sur la scène les faux patriotes, le patriotisme alarmé ferma le théâtre, et faillit guillotiner l'auteur. La science est aujourd'hui, pour beaucoup d'esprits, une religion. Qu'un auteur comique essaye de peindre sur le théâtre un faux savant, dupant le monde entier par son charlatanisme : il blessera cruellement les plus véritables savants. Heureusement le temps adoucit toutes les plaies, amortit tous les coups, met toutes choses en leur vraie place. La religion et la vraie piété ont survécu à *Tartuffe*, l'hypocrisie aussi, et *Tartuffe* reste un chef-d'œuvre; œuvre émoussée comme arme de guerre ; mais immortelle comme tableau d'un vice impérissable.

Don Juan, composé après *Tartuffe*, mais joué avant

Tartuffe (15 février 1665), semble la revanche de *Tartuffe* interdit. Cette vieille légende espagnole avait été mise au théâtre par Tirso de Molina vers 1613 [1]. En France on l'avait jouée déjà sous deux formes différentes quand Molière s'en empara, pour la renouveler entièrement. Chez lui, la légende n'est qu'un prétexte, et la comédie est franchement moderne; les seconds rôles, les paysans, M. Dimanche, Sganarelle sortent des boutiques de Paris ou de sa banlieue; le personnage principal est le type réel et bien observé du grand seigneur insolent, libertin, spirituel, athée, hypocrite enfin (pour qu'il fût dit qu'il avait tous les vices), tel qu'il pouvait exister en France vers 1665. Cette peinture est certainement l'une des plus belles que Molière ait tracées; mais lui-même n'en jugea peut-être pas ainsi : une pièce en cinq actes en prose, avec dix changements de décor, laissait bien quelques scrupules à son génie, après tout classique, au moins par habitude et par éducation. Après sa mort, sa veuve et ses camarades firent mettre en vers cet admirable *Don Juan* par Thomas Corneille, et il fut joué sous cette forme abâtardie jusqu'en 1841.

Depuis Molière, le type de Don Juan s'est singulièrement développé et compliqué entre les mains des poètes et des musiciens; il s'est élevé à la dignité d'un chercheur d'idéal qui poursuit à travers les fausses amours terrestre l'amour infini dont il est altéré. Le type créé par Molière, beaucoup plus simple, est aussi beaucoup plus vrai, plus réel et plus vivant; il sera sans doute plus durable.

Entre *Don Juan* et *le Misanthrope* se place *l'Amour médecin*, joué à Versailles le 15 septembre 1665, « simple crayon, petit impromptu », dit Molière lui-

---

[1]. Sous ce titre : *El burlador de Sevilla, y Combibado de pietra. Le trompeur de Séville, ou le convive de pierre*. Ce sous-titre, mal compris, est devenu en France : *le Festin de Pierre*.

même, « proposé, fait, appris et représenté en quinze jours. » Il y jouait plaisamment les cinq premiers médecins de la cour, et le roi en rit de bon cœur; les médecins feignirent de rire. Au fond de cette gaieté générale, il y avait de l'amertume : Molière se sentait malade, et la médecine était impuissante à le soulager. Il ne lui pardonna jamais de joindre tant de promesses à si peu d'effets.

Le Misanthrope fut joué le 4 juin 1666. Il ne tomba point, comme on l'a dit tant de fois; il n'eut pas non plus le bruyant succès qu'avaient obtenu jusque-là presque toutes les comédies de Molière. Le gros du public trouva sans doute la pièce un peu froide; les connaisseurs la goûtèrent très vite. Pour Boileau, Molière demeura par excellence « l'auteur du *Misanthrope*. »

Il n'est pas de comédie plus simple que *le Misanthrope*. Un grand seigneur honnête homme que les raffinements, les perfidies, les préjugés sociaux exaspèrent, et qui ne peut même supporter la politesse banale et les hypocrisies convenues; en face de lui, deux marquis fats et ridicules, produits achevés de cette corruption mondaine ; un homme de cour, méchant poëte ; enfin Philinte, l'ami d'Alceste, fort supérieur à ces trois mondains, mais si bien façonné lui-même et poli par la société, qu'il est disposé à trouver que tout est bien pourvu que rien ne le gêne : un optimiste égoïste opposé à un misanthrope généreux. Voilà Philinte et Alceste.

Les rôles de femmes servent à mettre en jeu les passions et les ridicules de ces personnages. Pour mieux dessiner Alceste, Molière le rend amoureux, et amoureux d'une coquette. A cette coquette il oppose une prude; à Célimène, Arsinoé plus cachée, non meilleure. L'abandon de Célimène, que tous délaissent, en apprenant qu'elle a trompé tout le monde; la confusion de la prude, qui ne réussit pas à gagner un mari dans ce naufrage de Célimène; la douleur d'Alceste, que Célimène refuse de suivre dans son désert, voilà le dénouement. Alceste ne serait-il pas plus puni s'il épousait Célimène? Toutefois le dénouement n'est heureux que pour l'égoïste Philinte, à qui une femme douce et bonne, Éliante, accorde son amour. Mais quoi? Cette comédie est la peinture de la société, telle qu'elle est, ni meilleure ni pire. L'auteur n'accuse, ni ne blâme; il peint. N'est-il pas vrai que la société chérit et récompense ceux qui suivent ses lois, ses arrêts, et jusqu'à ses caprices? Alceste n'est puni que par où il a péché. Encore une fois le trouverait-on plus heureux s'il épousait Célimène?

Il est traditionnel que *le Médecin malgré lui* servit à *soutenir le Misanthrope*; Voltaire écrit gravement: « *Le Médecin malgré lui* soutint le *Misanthrope*; c'est peut-être à la honte de la nature humaine, mais c'est ainsi qu'elle est faite; on va plus à la comédie pour rire que pour être instruit. » Il y a parfois un peu de « Prudhomme » chez Voltaire. La « nature humaine » serait bien excusable d' « aller à la comédie » pour tâcher d'y rire. Mais, en fait, *le Misanthrope* fut joué pour la première fois le 4 juin 1666; *le Médecin*, le 6 août; et ce n'est que le 3 septembre, après quatre mois et vingt et une représentations, que *le Médecin* fut joué après *le Misanthrope* et que la petite pièce soutint le succès un peu ralenti de la grande. Molière ne méprisait pas du tout sa petite pièce; il la composa avec une entière bonne humeur et une verve joyeuse où rien ne sent le dépit. Plusieurs traits de cette comédie appartiennent à notre vieux fonds satirique; la femme battue qui se venge en dénonçant son mari pour un grand médecin bizarre qu'il faut battre pour en tirer l'aveu de son talent, est déjà dans un fabliau célèbre: *le Vilain mire* (ou *le Paysan médecin*). Molière n'avait pu lire cette facétie oubliée, encore manuscrite; il en connut le fond, sans doute par quelque farce italienne ou française.

Molière contribua par trois petites pièces à l'éclat des fêtes que donna Louis XIV à Saint-Germain du 2 décembre 1666 au 19 février 1667. *Mélicerte*, jouée le 2 décembre, est restée inachevée : deux actes seulement furent écrits. L'impatience du roi voulut qu'elle fût jouée dans cet état; plus tard Molière n'eut ni le temps ni le goût de l'achever; c'est dommage; le fond, tiré du *Grand Cyrus* de Mlle de Scudéry, n'était rien; mais la forme est charmante. La *Pastorale comique*, mêlée de chants et de danses, ne fut jamais imprimée; on n'en connaît que des fragments. *Le Sicilien ou l'Amour peintre* (joué le 13 février 1667) est une des fantaisies les plus originales et les plus gracieuses de Molière. Elle est écrite presque tout entière en vers blancs; l'auteur a souvent émaillé sa prose de ces lignes rythmées, surtout dans *l'Avare*; mais dans *le Sicilien* les vers blancs sont la règle, non l'exception. La même année Molière donna *Amphitryon* en vers inégaux; il est évident qu'il cherchait alors divers moyens pour rajeunir et varier les ressources de notre versification.

Il ne faudrait pas trop dédaigner ces tributs que paya Molière aux plaisirs de la cour. Dans cette douzaine de pièces écrites à la hâte pour satisfaire un roi qui ne savait pas attendre, il y a plus d'un chef-d'œuvre et nulle part il n'y a trace de fatigue ou d'ennui. Certainement cette besogne plaisait à Molière et le flattait; elle consolidait sa faveur et déclarait son crédit; elle lui permettait d'écrire des œuvres plus durables et d'une portée plus sérieuse.

On a prétendu à tort que Molière avait fait *Amphitryon* (joué le 13 janvier 1668) pour flatter et excuser les amours de Louis XIV avec Mme de Montespan. A cette date, cette liaison, encore récente, était tenue fort secrète. D'ailleurs Plaute et Rotrou avaient traité le même sujet, avant Molière, sans songer à Louis XIV. Molière doit beaucoup au comique latin, quelques traits heureux à Rotrou. Chez Plaute, plus respectueux envers l'Olympe, Jupiter conserve une réelle majesté; Molière a tourné franchement la pièce au comique pur, pour rendre plus acceptable une donnée assez scabreuse. L'invention de Cléanthis, ridicule épouse de Sosie, l'a bien servi dans ce dessein, en lui permettant d'opposer ce couple bouffon à Jupiter et à Alcmène, comme il avait opposé Marinette et Gros-René, à Éraste et Lucile dans *le Dépit amoureux*. La pièce est en vers libres et inégaux, dont Fénelon admirait la grâce et la facilité, lui si sévère pour la versification de Molière. L'*Agésilas* de Corneille, joué deux ans auparavant (février 1666), avait pu donner à Molière l'idée de ce rythme inconstant; mais combien il surpassa son modèle! La Fontaine seul a su associer aussi heureusement le caprice du vers inégal aux changements du style et de la pensée.

Georges Dandin fut joué à Versailles, au milieu d'une fête, le 18 juillet 1668. Jamais Molière n'a peint avec autant de force le danger des mésalliances, et la sottise du roturier riche, qui, par vanité, se marie avec une fille noble. Rousseau a vivement attaqué la moralité de cette pièce; à grand tort, car Molière ne défend pas Angélique; il la rend plutôt odieuse. Il est seulement vrai que Molière, fidèle à la tradition de tout notre ancien théâtre comique, de nos conteurs et de nos satiriques, se montre dur, impitoyable, ici et ailleurs, envers le ridicule, écrase et bafoue celui qui n'est que sot. Georges Dandin, plus durement que celle qui est méchante, Angélique. Mais est-ce seulement au théâtre que la sottise encourt des châtiments qui dépassent la faute? « *Georges Dandin* est douloureux », dit Michelet. Pour nous, sans doute, qui prenons trop la comédie au tragique ; non pour nos ancêtres, qui, sans arrière-pensée, voyaient jouer *Georges Dandin* au milieu de la mise en scène joyeuse et bruyante d'une fête de cour. Retenons bien que jamais, jamais Molière n'a songé à cacher des larmes sous le rire ; ceux qui l'entendent ainsi font un contre-sens.

L'Avare, une des pièces de Molière qu'on revoit le plus volontiers, eut peu de succès à l'origine (il fut joué pour la première fois le 9 septembre 1668). Boileau le goûta fort, mais Racine était d'un autre avis. Les longues pièces en prose étonnaient le goût du temps, presque autant que les pièces en vers effarouchent celui d'aujourd'hui. L'original de la comédie est dans l'*Aulularia* de Plaute : des deux côtés un avare est possesseur d'un trésor et d'une fille, qu'il veut marier sans dot à un vieillard. Le valet d'un jeune homme épris de la fille dérobe le trésor, et la fille est accordée au jeune homme en échange du trésor rendu. Lorenzino de Médicis, en Italie, traduit par Larivey (*les Esprits*), avait tiré de Plaute plus d'une jolie scène. Molière fit mieux en transformant la donnée : à l'avare latin, Euclion, pauvre diable qui a trouvé par hasard une marmite pleine d'or, et que cette trouvaille a rendu quasi fou, il substitue Harpagon, un avare riche, qui a une famille, un train de maison, des domestiques, des chevaux ; tous, gens et bêtes, réduits à maigrir et à vivre d'expédients par l'affreuse avarice du maître ; mais en compliquant ainsi la situation sociale de l'avare, Molière s'est fourni les moyens de donner une peinture large et complète de ce vice et du bouleversement qu'il introduit dans une famille. Il a fait plus ; il a montré Harpagon amoureux, autant du moins qu'un avare peut l'être ; il a encore étendu et varié la peinture de la passion maîtresse, en la mettant en lutte avec une passion secondaire. Ce tableau d'un vice effréné, qui met en présence et comme aux prises le père et ses enfants, touche au drame à tout moment; il n'y tombe jamais. Molière s'arrête à temps; ici encore, il veut faire rire et non trembler; il veut corriger et punir le vice par le ridicule. Il échappe ainsi au reproche d'immoralité que Jean-Jacques Rousseau fait à cette comédie, en disant que le fils de l'avare est plus coupable que son père lorsqu'il manque au respect filial. Mais Molière ne nous donne nullement ce fils en exemple; il nous montre seulement que l'avarice des pères provoque la révolte des fils. Un moraliste n'aurait pu mieux dire, ni autrement.

Le grand succès de *Tartuffe*, enfin mis en liberté, durant l'année 1669, semble avoir mis Molière en joie. Le 6 octobre 1669, il fit jouer *Monsieur de Pourceaugnac* entre deux parties de chasse; la farce était entremêlée d'un ballet. Le fond comique de *Pourceaugnac* est ancien : l'idée de se débarrasser d'un personnage gênant en le faisant passer pour un fou, pour un malade, est dans plusieurs contes ou fabliaux. La profusion d'inventions joyeuses dont Molière a revêtu cette idée, surtout la superbe consultation médicale, est à lui tout entière.

Les Amants magnifiques, joués à Saint-Germain le 4 février 1670, sont moins une pièce qu'un prétexte à spectacle, à décors, musique, danse, et *machines*, comme on disait alors. Sauf les morceaux chantés et les intermèdes, cette comédie est en prose; l'action rappelle celle du *Don Sanche* de Corneille : un guerrier obscur est préféré par une reine à des princes illustres; mais, dans Corneille, Don Sanche à la fin se trouve être fils de roi. Ici Sostrate reste Sostrate, ce qui dut paraître hardi. Mademoiselle, dont la passion pour Lauzun fut déclarée quelques mois plus tard, raconte dans ses *Mémoires* que des vers de Corneille appropriés à sa situation l'encouragèrent à s'ouvrir au roi. Qui sait si elle ne se souvint pas aussi des *Amants magnifiques* et de l'heureux Sostrate?

Le Bourgeois gentilhomme fut joué à Chambord le 13 octobre 1670. Ce chef-d'œuvre est né d'une fantaisie du roi qui avait commandé à Molière une cérémonie turque bouffonne. Le dénouement fut ainsi trouvé avant la pièce. Qui pouvait être assez fou pour croire qu'il mariait sa fille avec le fils du Grand Turc? Un bourgeois vaniteux, entiché de noblesse. En raillant ce travers Molière ne voulut pas avoir l'air de flatter les courtisans; au bourgeois qui n'est que sot et vaniteux, il oppose un noble affamé, qui est fort près d'être un coquin. *Le Bourgeois gentilhomme* est entièrement original, et pris tout entier au vif des mœurs contemporaines. Monsieur Jourdain, Madame Jourdain, Dorante et Dorimène, Cléonte et Covielle sont d'excellents portraits d'originaux qui couraient les rues de Paris. Cette comédie profonde finit, comme *le Malade imaginaire*, par une farce énorme et grotesque dont nous sommes aujourd'hui beaucoup moins charmés. Les mystifications plaisaient fort au xviie siècle, et même encore au xviiie; elles florissaient dans la société la plus raffinée; les nobles précieux et précieuses de l'Hôtel de Rambouillet se jouaient entre eux de bons tours, qui nous paraissent aujourd'hui très fades, quelquefois grossiers.

Psyché, joué le 17 janvier 1671, sous le nom de « tragi-comédie et ballet », n'est qu'un livret d'opéra, mais qui fait honneur à ses deux auteurs Molière et Corneille, associés pour répondre plus vite à l'impatience de Louis XIV. On voulait inaugurer par cette représentation la « salle des Machines », nouvellement construite aux Tuileries. La part de Molière offre plus d'esprit et de gaieté, çà et là quelques vers touchants. Celle que Corneille a signée présente un accent de tendresse et de sensibilité charmante.

Les Fourberies de Scapin furent jouées le 24 mai suivant sur le théâtre de Molière, au Palais-Royal. C'est une des pièces qui ont fourni le plus aux censeurs qui reprochent à Molière, après Chapelain, la *scurrilité*; en français la bouffonnerie. On sait les fameux vers de Boileau : Molière, dit-il,

> Peut-être de son art eût emporté le prix,
> Si, moins ami du peuple, en ses doctes peintures
> Il n'eût pas fait souvent grimacer ses figures,
> Quitté pour le bouffon l'agréable et le fin,
> Et, sans honte, à Térence allié Tabarin.
> Dans ce sac ridicule où Scapin s'enveloppe
> Je ne reconnais plus l'auteur du *Misanthrope*.

Il y aurait plusieurs observations à faire à propos de ces vers. Il est très vrai que Molière, en composant *les Fourberies*, a puisé dans Térence et dans Tabarin; Térence a fourni *Phormion* le parasite et l'esclave *Géta* qui sont les originaux de Scapin; Tabarin a fourni le sac où Géronte (non Scapin) s'enveloppe. Ajoutons que Cyrano de Bergerac avait trouvé (vers 1645) l'ébauche de cette plaisante scène entre Géronte et Scapin (*qu'allait-il faire dans cette galère?*). Tout cela est, si l'on veut, bouffon plutôt que comique, et il est permis à tout le monde de ne pas goûter le bouffon; mais il n'est pas permis du moins de contester que Molière l'ait beaucoup aimé. On ne saurait prétendre sérieusement que Molière a composé des farces, contraint, forcé, honteux. Rien n'est plus faux, rien n'altère davantage la vraie physionomie de Molière. Surtout il ne faut pas dire, avec Boileau, avec Voltaire qui répète et aggrave Boileau, que Molière n'a composé ses bouffonneries que pour plaire au peuple. Ce n'est pas le peuple qui fait le succès des bouffonneries; le peuple fait le succès des mélodrames; à deux exceptions près [1], toutes les « bouffonneries » de Molière y compris les plus folles (*Monsieur de Pourceaugnac*, par exemple) ont été composées expressément pour la cour et jouées devant la cour longtemps avant d'être offertes au *peuple*.

Telle est *la Comtesse d'Escarbagnas*, jouée à Saint-Germain, le 2 décembre 1671, au milieu d'un ballet mythologique avec lequel cette petite pièce toute moderne faisait un singulier contraste. Il y a loin de MM. Harpin et Thibaudier à Psyché, Vénus et les Grâces. Il y a dans *la Comtesse* autant de force d'observation, autant de traits de caractère heureusement exprimés que dans les plus célèbres comédies de Molière : elle a seulement un peu perdu de son sel à mesure que les mœurs de la province ont perdu de leur rusticité. Mais l'on sent encore que ce qui n'est plus vrai, put l'être, et pourrait l'être encore si l'on cherchait bien.

La mode avait changé depuis la représentation des *Précieuses*. L'Hôtel de Rambouillet s'était fermé; le cartésianisme avait pénétré dans la société mondaine; la philosophie et la science avaient la vogue. Feindre d'entendre quelque chose aux plus hautes matières fut décidément du bel air, et les plus frivoles se crurent tenus d'affecter cette vanité. M. de Coulanges écrivait à Bussy : « Pendant votre séjour à Paris je vous conseille de vous faire instruire de la philosophie de Descartes : Mesdemoiselles de Bussy l'apprendront plus vite qu'aucun jeu. » Molière écrivit *les Femmes savantes* pour montrer les ravages que le pédantisme féminin peut causer dans une honnête famille bourgeoise. Il sut varier habilement l'expres-

---

1. *Les Fourberies de Scapin* et *le Médecin malgré lui*.

sion du même défaut dans trois physionomies différentes. Il multiplia ses types, parce que le pédantisme est essentiellement contagieux. Le travers de Philaminte a gagné sa belle-sœur et sa fille. Philaminte, esprit dominateur et arrogant, éprise de la science et des savants, dédaigne son mari, néglige sa maison, persécute sa fille Henriette pour la donner à Trissotin, un sot qui fait des vers, et courtise la mère pour attraper la dot de la fille. Bélise est une vieille fille romanesque ; elle est restée précieuse en devenant pédante ; elle croit que tous les hommes sont amoureux d'elle, et les romans l'ont rendue à peu près folle. Armande est la pire des trois ; son pédantisme n'est que pur jargon ; elle est méchante, hypocrite et jalouse. A ces trois personnages diversement insupportables, Molière oppose la figure exquise d'Henriette, qui personnifie si bien le droit sens, la bonne grâce et la franchise avec une pointe légère de malice. Chrysale est le plus amusant et le plus vrai des maris timides qu'épouvante leur femme, sans qu'ils osent l'avouer. Molière ne prend pas à son compte tout ce qu'il lui fait dire pour vanter l'ignorance chez les femmes ; avec Clitandre, il leur permet « des clartés de tout. » Le mot est vague. Il est probable que Molière pensait que les femmes gagnent beaucoup en agrément, peut-être même en valeur morale, à savoir peu de chose. Il aimait chez elles l'esprit naturel, et faisait peu de cas des notions acquises. Molière n'a peut-être pas songé que le jour où l'instruction sera généralement répandue parmi les femmes, celles qui sauront cesseront d'être pédantes, ayant cessé d'être singulières. La fausse science de Philaminte n'est qu'une frivolité disgracieuse qui ne prouve rien contre un sincère amour de l'étude.

Le Malade imaginaire est une comédie triste dans

sa folle gaieté, née de l'amertume d'un homme qui, sentant sa vie s'épuiser, se vengeait de la médecine impuissante, en raillant, en bafouant ces médecins qui n'avaient pas su le guérir. Il les attaque de toutes les façons par la bêtise crédule d'Argan; par la sottise énorme des Diafoirus; par les bouffonneries de Toinette; par les objections plus sérieuses du raisonneur Béralde; enfin par la cérémonie finale où il parodie si gaiement la réception d'un docteur dans la Faculté de Paris. Il tomba mourant sur la scène en faisant le rôle d'Argan dans la quatrième représentation de la pièce (le 17 février 1673; la première représentation avait eu lieu le 10). Quelques médecins, persuadés qu'il n'existe une Providence que pour venger la médecine outragée, virent dans cette fin de Molière une punition céleste.

Molière avait soulevé contre lui beaucoup d'inimitiés. Sans doute ce grand homme fut admiré de ses contemporains, mais autrement et moins que nous ne l'admirons aujourd'hui. L'acteur excellent fit tort à l'auteur; on attribua souvent à son jeu le succès de ses pièces. D'autres fermaient les yeux à toutes les beautés de son œuvre et se montraient vivement choqués des défauts, vrais ou supposés. Le roi, d'une part, et le peuple non prévenu, le peuple illettré, de l'autre, goûtaient vivement Molière. Mais les gens de cour, les gens du monde, les gens du Parlement, les gens de lettres lui étaient pour la plupart hostiles; on ne le louait qu'avec toutes sortes de restrictions. Boileau lui-même, qui passe pour avoir dit à Louis XIV que Molière était la gloire de son règne, Boileau, dans l'*Art poétique*, croit s'acquitter envers Molière, en disant que, *peut-être*, il eût remporté le prix de son art, s'il eût été moins enclin à la bouffonnerie. On pourrait répondre que les bouffonneries de *Pourceaugnac*, quelle qu'en soit la valeur, ne diminuent en rien *le Misanthrope.* Mais les ennemis de Molière nous objecteraient que jusque dans ses grandes comédies on surprend chez lui une certaine tendance à l'exagération comique; c'est ce que ne peuvent souffrir certains esprits délicats, peu ouverts au vif sentiment du ridicule. Ils préfèrent le scrupuleux Térence, avec sa délicatesse et sa sobriété, que César appelait défaut de force comique. Une certaine exagération du trait semble nécessaire au théâtre; il ne suffit pas de montrer la réalité; il faut la rendre sensible aux spectateurs, sans exiger d'eux l'étude ou l'effort. Molière savait à merveille ces nécessités de son art; qui lui aurait dit que ses pièces, irréprochables à la scène, le sont moins à la lecture, ne l'aurait surpris ni blessé; il n'a cessé de dire dans ses préfaces : que les comédies sont faites pour être jouées, non pour être lues.

Voilà pourquoi son style n'est pas à l'abri de tout blâme, quoique les critiques dont il a été l'objet soient sévères et même injustes. La Bruyère dit : « Il n'a manqué à Molière que d'éviter le jargon et le barbarisme et d'écrire purement. » Fénelon : « En pensant bien, il parle souvent mal; il se sert des phrases les plus forcées et les moins naturelles. Térence dit en quatre mots avec la plus élégante simplicité ce que celui-ci ne dit qu'avec une multitude de métaphores qui approchent du galimatias. » Vauvenargues : « On trouve dans Molière tant de négligences et d'expressions bizarres et impropres qu'il y a peu de poètes, si j'ose le dire, moins corrects et moins purs que lui. » L'exagération de ces reproches nous dispense de les réfuter. Mais les admirateurs de Molière qui l'ont prétendu impeccable quant à la langue, ne sont pas moins exagérés : il demeure vrai qu'il y a dans Molière, à côté d'éclatantes beautés de style et d'une grande vigueur d'expression, des négligences, des longueurs, des redites, des obscurités, des images confuses, des métaphores incohérentes, une syntaxe un peu contournée, en un mot les traces inévitables d'une certaine précipitation dans le travail. Cette œuvre immense s'est faite en quinze ans, dans le triple labeur d'une vie surchargée où le même homme devait suffire à trois fonctions accablantes : celle d'auteur, celle d'acteur, et celle de directeur de théâtre.

Enfin ce qui fait surtout l'originalité puissante et l'étonnante supériorité de la comédie de Molière, c'est qu'il a su y peindre à la fois les hommes de son temps avec des traits fort particuliers et fort ressemblants, et l'homme de tous les temps avec les traits les plus généraux, empreints de cette large et universelle vérité qui élève une figure à la haute valeur d'un type. Par là il est digne de toute admiration. Mais il ne faut pas que cette admiration s'égare et qu'elle finisse par nuire (comme il arrive aujourd'hui) à la pleine intelligence de l'œuvre et de l'homme. Des fanatiques de Molière ont voulu voir en lui un génie universel. En est-il de tels? Pour eux il n'est plus seulement toute la comédie, mais toute la pensée humaine, toute philosophie, toute doctrine. Cette exagération fait qu'on prête à Molière des intentions philosophiques ou tragiques auxquelles il n'a jamais pensé.

Au reste dans les pièces de Molière ce n'est jamais lui qui parle; ce sont les personnages; ou si parfois c'est un peu lui (comme dans Alceste ou ailleurs) cette rencontre de l'auteur avec le rôle ne coûte rien à la vérité dramatique; lorsqu'elle se produit, c'est que l'auteur pensait et sentait vraiment avec le héros de théâtre; mais jamais il n'a créé celui-ci pour s'en faire un interprète. Par là Molière diffère profondément des tragiques du xviiie siècle tels que Voltaire, chez qui chaque personnage est chargé de prêcher en faveur des saints de l'auteur; il ne diffère pas moins des comiques du XIXᵉ, qui, d'une façon plus habile et plus détournée, tombent encore dans le même défaut, et font si souvent du théâtre une chaire, une tribune ou une école. Tenons pour certain que toute critique qui tend à prêter à Molière un autre but que celui de peindre les hommes et de « faire rire les honnêtes gens » par la verve et la vérité de cette peinture, risque de nous écarter du vrai sentiment de son œuvre, et d'égarer notre admiration.

La supériorité des grands hommes éclipse tout ce qui les entoure. A côté de Molière, des auteurs comiques ont vécu qui, dans un autre temps, eussent peut-être acquis plus de réputation; mais un tel voisinage les a fait rentrer dans l'ombre. On ne joue plus, on ne lit guère, on connait à peine Hauteroche et Montfleury.

Hauteroche était né cinq ans avant Molière; il ne mourut qu'en 1707, à quatre-vingt-dix ans. Fils de bonne famille, on le destinait à la robe; Hauteroche, avide d'aventures, s'enfuit en Espagne avant l'âge de vingt ans, fut comédien à Valence; plus tard courut l'Allemagne, et, rentré en France, joua au théâtre du Marais et à l'Hôtel de Bourgogne; assez bon acteur, sans s'élever au premier rang. Est-ce l'exemple de Molière, acteur comme lui, qui le fit devenir auteur? Sa première comédie (*l'Amant qui ne flatte point*, en cinq actes et en vers) n'est que de 1667; il avait déjà cinquante ans [1].

Il imite beaucoup le maître, et même un peu grossièrement, c'est-à-dire en calquant ses procédés, plutôt qu'en s'inspirant de son génie. Ainsi dans *les*

---

[1]. Hauteroche, né à Paris (1617), mort en 1707. *L'Amant qui ne flatte point*, 1667; *Crispin médecin*, 1670; *le Souper mal apprêté*, 1670; *les Apparences trompeuses ou les Maris infidèles*, 1673; *Crispin musicien*, 1674; *les Nobles de province*, 1678; *la Bassette*, 1680; *le Deuil* (resta longtemps au répertoire), 1680; *la Dame invisible*, 1685; *le Cocher supposé*, 1685; *le Feint Polonais ou la Veuve impertinente*, 1686; *les Bourgeoises*, 1691.

Bourgeoises de qualité (comédie en cinq actes et en vers, jouée le 26 juillet 1690), Hauteroche a combiné l'imitation des *Précieuses ridicules* avec celle des *Femmes savantes*; le père, la mère, les deux filles ressemblent beaucoup à Chrysale, à Philaminte, à Bélise et Armande; un valet s'habille en comte, et Mascarille en marquis.

Comme Molière il s'est moqué des médecins. *Crispin médecin,* joué en juin 1674, eut un très grand succès. De nos jours on en a tiré encore un opéra-comique (*le Docteur Mirobolan,* joué en 1860). Ce n'est qu'une bluette, mais elle est gaie. Le valet traditionnel, Crispin, n'est ici ni fin, ni spirituel, ni retors; c'est un lourdaud, et, toutefois, il se tire d'affaire. Dès qu'il a revêtu la robe du médecin, il impose, on l'écoute, et on l'admire; on le vient consulter sur tout : celle-ci pour retrouver un petit chien perdu; celui-là, pour savoir s'il est aimé de sa future; à tous Crispin répond : « Prenez des pilules. — Mais lesquelles? — Les premières venues. » Et l'on se retire satisfait; et Crispin, la main tendue, reçoit l'écu d'or ou l'écu d'argent. Cela est assez plaisant; mais déjà Molière avait fait depuis huit ans *le Médecin malgré lui* et son magnifique Sganarelle.

En somme Hauteroche n'est point méprisable; mais il est trop inégal. Il a des bouffées de verve et d'esprit, mais nulle observation suivie, nulle profondeur, quand il essaye d'observer. Il amuse quand il est gai. Ailleurs on le trouve plat et fastidieux. D'ailleurs ses comédies, même en cinq actes, même en vers, ne sont que des farces prolongées, sans composition, ni proportions. Tout l'agrément est dans le détail, quand il y a de l'agrément. Molière aussi a fait de petites farces, écrites en quelques heures; mais ses moindres pièces ont une portée, où n'atteignent jamais les comédies même que Hauteroche a le plus travaillées.

Montfleury [1], né à Paris en 1640, avait près de vingt ans de moins que Molière. Mais il mourut, jeune encore, en 1685. Son père avait été le meilleur comédien de l'Hôtel de Bourgogne; lui-même épousa la fille de Floridor, chef de la troupe; ainsi les débuts dans la maison lui furent aisés; il n'avait que vingt ans quand on y joua sa première pièce. Montfleury vaut mieux qu'Hauteroche : il a de l'esprit, du trait, du piquant; il rime avec aisance; et il sait composer et conduire une pièce. On peut lui reprocher que, sachant l'art d'amuser, il n'ait guère cherché autre chose, peu soucieux de vraisemblance et de vérité. Il a des idées comiques; c'est quelque chose; on n'en peut dire autant de tous les auteurs de comédies. Il trouve des situations qui excitent le rire, et qui parfois renferment une pensée. Ainsi dans l'*École des jaloux* (1664), son chef-d'œuvre : Santillane, jaloux de sa femme Léonor, la torture par ses soupçons. Pour le corriger, Léonor s'avise de se faire enlever avec lui, par des corsaires turcs. Passons sur l'invraisemblance. Le corsaire s'éprend de sa captive, et veut en faire sa favorite. Léonor s'y refuse opiniâtrément; elle veut rester fidèle à son mari. « Qu'à cela ne tienne, répond le Turc, je vais faire pendre Santillane; vous serez veuve et libre. » C'est au tour du jaloux de se jeter aux pieds de sa femme inflexible, et de conjurer cette Lucrèce de le trahir de bonne grâce, et d'épouser, lui vivant, ce Turc intraitable. La vie avant tout! Il y avait une idée au fond de cette bouffonnerie; c'est que la jalousie n'est souvent qu'une

---

1. Montfleury, né à Paris (1640), mort en 1685. *Le Mariage de rien*, 1660; *les Bêtes raisonnables*, 1661; *le Mari sans femme*, 1663; *l'Impromptu de l'Hôtel de Condé*, 1663; *l'École des jaloux*, 1664; *l'École des filles*, 1666; *la Femme juge et partie*, 1669; *le Procès de la femme juge et partie*, 1669; *le Gentilhomme de Beauce*, 1670; *la Fille capitaine*, 1672; *l'Ambigu-comique ou les Amours de Didon et d'Énée*, 1673; *le Comédien poète* (avec Th. Corneille), 1673; *Trigaudin*, 1674; *Crispin gentilhomme*, 1677; *la Dame médecin*, 1678; *la Dupe de soi-même*, 1678.

forme de l'égoïsme, plutôt qu'une forme de l'amour. Montfleury n'a peut-être pas vu si loin : mais il trouvait aisément, sans y penser, des inventions heureuses, qui, en d'autres mains, eussent été plus fécondes.

On a souvent taxé Molière d'immoralité ; les sévères objurgations de Bossuet sont connues de tous. Je ne veux pas entrer dans ce procès ; mais je dois faire observer que Montfleury, qui est exactement le contemporain de Molière (sa première comédie, *le Mariage de rien*, fut jouée un an après *les Précieuses*, en 1660; la dernière, *la Dame médecin*, en 1678, cinq ans après *le Malade imaginaire*), Montfleury, le rival de Molière, et son ennemi acharné, son accusateur infatigable, et son censeur haineux, donne bien autrement prise au reproche d'immoralité, soit qu'on blâme celle des mots, soit qu'on blâme celle des inventions. Plusieurs de ses héros sont des assassins ; tous sont au moins des voleurs ; et leurs gentils exploits sont racontés avec une aisance parfaite. Rappelons-nous cela pour n'être pas dupes, en lisant plus tard Dancourt et Regnard, d'une illusion qui a trompé tous les critiques : ils ont dit en voyant cette foule de fripons qui s'agitent dans le théâtre de ces deux auteurs, qu'une telle abondance de coquins s'explique par la décadence générale des mœurs dans la société française durant les dernières années du règne de Louis XIV. La corruption de la Régence, a-t-on dit, née bien avant la Régence, n'était dissimulée à la cour que par l'hypocrisie régnante ; mais elle éclatait déjà au théâtre. J'ignore si cela est vrai ; j'incline à croire qu'on exagère un peu la corruption des mœurs durant les siècles jugés corrompus, et un peu aussi leur pureté durant les autres ; si ces choses-là pouvaient se chiffrer, le total serait, sans doute, à peu près le même à toutes les époques. Une seule chose est certaine, c'est que la comédie au xvii° siècle a été singulièrement libre, ou, pour mieux dire, licencieuse, et que, parmi tous les auteurs comiques de ce siècle, Molière est non seulement le plus grand, mais il est le plus retenu [1]. En particulier, dans la gaieté de Montfleury, je trouve toujours je ne sais quoi de sournois et de clandestin que n'offre jamais Molière, plus honnête et plus franc; sans que j'aille à prétendre qu'il soit sur ce point, à l'abri de tout reproche.

Nous sommes encore plus loin de Molière avec Boursault, poëte ennuyeux, mauvais écrivain, qui obtint au théâtre d'inexplicables succès avec son *Mercure galant* (1683) et son *Ésope à la ville* (1690). Les comédies de Boursault sont des *comédies à tiroirs*, c'est-à-dire que l'auteur s'est dispensé d'avoir un plan, une suite, un développement enchaîné; un personnage est en scène et y reste; dix autres défilent devant lui, et expliquent leur caractère, accusent leur ridicule ou leur vice dans une série de conversations sans action. *Les Fâcheux* de Molière sont aussi une pièce à tiroirs; mais l'inconvénient du genre est racheté du moins par la valeur du style. Au lieu que Boursault écrit mal, et quelquefois ridiculement. Mais Boursault n'a pas le sentiment du ridicule [2]; son ennuyeux Ésope (dans *Ésope à la ville*, *Ésope à la cour*) récite sur la scène, à tous les visiteurs ébahis, trente fables, dont la moitié au moins sont audacieusement refaites sur les mêmes sujets qu'avait traités La Fontaine. Et toutefois Boursault plaisait. Le XVIIe siècle avait la passion de la *morale*; et Boursault en est saturé. Il est tout

---

1. Quelles mœurs nous offrent *les Façons du temps* (1685) attribuées à Saintyon! (Voy. Parfait. XII, p. 491.) Les maîtres sont bons à pendre, et les valets bien pires que les maîtres. Voici le sujet d'une pièce de Montfleury, intitulée : *Trigaudin ou Martin Braillard*, comédie en 5 actes, en vers (jouée pour la première fois le 26 janv. 1674). Trigaudin, marié à Lucie, s'aperçoit que Géronte, riche et vieux, est épris de Lucie, qu'il croit libre. Trigaudin prépare tout pour que Géronte épouse sa femme; après quoi il l'empoisonnera et reprendra Lucie, riche des dépouilles du vieillard.

2. Il écrit des vers comme ceux-ci :

C'était à sa santé, sans que vous le crussiez,
Que ce malin bossu voulait que vous bussiez.
(*Ésope à la ville*.)

plein d'adages, de sentences, de réflexions judicieuses plutôt que plaisantes. Mais c'est nous qui avons tort de le juger aujourd'hui si sévèrement, puisque les spectateurs de Boursault lui trouvaient je ne sais quoi de piquant. Au XVIII° siècle, il plaisait encore. Montesquieu écrit dans ses *Pensées* : « Je ne me suis jamais senti une si ferme résolution d'être honnête homme qu'en sortant d'une représentation d'*Ésope à la cour.* » Ce témoignage fait honneur à Boursault, et à Montesquieu encore plus; il montre assez qu'il fallait peu de chose pour le décider à être honnête homme.

Peut-être aussi ne sommes-nous pas bien placés aujourd'hui pour parler de Boursault équitablement. Il n'y a chez lui ni force comique ni style; sa langue est médiocre et sa versification mauvaise; la composition est nulle; Boursault n'a ni goût, ni esprit. D'où lui vint donc le succès? Car son succès fut grand. Il a le mouvement scénique, il a quelquefois le trait; il n'est pas ennuyeux (si l'on excepte ses *Fables*), ou du moins il n'est pas insignifiant; ses scènes *à tiroirs* sont variées, remplies d'allusions et de railleries, qui portaient, dans le temps, qui avaient leur à-propos; même dans ce cadre antique assez maladroitement choisi (*Ésope à la ville*, *Ésope à la cour*), Boursault conserve une couleur d'*actualité* fortement empreinte. On a pu reprendre le *Mercure galant* en 1889, sans grand succès, il est vrai; mais combien de vieilles comédies d'il y a deux siècles où l'on parle d'amour cinq actes durant, sans en sentir dans une seule scène, seraient impossibles à jouer aujourd'hui, même une seule fois [1].

---

[1]. Boursault, naïvement satisfait de son *Ésope*, écrit (dans ses *Lettres*) : « Quelques-uns disent qu'on n'a rien vu de si bon depuis Molière; et ceux qui veulent me flatter disent qu'il n'a rien fait de meilleur; mais je lui rends justice, et je me la rends aussi. » Ne nous laissons pas trop prendre à cette modestie. Boursault, dans la *préface* d'*Ésope*, se félicite d'avoir charmé tous les spectateurs par « une morale satirique et instructive », et il pense que si Aristote eût prévu sa pièce, il n'eût pas manqué d'ajouter un chapitre de plus à sa *Poétique*.

Entre les successeurs de Molière, et depuis sa mort jusqu'à l'avènement de Regnard, celui qui me paraît avoir le mieux gardé la meilleure tradition du maître, et le mieux su faire une comédie prise dans la vérité humaine et non dans la fantaisie, c'est Baron, l'élève favori de Molière ; supérieur à son maître comme comédien, fort inférieur, il va sans dire, comme auteur : mais enfin, dans *l'Homme à bonne fortune*, il y a comme un reflet du génie comique de Molière. Les situations naturelles et vraies s'enchaînent et se dénouent d'une façon aisée, amusante, et à peu près vraisemblable. Le personnage principal, Moncade, *l'Homme à bonne fortune*, malgré sa fatuité arrogante, énorme, garde un air de vie et de vérité très frappant ; j'ajoute qu'il est ridicule sans être trop odieux, et que Baron a su très habilement préserver sa comédie du péril de tomber dans le drame. La pièce est d'un bout à l'autre intéressante, écrite en fort bonne prose, et fort habilement conduite et composée. A la fin le dénouement est habilement suspendu, par les moyens les plus naturels ; jusqu'à la dernière page on doute si Moncade sera démasqué ; il l'est enfin, comme le voulaient la moralité de la pièce et la satisfaction due aux spectateurs ; la punition de Tartuffe n'est pas si bien amenée chez Molière. Bientôt nous verrons chez Destouches et chez La Chaussée les caractères s'expliquer dans de froides et lourdes dissertations ; ici tout est mouvement et action ; le personnage important, mis en vive lumière, s'accuse par ce qu'il fait plus que par ce qu'il dit ; c'est le vrai procédé comique. Entre *le Malade imaginaire* (1673) et *le Joueur* de Regnard (1696) la meilleure comédie qui ait paru sur le théâtre français, à notre avis, c'est *l'Homme à bonne fortune* de Baron (1686).

CHAPITRE VIII

LA TRAGÉDIE AU XVIII° SIÈCLE

CRÉBILLON, VOLTAIRE, LA MOTTE, DE BELLOY
MARMONTEL, LA HARPE

La tragédie du XVIII° siècle a mauvaise réputation ; elle passe pour ennuyeuse, faiblement écrite et dénuée d'originalité. Elle a tous ces défauts, en effet, mais plutôt par manque de génie chez les auteurs que par manque de bonne volonté. Ils sentirent fort bien, pour la plupart, qu'un genre qui ne se renouvelle pas doit fatalement s'épuiser, même assez vite, et ils s'efforcèrent de rajeunir la tragédie par divers procédés ; tantôt en puisant à des sources encore inexplorées, tantôt en enrichissant le décor, en compliquant l'action, en pressant le mouvement, en multipliant les coups de théâtre. D'ailleurs le cadre restait intact, et le moule tragique de Racine demeurait sacré ; mais ses successeurs impuissants n'en tiraient plus que des médailles de plus en plus frustes, presque effacées. C'est seulement vers 1760 qu'on vit se produire une tentative hardie de renouvellement du théâtre, et paraître sur la scène des œuvres tout à fait différentes des modèles classiques. A cette époque, la tragédie, devenue un genre absolument artificiel, ne vivait plus que de conventions. Les sujets étaient assez variés.

Qu'importait-il? puisque la manière de les traiter restait uniforme et monotone; le vocabulaire consistait tout entier dans un nombre restreint de mots, reconnus pour *nobles*; tandis qu'une foule d'autres, tout aussi bons, et moins usés, s'en trouvaient exclus par une tradition tyrannique. Bien plus, les noms propres eux-mêmes subissaient l'épreuve de ces ridicules dégoûts. On pouvait bien s'appeler Tancrède ou Artémire; mais Pierre ou Jacques n'entraient pas sur la scène tragique. Ce mal datait de loin. « J'ai donné à mon héroïne le nom de *Gabinie*, que j'ai tiré de celui de son père (*Gabinius*), parce qu'il m'a semblé que celui de *Suzanne* que l'histoire de nos saints martyrs lui donne n'avait pas assez de noblesse pour le théâtre. » Ainsi s'exprime l'abbé Brueys, en tête de *Gabinie, tragédie chrétienne*, jouée en 1699. Ces singulières pudeurs allèrent toujours en s'exagérant.

Nous avons nommé les héritiers immédiats de Racine au théâtre : Campistron, Danchet, Duché, La Grange-Chancel, Lafosse, Boyer, Longepierre. Aucun de ces noms n'a survécu aux circonstances passagères qui leur valurent jadis une notoriété d'un jour. On n'en peut dire autant de Crébillon, qu'on ne joue plus, qu'on ne lit guère, mais qui demeure célèbre et presque glorieux. Crébillon n'est ni un bon poète, ni un grand génie; mais enfin c'est un tragique; entre Racine et Voltaire, il fait figure, et même, quoique inférieur à Voltaire, parce qu'il a moins d'originalité dans le plan et l'exécution, il en a peut-être davantage dans l'âme; il est peut-être plus inspiré; tout au moins plus épris de son œuvre et plus possédé de sa verve [1].

---

[1]. Prosper Jolyot de Crébillon, né à Dijon, le 13 février 1674. *Idoménée*, 1703; *Atrée et Thyeste*, 1707; *Électre*, 1708; *Rhadamiste et Zénobie*, 1711; *Xerxès*, 1714; *Sémiramis*, 1717; *Pyr-* *rhus*, 1726. Crébillon resta ensuite seize ans éloigné du théâtre. Il y revint à l'instigation des ennemis de Voltaire; on voyait en lui le seul rival qui pût être opposé à l'auteur

Presque toutes les tragédies de Crébillon (elles sont au nombre de neuf) roulent sur des sujets affreusement pathétiques. Il avait conçu la tragédie « comme une action funeste »; il voulait conduire les spectateurs « à la pitié par la terreur [1]. » Lui-même se laissait émouvoir le premier par ses sombres inventions. « Cette scène me parut terrible; elle me fit frémir. » L'horreur de ses sujets choqua d'abord le public; elle finit par lui plaire; on répéta que Crébillon, laissant le ciel à Corneille et la terre à Racine, avait dit : « Je garde pour moi l'enfer. »

Quoiqu'il ait emprunté la plupart de ses sujets à l'antiquité grecque, personne ne fut moins *attique* et plus insensible aux beautés simples et sévères de Sophocle. En mettant Électre sur la scène, il a voulu la rendre amoureuse; et vivement blâmé par quelques gens de goût, il s'est mal défendu dans la préface de sa tragédie : « Quels cœurs sont inaccessibles à l'amour? quelles situations dans la vie peuvent nous mettre à l'abri d'une passion si involontaire? » Mais il laisse échapper plus loin le vrai motif d'une invention si fâcheuse : « Le sujet d'*Électre* est si simple de lui-même que je ne crois pas qu'on puisse le traiter avec quelque espérance de succès en le dénuant d'épisodes... Notre théâtre soutient malaisément cette simplicité si chérie des anciens; non qu'elle ne soit bonne; mais on n'est pas toujours sûr de plaire en s'y attachant exactement. »

Il ne s'y attacha pas du tout. Il complique la fable d'*Idoménée* en le faisant rival d'amour de son fils; celle d'*Atrée et Thyeste* en voulant qu'Atrée confie

---

de *Zaïre* et de *Mérope*. *Catilina*, commencé depuis vingt années, obtint en 1742 un immense succès, que *le Triumvirat*, jouée en 1754, ne prolongea point. L'excuse de l'auteur est qu'il avait alors près de quatre-vingt et un ans. Il mourut le 17 juin 1762, dans sa quatre-vingt-neuvième année.

1. Préface d'*Atrée*. Cette sombre tragédie fit horreur d'abord au public; et, s'il faut en croire la *préface*, elle nuisit même à la réputation de son auteur.

d'abord sa vengeance au propre fils de Thyeste et l'immole ensuite sur son refus.

Ainsi Crébillon n'emprunte guère à l'antiquité que des noms; sa véritable inspiration lui vient d'une autre source; elle est toute romanesque et c'est dans les romans qu'il la puise. Il observe très peu la nature; il n'étudie pas les hommes; toute sa psychologie est tirée de son imagination ou de ses lectures. Ses contemporains sentaient bien ses défauts; mais ils étaient éblouis par des beautés qui nous frappent moins aujourd'hui. On louait chez Crébillon la hardiesse des images, la pompe du style et l'énergie de l'expression; surtout l'art de créer des situations dramatiques; il est vrai qu'elles ne sont pas toujours bien préparées, ni amenées très naturellement; mais on n'avait pas encore abusé de ces moyens de plaire aux spectateurs; ces inventions dramatiques paraîtraient banales aujourd'hui. Elles firent un grand effet au XVIII° siècle.

Le chef-d'œuvre de Crébillon, *Rhadamiste et Zénobie*, est aussi la plus compliquée de ses pièces. Il n'est pas même aisé de la comprendre; il est très difficile de l'analyser. Zénobie est la fille d'un roi d'Arménie, Mithridate; on l'a fiancée à son cousin germain Rhadamiste, fils de Pharasmane, qui est le frère de Mithridate. Mais Pharasmane a offensé Mithridate, qui refuse de consentir au mariage; Rhadamiste furieux tue Mithridate, enlève Zénobie; mais poursuivi dans sa fuite, le jaloux amant la poignarde, et la précipite dans l'Araxe. Tous ces événements se sont passés avant que la pièce commence. Maintenant Zénobie, qui n'est point morte, est prisonnière, sans être connue, à la cour de Pharasmane, et un frère de Rhadamiste, Arsame, l'aime et en est aimé. Cependant Rhadamiste, qu'on croit mort, comme Zénobie, et qui ne l'est pas plus qu'elle, arrive chez Pharasmane en se faisant passer pour un ambassadeur du sénat romain. Son père ne le reconnaît point, après vingt ans qu'ils ont vécu séparés. Mais il retrouve Zénobie qu'il adore toujours, et la reconnaissance des deux époux amène une scène singulière, d'un effet très pathétique. Le meurtrier de Zénobie l'invite à se venger :

> Frappe, mais souviens-toi que malgré ma fureur
> Tu ne sortis jamais un moment de mon cœur ;
> Que si le repentir tenait lieu d'innocence
> Je n'exciterais plus ni haine ni vengeance ;
> Que malgré le courroux qui te doit animer,
> Ma plus grande fureur fut celle de t'aimer.
> — Lève-toi ; c'en est trop. Puisque je te pardonne,
> Que servent les regrets où ton cœur s'abandonne ?
> Va, ce n'est pas à nous que les dieux ont remis
> Le pouvoir de punir de si chers ennemis.
> Nomme-moi les climats où tu souhaites vivre ;
> Parle ; dès ce moment je suis prête à te suivre.

Toutefois cette vertueuse épouse obéit à son devoir, plutôt qu'à son amour ; bientôt elle avoue à Rhadamiste qu'Arsame a touché son cœur ; jaloux, honteux de l'être, Rhadamiste fuit avec sa Zénobie ; mais Pharasmane, qui en est épris, les poursuit et tue le ravisseur sans le connaître. Quand il apprend qu'il a frappé son propre fils, le terrible roi, confus et terrifié plutôt que repentant, cède Zénobie à Arsame et les presse de s'éloigner tous deux :

> De mes transports jaloux mon sang doit se défendre.
> Fuyez. N'exposez plus un père à le répandre.

Telle est cette pièce singulière, dont le succès fut immense, et qu'on a reprise encore dans notre siècle. Il faut avouer toutefois qu'elle est plus étrange que belle, et plutôt violente que forte. Les meilleures parties de l'œuvre doivent quelque chose aux illustres prédécesseurs de Crébillon; Zénobie rappelle fort Monime entre Mithridate, Pharnace et Xipharès; l'entrevue de Pharasmane avec le faux ambassadeur romain est inspirée d'une scène analogue dans le *Nicomède* de Corneille.

On sait que Crébillon, servi par une mémoire extraordinaire, composait toutes ses pièces, de tête, et ne les écrivait que pour les soumettre aux comédiens. Peut-être eût-il mieux fait de s'astreindre, comme tout le monde, à tracer un plan et à le suivre. La marche de ses pièces est souvent incertaine et embarrassée; ses expositions sont obscures. Celle de *Rhadamiste et Zénobie* est d'abord presque incompréhensible. Crébillon avait une imagination romanesque et se complaisait à la nourrir de chimères; son théâtre se ressent de l'humeur d'un homme qui n'observa jamais le monde qu'à travers un rêve. Le désordre de sa vie et de sa fortune dont nulle protection royale ne put établir la sécurité, semble avoir passé dans ses œuvres.

Au reste Crébillon sentait fort bien le vide et le creux des tragédies de son temps; sans excepter les siennes, il disait dans la spirituelle préface qu'on lit en tête de son *Théâtre* : « Si l'on retranchait de nos pièces tout ce qu'il y a d'inutile, nous mourrions de frayeur à l'aspect du squelette. Que de dissertations, que de métaphysique sur les effets des passions; que leurs mouvements développeraient de reste, si nous nous attachions purement et simplement à l'action que nous interrompons sans cesse par des réflexions qui refroidissent également la pièce, le spectateur et l'acteur. »

Persuadé, comme Crébillon, que la tragédie dépérissait par l'abus des dissertations et par la nullité de l'action, Voltaire s'efforça toute sa vie de ressusciter un genre qu'il chérissait, en introduisant au théâtre plus de variété, plus de mouvement, plus d'intérêt. Sa gloire (à ne juger en lui que l'auteur tragique) reste attachée à cette tentative courageuse, quoique le succès ait souvent trompé son ardeur.

L'œuvre tragique de Voltaire est très étendue; elle ne renferme pas moins de vingt-sept pièces, toutes en cinq actes et en vers; mais si l'étendue en est à peu près semblable, la valeur en est très inégale [1]. A prononcer sur l'ensemble on est d'abord émerveillé de la variété des sujets : toute la fable et toute l'histoire ancienne et moderne ont inspiré Voltaire. A y regarder de près, on doute si cette variété est la marque d'un génie universel, ou si elle témoigne seulement d'une curiosité d'esprit insatiable.

A l'âge où il écrivit *Œdipe* (1718), à vingt-trois ans, Voltaire était encore un disciple docile de Corneille et de Racine, dont il savait les œuvres par cœur, et ne supposait pas qu'il pût exister de tragédie hors des voies qu'ils avaient suivies; il connaissait mal les Grecs, et les jugeait à la mesure du goût moderne. Il faisait, dans la sombre légende d'Œdipe, une place imprévue aux amours surannées de Philoctète et de Jocaste [2], seulement parce que Corneille avait souvent commis la même faute. Il ne cherchait à rajeunir son sujet que par la hardiesse de certains cou-

---

1. Voici la liste des tragédies de Voltaire dans l'ordre où elles furent représentées : *Œdipe*, 1718; *Artémire*, 1720; *Mariamne*, 1724; *Brutus*, 1730; *Ériphyle*, 1732; *Zaïre*, 1732; *Adélaïde Du Guesclin*, 1734; *la Mort de César*, 1735; *Alsire*, 1736; *Zulime*, 1740; *Mahomet*, 1741; *Mérope*, 1743; *Sémiramis*, 1748; *Oreste*, 1750; *Rome sauvée ou Catilina*, 1752; *l'Orphelin de la Chine*, 1755; *Tancrède*, 1760; *Olympie*, 1764; *le Triumvirat*, 1764; *les Scythes*, 1767; *les Guèbres*, non représentés, 1769; *Sophonisbe*, 1770; *Atrée et Thyeste*, non représenté, 1771; *les Lois de Minos*, non repré- sentées, 1774; *Don Pèdre*, non représenté, 1774; *Irène*, 1778; *Agathocle*, joué après la mort de l'auteur (1779). Toutes ces tragédies (au nombre de 27) sont en cinq actes et en vers. Parmi les nombreuses comédies de Voltaire, les unes médiocres, les autres tout à fait mauvaises, citons *l'Enfant prodigue*, en 5 actes et en vers de dix syllabes (1736); *Nanine*, en 3 actes et en vers de dix syllabes (1749); *l'Écossaise*, 1760.

2. Son bon sens y répugnait d'abord; il dut céder aux comédiens qu'une tragédie sans amour effrayait comme une nouveauté périlleuse.

plets *philosophiques* où, en feignant de n'attaquer que les oracles, on voit bien qu'il lançait ailleurs ses traits, et plus haut.

> Nos prêtres ne sont pas ce qu'un vain peuple pense,
> Notre crédulité fait toute leur science.

Ailleurs Philoctète, en parlant de son maître Hercule, dit :

> Qu'eussé-je été sans lui? Rien, que le fils d'un roi.

L'année suivante (1720), *Artémire* tomba ; Voltaire, qui n'aimait pas à rien perdre, reprit les morceaux de sa pièce, et les rajusta autrement pour en tirer *Mariamne* (1724), qui réussit. Ainsi jadis à Rome pour changer le nom et la destination des statues, on se bornait à en modifier la tête ; mais c'était au temps de la décadence de l'art.

Durant un séjour de trois années en Angleterre, Voltaire étudia la langue et la littérature ; il connut un théâtre, alors entièrement ignoré chez nous (sauf du seul Destouches qui n'en sut pas tirer grand'chose). Il s'initia un peu légèrement, trop vite, comme il faisait tout, à l'œuvre immense de Shakespeare : il comprit mal, mais enfin il connut *Hamlet, Macbeth, Othello*.

Addison avait écrit sa tragédie de *Caton* (1713), froide et régulière, sous l'influence et à l'imitation des modèles français, dont il adoptait le cadre, sans pénétrer dans leur génie. A son tour, Voltaire, durant son séjour en Angleterre, étudia le *Caton* d'Addison, et s'en souvint plus tard, en composant ses pièces romaines : *Brutus* (1730), *la Mort de César* (1735), *Catilina* (1752) ; il en a emprunté plusieurs traits éclatants, et la tension éloquente et continue du style est la même chez les deux poètes. Ceci est plus singulier : l'un et l'autre, écrivant en prose, se ressemblent au contraire par l'aisance et la facilité; le *Spectateur* d'Addison revit quelquefois dans la critique de Voltaire.

A son retour de Londres, Voltaire fit d'abord jouer *Brutus* (1730), où il avait voulu étaler cette vigueur de style et de pensée qu'il admirait dans le théâtre anglais. C'est l'histoire de la conspiration des fils de Brutus contre la république, en faveur des Tarquins; l'amour, qu'on ne s'attendait guère à voir dans cet austère sujet, en devenait toutefois le principal ressort, et le fils de Brutus devenait un conspirateur pour plaire à la fille de Tarquin. La nouveauté la plus hardie consistait à montrer le sénat rassemblé sur la scène, et donnant son vote en silence. Quelques maximes républicaines, exprimées en assez beaux vers, ne dépassaient pas en hardiesse telle page de *Cinna*; en somme l'innovation demeurait timide, et ne pouvait devenir féconde. Il faut avouer que les innovations n'étaient pas faciles à faire accepter au public, en ce temps aussi obstiné dans le culte des règles, qu'il fut en d'autres temps favorable à des hardiesses très aventurées. Dans le premier texte de *Mariamne* l'héroïne mourait empoisonnée sur la scène. Un spectacle analogue a fait tout le succès d'une pièce moderne [1]. Mais, en 1724, les spectateurs se révoltèrent, et l'auteur, quoique à contre-cœur, changea son dénouement, et mit l'empoisonnement en récit.

Ériphyle (1732), où Voltaire avait essayé d'accommoder au goût français l'apparition de l'Ombre aux regards éperdus d'Hamlet, n'eut aucun succès. Mais Voltaire, qui, quoique riche de son fonds, ne voulait (nous l'avons déjà vu) rien perdre, non pas même ce qu'il empruntait, fit reparaître cette Ombre mal accueillie dans sa tragédie de *Sémiramis* (1748).

---

1. *Le Sphinx* de M. Octave Feuillet.

Le meilleur emprunt qu'ait fait Voltaire au théâtre anglais, c'est l'imitation qu'il a tentée, dans *Zaïre* (1732), de l'amour jaloux d'Othello, le More de Venise. *Zaïre* est assurément le chef-d'œuvre de Voltaire au théâtre; ce n'est pas une pièce parfaite, il s'en faut; mais elle a le premier de tous les mérites : elle plaît, elle touche, elle intéresse; après cent cinquante ans, on la reprend encore au théâtre avec succès, et l'infortune de la malheureuse héroïne fait encore couler des larmes. Que veut-on davantage? Il est certain que les personnages, tout romanesques, manquent de vérité; mais qu'importe cela, si Lusignan a vraiment de la majesté, Orosmane, de la passion, si Zaïre est profondément touchante? Il est vrai que le plan est mal conduit, que la pièce est invraisemblable, et repose toute sur un malentendu qu'un mot pourrait éclaircir. Mais qu'importe cela, si le spectateur, vivement captivé, ne s'aperçoit même pas des moyens par où il est pris, si l'auteur a soin de ne le laisser point respirer jusqu'au dénouement? Dira-t-on que le style est faible? En effet ce n'est plus la langue de Racine, quoique l'auteur y tâche; il y a des vers médiocres, des vers de remplissage, et des chevilles, et du prosaïsme, quoique après tout *Zaïre* soit mieux écrite que le reste du théâtre de Voltaire. Convenons aussi que ce style est vif, animé, brillant; les défauts qui frappent le lecteur échappent au spectateur dans le mouvement de la scène, et dans l'entraînement de l'action.

Dans sa lutte contre l'Église, Voltaire s'est souvent mis à l'abri derrière sa *Zaïre*, en se vantant très haut d'avoir fait la seule tragédie chrétienne que son siècle ait applaudie. Voltaire en cette occasion n'était pas très sincère, ainsi qu'il lui arriva bien souvent. Non, *Zaïre* n'est pas, à bien dire, une tragédie chrétienne; c'est seulement une tragédie dont l'action est mêlée à l'histoire du christianisme. Une véritable tragédie chrétienne est celle où les personnages, non seulement sont chrétiens, mais intéressent comme tels, parce qu'ils sont chrétiens. Lisez *Polyeucte*. Tous les malheurs du héros et de Pauline, tout ce dénouement sanglant vient de la conversion de Polyeucte. Toutefois quel spectateur, je ne dis pas *croyant*, mais seulement intelligent, voudrait que Polyeucte ne se convertît point? Au contraire, en voyant Orosmane poignarder Zaïre, combien d'âmes sensibles ont regretté que le vieux Lusignan ne fût pas mort plus tôt, ou n'eût pas parlé plus tard?

Voltaire se vantait d'avoir introduit plusieurs nouveautés dans *Zaïre*; il dit dans sa première *Epître dédicatoire* : « C'est au théâtre anglais que je dois la hardiesse que j'ai eue de mettre sur la scène les noms des rois et des anciennes familles du royaume. Il me paraît que cette nouveauté pourrait être la source d'un genre de tragédie qui nous est inconnu jusqu'ici et dont nous avons besoin. Il se trouvera sans doute des génies heureux qui perfectionneront cette idée, dont *Zaïre* n'est qu'une faible ébauche. »

Le véritable auteur d'une nouveauté est si l'on veut celui qui la fait réussir ; mais, cette réserve faite, Voltaire n'avait pas du tout porté le premier, comme il s'en vante, l'histoire de France sur le théâtre. Entre Jodelle et lui (1552-1732) plus de trente tragédies avaient essayé de mettre en scène nos annales, et si nous n'avons pas parlé de ces tentatives, c'est que toutes avaient avorté, par défaut de génie chez ceux qui les exécutèrent. Rappelons au moins ici, puisque l'occasion s'offre à nous, les titres de *la Pucelle de Domrémy*, par le P. Fronton du Luc (1580); *Radegonde*, duchesse de Bourgogne, par du Souhait (1596); *Gaston de Foix* et *Mérovée*, deux tragédies de Claude Billard (1607); *Henri le Grand*, du même auteur (1610); *le*

Jugement équitable de Charles le Hardi (le Téméraire), par Maréchal (1644); *Anne de Bretagne*, par Ferrier (1678); *la Princesse de Clèves*, de Boursault (1678), cette dernière pièce tirée du célèbre roman de Mme de La Fayette [1]. La tragédie de Ferrier, *Anne de Bretagne*, n'eut aucun succès; l'auteur s'en plaint dans sa préface. La critique allégua « que notre histoire était mal propre à fournir des sujets de tragédie; qu'il fallait mener le spectateur dans un pays éloigné, remplir son oreille par des noms plus pompeux. » Cet obscur Ferrier n'avait comme poète aucun talent; mais c'était un homme d'initiative, en quête de moyens nouveaux pour étendre et rajeunir un genre qui menaçait de s'épuiser. Il n'avait pas tort de croire qu'il serait bon d'ajouter quelque chose à la mise en scène et à la décoration, que Racine avait réduite à la plus extrême simplicité. Le cinquième acte d'*Athalie* prêtait déjà, il est vrai, à une décoration plus riche et plus compliquée, mais la pièce ne fut pas jouée en public avant 1716. Dès 1702, Ferrier essaya de donner de l'éclat à la représentation de sa tragédie de *Montézume*. Au milieu d'un superbe palais on voyait, au lever du rideau, l'empereur du Mexique assis sur un trône doré, couvert d'habits somptueux; autour de lui douze caciques presque aussi superbement vêtus se tenaient prosternés, le front dans la poussière. Montézuma ouvrait ainsi la pièce :

> Esclaves, levez-vous : votre maître aujourd'hui
> Vous permet d'élever ses regards jusqu'à lui.

Le succès de *Zaïre* avait encouragé Voltaire dans cette tentative, jusque-là mal accueillie, de mettre

---

[1]. La pièce tomba. Dans le *Prologue* Boursault faisait dire par la Renommée à Thalie :

N'est-il point de grand homme
Si tu ne le choisis dans Athènes ou dans Rome?
Et depuis si longtemps que nous avons des Rois
Ne s'en trouve-t-il point qui méritent ton choix?

en scène devant les Français l'histoire de France. Il fit représenter, en 1734, *Adélaïde Du Guesclin*. La pièce n'eut aucun succès. Voltaire revint à l'antiquité ; il donna *la Mort de César*.

La Mort de César (1735), pièce sans amour et sans rôle de femme, semblait vouloir montrer à tous que l'auteur de *Zaïre* n'avait pas besoin, pour triompher au théâtre, d'y étaler la tendresse des passions. Shakespeare, moins austère, avait laissé voir, à côté de Brutus, la noble figure de Porcia son épouse. La tragédie de Voltaire, toute en discours de conspirateurs, est bien froide ; surtout il n'a pas su, comme Shakespeare, donner une âme et une voix à cette foule aveugle et violente qui tour à tour applaudit Brutus et Antoine et veut récompenser Brutus d'avoir tué César en faisant Brutus César. Au reste il y a de beaux vers dans *la Mort de César* ; mais cette pièce oratoire et glacée ressemble à ces tragédies de collège que d'habiles régents écrivaient au xvie siècle pour exercer leurs écoliers. Voltaire l'avait senti peut-être ; il avait fait jouer *la Mort de César* au collège d'Harcourt, et la pièce n'affronta le théâtre public qu'en 1743.

Alzire (1736), *Zulime* (1740), *Mahomet* (1741), *Mérope* (1743), eurent des destinées et des succès inégaux. *Alzire*, dont l'action est au Nouveau-Monde et se passe entre Espagnols et Péruviens, par le contraste des deux civilisations, des mœurs et des religions différentes [1], rappelait *Zaïre* ; mais le pathétique en est moins touchant, l'invention moins intéressante. *Mahomet* dont le succès fut grand, mais pour des causes où l'art n'a rien à voir, est, au fond, l'une des moins bonnes pièces de Voltaire : toute l'action

---

1. La *préface* d'*Alzire* est à lire pour apprécier exactement la valeur de l'élément chrétien dans plusieurs tragédies de Voltaire, et particulièrement dans cette même *Alzire* et dans *Zaïre*.

repose sur cette idée très fausse que les religions s'établissent par la fourberie; l'histoire mieux étudiée nous apprend qu'elles se fondent par l'enthousiasme, et si l'on en doit douter quelque part, ce n'est certes pas au théâtre où le charlatanisme du héros offre un bien pauvre sujet de tragédie. Voltaire en paraissant n'attaquer que l'islamisme portait réellement ses coups contre le christianisme; pour mieux dissimuler il eut la hardiesse de dédier *Mahomet* au pape Benoit XIV qui eut la bonhomie d'accepter la dédicace. Peut-être était-il d'ailleurs plus habile au pape de feindre qu'il n'avait pas compris le sens d'une attaque habilement dissimulée, quoique peu niable.

Mérope (1743) a toujours été regardée comme le chef-d'œuvre tragique de Voltaire; c'est seulement un chef-d'œuvre au sens où les anciennes corporations de métiers employaient ce mot, c'est-à-dire qu'elle est en effet la plus régulière et la mieux composée de ses pièces de théâtre; c'est aussi la mieux écrite, au moins celle dont il a le plus longtemps, le plus patiemment travaillé la forme et retouché le style, sans toutefois parvenir à l'épurer des deux défauts opposés par où pèche tour à tour, et même à la fois, Voltaire écrivain tragique; je veux dire le prosaïsme et l'enflure. *Mérope* a longtemps passé pour un des chefs-d'œuvre de notre théâtre classique; elle a perdu ce haut rang. Sans doute la situation dramatique est belle; cette mère qui tremble pour la vie de son fils, et méconnait ce fils depuis longtemps perdu, est profondément pathétique. Mais l'expression de ce sentiment maternel manque de simplicité; le caractère principal est monotone; la dignité de ce bas-relief antique tourne en raideur et dureté. Rien n'est moins grec enfin que *Mérope*.

Dans les années suivantes, Voltaire, irrité de voir que ses ennemis avaient forcé le vieux Crébillon à rentrer en lice pour lutter contre le trop heureux auteur de *Zaïre* et de *Mérope*, inquiet et même un peu jaloux des applaudissements qui avaient salué le *Catilina* de son rival, Voltaire s'attacha à refaire plusieurs pièces de Crébillon, et peut-être qu'il les refit mieux, mais non pas bien. Dans *Sémiramis* (1748), il fit une place importante au spectacle, à la mise en scène. *Oreste* (1750), *Rome sauvée ou Catilina* (1752), plus tard *Atrée et Thyeste* (1771), qui ne fut pas représenté, sont des pièces de facture, écrites hâtivement, plutôt par impatience de confondre un adversaire dédaigné, que pour obéir à une inspiration bien sincère. *L'Orphelin de la Chine* (1755) appartient à la même période; le titre seul nous montre Voltaire toujours préoccupé de renouveler la matière tragique; mais il variait ses sujets avec plus de souplesse que de bonheur. Il ne suffit pas de feuilleter les annales chinoises, traduites en français par les missionnaires jésuites; il faudrait surtout avoir le sentiment juste et pittoresque des civilisations exotiques; c'est ce qui manque absolument à Voltaire.

Plus heureux dans *Tancrède* (1760), le poète tenta de mettre en scène les mœurs chevaleresques du plus ancien moyen âge. L'action se passe en Sicile au xie siècle. Aménaïde, fille d'Argire, chef des Syracusains, est accusée d'avoir voulu livrer la cité aux Musulmans. Elle va périr; un chevalier inconnu s'offre pour la défendre; c'est le Français Tancrède, banni de Syracuse; il combat, il est vainqueur; Aménaïde est sauvée. Or elle a connu son champion à Byzance, elle l'adore; elle en est adorée, mais Tancrède, qui la croit coupable, s'éloigne sans l'entendre et va chercher la mort dans un combat contre les Musulmans. Aménaïde expire de douleur, lorsque Tancrède rentre à Syracuse une seconde fois vainqueur, mais mortellement blessé. Cette invention romanesque manque de vraisemblance ; les caractères sont vagues ; le style côtoie la prose, et les rimes croisées dont Voltaire a usé souvent dans cette tragédie, étonnent l'oreille sans la charmer. Néanmoins il y a dans *Tancrède* beaucoup de mouvement et un certain intérêt : c'est quelque chose en 1760 qu'une tragédie qui n'est pas glacée.

Les dernières tragédies de Voltaire n'ont aucune importance. La plupart ne sont que des plaidoyers faiblement versifiés, en faveur des idées chères à l'auteur, ou contre les hommes qui lui étaient odieux. Aussi se dédiait-il à lui-même *les Guèbres ou la Tolérance*, attribués, dans l'impression, à un jeune auteur anonyme. La préface où il attaque avec une extrême violence le « fanatisme » de Joad dans la tragédie d'*Athalie* [1], résume ainsi celle des *Guèbres* : « Si quelque ouvrage de théâtre pouvait contribuer à la félicité publique par des maximes sages et vertueuses, on convient que c'est celui-ci. Il n'y a point de souverain à qui la terre entière n'applaudît avec transport, si on lui entendait dire :

Je pense en citoyen ; j'agis en empereur ;
Je hais le fanatique et le persécuteur.

Tout l'esprit de la pièce est dans ces deux vers ; tout y conspire à rendre les mœurs plus douces, les peuples plus sages, les souverains plus compatissants, la religion plus conforme à la volonté divine. » Ainsi la tragédie devenait peu à peu entre les mains de Voltaire une sorte de catéchisme laïque et rimé, mais également rédigé dans la forme du dialogue.

---

1. Il est à remarquer que Voltaire, d'abord très respectueux envers ses maîtres, Corneille et Racine, finit, dans sa vieillesse, par en parler fort légèrement, lorsqu'il eut bien conscience qu'il n'était pas parvenu à les surpasser. Plus d'une fois, dans un accès de franchise, il a confessé, non sans mauvaise humeur, le peu de solidité de son œuvre tragique.

Les intentions du poète étaient peut-être excellentes. Mais une telle façon d'entendre la poésie et les arts est mortelle aux arts et à la poésie. Au reste *les Guèbres* ne furent jamais joués, non plus qu'*Atrée et Thyeste*, écrits seulement parce que Voltaire voulait refaire tout Crébillon; *les Lois de Minos*, composées « en moins de huit jours [1] », et *Don Pèdre*, qui ne dut pas coûter beaucoup plus à l'infatigable et trop fécond octogénaire. On sait qu'*Irène* fut représentée devant lui, au Théâtre-Français, le 16 mars 1778, avec un succès bruyant. Il venait de rentrer à Paris après vingt ans d'absence, et il devait mourir deux mois plus tard, âgé de quatre-vingt-quatre ans. *Agathocle*, tragédie posthume, fut représenté l'année suivante pour célébrer l'anniversaire de la mort de Voltaire : un *discours* de d'Alembert présenta l'œuvre au public et imposa le silence à défaut de l'admiration : « Quel ennemi des talents et des succès oserait, dans une circonstance si touchante, insulter à la reconnaissance de la nation et en troubler les témoignages? Ce sentiment vil et cruel ne peut être, messieurs, celui d'aucun Français. »

On a souvent comparé ces dernières pièces de Voltaire aux dernières pièces de Corneille ; mais Corneille, jusque dans ses plus faibles ouvrages, demeure un écrivain en vers bien supérieur à Voltaire et offre toujours quelques lueurs de génie tragique. Dans la décadence de Voltaire, poète dramatique, il n'y a plus rien.

A le juger plus équitablement, sur ses meilleurs ouvrages, on peut dire que Voltaire ajouta quelque chose à la tragédie ; fidèle à l'admiration des maîtres, il voulut seulement étendre leurs moyens, varier leurs procédés, introduire sur la scène une marche plus

---

1. *Epître dédicatoire au duc de Richelieu*, en tête des *Lois de Minos*.

rapide et plus animée de l'action, un tableau plus pittoresque et plus vivant. Il y réussit, dans une certaine mesure, et rajeunit ainsi, ou du moins prolongea un genre qu'il avait trouvé déjà languissant et malade. On lui doit, en partie, la libération matérielle de la scène, encombrée, jusqu'en 1759, par la présence des spectateurs payants admis, par une tradition bizarre, sur le théâtre même; Voltaire réclama si haut contre cet abus traditionnel qu'il réussit à le faire abolir [1]. Cette réforme n'est que le signe et le symbole de celle qu'il aurait voulu appliquer au fond des choses; jaloux d'affranchir le genre dramatique, non des règles qu'il respectait, mais de certains excès qu'avait amenés le culte idolâtre de ces règles. Le vrai génie dramatique, la suite dans les desseins, l'application profonde à une œuvre unique, étaient nécessaires pour réussir dans une telle entreprise, et malheureusement firent défaut à ce très bel esprit, partagé entre vingt occupations diverses qui le passionnaient également. Il ne réussit pas à réformer le théâtre; il réussit seulement à faire illusion à ses contemporains, dont plusieurs. de très bonne foi, le crurent égal ou même supérieur, dans la tragédie, à Racine et à Corneille. Il perd beaucoup aujourd'hui à n'être plus que lu; Voltaire gagnait à la scène; il avait le sentiment du théâtre ou, si l'on veut, du spectacle, et toutefois, sauf *Zaïre* et *Mérope*, ses pièces ne sont plus reprises et ne sont guères jouables. Le style en est autant démodé que sa prose, alerte et vive, continue de plaire. Voltaire écrivait trop vite [2] en vers; appliqué sans cesse à tant de besognes différentes, il avait toujours hâte de finir, et de passer à autre chose. Il était incapable de per-

1. Il en faut remercier surtout le comte de Lauraguais, qui paya 20 000 livres aux comédiens pour qu'ils voulussent bien consentir à faire cesser cet abus.

2. Il rime aussi très faiblement Lui-même s'accuse dans la lettre V sur *Œdipe* d'avoir fait rimer « *frein* avec *rien*; *héros* avec *tombeaux*; *contagion* avec *poison*. »

fection. Quand il avait écrit dix-huit cents vers au courant de la plume il reprenait son œuvre et la corrigeait, en changeant tout, aussi vite qu'il l'avait d'abord composée ; mais le second texte ne valait pas mieux que le premier : tous deux sont lâches, mous, flasques, d'une phraséologie banale et creuse; on a loué le *brillant* de ce style tragique ; il est plutôt *brillanté*, c'est-à-dire terne, et semé de quelques joyaux. Dans ses bonnes pages, Voltaire rappelle un peu Corneille et Racine ; dans les autres il écrit comme tout le monde et ressemble à tous ses propres élèves. Ainsi, dans son théâtre, le fond vaut encore mieux que la forme ; sans doute ses pièces sont faiblement conçues, ses plans mal combinés, ses personnages historiques sont tout à fait romanesques; mais enfin il a quelquefois du mouvement, du pathétique et, sans passionner, il intéresse. Au contraire, sa versification est tout à fait mauvaise et il fallait que le xviii° siècle eût vraiment perdu le sens et le goût de la poésie pour ne pas distinguer la langue de Voltaire, je dis dans *Zaïre* même, ou dans *Mérope*, de la langue du *Cid* ou d'*Athalie*.

Nous n'avons pas parlé avec admiration de l'œuvre tragique de Voltaire ; en somme elle nous a paru bien inférieure à la grande réputation qu'il obtint de son vivant (salué par quelques-uns et peut-être sincèrement, comme un maître de la scène), inférieure même à celle qu'il conserve aujourd'hui par tradition ; car on le vante encore, quoiqu'on ne le lise plus.

Mais, il faut l'avouer, Voltaire, si on le compare à ses contemporains, reprend un singulier avantage. Comparé aux La Motte, aux De Belloy, aux Marmontel, aux La Harpe, l'auteur de *Zaïre* et de *Mérope* nous apparaît comme un grand poète tragique. Il eut du moins beaucoup d'esprit et de talent : d'autres n'avaient que des recettes.

La Motte[1] avant Voltaire avait essayé timidement de rajeunir la scène ; mais il n'y a d'innovation féconde que celle que le génie inspire et soutient ; on n'est vraiment créateur que si l'on se sent sollicité de produire et d'enfanter. Rien de tel chez La Motte qu'aucun génie n'aiguillonne ; ses innovations procèdent d'une critique, non pas toujours fausse, mais toute négative. Aussi c'est dans les préfaces qu'il innove ; il reste contraint et retenu dans les œuvres, et sa plus grande hardiesse est d'avoir écrit deux *Œdipe*, l'un en vers et l'autre en prose, faibles tous deux ; ce qui ne prouva rien contre la versification, attaquée par lui, comme une entrave inutile et gênante : en cela même, La Motte n'avait rien inventé. Avant lui La Serre, dont Boileau s'est moqué dans *le Repas ridicule* (*Morbleu! La Serre est un charmant auteur!*), écrivait en prose *Thomas Morus* (1611), *Climène ou le Triomphe de la Vertu*, *le Sac de Carthage*. Il est vrai que La Serre était un écrivain modeste, qui avait renoncé d'avance à la gloire : « J'aime bien mieux, disait-il, que mes ouvrages me fassent vivre que de faire vivre mes ouvrages. »

La Motte attaqua aussi les trois unités qui n'avaient pas empêché Racine d'écrire des chefs-d'œuvre ; il eût mieux fait d'attaquer les traditions de fade galanterie qui déshonoraient notre tragédie ; composant une pièce biblique, *les Machabées*, il devait ne pas nous montrer Misaël, le dernier des sept frères martyrs, amoureux et aimé de la favorite d'Antiochus.

Dans un sujet moderne et romanesque, les défauts de cet auteur sont moins choquants ; ses qualités paraissent mieux. *Inès de Castro*, jouée en 1723, fit couler des flots de larmes et nous en sommes un peu surpris aujourd'hui, tant nous avons vu depuis des

---

[1]. Antoine Houdart de La Motte, né à Paris (1672), mort en 1731. Les *Machabées*, 1721 ; *Romulus*, 1722 ; *Inès de Castro*, 1723.

drames mieux faits passer inaperçus, quoiqu'ils ne fussent guère plus mal écrits. Mais ce genre d'émotion, plus accessible à tous, plus voisin de nos modernes infortunes, n'était pas encore usé; le sujet d'ailleurs est vraiment touchant; le malheur de cette épouse, unie secrètement au prince de Portugal, déclarée au roi, repoussée par lui, puis pardonnée trop tard, lorsque déjà coule dans ses veines un fatal poison, versé par la haine de la reine, sa belle-mère, cette légende vraiment pathétique ne pouvait guère manquer d'émouvoir, et même on peut penser que La Motte n'en a pas tiré tout ce qu'elle pouvait fournir. Il prêche déjà, lui aussi, au théâtre, comme firent plus tard Voltaire et tant d'autres; il prêche *sur les devoirs des rois*, il met en vers les sermons du *petit Carême* où Massillon accuse sévèrement la folie des rois conquérants.

Le joyeux Piron [1] fit aussi des tragédies; non que la Muse le pressât d'en faire, mais il aurait voulu inquiéter Voltaire, qu'il haïssait. *Callisthène*, *Gustave Wasa*, *Fernand Cortez* laissèrent dormir en paix l'auteur de *Zaïre* quoique facilement ombrageux. Piron n'a donné qu'une œuvre durable au théâtre : *la Métromanie*, dont nous parlerons ailleurs. Ses tragédies, banales quant au fond, et dures de style, n'ont aucune valeur. Le Franc de Pompignan [2], que Voltaire a beaucoup trop maltraité, qu'il a couvert d'un ridicule ineffaçable, et peut-être injuste, avait débuté dans les lettres, fort jeune encore, par une tragédie de *Didon,* puisée, il est vrai, en grande partie, dans Virgile et dans Métastase, mais où brillent quelques beaux vers.

Gresset [3], comme Piron, s'égara dans la tragédie;

---

1. Alexis Piron, né à Dijon en 1689, mort en 1773. *Callisthène*, 1730; *Gustave Wasa*, 1733; *Fernand Cortès*, 1744.

2. Jean-Jacques Le Franc, marquis de Pompignan, né à Montauban (1709), mort en 1784. *Didon*, 1734.

3. Jean-Baptiste-Louis Gresset, né

Édouard III n'est qu'une pièce ennuyeuse; *Sidney*, roman monotone, vaut mieux par le style, et le fond même est assez neuf; un homme, comblé de tous les biens de la vie, la prend en dégoût, et veut y échapper par le suicide. Mais une étude aussi purement psychologique et sur un cas si particulier, d'ailleurs vide d'action et vide d'intérêt, au moins d'intérêt dramatique, ne convenait guère à la scène. Le brillant succès de la comédie du *Méchant* a fait oublier les tentatives tragiques de Gresset.

Marmontel [1], à vingt-cinq ans, débutait heureusement avec *Denys le Tyran*, puis *Aristomène*; puis allait de chute en chute avec *Cléopâtre*, *les Héraclides*, *Egyptus*. Il est bien difficile aujourd'hui de dire pourquoi les deux premières tragédies de Marmontel avaient brillamment réussi, et pourquoi les trois dernières, qui ne sont ni pires ni meilleures, tombèrent. Le sort de ces ouvrages médiocres dépendait d'une sorte de hasard, des dispositions capricieuses du public et surtout des acteurs, qu'on vit parfois, tantôt faire appel à toutes les ressources du talent pour faire valoir une pièce, tantôt jouer de façon à la faire tomber, selon que l'auteur leur agréait ou non. Ainsi, en 1757, *Iphigénie en Tauride*, pièce unique de Guimond de La Touche [2], obtint un succès bruyant, extraordinaire, un succès si grand que l'écho en dure encore et que la pièce n'est pas oubliée. Elle a bien quelques qualités; le plan très simple d'Euripide y est conservé heureusement; l'amour est absent d'une action qu'il eût gâtée; d'ailleurs le style est faible et déclamatoire; mais, dans cette décadence

---

à Amiens (1709), mort en 1777. *Édouard III*, 1740; *Sidney*, 1745; *le Méchant*, 1747.

1. Jean-François Marmontel, né à Bort (Limousin), en 1723, mort en 1799. *Denys le Tyran*, 1748; *Aristo-*mène, 1749; *Cléopâtre*, 1750; *les Héraclides*, 1752; *Egyptus*, 1753.

2. Claude Guimond de La Touche, né en 1723, à Châteauroux, mort en 1760. Son *Iphigénie en Tauride* fut jouée en 1757.

d'un genre épuisé, *Iphigénie en Tauride* a pu passer pour un chef-d'œuvre. Elle vaut mieux qu'*Astarbé*, ou *Caliste*, tragédies incolores du fade Colardeau [1]; mieux même que les âpres ouvrages de Lemierre [2], auteur d'*Hypermnestre* et de *Térée*, d'*Idoménée* et d'*Artaxerce*, de *Guillaume Tell*, de *la Veuve du Malabar* et de *Barnevelt*. Antoine Lemierre avait de l'imagination, de la verve, et le désir honorable de sortir du lieu commun et de la banalité; mais il écrit si mal, et il peint si faiblement les caractères, qu'on lui sait peu de gré de ses bonnes intentions dramatiques. Témoin des efforts que firent beaucoup d'auteurs dans la seconde moitié du siècle, pour rajeunir et renouveler la tragédie expirante, Lemierre tendit surtout au même but en essayant de donner une part de plus en plus grande au spectacle et d'agir beaucoup sur cette scène, où jusqu'alors on avait surtout disserté ou raconté. Le succès répondit à ses tentatives; en 1766, il avait mis en narration l'exploit de Guillaume Tell perçant d'une flèche la pomme placée sur la tête de son fils; en 1786, on reprit la pièce, en tirant de l'arc en plein théâtre; cette hardiesse inouïe fut applaudie avec transport. De même en 1770 on avait dissimulé le bûcher de *la Veuve du Malabar*; en 1780, ce fut tout un incendie sur la scène. Ces réformes, un peu puériles, montrent du moins que le public attendait et demandait quelque chose de nouveau, et qu'il ne lui déplaisait pas que la tragédie, longtemps écrite pour charmer la raison seule et parler à l'âme, daignât quelquefois s'adresser même aux yeux, puisque, après tout, les spectacles ne sont pas faits pour les aveugles.

---

1. Charles-Pierre Colardeau, né à Janville (en Beauce), en 1732, mort en 1776. *Astarbé*, 1758; *Caliste*, 1760.
2. Antoine Lemierre, né à Paris (1733), mort en 1793. *Hypermnestre*, 1758; *Térée*, 1761; *Idoménée*, 1764; *Artaxerce*, 1766; *Guillaume Tell*, 1766; *la Veuve du Malabar*, 1770; *Barnevelt*, 1790. La Harpe et M.-J. Chénier raillaient son style dur.

La tragédie de *Spartacus*, jouée en 1760 avec un immense succès, ouvrit à Saurin[1] l'Académie française, et parut à Voltaire, plus ou moins sincère, une œuvre cornélienne. C'est voltairienne qu'il eût fallut dire ; car la tragédie de Saurin appartient à Voltaire presque autant que s'il l'eût signée. En 1760, on admira ce héros philosophe, supérieur à l'humanité, passionné pour la liberté seule et pour la vertu, parlant tout en maximes, prêchant la philanthropie [2]; on ne s'aperçut pas qu'il ne ressemblait à rien de réel, qu'il n'avait ni vérité historique, ni vérité humaine, et que son style dont on louait la force était seulement dur. Nous parlerons ailleurs de deux pièces que Saurin imita du théâtre anglais dans un genre plus neuf et plus intéressant : *Blanche et Guiscard* et *Beverley*.

La tragédie classique, devenue, d'œuvre de génie, œuvre de recette, c'est-à-dire faite sur formules, selon des règles convenues, dans un cadre convenu, en un style convenu, sur des sentiments et des idées encore plus convenus que le style, et le cadre, et les règles, vient expirer enfin aux mains d'un homme d'esprit, qui devait plus tard montrer dans la critique littéraire et le professorat des qualités nouvelles, en ce temps-là, fort rares ; mais toute sa carrière tragique sembla destinée à prouver à tous l'inanité du système où l'on s'obstinait. La Harpe[3] s'entêta pendant vingt-deux ans à écrire des

---

1. Bernard-Joseph Saurin, né à Paris, en 1706, mort en 1781. *Aménophis*, tragédie, 1752; *Spartacus*, 1760 ; *Blanche et Guiscard*, 1763 ; *Beverley*, 1768.

2. De tous les temps il fut d'illustres conqué-
[rants
Qui de sang altérés et moins rois que bri-
[gands
Pour le malheur du monde ont recherché la
[gloire !...
Ils ont tous oublié que les hommes sont frères.

3. Jean-François de La Harpe, né à Paris (1739), mort en 1803. *Warwick*, 1763 ; *Timoléon*, 1764 ; *Pharamond*, 1765 ; *Gustave Wasa*, 1766 ; *Menzikoff*, 1775; *les Barmécides*, 1778 ; *Jeanne de Naples*, 1781 ; *les Brames*, 1783 ; *Philoctète*, 1783 ; *Coriolan*, 1784 ; *Virginie*, 1786. *Mélanie ou la Religieuse*, drame (1770), ne fut pas représenté avant la Révolution, mais obtint un grand succès dans les lectures qu'en faisait partout l'auteur.

tragédies ; il en fit représenter onze, qui toutes tombèrent, sauf la première et la dernière (*Warwick* et *Philoctète*) dont le succès fut assez brillant, sans être bien mérité ; car *Warwick* n'a d'autre valeur qu'une scrupuleuse observation des règles ; *Philoctète* est une froide imitation de Sophocle ; et toute originalité fait défaut dans les deux ouvrages. Comment La Harpe s'obstina-t-il si longtemps dans un genre pour lequel il n'était pas doué ? C'est que tout homme qui savait rimer et avait fait de bonnes études pouvait très bien composer une tragédie selon la formule, et la croire conforme aux bons modèles ; cette facilité trompait même les gens d'esprit. Les échecs n'instruisaient personne ; en effet des pièces, qui n'étaient pas meilleures, réussissaient souvent par hasard. On attribuait sa chute à l'envie, aux cabales, et l'on s'entêtait. Souvent l'Académie savait bon gré aux auteurs de leur constance, et les consolait de leurs mécomptes. Tout le monde connait les vers que Gilbert écrivit contre La Harpe couronné par l'Académie, et plus tard académicien :

> C'est ce petit rimeur, de tant de prix enflé,
> Qui, sifflé pour ses vers, pour sa prose sifflé,
> Tout meurtri des faux pas de sa muse tragique,
> Tomba de chute en chute au trône académique.

Cependant le public était las de la monotonie des pièces qu'on lui présentait : la seule apparence de la nouveauté, une ombre d'idée originale et personnelle suffisait à le disposer plus favorablement. Ainsi s'explique le prodigieux succès qu'obtint De Belloy [1] avec cette pauvre tragédie intitulée *le Siège de Calais*.

---

1. Pierre Laurent De Belloy, né à Saint-Flour (1727), mort en 1775. *Titus*, 1758 ; *Zelmire*, 1760 ; *le Siège de Calais*, 1765 ; *Gaston et Bayard*, 1771 ; *Pierre le Cruel*, 1772 ; *Gabrielle de Vergy*, 1777.

Titus, *Zelmire* avaient passé sans bruit. *Le Siège de Calais* révolutionna la France entière. Représenté au lendemain du traité de Paris qui terminait par une paix sans honneur la funeste guerre de Sept ans, cette tragédie où respirent le patriotisme et l'orgueil du nom français, sembla comme une première revanche des revers essuyés, et fut accueillie avec des transports incroyables d'enthousiasme et d'admiration. On la joua dans toutes les provinces à la fois; on la joua dans les garnisons; on la donna gratuitement au peuple. Ne pas admirer *le Siège de Calais*, c'était s'exposer au reproche de n'être pas bon Français, que le roi fit à ce propos au duc d'Ayen. Le duc répondit plaisamment : « Sire, je voudrais que les vers de la pièce fussent aussi bons français que moi. » Tant d'enthousiasme dura peu et les autres tragédies nationales de l'auteur n'eurent qu'un succès très contesté. L'innovation n'eût été féconde que si elle eût été mise en œuvre par un génie plus hardi; mais De Belloy voulait enfermer des sujets neufs et vivants dans le cadre suranné, dans le style refroidi de la tragédie traditionnelle [1]. Au reste l'idée même n'était pas nouvelle. Nous avons déjà rappelé les noms de quelques auteurs, obscurs pour la plupart, qui, à plusieurs reprises, avaient essayé d'emprunter le sujet de leurs pièces à l'histoire de France. En 1747 le président Hénault, plus connu par son *Abrégé chronologique de l'Histoire de France*, avait fait paraître une tragédie de *François II*, en prose, accompagnée d'une *préface* où il proposait la création d'un nouveau Théâtre-Français, qui eût mis en scène tous les grands événements

---

1. Dans cette tragédie moderne l'auteur n'osait pas nommer l'artillerie, et recourait à la périphrase pour désigner les canons et les boulets :
Nos soldats s'avançaient dans un calme terrible. Soudain tonne l'airain, jusqu'alors invisible, Et ses bouches de feu vomissent dans nos rangs Les instruments de mort qu'il porte dans ses flancs. Nos braves chevaliers et mon père à leur tête De cent globes d'airain ont bravé la tempête.

de notre histoire. Voltaire lui-même avait tiré de nos annales plusieurs sujets dramatiques. Au fond De Belloy n'avait rien inventé du tout, mais il lui suffit d'avoir l'air d'inventer quelque chose pour conquérir une renommée éphémère.

CHAPITRE IX

LA COMÉDIE DURANT LA PREMIÈRE MOITIÉ DU XVIIIᵉ SIÈCLE

REGNARD, DANCOURT, DUFRESNY, BRUEYS, LEGRAND, LESAGE MARIVAUX, DESTOUCHES, PIRON, GRESSET

Ni Boursault, ni Baron ne peuvent être appelés les héritiers de Molière. Pour retrouver des œuvres dignes d'être comparées, d'un peu loin, à celles du grand comique, il faut franchir vingt années après sa mort; il faut venir jusqu'à Regnard, jusqu'à Dancourt, qui débutèrent tous deux au théâtre dans les dernières années du XVIIᵉ siècle, avec un succès égal et des mérites fort différents.

On a dit plusieurs fois : Molière a laissé deux héritiers : Regnard dans la comédie et Dancourt dans la farce. — Ils ont partagé l'héritage, mais d'une autre façon. Regnard hérita du don de la fantaisie et du style. Dancourt eut celui de l'observation, mais, hélas! sans la poésie.

Regnard a le don de plaire, et surtout d'amuser; il a la verve, l'esprit, le feu; une veine de gaieté qui emporte le spectateur. Si l'on pouvait définir la comédie par le talent de faire rire, en vérité Regnard serait plus grand que Molière. Mais quoi! il lui manque la vérité, c'est-à-dire la vie, que la vivacité ne remplace pas. Ses personnages s'agitent, mais ils ne vivent pas. Nul ne les a vus ni rencontrés ailleurs que sur son théâtre. Ils ont tous de l'esprit comme quatre ; mais c'est l'esprit de Regnard. Au reste quelle langue ! quelle versification ! quelle poésie dans l'expression, dans le choix des mots, dans l'art de les enchâsser ! C'est la perfection du style comique, et je ne crains pas de dire que Molière lui-même n'écrit pas toujours ainsi.

Dancourt est tout différent ; il n'écrit guère, même en prose ; en vers, il est au-dessous de Boursault, c'est tout dire. Mais il a certaines parties d'un auteur comique, et d'abord le don d'observer la nature, de la prendre sur le fait, et de l'exprimer vivement, sans y trop ajouter. Dancourt qui n'a rien d'un poète, en aucun sens, manque de larges vues, et ne saisit les choses que par le petit côté, dans le plus menu détail. Il ne voit qu'un coin de la vérité ; il en donne une reproduction mesquine et locale, relative et accidentelle ; sa façon d'être vrai se rapporte à un jour, à une date, à un fait précis et particulier ; Molière seul a donné des images éternelles, dont la vérité ne passe point. Sans doute Molière aussi enveloppe ses personnages dans le cadre particulier de leur temps et de leur pays : mais considérez bien la différence. Otez au personnage de Molière son costume et ses façons de parler de 1670, et substituez-y le langage et les habits de nos jours ; il restera debout, vivant, et vrai parce que les traits essentiels de son caractère sont ceux qui ne varient pas, ou qui ne varient guère, d'un siècle à l'autre. Essayez de faire subir la même transformation aux meilleures créations de Dancourt ; déshabillez ce bourgeois, ce financier, ce chevalier, cette joueuse, du temps de la paix de Ryswick ou du traité d'Utrecht, vous serez surpris de voir que le corps s'en va avec les habits, et qu'il ne vous reste rien dans les mains. C'est que les personnages de Molière sont des hommes, de vrais hommes; ceux de Dancourt sont des costumes bien observés; mais ce ne sont que des costumes.

Regnard et Dancourt, si différents sur d'autres points, se ressemblent en celui-ci : tous deux inaugurent bien la comédie du xviii° siècle, et je pourrais dire aussi la comédie moderne; car tous deux font leur principal souci d'y jeter, à pleines mains, l'esprit.

De quel esprit veux-je ici parler? car il n'y a pas de mot plus vague dans toute la langue française. Je parle de l'esprit que Molière dédaignait d'avoir; je parle de l'*esprit de mots*. Nous le connaissons bien; tout le monde en a aujourd'hui ; et l'on en fait un terrible abus.

Voltaire l'a si bien défini que je renonce à mieux l'expliquer : « Ce qu'on appelle esprit est tantôt une comparaison nouvelle, tantôt une allusion fine; ici c'est l'abus d'un mot qu'on présente dans un sens et qu'on laisse entendre dans un autre; là un rapport délicat entre deux idées peu communes; c'est une métaphore singulière; c'est une recherche de ce qu'un objet ne présente pas d'abord, mais de ce qui est en effet dans lui; c'est l'art ou de réunir deux choses éloignées, ou de diviser deux choses qui paraissent se joindre, ou de les opposer l'une à l'autre; c'est celui de ne dire qu'à moitié sa pensée pour la laisser deviner; enfin *je vous parlerais de toutes les différentes façons de montrer de l'esprit, si j'en avais davantage.* » Ainsi Voltaire donnait à la fois et la règle et le modèle.

En un mot, l'esprit c'est l'art de surprendre le spectateur par l'inattendu de l'expression; c'est le talent de lui arracher cette réflexion, au moins intérieure : *C'est joli! Aurais-je trouvé cela?* Dans ce sens on peut dire que Molière n'a pas d'esprit; soit qu'il n'ait pu, soit qu'il n'ait daigné.

Étudiez de près un dialogue dans Molière. Êtes-vous jamais surpris, et comme piqué, par la riposte d'un personnage? Point du tout. Tout ce qu'ils disent, tout ce qu'ils répondent, au contraire, est exactement ce que vous attendiez, parce que la nature voulait qu'il fût dit et répondu, la situation étant donnée. Aussi vous vous écriez : « Comme c'est bien cela! Comme c'est vrai! » Vous ne dites jamais : « Comme c'est joli! Comme c'est spirituel! » Surtout vous ne dites pas : « Comme c'est inattendu! » Regnard au contraire nous ménage souvent ce plaisir dont il ne faut ni trop vanter, ni trop déprécier la valeur.

Il était né à Paris, en 1655, d'une famille de riches bourgeois [1]. Jeune il voyagea plusieurs années en Italie, en Allemagne, en Hollande, en Suède et jusqu'en Laponie. Il connut diverses fortunes, et essuya des aventures bizarres. Pris par des corsaires, il fut quelque temps esclave chez les Turcs. Revenu à Paris et résolu à n'en plus sortir, il cultiva les lettres et le théâtre pour mettre dans sa vie un amusement de plus. Il écrivit, en collaboration avec Dufresny, plusieurs petites pièces, la plupart fort amusantes, que la troupe italienne joua avec succès. Tous deux conçurent ensemble l'idée du *Joueur*; ils se brouillèrent dans l'exécution et chacun fit séparément son *Joueur*, en traitant l'autre de plagiaire.

---

1. Jean-François Regnard, né à Paris, le 7 février 1655, mort en 1710. *Le Divorce*, aux Italiens. 1696; *la Descente de Mezzetin aux enfers* (idem), 1689; *l'Homme à bonnes fortunes* (idem), 1690; *la Coquette* (idem), 1691; *les Chinois* (idem), 1692; *la Baguette de Vulcain* (idem), 1693; *la Sérénade* (aux Français), 1693; *Attendez-moi sous l'orme*, 1694, aux Français; *la Foire Saint-Germain*, 1695, aux Italiens; *les Momies d'Égypte* (idem), 1696; *le Bal*, aux Français, 1696. — Dès lors Regnard n'écrit plus que pour les Français : *le Joueur*, 1696; *le Distrait*, 1697; *Démocrite*, 1700; *le Retour imprévu*, 1700; *les Folies amoureuses*, 1704; *les Ménechmes*, 1705; *le Légataire universel*, 1708.

Le caractère du joueur est-il propre à la comédie? Il est permis d'en douter, malgré le succès durable qu'a obtenu Regnard. Ou la passion du jeu n'est qu'un désordre de jeunesse, une mode passagère, un travers de désœuvré; alors elle ne constitue pas à proprement parler un caractère, elle est une mauvaise habitude plutôt qu'un vice. Ou bien elle a saisi et gâté l'âme tout entière, et pénétré jusqu'aux moelles; mais elle est plus tragique alors que plaisante : il n'y a plus là matière à rire. Le joueur dans notre siècle est devenu un personnage de drame; il excite la terreur, la pitié, les larmes; il traîne après soi sur la scène le déshonneur, la misère, l'assassinat, le suicide. Mais Regnard appartenait, par goût et par conviction, à la pure tradition classique; il n'admettait d'autres comédies que celles qui font rire. Son joueur n'est que plaisant; joueur effréné, il est vrai, dès qu'il est en fonds, mais amoureux d'une jolie fille, ou plutôt de sa dot, aussitôt qu'il est à sec. L'aimable Angélique, éclairée à temps, échappe au péril d'épouser un si fâcheux mari; la pièce finit par une rupture, et non par un mariage [1]; tout est donc bien, et le joueur lui-même est tout consolé de sa déconvenue :

> Va, va, consolons-nous, Hector, et quelque jour
> Le jeu m'acquittera des pertes de l'amour.

Ainsi Regnard ne nous a pas donné dans *le Joueur* une étude bien approfondie des terribles effets d'une passion si envahissante; il en a du moins dépeint les ridicules avec beaucoup de verve; il a su animer cette brillante esquisse par la grâce du style et le pétille-

---

1. Le mariage d'Angélique avec l'insignifiant Dorante n'est pas le vrai dénouement du *Joueur*.

ment de l'esprit ; joignez à ce mérite une conduite habile, un dénouement heureux, une gaieté soutenue. N'est-ce pas assez pour que *le Joueur* soit bien près d'être un chef-d'œuvre?

L'année suivante (1697) Regnard donna *le Distrait*; tout son esprit, les grâces de son style ne purent compenser les inconvénients d'un sujet mal choisi : c'est trop peu d'une innocente infirmité de l'esprit, comme est la distraction, pour fournir de matière une comédie en cinq actes. La Bruyère et son fameux portrait de Ménalque, le plus long, mais non le meilleur des *Caractères*, avaient égaré Regnard.

Démocrite (1700) offre une originalité plus vraie, et quoique la pièce ait de grands défauts, elle n'est pas oubliée. Regnard osa y porter une atteinte à la règle sacrée de l'unité de lieu. Le premier acte se passe dans un désert, les autres dans le palais des rois d'Athènes, mais il règne dans toute la pièce une fantaisie qui rend ces libertés excusables. Ce Démocrite ne ressemble guère au savant philosophe d'Abdère ; c'est une sorte de don Quichotte un peu pédant et amoureux ; son valet Straton est un Sancho Pança famélique et joyeux qui a suivi le philosophe au désert, mais en plaignant fort la mauvaise chère qu'il y fait. Depuis vingt ans il a perdu de vue sa femme ; les deux époux se retrouvent sans se reconnaître et sont charmés l'un de l'autre ; mais lorsqu'ils se reconnaissent ils se reprennent en horreur. Ainsi le théâtre comique aimait à peindre l'homme foncièrement méchant ; ces deux époux se haïssent parce qu'ils ont juré de s'aimer ; ils s'adoreraient pour peu que cela leur fût défendu. Quelques réserves morales qu'appelle une telle conception de l'humanité, la scène est charmante et infiniment spirituelle. Peut-être les successeurs de Regnard flatteront-ils, à leur tour, un peu trop le cœur humain, en ne lui prétant que de bons instincts, des penchants vertueux ou du moins honnêtes.

Les Ménechmes (1705), pièce imitée de Plaute, excitent vivement le rire par les malentendus et les quiproquos auxquels donne lieu la parfaite ressemblance de deux frères jumeaux. Dans Plaute les deux sosies s'ignorent l'un l'autre et le spectateur est seul dans le secret, ce qui peut-être est plus fin et plus piquant; dans Regnard l'un des deux frères tend pièges sur pièges à l'autre, abusant de la ressemblance pour enlever à son frère, outre trente mille écus, la fiancée qu'il venait chercher à Paris. Regnard ne perd jamais l'occasion de mettre un fripon sur la scène. La comédie est fort amusante; mais La Harpe, en la comparant à son modèle latin, s'est donné trop facilement le plaisir d'accorder l'avantage à Regnard. La peinture des mœurs romaines lui a paru ennuyeuse parce que ces mœurs ont disparu, mais celles que peint Regnard vieillissent à leur tour, et déjà ses valets ne sont guère moins surannés que les esclaves de Plaute. Ils vivent toutefois par le style; et par le style Regnard vivra toujours. Quel autre mérite explique le charme encore durable des *Folies amoureuses*? Le fond n'est rien, c'est la comédie italienne traditionnelle, c'est l'éternel roman de l'amour déjouant la vieillesse jalouse, pour faire triompher la jeunesse malicieuse et charmante. Les noms seuls sont changés : Cassandre s'appelle Albert, et Colombine, Agathe. On n'analyse pas cette pure *folie* de carnaval, simple parade, en vérité, mais transfigurée, idéalisée, élevée à la dignité d'une œuvre d'art par la seule magie de la forme et par la perfection de la versification comique.

Ainsi cette pièce, insignifiante en elle-même, doit son charme durable à la beauté du style. Il faut avouer que Regnard, envers qui d'illustres critiques se sont montrés si sévères, a pour lui ce mérite au moins d'être un très grand écrivain en vers; il a d'abord la correction parfaite, non seulement cette correction banale qui respecte la grammaire; mais cette correction plus rare qui consiste en un juste emploi de tous les mots dans leur acception véritable, avec leurs nuances particulières. Il a la franchise et le naturel; il ne cherche pas ses termes, qui semblent venir d'eux-mêmes, fournis par l'idée; il ne cherche pas l'esprit, mais l'esprit jaillit chez lui de la source du sujet. Il a enfin au plus haut degré la verve, et, dans un certain sens, l'imagination; car s'il en manque dans ses inventions, dans ses combinaisons dramatiques, assez pauvres et faiblement enchaînées, elle surabonde dans son style; il excelle à faire rendre, au moyen des mots, à l'idée la plus ordinaire, tout ce qu'elle peut renfermer de vif et d'amusant.

Le Légataire universel (1708) est la dernière pièce de Regnard, et, si l'on veut, son chef-d'œuvre, car c'est la plus amusante de ses comédies, et la suprême qualité de Regnard c'est d'être amusant. Mais, de toutes les pièces de l'auteur, c'est aussi celle qui soulève les plus graves réserves au point de vue moral. Les personnages de ses autres comédies ne sont déjà pas trop honnêtes; ceux du *Légataire* sont de véritables voleurs, ameutés autour d'un vieillard faible et malade qu'ils exploitent. Nous l'avons dit déjà, l'ancienne comédie était dure, impitoyable envers les faibles quand les faibles étaient ridicules. Chez Molière, George Dandin, Arnolphe, Argan, M. Jourdain sont cruellement maltraités pour des peccadilles. Ici Géronte a le tort d'être vieux, isolé, cacochyme, avare et riche, et, au commencement de la pièce, amoureux; tout est permis contre lui. S'il s'évanouit dans son fauteuil, on le croit mort, sans avoir testé; le valet Crispin revêt les habits du vieillard et dicte au notaire un testament en faveur du neveu Éraste, sans oublier de se léguer quelque chose à lui-même et à l'aimable Lisette. Quand Géronte se réveille, ces gracieux fripons sont dans un grand embarras; mais Regnard sait les en tirer, par la prestesse brillante et l'aisance de son dénouement. On fait croire à Géronte qu'il a dicté son testament sans qu'il s'en souvienne; on le persuade ou on l'intimide, et le rideau tombe sur une réconciliation générale. Au fond la situation est douloureuse; un auteur moderne en tirerait un drame ou, tout au moins, une sombre et triste comédie. Mais Regnard enveloppe toutes ces vilenies dans le voile brillant d'une étincelante gaieté. Il sauve par là son théâtre de tout reproche sérieux d'immoralité. Du moins s'il est immoral, au fond, il n'est pas dangereux ; l'exubérance de sa gaieté empêche qu'on ne prenne au sérieux ses personnages, et que leur mauvais exemple endoctrine mal un spectateur. Nul ne fera un faux pour imiter Crispin. Toutefois n'est-il pas vrai que cette indifférence absolue au bien et au mal qui fait le fond du théâtre de Regnard, a pu exercer en son temps une fâcheuse influence? n'a-t-il pas contribué, pour sa part, à multiplier la race des esprits légers, ironiques, persifleurs, esprits si nombreux dans cette première moitié du xviii° siècle, pour qui tout fut matière à rire et à railler? Rousseau ne fut-il pas nécessaire pour rapprendre aux Français à parler sérieusement des choses sérieuses?

Entre les successeurs de Molière, Dancourt[1] est celui qui cherche le moins à imiter le maître. Molière étudie l'humanité dans un homme, d'ailleurs vivant et distinct, mais que le génie du poète sait

---

1. Florent Carton Dancourt, né à Fontainebleau, en 1661, mort en 1725. Il ne cessa de composer pour le théâtre de 1685 a 1718.

élever jusqu'au type. Dancourt n'a pas de si hautes visées; mais il saisit très bien les travers particuliers et les exprime avec une vivacité amusante. Il ne fait pas le portrait de la société; il en fait la caricature; il indique le trait saillant des hommes et des choses en l'exagérant. Il saisit, anime et met en scène les ridicules et les vices de la rue et de la maison, toutes les petitesses, toutes les faiblesses de la vie journalière, tout ce que l'observation de la vie extérieure peut offrir de bizarre et de plaisant. Dancourt a d'ailleurs un véritable talent d'arrangement scénique; passionné pour la comédie dès l'enfance, acteur en même temps qu'auteur, il a l'instinct du théâtre et il en a l'expérience. Ses moindres pièces sont bien faites, surtout en vue des spectateurs; il se souciait peu, je crois, des lecteurs et de la postérité. Au reste son œuvre est une œuvre d'à-propos, qui doit la plus grande partie de son agrément aux circonstances. Il s'inspire presque toujours du ridicule à la mode et du travers du jour, de tous les menus accidents de la vie sociale, et surtout parisienne; si le roi rend un arrêt contre les excès du jeu, Dancourt fait représenter *la Désolation des joueuses*. Si un Italien fait courir tout Paris et le trompe avec une tombola où les compères gagnent tous les gros lots, et les naïfs, un pot de fleurs, Dancourt fait jouer *la Loterie*. Lorsque Paris s'engoue d'une promenade ou d'un restaurant, d'une fête foraine ou d'une ville d'eaux, Dancourt écrit: *le Moulin de Javelle, les Fêtes du Cours, la Foire de Bezons, les Vendanges de Suresnes, les Eaux de Bourbon, la Foire Saint-Germain*: La chronique judiciaire, le retour des officiers après la paix de Ryswick, le succès d'un livre à la mode (*le Diable boiteux*), lui inspirent vingt petites pièces, la plupart en un acte, où il éclaire vivement un coin de la société du temps. Moins pressé ou plus laborieux, il aurait pu tracer des images plus vastes et plus durables des mœurs de son époque. Il l'a prouvé dans *le Chevalier à la mode, la Femme d'intrigues, les Bourgeoises à la mode*, où il a réussi à peindre avec force l'un des traits saillants des dernières années de Louis XIV, je veux dire le bouleversement des classes et leurs luttes acharnées. Nobles et bourgeois se méprisent et s'envient les uns les autres. La plupart des nobles sont ruinés; beaucoup de bourgeois sont riches. Or la noblesse a encore son prestige, et l'argent a déjà toute sa puissance; mais chacun veut les deux. L'argent veut acheter la noblesse, et la noblesse est prête à se vendre pour acquérir l'argent. Cette désorganisation de la société française, au commencement du xviii° siècle, admirablement peinte dans les *Lettres persanes* de Montesquieu, est au moins ébauchée avec beaucoup de verve et de mouvement dans le théâtre de Dancourt. L'énormité du ridicule et le cynisme du vice nous choquent dans ses comédies; mais il ne faut pas trop vite l'accuser d'exagération; les *Mémoires* de Saint-Simon et beaucoup d'autres documents véridiques confirment, sur bien des points, les satires de Dancourt. Ainsi l'importance et la puissance des métiers d'argent datent de ce temps-là: dans Molière il n'y a pas de financiers, mais de bons gros marchands, ou de francs usuriers. Le financier, le banquier, moitié marchand, moitié usurier, naît avec Dancourt, au théâtre. Il est dur, arrogant, libertin, grossier, affreux. La finance plus tard, solidement enrichie, s'amenda, s'adoucit, se polit; l'époque de Dancourt et de Lesage est sa première phase, la phase militante et brutale de la fortune à faire.

Mais le mérite qui rend Dancourt lisible encore aujourd'hui, même agréable à lire, c'est l'esprit, qui chez lui surabonde. Il a encore plus d'esprit que de gaieté, au rebours de Regnard qui a encore plus de gaieté que d'esprit. L'esprit dont je parle est l'esprit au sens le plus moderne, le brillant, le pétillant, la fusée. Il a quelquefois aussi des traits naïfs. Ainsi deux jeunes filles se font confidence du nom de celui qu'elles aiment; il se trouvera, hélas! que le même fait la cour aux deux. « Je n'ai rien de caché pour toi, on l'appelle Clitandre. — Clitandre, dites-vous? — Tu le connais? — Il n'est pas impossible qu'il y ait plus d'un Clitandre dans le monde. — Celui que je connais est le vrai Clitandre. » (*L'Été des Coquettes.*) Mais le plus souvent les mots chez Dancourt sont spirituels et non naïfs, bien lancés, mais âpres plus que gais, avec un arrière-goût un peu amer. Ainsi dans *les Fêtes du Cours* : « CLITANDRE. Il se flatte de l'épouser. — MARTHON. Belle marque d'amour! — CLITANDRE. Y en a-t-il de plus forte? — MARTHON. En savez-vous de moindre? » Dans *le Diable boiteux* : « BERTRAND. Et si ce mari qu'elle croit mort ne l'était pas? Car enfin quelle certitude en a-t-on? — LISETTE. Quelle, Monsieur? La joie de Madame. Elle a un instinct! » Dans *les Agioteurs* : « Le vieux ZACHARIE (à la jeune Suzon). Je renonce à tout négoce (pour vous épouser) et je veux que nous n'ayons, vous et moi, d'autre occupation que de nous aimer. — SUZON. De nous aimer? Vous auriez trop d'occupation, Monsieur Zacharie, et moi je n'en aurais guère. » Voilà l'esprit de Dancourt. Celui de Molière est fort différent. Chez lui, le personnage parle pour son compte; il est sot quand il doit être sot; ici, tous ont l'esprit de Dancourt. Sa langue est d'ailleurs curieuse, abondante, variée. Elle recèle une multitude de mots et de tours qu'on chercherait vainement dans Bossuet et même dans La Bruyère. Un certain *argot* de théâtre et de boulevard, qu'on croit peut-être plus neuf qu'il n'est réellement, perce déjà chez Dancourt : « Je me marie, dit un roué. — Contre qui, » lui répond quelqu'un. (***La Femme d'intrigues.***)

On peut avoir des idées comiques, un fonds d'esprit inépuisable, un style agréable et correct; en prose être vif et piquant; en vers, aisé, spirituel; bien plus, on peut savoir l'art de conduire une scène et de l'écrire, en y exprimant avec force un caractère et une situation dramatique, et, avec tout cela, ne pas savoir faire une pièce; donner vingt comédies au Théâtre-Français et ne pas laisser un seul chef-d'œuvre; enfin ne se survivre à soi-même que dans une réputation équivoque et confuse, qui rappelle un nom, quelques titres de pièces; rien de plus que la renommée banale d'un homme de talent qui a manqué de génie : tel fut le sort de Dufresny [1]. Louis XIV le protégea sans pouvoir enrichir ce prodigue; il gaspillait l'argent comme il gaspillait sa verve. Aussi mourut-il pauvre, et il fut tôt oublié. Jeune, il avait collaboré avec Regnard en écrivant pour les comédiens italiens de petites pièces qui eurent du succès. Tous deux conçurent ensemble l'idée du *Joueur*; ils se brouillèrent avant de finir la pièce, et la firent jouer séparément, Regnard en vers, Dufresny en prose. Garon disait : « Chacun a volé l'autre, mais Regnard est le bon larron. » Toutefois Dufresny garde l'honneur de certains traits heureux qui peignent la passion du jeu avec plus de force et de profondeur qu'on n'en saurait trouver dans la brillante esquisse de Regnard. Ces couleurs trop crues choquèrent les spectateurs du temps. Plus tard Dufresny fit *la Joueuse*, qui tomba; on reprochait à l'actrice (Mlle Champvallon) de jouer en bacchante; comme si une vraie joueuse n'était pas aussi emportée qu'une bacchante. Une bluette, un acte en prose, *l'Esprit de contradiction* (1700), réussit brillamment; c'est la

---

1. Dufresny (Charles Rivière), né à Paris (vers 1655), mort en 1724. *Le Chevalier joueur*, 1697; *l'Esprit de contradiction*, 1700; *le Double Veuvage*, 1702; *la Joueuse*, 1709; *la Coquette de village*, 1715; *le Dédit*, 1719; *le Mariage fait et rompu*, 1721. Ces trois comédies sont en vers.

meilleure pièce de Dufresny si l'on ne mesure pas les ouvrages à l'étendue. Madame Oronte est contredisante, enragée de contradiction, et fait trembler son mari et tout le monde par son humeur. Oronte voudrait bien que sa fille épousât le riche Thibaudois, non le pauvre Valère; mais connaissant sa femme il feint d'appuyer Valère. Angélique avertit sa mère, et celle-ci, pour faire pièce à son mari, s'empresse de se soumettre. « Il faut être bien malheureux! s'écrie Oronte. La seule fois de sa vie qu'elle ne me contredit point, c'est pour me contredire. » *Le Double Veuvage* (1702) est resté longtemps au théâtre. C'est aussi une peinture plaisante, amère au fond, de la vie conjugale. L'intendant de la comtesse fait semblant d'adorer sa femme; il la déteste. L'intendante a pour son époux des sentiments tout pareils. La comtesse, pour amuser les derniers jours d'automne à la campagne, s'avise de donner carrière à ces deux hypocrisies. L'intendant est en voyage. On annonce à sa femme qu'il est mort. Elle remplit le château de son désespoir, mais au milieu de ses larmes elle tourne des yeux très doux vers Dorante, un neveu de son mari; elle pense à l'épouser en souvenir du défunt. L'intendant revient de voyage; on lui annonce que sa femme est morte. Il éclate en sanglots, mais, tout en se lamentant sur sa perte, il regarde Thérèse, une aimable nièce de sa femme; il lui semble qu'épouser Thérèse serait une belle façon d'honorer la défunte. Quand tout le château s'est assez amusé de ce *double veuvage*, on remet les deux époux en présence; ils témoignent vite autant de transports qu'ils ont au fond de déplaisir. Que faire cependant de Dorante et de Thérèse? On les mariera ensemble; l'oncle et la tante en sont d'avis tous deux, chacun pour faire enrager l'autre; elle, en gardant Dorante auprès d'elle, et lui en gardant Thérèse.

Dufresny n'a pas la gaieté de Regnard; mais il excelle dans la plaisanterie flegmatique, et même un peu pincée. Il abonde en traits excellents, pleins de naturel, de force et de vérité. Il offre une mine féconde à l'imitation, car il est très riche, et très oublié. On lui a reproché de prêter trop d'esprit à tous ses personnages; ce défaut est bien plus sensible chez Dancourt, qui fait tout pétiller, jusqu'aux niais qu'il met en scène. Ce qui manque à Dufresny, c'est le talent de la composition; son théâtre est incohérent comme sa vie; ses dernières pièces semblent encore celles d'un jeune homme rempli d'esprit, mais sans expérience : jusqu'à soixante-treize ans il a donné des promesses brillantes.

Le suprême honneur pour un auteur comique c'est de créer un type : c'est d'ajouter une figure à la galerie de ces personnages imaginaires, qui n'ont jamais existé, mais qui vivent toutefois, et qui vivront toujours; mieux connus, plus distincts, et, pour ainsi dire, plus réels que mille et mille personnages historiques, depuis longtemps oubliés.

De ces types ineffaçables, de ces héros fictifs, mais immortels, Molière en a créé cent, qui tous nous sont aussi familiers que si nous avions vécu avec eux; mais cette gloire est rare. Ni Dancourt, ni Dufresny, ni Regnard lui-même n'ont créé un seul type comique; c'est qu'il faut plus que de l'esprit pour enfanter une figure nouvelle, et lui laisser, avec des traits distincts, un nom qui dure. On voit encore *le Joueur* avec plaisir : mais la pièce finie, qui se rappelle le nom du Joueur? qui sait le nom du Distrait? que nous dit celui des Ménechmes? Crispin du *Légataire* est une figure animée, vivante, et remplie d'une verve endiablée; malgré tout, on le confond avec vingt autres homonymes.

Ce sont là des rôles plaisants; ce ne sont pas des

hommes. De Molière à Beaumarchais, pendant l'espace d'un siècle entier, un seul auteur comique a eu l'honneur de mettre au jour un personnage nouveau, que tout le monde connaît, et nomme par son nom : c'est Lesage, père de Turcaret [1].

La pièce fit grand bruit, même avant son apparition. Les financiers ne voulaient pas qu'on la jouât [2], craignant d'y être joués. Le Dauphin, qui les aimait peu, intervint et, sur son ordre exprès, on joua Turcaret avec un succès bruyant. Il nous semble une caricature aujourd'hui, ce brutal et sot Turcaret ; il fut vrai, dans son temps, alors que la banque naissante, à peine distincte de la simple usure, vendait si cher son or à la France ruinée par une guerre malheureuse. Sans doute la haine publique était injuste ; mais ceux qui osaient la braver pour s'enrichir à tout prix, pouvaient-ils être des gens délicats et scrupuleux ? Mais quel honneur pour Lesage qu'un type, qui n'est plus vrai, demeure encore vivant ; et que tel parvenu de nos jours, homme du monde, poli, cultivé, redoute encore, s'il s'oublie un moment, s'il laisse percer le vice originel, d'être appelé Turcaret.

Turcaret a mis l'univers en banque ou plutôt en bazar ; et tout ce qui dans le monde peut se vendre, il l'achète, pourvu que ce soit à vil prix ; tout ce qui peut trouver acheteur, il le vend, pourvu que ce soit très cher. Sa force est dans son audace, et dans son insensibilité absolue. Turcaret ne ressent ni peine ni plaisir du bien ou du mal qui peuvent arriver à autrui ; il considère les hommes seulement comme des sources de bénéfices, des fonds à exploi-

---

1. Alain René Lesage, né à Sarzeau (Morbihan), en 1668, mort en 1747. — Il vécut d'abord péniblement d'un travail de traducteur. Un roman, *le Diable boiteux* (1707), le tira de l'ombre. En même temps au théâtre *Crispin, rival de son maître*, réussissait brillamment. *Turcaret* parut le 14 fév. 1709.

2. Cependant on avait vu des partisans sur la scène avant Turcaret. Chappuzeau fit *le Riche mécontent*, et Robbé fit jouer *la Rapinière* en 1682.

ter. Mais cet homme si dur cherche le plaisir en même temps qu'il veut l'argent : cet homme sans foi et sans pitié est comme un enfant niais et crédule en face de la baronne; il est la dupe de sa coquetterie impertinente et de ses mensonges hautains. La scène où il vient pour lui reprocher qu'elle le trahit, qu'elle se moque de lui, qu'elle met sa fortune au pillage pour enrichir un chevalier d'industrie, et où il finit par tomber à ses pieds en implorant son pardon ; cette scène si fortement conçue et conduite nous paraît digne d'être comparée avec tout ce que le théâtre ou le roman moderne ont écrit de plus vigoureux sur la même donnée.

Mais quel monde étrange! et quelle triste comédie, malgré toute sa gaieté! On n'y rencontre pas une seule figure honnête : « J'admire le train de la vie humaine! dit le valet Frontin. Nous plumons une coquette ; la coquette mange un homme d'affaires; l'homme d'affaires en pille d'autres. Cela fait un ricochet de fourberies le plus plaisant du monde. » Les valets font leur main dans ces maisons aventureuses; ils sont les maîtres de demain : ils y comptent. C'est le dernier mot de la pièce : « Voilà le règne de monsieur Turcaret fini, dit Frontin, le mien va commencer. »

On regrettera toujours que Lesage n'ait plus rien voulu donner aux Comédiens-Français après cette éclatante comédie. Avant *Turcaret*, ils avaient joué avec succès *Crispin rival de son maître* (1707), courte comédie d'intrigue, vivement écrite et fort amusante. Brouillé avec les grands Comédiens (sans qu'on ait bien su jamais les motifs de cette brouille), Lesage ne travailla plus que pour les théâtres de la Foire, où il dépensa, en prodigue, beaucoup d'esprit, de verve et de gaieté dans deux cents pièces oubliées. Mais ce qui vaut mieux pour sa gloire et pour nos plaisirs, en même temps, il fit *Gil Blas*.

Le nom de Brueys[1] est resté associé à celui de Palaprat. Ces deux Gascons collaborèrent souvent, tout en se querellant fort, mais en s'aimant malgré tout. Brueys disait : « *Lé Grondur*, c'est uné bonné piéce. Lé prémier acte est écélent : il est tout dé moi. Lé sécond, cousi, cousi. Palaprat y a travaillé. Pour lé troisiéme, il né vaut pas lé diable. Jé l'avais abandonné à ce barbouillur. » Palaprat entendait, et riait de tout son cœur. C'était vraiment l'âge d'or des collaborations.

Toutefois Voltaire a peut-être un peu flatté Brueys en écrivant (dans le *Siècle de Louis XIV*) : « La petite comédie du *Grondeur* est supérieure à toutes les farces de Molière » ; et quand il ajoute : que *l'Avocat Pathelin*, « cet ancien monument de la naïveté gauloise que Brueys rajeunit, fera connaître son nom tant qu'il y aura en France un théâtre. » Voltaire montre bien qu'en 1750 on ne savait plus que très confusément ce que c'était que la « naïveté gauloise », ni aucune autre naïveté. Aujourd'hui surtout, une agréable traduction du vieux et vrai *Pathelin* a pour jamais banni de la scène le *Pathelin* rajeuni de Brueys[2].

Parmi les auteurs comiques du second ordre, qui eurent l'instinct du théâtre et l'entente de la scène plutôt qu'un vrai talent dramatique, il faut nommer Legrand[3]. On se souvient encore du succès qu'obtint *Cartouche ou les Voleurs*, joué en 1721, et intitulé

---

[1]. Brueys (1640-1723) a fait seul : *le Sot toujours sot*, *l'Important* (5 actes), *Gabinie* (tragédie), *l'Avocat Pathelin* (5 actes), *l'Opiniâtre* (3 actes en vers). Avec Palaprat : *le Concert ridicule*, *le Secret révélé*, *le Grondeur* (3 actes), *le Muet* (5 actes). Palaprat (1650-1721) a fait seul quelques médiocres comédies qui n'eurent aucun succès. Il avait de la bonne humeur et de la franchise. Voy. dans Parfait (tome XIII, p. 357) comment il s'amuse à démentir d'avance les vanteries qu'il pourrait bien raconter un jour sur lui-même et les siens s'il venait à faire fortune.

[2]. Cette pièce n'eut d'ailleurs aucun succès lorsqu'elle fut jouée en 1706.

[3]. Marc-Antoine Legrand (1673-1728), auteur et acteur, comme Molière ; il a fait jouer à la Comédie-Française et aux Italiens 26 pièces, pour la plupart en prose, entre 1707 et 1727 : presque toutes sont en un seul acte. Il était bon acteur, mais d'une laideur fameuse. Il dit lui-même :

Ma taille, par malheur, n'est ni haute ni belle.

d'abord *l'Homme imprenable*, avant que la police
eût enfin réussi à en saisir le héros. La pièce fut
jouée durant le procès, et pour la dernière fois neuf
jours seulement avant l'exécution de Cartouche. De
cette matière au fond fort triste, Legrand a tiré une
pièce amusante et singulièrement hardie. Cent dix
ans plus tard, le fameux Robert Macaire ne se mo-
quera pas plus impudemment des lois et de la police :
le langage de Cartouche offre déjà le même mélange
de sérieux gouailleur et de trivialité gourmée. « Toute
la science de notre profession ne consiste qu'en deux
choses : à prendre et à n'être pas pris. » La Branche,
un associé de Cartouche, rencontre Gripaut, ancien
voleur, qui s'est fait clerc. « Clerc de procureur ! comment ! tu déroges ainsi !... — Oh ! tu auras beau dire, il
se fait de grands coups dans notre étude. » Legrand
a de l'esprit, plus qu'il n'a de délicatesse ; il est souvent grossier, toujours cru. Il n'est guère plus touché
de l'idéal que ce personnage de *Belphégor* [1] auquel
il fait dire . « qu'on doit aimer pour soi-même, sans
s'embarrasser d'être aimé. — C'est-à-dire que vous
regarderiez les femmes comme un mets qu'on sert sur
votre table. — Sans doute. Par exemple j'aime les
perdrix et le poisson ; est-ce que je me soucie que le
poisson et les perdrix m'aiment ? » C'est bien là le fond
de la Régence et de Legrand. Mais comme les gens
d'esprit, il est capable de plusieurs langages et de
plusieurs rôles ; il marivaude à l'occasion, même avant
Marivaux. Dès 1722, il fait jouer à la Comédie-Française *le Galant Coureur ou l'Ouvrage d'un moment*,
qu'on dirait de l'auteur des *Fausses Confidences*. Le
marquis s'habille en courrier, et la comtesse en
Lisette, pour s'éprouver mutuellement ; ils s'adorent
l'un l'autre sous ce travestissement ; le marquis gémit

---

1. *Belphégor ou le Fleuve d'oubli*, joué aux Italiens le 24 août 1721.

qu'elle soit Lisette; et la comtesse, qu'il soit courrier. A la fin tout s'éclaircit et ils s'épousent. C'est du Marivaux moins raffiné; plus amusant peut-être.

L'année suivante, Legrand faisait jouer *Agnès de Chaillot*, parodie d'*Inès de Castro*. Le succès fut immense. Legrand est un peu l'inventeur du genre [1], qui est toujours assez misérable; surtout lorsqu'il se borne, comme on fit le plus souvent au XVIII° siècle, à suivre servilement l'original, en transposant les situations, en rabaissant les rôles et les caractères, en substituant un cabaretier à un roi; une fille d'auberge à une princesse. La satire est plus piquante et plus spirituelle en s'attachant à grossir seulement certains traits ridicules de l'original; mais s'il est un genre où la mesure est difficile à garder, c'est sans doute dans la caricature.

Diderot disait crûment : « Voltaire n'est que le second dans tous les genres. » Ce n'est pas tout à fait exact : car dans le genre comique, Voltaire est le dernier. Chose singulière qu'un homme doué d'un si merveilleux esprit, n'ait jamais pu écrire que des comédies mortellement ennuyeuses. On pourrait dire : c'est la preuve que l'esprit ne suffit pas au théâtre. Mais en réalité Voltaire, comme s'il eût craint d'en mettre trop dans ses comédies, n'en a pas mis assez; elles sont toutes fort plates, même celles qu'il n'a écrites que pour y donner cours à ses rancunes contre ses ennemis, Fréron et Desfontaines [2]. Parmi ces œuvres avortées, la plus intéressante est *l'Enfant prodigue* (1736); l'auteur avait d'abord maltraité La Chaussée; mais en voyant durer le succès du genre nouveau, il s'efforça d'écrire à son tour une comédie

---

1. Ou mieux encore il le mit à la mode par le succès d'*Agnès de Chaillot*. L'*Œdipe* de Voltaire fut très platement parodié dès 1719.
2. *L'Envieux*, 1738; *l'Écossaise*, 1760.

semi-larmoyante. La *préface* est curieuse : « Si la comédie doit être la représentation des mœurs, cette pièce semble être assez de ce caractère. On y voit un mélange de sérieux et de plaisanterie, de comique et de touchant. C'est ainsi que la vie des hommes est bigarrée; souvent même une seule aventure produit tous ces contrastes. Rien n'est si commun qu'une maison dans laquelle un père gronde, une fille occupée de sa passion pleure; le fils se moque des deux; et quelques parents prennent différemment part à la scène. On raille très souvent dans une chambre de ce qui attendrit dans la chambre voisine; et la même personne a quelquefois ri et pleuré de la même chose dans le même quart d'heure. Une dame très respectable étant un jour au chevet d'une de ses filles qui était en danger de mort, entourée de toute sa famille, s'écriait, en fondant en larmes : « Mon Dieu, rendez- « la-moi et prenez tous mes autres enfants. » Un homme, qui avait épousé une autre de ses filles, s'approcha d'elle et la tirant par la manche : « Madame, dit-il, « les gendres en sont-ils ? » Le sang-froid et le comique avec lequel il prononça ces paroles fit un tel effet sur cette dame affligée, qu'elle sortit en éclatant de rire; tout le monde la suivit en riant, et la malade, ayant su de quoi il était question se mit à rire plus fort que les autres. Nous n'inférons pas de là que toute comédie doive avoir des scènes de bouffonnerie et des scènes attendrissantes. Il y a beaucoup de très bonnes pièces où il ne règne que de la gaieté, d'autres toutes sérieuses, d'autres mélangées, d'autres où l'attendrissement va jusqu'aux larmes. Il ne faut donner l'exclusion à aucun genre..... tous les genres sont bons, hors le genre ennuyeux. »

Plus tard, Voltaire écrivait : « La comédie peut se passionner, s'emporter, attendrir, pourvu qu'ensuite elle fasse rire les honnêtes gens. Si elle manquait de comique, si elle n'était que larmoyante, c'est alors qu'elle serait un genre très vicieux et très désagréable. » A l'appui de cette théorie, il fit jouer (1749) *Nanine ou le Préjugé vaincu*, où l'on voit un comte épouser une paysanne, en disant :

Elle a les mœurs, il ne lui manque rien.

Une telle donnée, hardie pour le temps, mais au fond médiocrement intéressante, aurait eu besoin d'être soutenue avec beaucoup de force et de vérité ; *Nanine*, malheureusement, n'est pas plus pathétique ni plus approfondie qu'un drame de Berquin. Les dernières comédies de Voltaire ont au plus haut point ce caractère d'enfantillage ; ainsi *Charlot*, joué à Ferney en 1767, et après la mort de l'auteur, aux Italiens, en 1782. Dans le château de Givry ont grandi deux enfants : le marquis, un vrai diable, et son frère de lait, Charlot, qui est un ange. Un jour le marquis veut tuer Charlot ; et Charlot se défend si malheureusement qu'il tue le marquis. La mère du marquis se désole. La nourrice des deux jeunes gens accourt : « Consolez-vous, madame, j'avais changé nos enfants. C'est le mien qui est mort, et c'est Charlot qui est le vôtre. » Là-dessus Henri IV entre, sans qu'on voie pourquoi. On crie : Vive le Roi ! et on illumine le château.

S'appeler Voltaire, se moquer pendant soixante et dix ans de tout son siècle avec un esprit diabolique ; et, en fait de comédies, composer *Charlot*, était-ce une punition du ciel ?

Autant Voltaire était peu fait pour la scène, autant Marivaux est né homme de théâtre, ayant l'instinct, le sens dramatique. Marivaux [1] n'a pas eu, comme

---

1. Pierre Carlet de Chamblain de Marivaux, né à Paris, en 1688, mort en 1763. Son théâtre est considérable ; les pièces qui ont survécu sont : *la Surprise de l'amour*, 1727 ; *le Jeu de l'amour et du hasard*, 1730 ; *l'École*

Lesage, l'honneur de créer un type; ses Dorante et ses Sylvia, trop nombreux, trop fugitifs, confondent entre eux leur gracieux profil. En revanche, il a donné son propre nom à un genre et à un style; et quoique le mot de *marivaudage* ne s'emploie pas toujours en bonne part, c'est quelque chose d'avoir eu ainsi une forme à soi.

Marivaux a beaucoup écrit pour le théâtre : parmi ses nombreuses comédies, les seules qui ont survécu appartiennent toutes au même genre qu'il a créé. Marivaux y étudie exclusivement l'amour, tel qu'il se manifeste d'ordinaire dans la société polie, incapable également des grandes vertus et des grands crimes. Il l'y montre en lutte, non contre les obstacles et les dangers du dehors, mais contre lui-même, ou, plus exactement, contre l'amour-propre. D'Alembert prête ces paroles à Marivaux : « J'ai guetté dans le cœur humain toutes les niches différentes où peut se cacher l'amour, lorsqu'il craint de se montrer; et chacune de mes comédies a pour objet de le faire sortir d'une de ces niches. » Dès que l'auteur a forcé l'amour à s'avouer, à se montrer, la pièce est finie par le mariage des deux amants, dénouement banal de toutes ses comédies (comme de beaucoup d'autres). Ainsi Marivaux est déjà tout entier dans sa première *Surprise de l'amour*, jouée avec un succès très vif aux Italiens, le 3 mai 1722. Lélio, trahi par une femme adorée, a juré de n'aimer plus. La comtesse, veuve d'un mari regretté, quoique belle, jeune et riche, a fait le même serment. Le hasard les rapproche; ils se voient; ils s'aiment. Mais tous deux sont fiers; tous deux ont juré de se tenir parole à eux-mêmes. Comment les amener à se dédire et surtout à en convenir?

---

des mères, 1732; *les Fausses Confidences*, 1736; *le Legs*, 1736; *l'Épreuve*, 1740. — De ses romans, le meilleur est *Marianne*, 1731-1736, inachevé.

Pour en venir là, quelle jolie succession de menues escarmouches, d'attaques, de ripostes, de marches et de contremarches! Sur ce fond très insignifiant quelle broderie délicate! Ces choses-là ne s'analysent point, ni ne se découpent par extraits. L'agrément est tout dans le dessin sinueux de l'ensemble, et dans les détours gracieux où l'action passe et repasse. Ce babillage élégant, cette volubilité de paroles, cette justesse étudiée des sentiments, des demi-sentiments, des quarts de sentiments, si finement observés, si finement rendus, c'est proprement le marivaudage. Marivaux a écrit dix autres pièces sur la même donnée. De l'avis universel, les deux chefs-d'œuvre du genre sont *le Jeu de l'amour et du hasard* (1730) et *les Fausses Confidences* (1732). Qu'est-ce que *les Fausses Confidences*? Dorante, un jeune homme bien né, mais sans ressources, s'introduit, en qualité d'intendant, au service d'une jeune et riche veuve, Araminte. Grâce à l'artifice d'un valet, Dubois, honnête homme, au fond, mais habile et même rusé, il obtient peu à peu, successivement, la bienveillance, puis l'estime de la dame; il l'intéresse à lui; il l'amène à l'aimer, enfin à laisser voir cet amour, enfin à l'épouser. Il est vrai que lui-même est épris d'Araminte, mais il n'est pas non plus insensible à la richesse; et l'on n'oserait dire qu'il l'eût aimée pauvre. Cette femme est la plus douce, la plus honnête, la plus tendre et la meilleure des femmes; et d'un bout à l'autre de la pièce elle est circonvenue et trompée par la complicité du valet et du maître. La comédie a beau être charmante, et Dubois le valet, bien amusant par l'habileté qu'il met dans son rôle, et Araminte bien séduisante par la franchise et la sensibilité de son caractère, quelque chose de pénible se mêle en dépit de tout à la satisfaction qu'une si gracieuse comédie apporte aux spectateurs. Sommes-nous plus délicats que les spectateurs du xvııı[e] siècle? Il se pourrait, du moins sur certains points; nous n'aimons pas que le calcul se mêle à la tendresse, et nous voulons bien que le héros pauvre fasse un bon mariage, mais il ne faut pas qu'il ait l'air d'avoir aimé la dot avant d'aimer la femme. Enfin, la tromperie en amour est un ressort comique; mais nous n'admettons pas qu'il soit touchant. Certains mots crus du valet rejaillissent un peu sur la figure du maître; ainsi : « Si vous lui plaisez, elle en sera si honteuse, elle se débattra tant, elle deviendra si faible, qu'elle ne pourra se soutenir qu'en épousant. » Et un peu plus tard, voyant que la séduction va son train, et qu'Araminte est décidément prise : « Point de quartier. Il faut l'achever pendant qu'elle est étourdie. »

Au bout du compte, Araminte épouse le soir l'homme qu'elle a pris pour intendant le matin. Dans son genre, c'est presque aussi invraisemblable de promptitude que le mariage annoncé entre Rodrigue et Chimène, vingt heures après la mort du comte. La règle de l'unité de jour pesait sur Marivaux comme elle avait pesé sur Racine. Il faudrait bien deux ou trois mois pour que l'intrigue des *Fausses Confidences* fût à peu près acceptable. Mais Marivaux n'est pas responsable d'une loi qu'il n'avait pas faite. Les spectateurs de son siècle acceptaient facilement cette convention. Le théâtre en exige tant d'autres.

Au-dessus ou au-dessous des *Fausses Confidences*, le *Jeu de l'amour et du hasard* est le chef-d'œuvre de Marivaux. Sylvia, pour éprouver le prétendant qu'on lui destine, s'est habillée en soubrette pour le recevoir, et a prêté son nom et ses habits à sa suivante. Mais le prétendant, non moins défiant, arrive déguisé en valet; et c'est son valet qui fait le maître. Sous ce double déguisement, l'amour naît et grandit entre Sylvia et Dorante sans qu'on y pense. Voilà une situation terriblement hardie! Une fille de bonne maison s'éprend d'amour pour un homme qu'elle croit un valet. Et Marivaux réussit à nous faire accepter cette donnée scabreuse.

Avec beaucoup d'adresse, Marivaux a voulu que Sylvia fût éclairée la première sur le déguisement qui les trompait tous deux. Il lui laisse ainsi la joie de continuer une épreuve où elle a tout le beau rôle, et d'amener Dorante à tomber aux genoux de celle qu'il prend encore pour une simple suivante; il lui offre sa main, son nom, son rang et son cœur. « Ah! ma chère Lisette... je t'adore, je te respecte... Mon père me pardonnera dès qu'il vous aura vue... *Le mérite vaut bien la naissance.* »

Le charme du dénouement nous en cache la hardiesse. Presque un demi-siècle avant la Révolution, et quinze ans avant Rousseau, Marivaux nous montre un gentilhomme offrant son nom à une servante. C'était audacieux. Il est vrai que cette servante ne l'est pas réellement; c'est une fille riche et noble cachée sous ce déguisement. Mais nous ne sommes qu'en 1730. Et Destouches dans *le Glorieux* en 1732, reprenant la même donnée, ne sera ni plus ni moins hardi; sa *Lisette* se trouvera la sœur du comte de Tufière. Pour que les gentilhommes épousent de vraies suivantes, attendons encore un demi-siècle.

Pendant quinze ans, de la première *Surprise de l'amour* aux *Fausses Confidences*, de 1722 à 1737, Marivaux a refait, je ne dirai pas la même pièce, mais d'autres pièces sur la même donnée, puisant toujours l'intérêt dans les mêmes ressorts, mais variant à l'infini le jeu de ces ressorts.

Voltaire disait toutefois d'un ton de mauvaise humeur : « C'est un homme qui sait tous les sentiers du cœur humain, mais qui n'en connait pas la grande route. » Joli mot, qu'une femme d'esprit avait peut-être entendu quand elle disait d'une façon plus piquante encore : « Marivaux se fatigue et me fatigue en me faisant faire *cent lieues avec lui sur une feuille de parquet.* » D'Alembert rapporte le mot, et en conteste la justesse, ou du moins il en atténue la sévérité : « Si l'auteur fait tant de chemin dans ce petit espace, ce n'est pas précisément en repassant par la même route, c'est en traçant des lignes très proches les unes des autres et cependant très distinctes, *pour qui sait les démêler.* »

Nul ne le savait mieux que l'auteur. Marivaux ne voulait pas confesser sa propre monotonie; il disait : qu'un auteur ne saurait mettre plus de diversité dans ses sujets qu'il n'en avait mis dans les siens. Il ajoutait : « Dans mes pièces, c'est tantôt un amour ignoré des deux amants; tantôt un amour qu'ils sentent et qu'ils veulent se cacher l'un à l'autre ; tantôt un amour timide, et qui n'ose se déclarer ; tantôt enfin un amour incertain et comme indécis, un amour à demi né pour ainsi dire, dont ils se doutent sans en être bien sûrs, et qu'ils épient au dedans d'eux-mêmes, avant de lui laisser prendre l'essor. Où est en tout cela cette ressemblance qu'on ne cesse de m'objecter? » Ainsi amour qui s'ignore, amour qui se connait à demi, amour qui se connait, mais ne veut pas se laisser connaître. Il faut des yeux de père pour distinguer si bien tous ces enfants jumeaux ; et je n'en veux pas à Sainte-Beuve d'avoir laissé échapper cet aveu : « Il y a un public et un ordre d'esprits sur lesquels cet ingénieux *harcèlement* n'a jamais de prise : ce sont ceux qui goûtent avant tout quelques scènes de *l'Étourdi* de Molière ou *les Folies amoureuses* de Regnard. »

Mais Marivaux n'est pas tout entier dans le marivaudage; et le genre qu'il a créé, genre très original, très personnel, qu'on peut goûter plus ou moins; qui fait les délices des uns, qui irrite et fatigue les autres, mais ne laisse personne indifférent; ce genre, neuf et singulier, s'il reste le principal titre de son auteur à l'attention de la postérité, ne compose pas toutefois son œuvre entier. Sans parler des *essais* de toute sorte qu'il a dispersés dans divers journaux; de ses romans (*Marianne, le Paysan parvenu*) où il mit toutes ses qualités, sa finesse et son esprit d'analyse, mais ses défauts aussi, sa subtilité méticuleuse, et sa longueur un peu traînante, si bien qu'il n'acheva ni l'un ni l'autre; Marivaux a écrit une vingtaine de pièces, très variées entre elles, et très différentes du *Legs* ou des *Fausses Confidences*. Qui ne l'a pas lu tout entier, qui le juge sur ses seuls chefs-d'œuvre, ignore l'étendue et les ressources de ce brillant esprit. Il abonde en idées comiques, en situations neuves, en vues singulières sur les hommes et sur les choses; il a même des hardiesses de style et des bonheurs d'expression dont d'autres plus heureux ont reçu de lui l'exemple, et fait, après lui, leur profit, sans le nommer, bien entendu. Tout le monde croit que Beaumarchais (par exemple) a créé son style, bon ou mauvais; et que ce fameux *monologue de Figaro* que l'on peut regarder comme le type le plus achevé de sa manière, est quelque chose de profondément original et de tout à fait nouveau dans la comédie française. Eh bien, le *monologue de Figaro* est indiqué, c'est trop peu dire, est ébauché, par Marivaux, dans une pièce absolument oubliée, dans *la Fausse Suivante ou le Fourbe puni*, comédie en trois actes, en prose, jouée aux Italiens, le 8 juillet 1724.

Frontin retrouve Trivelin dans un cabaret de village; il lui demande comment il a passé son temps depuis qu'ils se sont vus pour la dernière fois; Trivelin répond :

« Tantôt maître, tantôt valet, toujours prudent, toujours industrieux; ami des fripons par intérêt, ami des honnêtes gens par goût; traité poliment sous une figure, menacé d'étrivières sous une autre; changeant à propos de métier, d'habits, de caractère, de mœurs; risquant beaucoup, résistant peu; libertin dans le fond, réglé dans la forme; démasqué par les uns, soupçonné par les autres; à la fin, équivoque à tout le monde. J'ai tâté de tout; mes créanciers sont de deux espèces : les uns ne savent pas que je leur dois; les autres le savent et le sauront longtemps. J'ai logé partout : sur le pavé, chez l'aubergiste, au cabaret, chez le bourgeois, chez l'homme de qualité, chez moi, chez la justice, qui m'a souvent recueilli dans mes malheurs; mais ses appartements sont trop tristes, et je n'y faisais que des retraites forcées. Enfin, mon ami, après quinze ans de soins, de travaux et de peine, ce malheureux paquet est tout ce qui me reste; voilà ce que le monde m'a laissé. L'ingrat! après ce que j'ai fait pour lui! tout ce paquet ne vaut pas une pistole! »

Mais en vérité cela vaut presque du Beaumarchais. Les défauts sont les mêmes, mais les qualités ne sont pas moindres; l'antithèse n'est pas moins cherchée, mais l'esprit n'est pas moins trouvé. Cinquante ans avant *le Barbier de Séville*, soixante ans avant *le Mariage de Figaro*, c'est déjà ce style brillant, piquant, perçant qu'on croit propre à Beaumarchais.

Mais Marivaux a bien d'autres trouvailles, plus rares même et plus fines. Quelle heureuse invention que celle des *Sincères* (1739), pièce à grand tort oubliée. Ergaste et la marquise sont charmés l'un de l'autre, parce qu'ils se trouvent tout semblables; surtout ils ont l'un et l'autre en partage cette admirable franchise qui ne permet pas qu'on cache à ses amis rien de ce qu'on pense sur leur compte. Arrière les flatteurs et les complimenteurs. Tant qu'ils n'exercent que contre autrui cette belle *sincérité*, Ergaste et la marquise demeurent bons amis et songent avec joie au mariage qui les doit rendre inséparables. Malheureusement, dans l'ivresse de leur confiance, ils s'avisent de vouloir être *sincères* vis-à-vis l'un de l'autre ; et pour se prouver leur amour, ils se disent l'un à l'autre leurs petites vérités. Hélas! l'amour ne peut tenir contre une imprudente franchise ; et tous deux se prennent dans une aversion mutuelle, aussitôt qu'ils se sont parlé avec une liberté complète. Ainsi va le monde, où Alceste aura toujours tort : il faut dans la société, il faut même entre amoureux bien épris un peu de cette douceur de mœurs, un peu de cette politesse qui n'est pas du tout l'hypocrisie.

L'Héritier de village (1725) est une amusante satire des roturiers qui prodiguent les écus, péniblement gagnés, pour acheter un titre que les vrais nobles méprisent, que les bourgeois sensés dédaignent. *Le Préjugé vaincu* (1746) est également une satire, mais plus délicate et plus neuve, de l'entêtement nobiliaire. Une jeune fille noble aime un jeune homme, parfait de tout point, riche, intelligent, apte à parvenir à tout, mais qui a le malheur de n'être pas né gentilhomme. Elle lutte désespérément contre son cœur ; mais à la fin l'amour l'emporte, et la vanité est forcée de céder la place. On remarquera que Voltaire a refait la pièce en renversant les rôles, et en mariant un comte avec la fille d'un paysan ; c'est le sujet de *Nanine*, dont le sous-titre est le même : *Nanine ou le Préjugé vaincu*.

Les féeries, les pièces mythologiques, hormis d'heureux détails, sont la moins bonne partie de l'œuvre théâtrale de Marivaux. Le cadre en est d'ordinaire froid, ennuyeux, bizarre (*l'Ile de la Raison* ; *l'Ile des Esclaves* ; *la Nouvelle Colonie ou la Ligue des femmes*). N'est pas qui veut Aristophane ; pour faire accepter ces inventions chimériques, il faut beaucoup d'esprit et beaucoup de poésie ; Marivaux a l'esprit, mais la poésie lui manque, à lui comme à tous ses contemporains.

Nous trouvons enfin Marivaux dans un domaine qui n'est pas le sien, où il n'a pas le mérite de l'invention, où il ne fait qu'adopter et suivre une mode nouvelle, mais avec une aisance et un agrément qui font honneur à la souplesse de son esprit, et montrent bien toutes les ressources de son talent; je veux dire dans le *drame bourgeois*.

Nivelle de La Chaussée avait déjà fait représenter deux de ses comédies *larmoyantes* : *la Fausse Antipathie* (le 2 octobre 1733) et *le Préjugé à la mode* (le 3 février 1735). Ce fut assez pour éclairer Marivaux. Il comprit qu'un genre nouveau venait de naître; il se crut assez habile pour l'exploiter. Il se dit que puisqu'on voulait verser des larmes, au moins « de douces larmes », à la comédie, lui-même était fort capable de mêler habilement la veine sensible à la veine souriante. Et il fit représenter, le 9 mai 1735, *la Mère confidente* par les comédiens italiens, un petit chef-d'œuvre dans un genre un peu bâtard. Pourquoi donc est-il oublié dans cette partie du *répertoire* qui ne se joue plus?

C'était aussi un *préjugé à la mode*, à cette époque, de montrer les parents (et les mères encore plus que les pères, envers les filles encore plus qu'avec les fils), hautains, grognons, fâcheux, entiers dans leurs projets et dans leurs volontés, insensibles à toutes les raisons puisées dans la tendresse ou le sentiment, conduits seulement par des motifs d'orgueil mondain ou d'intérêt vulgaire. Ainsi les peignait-on traditionnellement au théâtre; et Molière lui-même n'a pas prodigué dans ses comédies les figures de parents aimables.

L'un des premiers, Marivaux coupa court à cette tradition, non pas dans tout son théâtre, où les mères

16

fâcheuses abondent, mais du moins dans *la Mère confidente*. Il voulut y montrer le personnage tout nouveau d'une mère qui se fait l'amie de sa fille, et obtient, par la confiance et par la tendresse, plus que l'autorité ou le respect n'auraient jamais su obtenir.

De cette donnée si simple il tire des effets très neufs et très rares : une émotion douce, et même (quelques admirateurs l'ont dit) délicieuse. On n'était guère habitué à voir étaler sur la scène ces rapports affectueux entre les parents et les enfants, cette sensibilité domestique et cette peinture attendrie de la famille. Le succès fut grand et mérité. Ainsi, par des moyens très simples, Marivaux réalisait avant Diderot ce que celui-ci annoncera bruyamment trente années plus tard et ne saura pas faire : le drame bourgeois. Sans préface ambitieuse, et sans prétention pédantesque, il sut tirer du tableau des sentiments de famille une comédie intéressante et vraie. Avant Jean-Jacques Rousseau, il sut sans emphase et sans déclamations conseiller aux parents la tendresse, aux enfants la confiance, et faire de l'affection réciproque la base de la famille. Ainsi dans la partie la moins originale de son œuvre, Marivaux s'offre encore à nous comme un génie très personnel, très souple en même temps, et largement ouvert à l'intelligence et à l'habile emploi des ressources nouvelles que les idées de son temps pouvaient offrir à la comédie.

Destouches[1] est un auteur heureux. Personne ne dit qu'il ait atteint la gloire; mais il possède au moins la réputation. Tout le monde sait son nom, et l'on récite par cœur deux ou trois couplets du *Glorieux*.

---

1. Philippe Néricault Destouches. né à Tours, en 1680, mort en 1754. *Le Curieux impertinent*, 1709; *l'Ingrat*, 1712; *l'Irrésolu*, 1713; *le Médisant*, 1715; *l'Obstacle imprévu*, 1719; *le Philosophe marié*, 1727; *les Philosophes amoureux*, 1730; *le Glorieux*, 1730; *l'Ambitieux*, 1737; *le Dissipateur* (composé dès 1737, joué seulement en 1753).

Il est de certains vers bien frappés, d'un tour aisé, quoique sentencieux, que le vulgaire attribue à Boileau, et que les gens bien informés restituent discrètement à Destouches. Ce qui lui fait le plus grand honneur. Par exemple :

> Chassez le naturel : il revient au galop.

Ou bien :

> La critique est aisée, et l'art est difficile.

On se dit : Ce Destouches doit être bien riche, puisqu'il prête à Boileau! On se rappelle aussi le quatrain louangeur que Voltaire a décerné à Destouches dans un jour de complaisance :

> Auteur solide, ingénieux,
> Qui du théâtre êtes le maître,
> Vous qui fîtes *le Glorieux*,
> Il ne tiendrait qu'à vous de l'être.

La carrière dramatique de Destouches est nettement séparée en deux périodes, par les années qu'il consacra exclusivement aux négociations diplomatiques dont le Régent et le cardinal Dubois l'avaient chargé auprès du roi d'Angleterre. Entre *l'Obstacle imprévu* (1717) et *le Philosophe marié* (1727), Destouches ne donna rien au théâtre.

A la première période appartiennent cinq grandes comédies dont quatre en vers : *le Curieux impertinent*, *l'Ingrat*, *l'Irrésolu*, *le Médisant*; enfin *l'Obstacle imprévu* (en prose); à la seconde période appartiennent les meilleures pièces de Destouches : *le Philosophe marié*, *le Philosophe amoureux*, *le Glorieux*, *l'Ambitieux* et *l'Indiscrète*, *la Force du naturel* et *le Dissipateur*.

Quoiqu'il soit bien le même dans l'une et l'autre

période de sa carrière, toutefois le répertoire de sa jeunesse et celui de son âge mûr offrent quelque différence dans la façon d'entendre le théâtre, et l'on peut suivre dans cette longue série d'œuvres les étapes d'un développement de son génie comique. Chose singulière ! (mais dont on trouve plus d'un exemple dans l'histoire littéraire) c'est dans la jeunesse que Destouches est le plus timide. Et s'il eut quelquefois dans sa vie d'homme de théâtre un peu de hardiesse, quelque esprit d'initiative et une certaine aspiration à la nouveauté, ce fut plutôt dans l'âge mûr et même dans la vieillesse.

Les premières comédies de Destouches sont très purement conformes aux règles de ce genre que l'ancienne législation théâtrale appelait, avec un accent de respect particulier : *comédie de caractère*. On en faisait grand mystère et quelquefois la même chose fut désignée sous un nom plus ambitieux encore : la *haute comédie*. On feignait de dédaigner la *comédie d'intrigue*, laquelle n'est pas si méprisable lorsqu'elle est amusante et que la conduite en est habile. On se contentait pour la *comédie de mœurs* d'une observation superficielle qui saisit vivement l'aspect général d'un temps ou d'une société, qui la rend par un tableau d'ensemble, vif, animé, pittoresque. Mais la *comédie de caractère* supposait un plus haut degré de profondeur et de force créatrice; elle incarnait dans des types généraux toute une classe d'hommes ; elle n'étalait pas des avares, des hypocrites; elle créait l'*Avare* ou Harpagon; l'*Hypocrite* ou Tartuffe. Ces distinctions n'étaient peut-être pas bien solides, les limites de ces genres n'étaient guère fixes; telle comédie, comme *le Menteur*, est aussi bien comédie d'intrigue que de caractère; et la distinction entre la comédie de mœurs et la comédie de caractère semble une question de plus ou moins de talent, plutôt qu'une différence essentielle de nature et de procédé. Mais, solides ou non, ces distinctions étaient révérées des auteurs et du public au XVIIIe siècle; et Destouches, laissant la comédie de mœurs à Dancourt, a cru très sincèrement cultiver un genre plus noble en écrivant des comédies de caractère pures de tout mélange, c'est-à-dire en incarnant un vice ou un travers dans une abstraction personnifiée. Restait à la faire vivre et c'est là qu'il échoua.

La meilleure de ces pièces, à mon avis, c'est la première, *le Curieux impertinent*. C'est une comédie très bien faite, presque trop bien faite, tant la conduite en est, semble-t-il, prévue d'avance, une fois la donnée exposée. En outre, elle est mal nommée; elle s'appellerait mieux *le Jaloux imprudent* que *le Curieux impertinent*. Léandre aime Julie et il en est aimé; mais il craint de ne pas l'être, ou craint du moins de ne pas l'être assez; pour éprouver la fidélité de sa belle, il s'avise de forcer son meilleur ami, Damon, de faire une cour pressante à Julie. Damon se défend d'abord; puis il cède à contre-cœur; puis enfin il se pique au jeu, il aime et réussit à se faire aimer. Léandre est écarté; le Curieux impertinent apprend à ses dépens qu'il n'y a pas de véritable amour sans confiance. L'idée est assez fine, mais le sujet semble un peu menu pour une comédie en cinq actes, d'ailleurs vide de tout événement. Pour suppléer à la pauvreté de sa matière, l'auteur use d'un procédé trop facile et d'ailleurs pris à Molière. Il donne à Léandre un valet, Lolive; à Julie une suivante, Nérine, et fait jouer à Lolive et Nérine le même rôle que jouaient leurs maîtres. Lolive fait éprouver Nérine par Crispin, valet de Damis; et Crispin supplante Lolive, comme Damis, Léandre. Tout cela manque d'originalité, de vraisemblance, d'esprit même, en dépit des efforts du poète. La force comique y fait absolument défaut. Le style n'a d'autre qualité qu'une certaine facilité banale sans relief et sans couleur. Toutefois *le Curieux* est encore meilleur que *l'Ingrat*. Pour peindre un vice aussi noir, il fallait des couleurs plus vives que celles qu'emploie Destouches. Son *Ingrat* n'est qu'un vulgaire coureur de dots; il quitte Orphise, qu'il croit ruinée, pour courtiser la riche Isabelle; il revient à Orphise quand il apprend qu'elle est la plus riche des deux. Le bonhomme Géronte, qui s'obstine sans qu'on voie pourquoi, à donner sa fille Isabelle à ce vilain personnage, finit enfin par discerner la noirceur de Damis, et donne Isabelle à Cléon, amoureux banal et incolore. Un valet qui se croit plaisant; deux soubrettes fort impertinentes s'efforcent sans succès d'égayer cette pièce ennuyeuse et froide.

A quoi *l'Irrésolu* doit-il de n'être pas tout à fait oublié? Sans doute au dernier vers qui vraiment est bien trouvé. Après avoir hésité, cinq actes durant, s'il épousera Julie ou Célimène, enfin Dorante se décide à épouser Julie :

Nous voilà hors de peine,

s'écrie Frontin, son valet. Mais, après avoir rêvé un moment, l'*Irrésolu* répond, en soupirant :

J'aurais mieux fait, je crois, d'épouser Célimène.

Molière, avant Destouches, avait eu l'art de terminer ainsi plus d'une comédie par un trait piquant qui apprend aux spectateurs que le personnage principal n'est pas guéri de son vice ou de son travers.

Au reste, *l'Irrésolu* n'est pas une bonne pièce; le personnage principal est un maniaque assez ennuyeux. La mère des deux jeunes filles est une façon de folle, et sa passion pour les jeunes gens est désagréable. Un certain chevalier veut l'épouser pour son argent et le lui dit crûment durant toute la pièce. Cet excès d'insolence n'est ni fin, ni vraisemblable. Du reste, ces « chevaliers à la mode », déjà mis en scène bien des fois par Dancourt et Regnard, cyniques débauchés, avides coureurs de dots ou d'héritages, galants effrontés de veuves sur le retour ou d'ingénues hors d'âge, qu'ils aient été plus ou moins vrais jadis, nous font aujourd'hui l'effet de caricatures sans gaieté.

Les meilleures pièces de Destouches appartiennent à la seconde partie de sa carrière dramatique ; il est plus hardi, plus varié, plus personnel, plus intéressant dans les œuvres de son âge mûr. Chez les natures mesurées et prudentes, la jeunesse n'est pas l'âge de l'audace. Le succès du *Philosophe marié* fut très grand (1727). L'auteur avait mis en scène une aventure de sa propre vie, un mariage secret contracté en Angleterre et décelé par l'indiscrétion d'une jeune fille, sœur de sa femme. On ne s'explique pas bien pourquoi ce philosophe, marié à une personne accomplie, s'amuse à cacher son bonheur ; pour avoir été vraie, cette bizarrerie ne paraît pas moins invraisemblable. Mais il y a d'agréables scènes, et dans cette comédie et dans celle qui la suivit : *les Philosophes amoureux* (1730). L'entrevue de Léandre et de Clarice est un morceau excellent : l'un est un philosophe un peu sauvage ; l'autre une franche coquette ; et leurs pères veulent les marier. On les laisse en présence l'un de l'autre ; ils se mettent d'accord pour se jurer l'un à l'autre qu'ils ne s'épouseront jamais ; ils le promettent la main dans la main, si contents d'être délivrés qu'ils paraissent presque attendris ; les deux pères qui rentrent alors, s'y trompent d'abord, croient que leurs enfants échangent un serment d'amour et, pleins d'émotion, se jettent dans les bras l'un de l'autre.

Enfin, le 18 janvier 1732, fut joué ce fameux *Glorieux*, le chef-d'œuvre de Destouches, et qu'on a dit longtemps un chef-d'œuvre. L'idée d'où est née la pièce n'était pas bien neuve en elle-même ; le fond du *Glorieux* c'est la lutte tant de fois représentée au théâtre, depuis Destouches, de la noblesse ruinée contre la bourgeoisie parvenue ; lutte qui n'a jamais été plus intéressante et plus vive qu'au XVIIIe siècle ; elle est au fond de toute l'histoire sociale de ce temps. Alors en effet la noblesse a encore tout son prestige, l'argent a déjà toute sa force. Ainsi les deux puissances ennemies combattent à armes égales, et finissent par s'allier, chacune des deux ayant absolument besoin de l'autre.

Molière et ses successeurs avaient déjà représenté cette lutte à leur façon, mais d'une manière purement satirique, et sans essayer d'en faire voir la portée sociale et politique. Chez eux, le plus souvent, le gentilhomme qui veut exploiter le bourgeois n'est pas même un gentilhomme, ou, s'il n'est convaincu de mensonge (comme le marquis du *Joueur*), il en est au moins soupçonné, comme ce Dorante qui vit aux dépens du pauvre M. Jourdain. Quant au bourgeois, ils l'ont dépeint aveuglé par la vanité jusqu'à l'extrême sottise et quelquefois jusqu'à la stupidité.

Ainsi la lutte est encore à l'état presque élémentaire, et purement comique, entre un noble, vrai ou faux, qui ressemble à un fripon, et un bourgeois, qui est tout à fait un imbécile.

Destouches rajeunit la donnée en relevant les deux personnages ; il leur laisse tous les ridicules qui conviennent à leur caractère ; mais il ne réduit pas leur caractère à des ridicules.

Chez lui, le noble est fier, hautain, vaniteux, *glorieux* jusqu'à paraître insupportable ; mais enfin sa noblesse est de bon aloi, et il ne commet pas de vilenies pour la soutenir ; son orgueil nous irrite, mais il reste un honnête homme ; il nous déplaît, mais nous ne le méprisons pas [1]. D'autre part, le bourgeois Lisimon,

Ce seigneur suzerain d'un millions d'écus,

ne ressemble plus du tout à ce bourgeois, du temps jadis, si sot, si crédule, si niaisement pipé par les flatteries d'un chevalier d'industrie ; il est homme de tête et de sens, voulant de la noblesse pour décorer sa fortune, mais ne s'aplatissant pas devant les titres ; d'ailleurs, grossier, indiscret, libertin, mal dégrossi, gardant beaucoup de Turcaret s'il n'a plus rien de M. Jourdain ; enfin, aussi orgueilleux de son argent que l'autre de ses parchemins.

Ce sont deux orgueils égaux et différents qui se heurtent, se combattent et finissent par s'entendre parce qu'ils se sentent nécessaires l'un à l'autre : le choc de ces deux orgueils est d'abord comique. Mais il y a autre chose dans *le Glorieux* : Destouches y fit entrer des éléments, tout nouveaux dans la comédie : le romanesque, le pathétique et la sensibilité. Toute la pièce repose sur un roman très sombre : la ruine, la proscription du marquis de Tufière. Son retour sous un aspect misérable, ses entrevues secrètes avec ses enfants sont purement pathétiques. De telles scènes mêlées à une comédie sont une grande nouveauté en 1732. La reconnaissance et le dénouement offrent le même caractère : un mélange singulier d'émotion presque tragique et de comique risible et plaisant. L'auteur a voulu convertir à la fin son orgueilleux héros ; du moins les acteurs l'y contraignirent : car Destouches, à ce qu'on a prétendu, l'avait d'abord

---

[1]. Du moins en le jugeant selon les idées du temps. Le nôtre est plus sévère. Car le comte se croit ruiné, et il se dit immensément riche. Nous autres, bonnes gens, verrions là une friponnerie. Le XVIIIe siècle y voyait une élégance, un stratagème excusable, sinon légitime.

montré incorrigible dans sa hauteur, et puni par le refus de Lisimon et de sa fille. Ce dénouement était plus vraisemblable et plus moral. L'autre flattait davantage les préjugés nouveaux; on commençait à dire que l'homme est bon au fond, et à dénigrer les moralistes qui doutent de cette opinion consolante. De là jusqu'au théâtre prochain qui montrera tout le monde vertueux au cinquième acte, il n'y avait qu'un pas : Destouches dans *le Glorieux*, La Chaussée dans tout son théâtre l'ont aisément franchi.

Destouches ne retrouva jamais la veine du *Glorieux*, ni le succès éclatant que cette pièce avait obtenu. Son *Ambitieux* (1737), tentative singulière de restauration d'un genre oublié depuis soixante ans (la tragicomédie), fut très froidement accueilli. Une traduction d'Addison, *le Tambour nocturne*, parut plus singulière qu'amusante lorsqu'elle vit le jour après la mort de Destouches. *Le Dissipateur* (1753), la dernière pièce qu'il ait fait jouer, rappelle plus d'une scène du *Timon d'Athènes* de Shakespeare, et emprunte au théâtre anglais le mélange hardi du pathétique le plus émouvant avec le comique le plus gai. Nivelle de La Chaussée, moins audacieux, n'avait pas cherché à faire palpiter d'effroi le spectateur. *Le Dissipateur* est une comédie qui finit par un suicide (heureusement prévenu, il est vrai).

Ainsi Destouches a eu le désir et l'intention d'être novateur au théâtre; il n'y a pas pleinement réussi, faute d'avoir autant de hardiesse dans le talent qu'il en avait dans la volonté.

Destouches, homme de tradition par ses goûts, ses préférences, son éducation, les habitudes de son esprit, s'est trouvé jeté, par la date de sa naissance, dans une époque de transition. Il a bien senti que le goût public au théâtre allait à quelque chose de nouveau; il a essayé de deviner et de prévenir ce goût: mais il était encore trop tôt pour le public, et déjà trop tard pour Destouches.

D'ailleurs, il était peut-être trop purement moraliste pour réussir entièrement sur la scène; le don du mouvement lui manque ; ses personnages dissertent trop et agissent trop peu, se font trop connaître par des analyses et des discours, trop peu par leur conduite et leurs actions.

Que reste-t-il de Destouches, en somme, après un siècle et demi? Je ne dis pas au théâtre, où il n'est plus jouable, mais dans le trésor de notre littérature dramatique?

Il reste quelques scènes écrites de verve, dans une langue comique excellente, et que nos écrivains pourraient encore étudier avec fruit si la comédie en vers ne semblait destinée à disparaître [1]. Il reste la trace et le souvenir d'efforts ingénieux, sinon heureux, pour rajeunir et renouveler la comédie, que l'imitation prolongée de Molière et de Regnard eût épuisée. D'autres, plus heureux et plus hardis, vont venir après Destouches; mais il est permis de croire qu'il ne leur a pas été inutile.

Piron [2] n'est pas oublié; son nom du moins est presque illustre: mais on ne lit plus ses œuvres; on n'a retenu de lui que trois ou quatre épigrammes et *la Métromanie*. En revanche, la plus haute admiration pour *la Métromanie* est traditionnelle en France; et Villemain l'appelle sans ambages « une œuvre de génie. » De verve eût pu suffire, encore cette verve est-elle intermittente.

---

1. Nous ne sommes plus au temps où Destouches écrivait : « Vous me direz qu'il est moins facile de faire réussir une pièce en vers, parce que la versification donne du relief aux choses les plus communes, et bien souvent même à de pures fadaises ou à des pensées très fausses. Je demeure d'accord avec vous que c'est là le privilège de la poésie. »

2. Alexis Piron, né à Dijon, en 1689, mort à Paris, en 1773.

La Métromanie (1738) n'est pas une pièce bien faite ; et l'on ne peut se dissimuler que tous les caractères sont faiblement conçus. Qu'a voulu faire Piron : peindre l'âme d'un jeune homme envahi de la passion des vers? Sujet acceptable, quoi qu'aient dit certains critiques : peu importe que la passion des vers soit un travers d'esprit, non un vice du cœur; un simple travers d'esprit peut bien fournir matière à une comédie. Notre reproche porte ailleurs. Il y avait deux façons de comprendre ce caractère du *métromane* : on pouvait le rendre intéressant, et, comme on aime à dire aujourd'hui, *sympathique*; on pouvait aussi le représenter franchement ridicule. Mais c'était un tour de force impossible que de le rendre à la fois ridicule et attrayant. Je veux bien qu'Alceste soit tel; mais Molière est Molière, et Piron n'est que Piron. L'indécision du caractère de Damis produit chez le spectateur une incertitude d'impression qui se traduit en froideur. Ajoutez à ce défaut la faiblesse de la construction dramatique : *la Métromanie* est une pièce décousue, obscure, dont l'intrigue, à la fois nulle et embrouillée, est difficile à saisir, et plus encore à suivre.

Le style même n'est pas à l'abri de tout reproche. Nous n'insisterions pas si nous n'avions lu dans cent endroits que *la Métromanie* est un chef-d'œuvre de notre langue. Quand l'oncle Baliveau pour offrir à Damis de lui acheter une charge du Parlement, lui dit :

> La moitié de mon bien remise en ton pouvoir
> Parmi nos sénateurs s'offre à te faire asseoir,

c'est du galimatias. Quand Piron écrit :

> La fraude impunément *dans le siècle où nous sommes*
> Foule aux pieds l'équité *si précieuse aux hommes*,

il commet deux lourdes chevilles en deux vers. Hâtons-nous d'ajouter qu'il y a dans la même pièce des parties de style excellentes, et d'une allure aisée, élégante et vraiment comique.

La meilleure scène est la célèbre discussion entre Damis et son oncle. Celui-ci, Baliveau, représente le parti du bon sens terre à terre, et des métiers fructueux qui nourrissent leur homme. Damis représente la poésie, avec ses chères illusions, ses aspirations ardentes, ses ambitions sans limites, sa foi profonde et souvent naïve, mais si touchante à force de sincérité. C'est la lutte éternellement renaissante de la prose contre les vers, et des réalités de la vie contre les espérances de l'idéal. Quel jeune poète n'a pas livré cette bataille au début de sa vie? Nul ne l'a mieux exprimée que Piron qui avait eu à la soutenir contre un père acharné à le détourner du métier de poète.

A côté de Lesage, Piron écrivit aussi pour le théâtre de la Foire qui était à cette époque à l'apogée de son succès. Des gens de beaucoup d'esprit le fournissaient de pièces; la foule s'y portait; les salles foraines étaient mieux remplies que celle des Français. Les entrepreneurs payaient mieux que les grands comédiens. Enfin c'est aux foires Saint-Germain et Saint-Laurent que la liberté dramatique s'était réfugiée. Là, point d'unités à respecter; une censure indulgente; libre carrière ouverte à la fantaisie. Le monopole réclamé par les grands comédiens gênait seul les forains et faisait fondre sur eux les procès et les saisies. Quels prodiges d'esprit et de ruse pour y échapper! Un jour, la Comédie-Française obtint arrêt contre les forains pour leur interdire de mettre sur la scène deux acteurs ensemble. Vite Piron écrit *Arlequin Deucalion*; l'action est au lendemain du déluge de la mythologie grecque; Deucalion est seul en scène, puisqu'il est seul au monde. Il s'amuse à recréer les hommes dans l'ordre de leur utilité ; il se donne la joie de finir par le procureur. Cette folie eut un grand succès.

Piron faillit inventer, sans le savoir, le drame bourgeois, la comédie larmoyante, avant La Chaussée, avant Destouches, avant Marivaux et *la Mère confidente*. Il donna en 1728 *les Fils ingrats*, comédie en cinq actes et en vers qu'il fit imprimer sous le titre de *l'École des pères*. Il y avait là toute la matière d'un drame pathétique : c'est l'histoire d'un père qui se dépouille pour ses enfants, et qui ne récolte qu'ingratitude et mauvais procédés ; un *Roi Lear* bourgeois, qui aurait pu facilement émouvoir et faire pleurer. Mais Piron ne l'a pas voulu ainsi ; fidèle à la tradition comique de Molière et de Regnard, s'il avait pris sans y penser un sujet pathétique, plutôt que comique, il n'avait jamais eu l'intention d'en tirer des larmes ; aussi n'est-il occupé que du soin d'étouffer le pathétique de son sujet pour y faire dominer le rire.

Mais le véritable talent comique faisait défaut à Piron ; il n'avait que le satirique, et les deux sont bien différents ; la poésie satirique est encore de la poésie personnelle ; et le talent comique appartient à celui qui sait sortir de soi-même et exprimer d'autres sentiments que les siens. Piron ne l'a jamais su faire. Il n'y a de vraiment bon dans *la Métromanie* que l'écho de ses résistances à la volonté d'un père qui avait voulu l'enchaîner à la prose. Piron et Gresset [1], qui ne se ressemblent guère d'ailleurs, ont eu dans leur vie le même accident heureux ; ils ont laissé l'un et l'autre une assez bonne comédie : Piron a fait *la Métromanie*, et Gresset a fait *le Méchant*. Mais ni l'un ni l'autre n'est un poète comique ; ni l'un ni l'autre n'a eu le vrai génie du théâtre. Après ce succès unique, inat-

---

[1]. Jean-Baptiste-Louis Gresset, né à Amiens, en 1709, mort en 1777.

tendu, tous les deux ont dû s'arrêter; non faute d'esprit (l'un et l'autre en avait beaucoup), mais faute d'inspiration, et n'ayant plus rien à dire, du moins sur la scène. Chacun avait fait la seule pièce qu'il pût faire. Piron avait mis en jeu ce démon des vers qui avait tourmenté et charmé sa jeunesse. Gresset avait exprimé vivement ce que son talent d'observation un peu court, un peu superficiel, avait le mieux saisi dans la société de son temps : le persiflage mondain, cette sécheresse de cœur qui était à la mode avant 1750, avant le règne prochain de la sensiblerie et de l'humanité.

Le Méchant (joué pour la première fois le 15 avril 1747) eut un succès éclatant et durable, plutôt dû au style de la pièce qu'à l'intérêt du fond. L'intrigue est faible, assez mal ménagée : un méchant homme, introduit dans une honnête famille, y veut brouiller tout et tout le monde; ce n'est pas là une invention très originale; et, sans remonter jusqu'à *Tartuffe*, *le Flatteur* de Jean-Baptiste Rousseau, *le Médisant* de Destouches et surtout *le Petit-Maître corrigé* de Marivaux, ont pu inspirer Gresset.

Mais ce qui est bien à lui, c'est la physionomie très particulière qu'il prête à son triste héros. Il a voulu que son *méchant* ne fît pas trembler; car Gresset prétend écrire une comédie, et abhorre la confusion des genres; il a voulu en même temps ne pas le rendre ridicule; et jusqu'au dénouement de la pièce, jusque dans l'échec de toutes ses machinations, qui n'aboutissent qu'à le faire chasser, Gresset lui laisse une élégance de bon ton, et une audace que rien ne soumet. Cléon s'éloigne la tête encore haute, vaincu, mais non puni, puisqu'il n'avait d'autre but sérieux que celui de s'amuser; aimant l'intrigue pour elle-même et le mal pour l'amour de l'art :

    Les sots sont ici-bas pour nos menus plaisirs.

Cette conception singulière du personnage, quoique au fond très peu dramatique, plut vivement au public, tant ce fâcheux caractère de railleur et de persifleur était fréquent dans la société du temps. On nomma dix jeunes seigneurs pour avoir servi d'original au portrait de Cléon ; et, ce qui est plus piquant, les *méchants* dénoncés se défendaient faiblement ; fiers peut-être du vice à la mode.

Mais le plus grand mérite de la pièce réside dans le style et dans la versification. *Le Méchant* abonde en vers excellents, bien frappés, spirituels, concis, de ces vers si bien faits que l'esprit ne suppose pas qu'ils puissent être faits autrement ; si aisés que l'oreille les retient avec plaisir et facilement ; si nets que la portée de leur sens va bien au delà de la pièce où ils sont enchâssés et qu'ils sont devenus proverbes en naissant, comme les meilleurs de Boileau. Mais avouons que cette qualité entraîne un vice par son excès même. Gresset multiplie à dessein les morceaux d'éclat, les portraits, les définitions ; le personnage du *méchant* surtout ne cesse pas de débiter ce qu'en musique on nommerait des « airs de bravoure » ; ils sont brillants, mais il y en a un peu trop. Toute la pièce pourrait passer en fragments dans les Anthologies.

C'est ce que Voltaire aigrement reprochait à Gresset, lorsque Gresset, retiré dans sa ville natale, à Amiens, et revenu à la piété de son jeune âge, s'avisa, un peu bruyamment, de faire pénitence publique pour ses succès de théâtre. La satire du *Pauvre Diable*, en passant, lui décocha ce trait mortel :

> Gresset se trompe ; il n'est pas si coupable.
> Un vers heureux et d'un tour agréable
> Ne suffit pas ; il faut une action,
> De l'intérêt, du comique, une fable,
> Des mœurs du temps un portrait véritable,
> Pour consommer cette œuvre du démon !

Quelle jolie définition de la comédie! Et pour la rendre encore plus piquante, Voltaire n'a point pensé que ces qualités qu'il réclame sont justement celles qui manquent à ses propres comédies :

> De l'intérêt, du comique, une fable,
> Des mœurs du temps un portrait véritable.

CHAPITRE X

TENTATIVES DE RENOUVELLEMENT DRAMATIQUE AU XVIIIe SIÈCLE

NIVELLE DE LA CHAUSSÉE, SAURIN, DUCIS, DIDEROT, SEDAINE
MERCIER, BEAUMARCHAIS

Toute révolution, en littérature aussi bien qu'en politique, a ses précurseurs; et les précurseurs n'ont jamais qu'à demi conscience de l'œuvre qu'ils préparent; ils demeurent engagés plus ou moins dans le temps et dans le régime qu'ils travaillent à détruire et à remplacer.

Le théâtre classique ne finit qu'en 1825, au plus tôt. Mais à cette date il y avait déjà près d'un siècle qu'on avait vu paraître, avec succès, sur la scène française, des œuvres d'un genre nouveau, dont la forme et le style étaient encore classiques, ou s'efforçaient de l'être, mais dont le fond ne l'était plus; ces pièces sont oubliées du public, mais l'histoire littéraire leur doit un souvenir. Le théâtre de Nivelle de La Chaussée[1] a en effet une grande importance, moins par sa valeur propre, qui reste assez mince, que par ses résultats. On ne peut prétendre que le drame

---

1. Né à Paris, en 1692, mort en 1751.

bourgeois moderne soit né des comédies de La Chaussée ; mais il en procède.

A un autre point de vue, l'œuvre est intéressante, parce que l'auteur a exposé le premier à la lumière du théâtre le grand changement qui s'était fait vers le commencement du siècle dans les idées philosophiques et morales. Tous les théologiens, tous les moralistes du XVIIe siècle avaient été d'accord pour croire et pour enseigner que l'homme est naturellement déchu et corrompu ; fatalement livré à la concupiscence, dit Bossuet ; à l'amour-propre, c'est-à-dire à l'égoïsme, dit La Rochefoucauld. La nature l'incline, non pas au bien, mais au mal ; et il faut un prodigieux effet de la grâce, il faut le secours de Dieu, pour qu'il résiste à ses penchants et rentre ou persévère dans la voie de la vertu. Mais ceux qui n'étaient guère chrétiens ne croyaient guère à la grâce, et montraient, comme La Rochefoucauld, très peu de foi dans la vertu.

Ainsi pensèrent, jusqu'à l'aurore du XVIIIe siècle, tous les prédicateurs, tous les moralistes ; j'ajouterai : tous les poètes comiques. En effet, cette façon d'envisager l'homme influe directement sur la façon de le peindre.

L'homme n'étant pas bon au fond, ses vices et ses travers méritent peu de pitié. L'ancienne comédie, comme l'ancienne satire, fut donc impitoyable et flagella par le ridicule tout ce qu'elle rencontrait de déréglé dans la société.

Au XVIIIe siècle, le point de vue change ; et presque brusquement une doctrine opposée, toute nouvelle, se fait jour. Tout le monde jusque-là disait : l'homme naît méchant. Tout le monde se met à dire : l'homme naît bon.

J'ai cherché longtemps qui l'a dit le premier. Je n'ai pu le trouver. Tout le monde semble avoir été à la fois illuminé de cette vérité; ou, si l'on veut, ébloui de cette illusion.

Je crois bien que le premier qui a énoncé formellement la nouvelle philosophie fondée sur la bonté de l'homme, le premier qui a tiré de ce principe des conséquences d'une grande portée, c'est Vauvenargues. Oui, cela est piquant à constater : le premier philosophe optimiste, c'est ce jeune écrivain que la pauvreté, la maladie, l'obscurité invincible auraient dû, semble-t-il, aigrir et décourager. Méconnu par les hommes, il s'obstine à penser du bien d'eux, et il écrit cette phrase remarquable :

« L'homme est maintenant en disgrâce chez tous les philosophes et c'est à qui le chargera de plus de vices. Mais peut-être est-il sur le point de se relever et de se faire restituer toutes ses vertus. »

Ainsi Vauvenargues semblait prédire, et il préparait en effet l'avènement de Rousseau qui dira : « Tout est bien, sortant des mains de l'auteur de la nature; tout dégénère entre les mains de l'homme. »

Mais si Vauvenargues le premier affirma la bonté foncière de l'homme, d'autres peut-être avaient préparé avant lui l'avènement de cette philosophie optimiste. Certes, l'orthodoxie de Fénelon ne lui permettait pas d'oublier que l'homme naît déchu; toutefois la sensibilité un peu molle, répandue dans plusieurs de ses écrits, surtout dans son fameux *Télémaque*, a dû incliner ses innombrables admirateurs à beaucoup trop compter sur la bonté naturelle de l'homme et sur sa vertu instinctive. Je ne prétends pas que Fénelon ait inventé l'optimisme de Vauvenargues; mais, sans que lui-même en eût pleine conscience, on en trouverait peut-être le germe dans plus d'un discours de Mentor, ou dans la description de l'heureuse Bétique où vivent « ces hommes sages qui n'ont appris la sagesse qu'en étudiant la simple nature », qui « n'ont point de juges parmi eux, car leur propre conscience les juge », qui « vivent tous ensemble sans partager les terres ; tous les biens sont communs ; ils sont tous libres, tous égaux. » Pour arriver à ce bonheur, il leur a suffi d'ignorer la civilisation, mère de tous les crimes. Donc, il suffit d'abandonner l'homme à lui-même pour qu'il soit bon, vertueux, heureux.

Nous n'en croyons rien, mais il importe peu ; ce que nous cherchons ici, ce sont les conséquences de ce nouveau principe sur l'esprit du théâtre, et particulièrement de la comédie.

Elles furent considérables ; on peut dire que toute l'intention et l'essence même du genre s'en trouva modifiée. En effet, du moment qu'il est admis que l'homme est bon foncièrement, qui ne voit que ses vices sont des maladies, plus que des fautes ; que ses travers sont des accidents ; que le plus déréglé est plus à plaindre qu'à blâmer ; qu'il faut travailler à le corriger ; mais non en se moquant de lui.

Dès lors, l'objet de la comédie ne sera plus de faire rire ; elle exclura le ridicule, ou n'en usera que très rarement ; son objet sera d'émouvoir la sensibilité qui est au fond de nos cœurs vertueux (car les spectateurs sont des hommes aussi ; donc ils sont bons) ; la comédie voudra nous plaire, et en même temps nous rendre meilleurs, en étalant devant nous des hommes que les circonstances avaient écartés de la vertu, et qui y reviennent par un effort, non de leur volonté, mais de leur instinct[1].

Voilà comment s'est logiquement fondée la *comédie larmoyante*. Je ne prétends pas que Nivelle de La Chaussée ait fait tous ces raisonnements ; mais sans

---

[1]. La douce humanité, *plus instinct que vertu*, Ce premier sentiment qui ne s'est jamais tu,
Né dans nous, avec nous, et l'âme de notre
   fêtre.
(LEMIERRE, *la Veuve du Malabar*, 1770.)

17.

en avoir entièrement conscience, il les a du moins acceptés ; et le genre nouveau s'est trouvé créé [1], sans qu'on puisse dire que celui qui l'inaugura soit proprement un créateur. Les circonstances d'ailleurs étaient favorables à l'éclosion d'un nouveau genre : on était rassasié de la tragédie et de la comédie, telles que les avaient faites les faibles héritiers de Racine et de Molière. La plupart des beaux sujets tragiques étaient traités, même rebattus. Les poètes aux abois s'épuisaient en inventions froides et artificielles, qui ne leur fournissaient que des déclamations fastidieuses. Les contemporains eux-mêmes sentaient très bien le vide de ce genre épuisé. Dans *le Cercle* de Poinsinet [2], Araminte fait joliment la critique de la tragédie banale (et malheureusement on n'en faisait plus d'autres).

« Un tintamarre d'incidents impossibles ; des reconnaissances que l'on devine ; des princesses qui se passionnent si vertueusement pour des héros que l'on poignarde quand on n'en sait plus que faire ; un assemblage de maximes que tout le monde sait et que personne ne croit ; des injures contre les grands, et par-ci par-là quelques imprécations. »

La comédie avait moins vieilli, grâce à l'esprit qui la soutenait, et la rendait encore amusante ; mais on était un peu las de cette façon de s'amuser ; un peu las du ricanement sans fin que Regnard, Lesage et Dancourt avaient établi au théâtre ; on était las des mauvaises mœurs qu'ils s'étaient plu d'y étaler ; de cette société suspecte et déclassée qu'ils y avaient montrée à l'exclusion de toute autre : amoureuses dévergondées ; vieilles sans pudeur ; chevaliers escrocs ;

---

[1]. *Le Glorieux* (1732), où il y a un élément très pathétique, précéda *la Fausse Antipathie* ; mais Destouches veut encore faire rire ; il peint encore des caractères ; cet élément disparaît du théâtre de La Chaussée.

[2]. Joué en 1771 ; joli tableau satirique des salons de Paris à cette époque.

oncles imbéciles; valets fripons; soubrettes perverses. Enfin l'on avait envie de revoir des honnêtes gens sur la scène.

De cet épuisement simultané des deux grands genres dramatiques devait naître et naquit de lui-même — sans que personne pût se dire absolument le père et l'inventeur — un troisième genre, un genre nouveau, qui devait tenir à la fois des deux premiers. Mais deux façons différentes de les mélanger pouvaient s'offrir.

On pouvait fondre, à doses à peu près égales, l'élément tragique et l'élément comique. Telle sera plus tard la formule ordinaire du drame. Avant que ce nom même existât, au moins en France, on composa (sous le nom impropre de comédie) des pièces hybrides, où l'auteur s'efforçait tour à tour de faire rire et de faire pleurer. La Chaussée lui-même essaya une fois de ce procédé, qui n'a jamais pleinement réussi chez nous. Voltaire composa, suivant cette recette, *l'Enfant prodigue*, et tout en se moquant des pièces qui faisaient rire et pleurer à la fois, il ne voulut point en laisser tout le succès à autrui.

On pouvait aussi mêler tout autrement les deux genres : prendre à la comédie ses personnages bourgeois; prendre à la tragédie son action touchante et pathétique; en changer seulement le cadre, en abaisser la dignité; composer ainsi une sorte de tragédie bourgeoise ou de comédie sérieuse et grave, où seraient dépeintes, dans le cadre d'une action contemporaine et vulgaire, les souffrances, les difficultés, les tristesses de la vie journalière. Ainsi les spectateurs pourraient retrouver dans les épreuves d'hommes tout à fait semblables à eux, l'écho de leurs propres sentiments : non plus idéalisés, mais réels, et strictement vrais. C'est cette comédie pathétique que La Chaussée inventa et que ses ennemis appelèrent *larmoyante* sans réussir à la discréditer.

Le chef-d'œuvre de cette comédie qui met en scène des particuliers, en leur prêtant des aventures sérieuses et tristes, mais dont le dénouement est heureux pour ne pas renvoyer le spectateur sous le poids d'une impression pénible, c'est, dans le répertoire de La Chaussée, *Mélanide*, premier type d'un genre où nos modernes ont excellé. *Mélanide* fut jouée en 1741.

Le comte d'Ormancé a épousé secrètement une jeune fille noble, appelée Mélanide; il en a eu un fils. La famille du comte a désavoué, puis fait rompre ce mariage clandestin, et séparé de force les deux époux. Bientôt, trompé par de faux rapports, le comte croit sa femme et son fils morts; Mélanide se croit oubliée. Le comte a hérité cependant d'un oncle une fortune considérable et un titre nouveau: il s'appelle maintenant le marquis d'Orvigny.

Dix-huit ans sont passés depuis le mariage; le marquis est jeune encore; il n'a pas quarante ans; et les années ont effacé peu à peu le souvenir de Mélanide. Il s'éprend vivement d'une jeune fille aimable et gracieuse, mais de naissance et de fortune très modestes. Il la demande à sa mère, qu'une si haute alliance éblouit, et qui se hâte de consentir. Cependant la jeune fille aime tendrement un jeune homme, à peine plus âgé qu'elle et elle en est passionnément aimée. On devine aisément que ce jeune amant, Darviane, est le fils de Mélanide, qui l'a élevé en le faisant passer pour son neveu. Ainsi le père et le fils sont rivaux sans se connaître. Avec la fougue de son âge et l'humeur de sa profession (Darviane est officier), le jeune homme insulte son rival, que Mélanide entrevoit presque en même temps et reconnaît. La situation est belle et hardie, profondément pathétique. Mélanide enjoint à Darviane d'aller offrir des excuses; il se révolte, et dit : « Si le marquis se croit offensé, nous avons notre épée. » La mère épouvantée frémit; et comprenant qu'il faut parler enfin, elle révèle à Darviane le secret de sa naissance, mais refuse de lui nommer son père. Qu'importe? et Darviane peut-il douter que le marquis soit ce père? Il se présente à lui au moment où un ami commun vient de révéler à M. d'Ormancé que Mélanide est sa femme et que Darviane est son fils. Le cœur du marquis est déchiré; il adore cette jeune fille, qu'on lui dispute; il hait ce fils qui est son rival; il a oublié Mélanide, après vingt ans d'absence. Vainement son ami le conjure de faire ce que le devoir lui prescrit, de reconnaître et sa femme et son fils. Il ne peut s'y résoudre; et quand Darviane se présente à lui, soumis, respectueux, il l'écoute d'un air glacial et hautain. Darviane s'excuse et prie qu'on lui pardonne; il raconte son histoire et dit son abandon, les yeux fixés sur le père immobile. Il se découvre enfin : « Dites un mot; dites-moi que je ne me suis pas trompé, que je suis votre fils. » Le marquis reste muet. Alors Darviane éclate : « Hé bien! pardonnez-moi; vous ne m'êtes rien, rien que mon rival. Nous nous battrons, je suis au désespoir; je veux périr de votre main. »

Malheureux! qu'oses-tu proposer à ton père!

s'écrie le marquis; et le mot lâché, le dénouement accourt. Le fils tombe aux genoux du père; Mélanide paraît; l'aspect de cette beauté dont l'âge et les malheurs ont terni le premier éclat, mais en respectant sa dignité touchante et sa grâce un peu triste, le souvenir et l'apparition d'une femme autrefois tant aimée réveillent l'amour éteint. Le marquis rend son nom et sa tendresse à Mélanide et il reconnaît son fils.

Cette *comédie*, comme elle s'appelle assez improprement, est bientôt vieille d'un siècle et demi. Cependant serrez-en plus vivement la conduite qui est molle et incertaine; donnez au style une vivacité, un éclat qui lui manquent tout à fait; jetez-y les traits d'esprit et les mots à effet dont nous sommes charmés aujourd'hui, et dont La Chaussée ne s'avisait guère; vous ferez de *Mélanide* une pièce toute moderne, que M. Alexandre Dumas pourrait signer.

La Fausse Antipathie (1733) est le début de La Chaussée dans le genre *larmoyant*; il n'y est pas encore tout à fait lui-même. L'influence de Marivaux est sensible. Au fond c'est du Marivaux, moins le style, avec une pointe d'émotion un peu plus acérée, moins souriante. Mais c'est un simple malentendu qui sépare deux époux, inconnus l'un à l'autre après une longue séparation; le malentendu cesse, et la pièce est finie. Il y a plus d'originalité dans *le Préjugé à la mode* (1735) dont le succès fut immense. L'auteur y mettait en scène un préjugé du temps qui interdisait à un mari du grand monde de laisser soupçonner qu'il aimât sa femme. Cela était « du dernier bourgeois. » Quand cette mode eut disparu, on nia qu'elle eût jamais existé; mais le témoignage de La Bruyère (*De quelques usages*), celui de Campistron (dans *le Jaloux désabusé*, joué en 1709), celui de Destouches dans *le Philosophe marié*, dans *les Philosophes amoureux*, surtout *l'École des bourgeois*, jolie comédie d'un auteur oublié, d'Allainval (jouée en 1728), attestent parfaitement que, pendant un demi-siècle, en France, deux époux à la mode étaient tenus d'étaler l'un à l'égard de l'autre une absolue indifférence. « Est-ce qu'il y a du mal à aimer son mari? » dit une ingénue dans *l'École des bourgeois*. Le marquis lui répond vivement : « Du moins il y a du ridicule. A la cour un homme se marie pour avoir des héritiers; une femme pour avoir un nom; et c'est tout ce qu'elle a de commun avec son mari. » La Chaussée eut peut-être l'honneur de contribuer par le succès de sa comédie à discréditer un préjugé ridicule. Les époux ne s'aimèrent ensuite, ni plus ni moins qu'avant; mais ceux qui s'aimaient ne furent plus obligés de s'en cacher comme d'un crime.

L'École des amis (1737) veut nous apprendre à les bien choisir; un jeune homme est trahi par tous ceux à qui il se fiait, sauvé par le seul homme dont la haute vertu lui donnait de l'ombrage. *L'École des mères* (1744) leur enseigne à aimer également leurs enfants, et surtout à ne pas préférer les moins vertueux, parce qu'ils flattent plus leur vanité. C'est la seule pièce où La Chaussée ait mêlé un peu de comique; il l'a fait avec assez de bonheur. *La Gouvernante* (1747) pourrait s'appeler *l'École des juges*. Un président par sa négligence a rendu un arrêt injuste, et ruiné une noble famille. Mieux éclairé, il se dépouille de toute sa fortune pour réparer le mal qu'il a fait involontairement. Fort heureusement son fils épouse la jeune fille que le président tour à tour a ruinée et enrichie. La vertu chez La Chaussée est toujours récompensée.

Paméla (1743) est une mauvaise *adaptation*, comme nous disons aujourd'hui, du roman de Richardson. *L'École de la jeunesse* (1749) avait dû s'appeler d'abord *le Retour sur soi-même*; on trouva que La Chaussée tournait trop au prédicateur; on le pria de modifier son titre. C'est l'histoire d'un grand seigneur converti qui a beaucoup de peine à faire croire à la sincérité de ses sentiments nouveaux. *L'Homme de fortune* (1751) est une peinture assez piquante du financier honnête homme, indépendant, poli et probe; enfin tout le contraire du Turcaret de Lesage, et presque déjà *le Philosophe sans le savoir*. Toutes ces pièces, fort inégales de valeur, sont malheureusement égales par le style: La Chaussée écrit mal; sa versification est sèche, incolore, contournée, souvent incorrecte et toujours prosaïque. Son mérite est tout entier dans cette part d'initiative hardie et féconde que renferme son théâtre. Tout un groupe de comédies modernes, non les moins fameuses, non les moins applaudies, celles qui peignent surtout la famille, l'union des époux, les désordres qui la troublent, la situation fausse ou cruelle faite aux enfants, les séductions, les abandons; enfin toutes les tragédies de la vie domestique [1] ont leur origine, en France, dans le répertoire oublié de Nivelle de La Chaussée.

L'optimisme est au fond de tout ce théâtre; et l'humanité y est peinte en beau; ce qui ne contribua pas médiocrement au succès de La Chaussée. Car en ce temps-là, pour plaire au public, il fallait lui dire : « Vous êtes tous, au moins au fond, bons, vertueux, sensibles. Laissez-vous aller, suivez votre instinct: écoutez la nature et vous irez de vous-mêmes au bien. » Que les temps sont changés! Aujourd'hui qui veut plaire, être lu, fêté, admiré, passer pour grand et devenir très riche, doit apostropher ainsi les hommes : « Vous êtes un vil ramas de fripons et de débauchés; vous n'avez ni foi ni loi; vous êtes conduits par vos seuls instincts et ces instincts sont ignobles. Ne cherchez pas d'ailleurs à vous tirer de là, ça ne servirait à rien du tout. »

La Chaussée avait été novateur sans le vouloir et presque sans le savoir. Il mourut et le genre qu'il avait créé sembla s'éteindre avec lui. Quelques tentatives isolées n'eurent aucune importance. Ainsi Saurin [2],

---

1. Toutefois il a omis de mettre en scène l'adultère, ressort dramatique dont nos contemporains ont fait un si fâcheux abus.

2. Bernard-Joseph Saurin, né à Paris, en 1706, mort en 1781. *Aménophis*, 1752; *Spartacus*, 1760; *Blanche et Guiscard*, 1763; *Beverley*, 1768.

sans trouver sa voie, hésita entre les tendances diverses qui partageaient son temps. *Spartacus*, dont le succès fut grand, est le type de la tragédie purement philosophique, toute en tirades sur l'humanité, la liberté, la vérité; le héros n'est qu'une abstraction débitant des maximes rimées, dans un style dont l'énergie affectée sent l'effort d'un écrivain laborieux, mais sans génie. Voltaire loua beaucoup trop cette pièce qui flattait ses penchants sans inquiéter son amour-propre. *Blanche et Guiscard* (1763), imité de l'anglais, est une œuvre plus intéressante, et d'un genre plus neuf; sans élargir ni changer le cadre traditionnel de la tragédie, l'auteur semblait s'essayer d'avance dans ce genre intermédiaire dont Diderot allait bientôt tracer les lois : la tragédie domestique, ou bourgeoise. Avec *Beverley* (1768), qui est un drame plutôt qu'une tragédie, Saurin aborde franchement le genre nouveau; c'est la vie d'un joueur qu'il veut retracer, non comme avait fait Regnard, en s'égayant autour de cette passion dangereuse, mais en faisant voir l'horreur de la ruine et du déshonneur qu'elle traine derrière elle. *Beverley* était imité du *George Barnwell* de Lillo ; comme *Blanche et Guiscard*, de Thomson. La littérature et le théâtre des Anglais commencèrent d'intéresser vivement beaucoup d'esprits en France dans les années qui suivirent la paix rétablie entre nos voisins et nous, par le traité de Paris, en 1763.

Un demi-siècle auparavant. Fénelon, dans la *Lettre à M. Dacier sur les occupations de l'Académie française*, parlait encore de l'Angleterre et de sa langue comme il eût pu faire de quelque dialecte usité dans la haute Asie : « *J'entends dire* que les Anglais ne se refusent aucun des mots qui leur sont commodes : ils les prennent partout où ils les trouvent chez leurs voisins. » Durant le règne de Louis XIV, les Anglais avaient imité, quelquefois copié la littérature française. En France on avait trouvé cela tout naturel, et personne ne s'était soucié de savoir si Shakespeare et Milton avaient existé. Boileau très probablement ne connut même pas le nom de l'un ni de l'autre. Il serait puéril de lui en faire un reproche, mais on doit le constater. Destouches, au commencement du xviii° siècle, passa plusieurs années en Angleterre ; mais il n'en rapporta rien qu'une médiocre imitation d'Addison, *le Tambour nocturne*. Voltaire, un des premiers, nomma Shakespeare aux Français ; il s'en repentit plus tard. Il s'était borné à louer chez le poète anglais quelques belles inspirations mêlées, par hasard, dans beaucoup de bizarrerie et de grossièreté. En 1746, parurent les premières traductions ; l'admiration fut très contestée, mais l'impression fut très vive. Le président Hénault, qui publiait l'année suivante sa tragédie de *François II*, qualifie, dans sa préface, Shakespeare de poète inimitable, et le trouve « plein de feu, de chaleur et de passion. » Quand Ducis commença d'accommoder timidement le poète anglais à la scène française et surtout quand Letourneur commença de publier, en 1776, la traduction complète de Shakespeare, Voltaire entra en fureur, et déchaîna ses aménités ordinaires sur l'auteur d'*Hamlet* et d'*Othello* : il l'appelle tantôt *Gilles*, tantôt *Bobèche*, plus souvent maniaque ou sauvage ivre, et ne traite guère mieux Ducis, qui l'imite timidement, et Letourneur qui le traduit. Letourneur était un homme sensé, judicieux, qui avait bien compris Shakespeare, et qui l'admirait fort sagement. Il a dit, en excellents termes, ce qu'on n'a fait que développer ou paraphraser, après lui, à l'éloge de Shakespeare : « Jamais homme de génie ne pénétra plus avant dans l'abîme du cœur humain, et ne fit mieux parler aux passions le langage de la nature. Fécond comme elle-même, il prodigue à tous ses personnages cette étonnante variété de caractères qu'elle dispense aux individus qu'elle crée... Il a développé tous les replis du cœur humain. »

Le traducteur de Shakespeare, Letourneur, le comprenait beaucoup mieux que son faible imitateur, Ducis [1]. Il n'y a là rien de surprenant puisque Ducis ne savait pas l'anglais et ne se mit jamais en peine de l'apprendre. Comme il l'avoue de bonne foi dans l'avertissement de son *Hamlet*, il travaillait, un peu à tâtons, sur le *Théâtre anglais* de La Place [2] et, plus tard, sur la traduction française de Letourneur. Il est clair que Ducis, ne sachant pas l'anglais, ne pouvait, pour ce seul motif (sans énumérer tous les autres), pénétrer bien avant dans l'intelligence de Shakespeare. Ducis me fait l'effet d'un peintre qui essayerait de tracer le portrait d'un modèle en faisant poser l'ombre au lieu du corps. Il imite, il paraphrase, il allonge, il raccourcit, et il altère et mutile l'œuvre originale de façon à indigner aujourd'hui tous ses admirateurs. Ce n'est pas seulement la langue qui lui échappe, c'est l'âme aussi, c'est la conception dramatique ; le caractère propre de Shakespeare est son impartialité, ou, si l'on veut, son indifférence à l'égard de son sujet; nul poète n'a su planer à cette hauteur au-dessus de son œuvre ; il exprime et peint la nature, il la fait revivre sans se soucier de prendre parti ni pour, ni contre personne. Mais Ducis, qui est de son temps, fait de Shakespeare lui-même un prédicateur; prédicateur de morale et de vertu, prédicateur d'héroïsme et de bons sentiments. Ces prétendues imitations semblent parfois une parodie ; Shakes-

---

[1]. Né à Versailles, en 1733, mort en 1816. *Amélise*, 1768 ; *Hamlet*, 1769 ; *Roméo et Juliette*, 1772 ; *Œdipe chez Admète*, 1778 ; *le Roi Lear*, 1783 ; *Macbeth*, 1784 ; *Othello*, 1792 ; *Abufar*, 1795.

[2]. Publié de 1745 à 1748 en 8 volumes in-12.

peare, amolli par Ducis, devient sentimental, emphatique, attendri, patriarcal et philosophe ; enfin tout à fait conforme à la mode du temps, à la fadeur universelle. Mais à quoi bon s'indigner? Le milieu où vivait Ducis était incompatible avec l'intelligence de Shakespeare ; un siècle plein de lui-même et gonflé de satisfaction ne pouvait comprendre le poète le plus « objectif » qui ait jamais existé. Il est juste d'ajouter que l'entreprise de Ducis, malgré tout, fut utile et porta ses fruits. Elle accoutuma l'oreille des spectateurs au nom du poète anglais, leur esprit aux plus célèbres fables de ses drames ; elle prépara l'avènement d'un goût plus large et plus éclairé des littératures étrangères.

Malheureusement Ducis, qui était une belle âme, une belle intelligence, en somme un beau talent, ne posséda jamais un beau style. Sa versification, banale et rocailleuse à la fois, a dégoûté la postérité de son œuvre dramatique.

C'est après l'échec d'une tragédie quelconque (*Amélise*, jouée en 1768) qu'il s'attacha au poète anglais. Il donna successivement *Hamlet* (en 1769), *Roméo et Juliette* (en 1772), *le Roi Lear* (en 1783), *Macbeth* (en 1784), *Othello* (en 1792). On remarquera que ces pièces sont demeurées celles qu'on goûte le plus et qu'on connaît le mieux en France dans l'œuvre entière de Shakespeare, soit par une influence prolongée de Ducis, soit qu'il ait eu le choix heureux, et qu'il ait habilement discerné ce qui pouvait le mieux s'adapter au goût français.

Sans doute les tragédies de Ducis ne sont que de pâles images du drame anglais ; mais il eut besoin toutefois d'une opiniâtre persévérance et d'une louable hardiesse pour les imposer au goût affadi de ses contemporains. Lui-même a raconté que tout le monde le grondait « du genre terrible » qu'il avait adopté.

« On me reproche le sujet de Macbeth comme une chose atroce. « Monsieur Ducis, me dit-on, suspendez « quelque temps ces tableaux épouvantables. Vous les « reprendrez quand vous voudrez ; mais donnez-nous « une pièce tendre, dans le goût d'*Inès*, de *Zaïre*, une « pièce qui fasse couler doucement nos larmes, qui « vous concilie enfin les femmes, cette belle moitié de « votre auditoire, qui entraîne toujours l'autre. » Ducis tint bon ; il faut lui en savoir gré. Après *Macbeth*, il fit encore *Othello*. Il est vrai qu'il écrivit deux dénouements pour cette œuvre ; Desdémone mourait dans l'un ; dans l'autre, Othello, éclairé à temps, n'étouffait personne ; et son beau-père attendri bénissait le mariage de sa fille justifiée. Dénouement ridicule ; mais il fallait bien ménager les âmes sensibles. Ducis a été aussi shakespearien qu'on pouvait l'être en France, au XVIII° siècle, dans le siècle le moins shakespearien qui fût jamais.

Outre ses imitations de Shakespeare, Ducis a donné *Œdipe chez Admète*, une tragédie où il a fondu, mais d'une façon peu habile, *Alceste* d'Euripide, *Œdipe à Colone* de Sophocle. Le temps où vivait Ducis n'était guère plus favorable à une résurrection de ces purs chefs-d'œuvre de l'art grec, qu'à une imitation fidèle du drame anglais. Il a montré plus d'originalité dans sa tragédie d'*Abufar* (1795). La fable en est romanesque, bizarre et déplaisante ; mais le cadre est attachant ; l'action se passe en Arabie sous la tente ; et le poète a rendu avec un sentiment pittoresque, assez rare en ce temps-là (autant qu'il est banal aujourd'hui), les impressions du désert. Ducis était poète au fond ; et il le montre à tout moment, surtout dans sa prose, dans ses lettres souvent exquises. En vers, il est moins simple, moins naturel ; il s'efforce, il se contourne ; sa langue poétique ne s'est jamais complètement dénouée.

Ainsi Nivelle de La Chaussée ni Ducis n'avaient réussi à renouveler vraiment la scène française. Le premier avait été novateur, sans le vouloir, et presque sans le savoir ; mais il n'avait pas été chef d'école ; il ne laissait rien derrière lui, que son théâtre, mal défendu contre l'oubli par un style insuffisant, et, après sa mort, bientôt voué au dédain et même au ridicule. En somme, rien n'était fait, ni même commencé pour le rajeunissement du théâtre; puisque ni les spectateurs, ni les auteurs eux-mêmes ne semblaient bien comprendre et apprécier la vigueur et la fécondité de ces nouveaux germes dramatiques, tout prêts à éclore, pour peu qu'on les voulût cultiver. D'autre part malgré ses bonnes intentions, Ducis, esprit timide au fond et même timoré, n'avait pas du tout la taille d'un réformateur. Cependant, vers le milieu du XVIIIe siècle, l'heure pouvait sembler favorable à un esprit audacieux et novateur, pour une complète révolution de l'art théâtral. La tragédie se traînait dans une fastidieuse redite des modèles consacrés, ou bien, pour essayer de se rajeunir, elle tournait à la prédication emphatique de la philosophie, elle célébrait la tolérance, et tonnait contre le despotisme. Dans la comédie, l'imitation de Molière et de Regnard était décidément épuisée, après avoir jeté un dernier éclat dans *le Méchant* de Gresset. Les tentatives de Destouches et de Nivelle de La Chaussée pour renouveler le fonds comique n'avaient pas réussi à établir une tradition durable et féconde. Tous deux avaient disparu sans avoir formé des disciples. Marivaux n'avait pas été plus heureux : sa manière originale et charmante, mais un peu menue et d'autant moins inépuisable que la veine en est plus délicate, avait passé, comme la mode d'un jour, sans laisser même un souvenir, car c'est le XIXe siècle qui a ressuscité Marivaux.

Dans ces circonstances, Diderot, qui ne croyait pas

à grand'chose hors de lui, mais qui ne doutait jamais de lui-même, se crut appelé à renouveler le théâtre par une révolution complète et féconde. Il était alors engagé tout entier dans une entreprise immense : l'*Encyclopédie*, qui suffisait, semble-t-il, à occuper toutes les forces d'un homme, cet homme fût-il Diderot. Mais cette circonstance qui aurait détourné tout autre fut peut-être ce qui le tenta. Dans sa pensée, l'*Encyclopédie* était pour ainsi dire le manuel d'une complète évolution de l'esprit humain; cette œuvre qui touchait à tout lui donnait le droit de tout remuer, pour tout renouveler. Puisqu'il avait, ou croyait avoir des idées sur tout, ne devait-il pas profiter de la première occasion qui s'offrait à lui pour les appliquer avec éclat; et quelle occasion plus éclatante pouvait s'offrir qu'un grand succès au théâtre? En est-il de plus retentissants? Peut-on agir sur les hommes plus violemment que par le drame?

Ainsi son rôle de critique et d'auteur dramatique ne fut pas un caprice ou un hasard dans sa carrière d'écrivain. Ce fut un épisode dans une entreprise plus générale; son théâtre fut un chapitre, le plus hardi, le plus bruyant, de l'*Encyclopédie*.

L'œuvre dramatique de Diderot se compose de deux grandes pièces en cinq actes et en prose et de quelques essais critiques qui sont, au fond, le commentaire et la justification des deux pièces.

Le Fils naturel ou *les Épreuves de la vertu*, comédie en cinq actes et en prose, fut écrit en 1757; il ne fut représenté que quatorze ans plus tard, en 1771. Mais la pièce avait paru imprimée dès l'origine et on l'avait beaucoup lue. L'édition était accompagnée d'une *Introduction* et de *Trois entretiens sur le Fils naturel*.

Le Père de famille, comédie en cinq actes et en prose, fut composé en 1758, et joué seulement deux ans plus tard. Mais il avait été publié dès l'origine avec un *Discours sur la poésie dramatique* dédié à Grimm, l'intime ami de Diderot.

Le reste de l'œuvre dramatique de Diderot se compose de traductions de l'anglais et d'essais pour la plupart inachevés ou qui n'ont du théâtre que la forme dialoguée, mais qui ne furent jamais destinés à la représentation publique. Le plus important est la comédie bizarre, intitulée *Est-il bon, est-il méchant?* L'esprit n'y manque pas : on a longtemps parlé de remettre l'œuvre au théâtre ; mais tous les directeurs ont reculé l'un après l'autre.

Les essais critiques de Diderot n'ayant été composés qu'à l'occasion et pour l'apologie de ses essais dramatiques, il pourrait sembler plus logique d'étudier d'abord ses drames, ensuite sa critique ; mais celle-ci ayant une portée plus générale, et après tout plus de valeur que ses pièces, nous suivrons l'ordre invers.

L'idée fondamentale sur laquelle s'appuie la théorie dramatique de Diderot est une idée juste ; mais cette idée juste est beaucoup moins neuve que Diderot ne l'imaginait.

Cette idée la voici : entre la tragédie, telle que nous l'ont donnée Corneille et Racine, et la comédie, telle que l'a conçue et exécutée Molière, il existe un large intervalle, un intervalle suffisant pour que plusieurs genres dramatiques puissent y trouver place et s'y développer à l'aise.

Entre le tragique et le comique, il y a le sérieux ; entre le sérieux et le tragique, entre le sérieux et le comique, il peut y avoir, il y a des genres et des sous-genres intermédiaires. Diderot disait : « J'ai essayé de donner dans *le Fils naturel* l'idée d'un drame qui fût entre la comédie et la tragédie.

« *Le Père de famille*, que je promis alors, et que des

distractions continuelles ont retardé, est entre le genre sérieux du *Fils naturel* et la comédie.

« Et si jamais j'en ai le loisir et le courage, je ne désespère pas de composer un drame qui se place entre le genre sérieux et la tragédie.

« Qu'on reconnaisse à ces ouvrages quelque mérite, ou qu'on ne leur en accorde aucun, ils n'en démontrent pas moins que l'intervalle que j'apercevais entre les deux genres établis n'était pas chimérique. » Il y a quelque chose d'un peu puéril dans la précision de ces catégories.

Ainsi *le Fils naturel* étant juste au milieu, a égale distance de la *tragédie* et de la *comédie*, *le Père de famille* et ce drame avorté qui n'a pas vu le jour, rempliraient l'intervalle à droite et à gauche; ce sont des pièces *centre gauche* et *centre droit*, pour ainsi dire.

Mais encore une fois l'exagération de cette précision mise à part, l'idée de Diderot est juste.

Oui, le nombre des genres dramatiques possibles est illimité; oui, le génie peut créer presque à l'infini des espèces dans chacun de ces genres et des nuances dans ces espèces. Et enfin, comme l'a dit admirablement Voltaire, *tous les genres sont bons, hors le genre ennuyeux*[1].

Mais Diderot croit-il avoir inventé cette vérité : que les genres dramatiques sont à peu près infinis en nombre.

Boileau lui-même, le théoricien rigoureux, qui semble tracer d'une main si sévère les limites des deux grands genres, Boileau savait avant Diderot qu'il y a bien des espèces de tragédies et de comédies.

Comptez que de types variés lui-même a eus sous les yeux, et a pu comparer. Je ne nommerai que des chefs-d'œuvre et je tâcherai de les nommer dans un

---

1. Ce vers n'est qu'une ligne de la préface en prose de *l'Enfant prodigue*.

ordre décroissant de *gravité* (pour ainsi dire), qui de la tragédie la plus austère nous amène à la bouffonnerie la plus folle : *Athalie, Britannicus, le Cid, Bérénice, Nicomède, D. Sanche d'Aragon, Don Juan, le Misanthrope, Tartuffe, le Bourgeois gentilhomme, M. de Pourceaugnac.* Voilà une douzaine de pièces, formant autant de genres distincts, absolument différents, qui n'avaient pas attendu Diderot pour naître et fleurir en purs chefs-d'œuvre.

Donc la théorie était juste, mais n'était pas du tout neuve. Est-ce l'affirmation de cette théorie qu'on pouvait dire nouvelle? Et Diderot a-t-il eu le mérite d'énoncer plus clairement ce qui n'avait été que confusément senti avant lui?

Non, Diderot n'a même pas ce mérite d'initiative secondaire; et La Chaussée, vingt ans avant lui, avait dit tout ce que Diderot devait dire; avait fait tout ce qu'il n'a pas su faire; joignant au précepte l'exemple, et à la théorie, la pratique. Mais La Chaussée est modeste dans ses préfaces, La Chaussée est timide dans ses programmes; au lieu de s'imposer à grand bruit, en criant : « Place aux nouveautés », il a plutôt l'air de demander grâce pour ses hardiesses contenues, et de s'en défendre et d'affirmer qu'il n'apporte rien de nouveau. Diderot qui crie très fort, qui, loin de fuir le bruit, cherche plutôt à faire scandale, Diderot confisquera pour lui seul une réputation d'audace dramatique dont La Chaussée, si profondément oublié, pourrait réclamer équitablement les trois quarts.

Dans ce vaste espace entre la tragédie de Racine et la comédie de Molière, parmi dix ou douze genres *possibles*, quel est celui que Diderot essaya d'abord de créer, comme répondant le mieux aux goûts et aux nécessités de son temps? Ce fut la *tragédie domestique et bourgeoise*. Le nom en valait un autre; mais Diderot a reculé lui-même devant l'emploi d'une désignation nouvelle; ses deux pièces, *le Fils naturel, le Père de famille*, sont intitulées *comédies*, d'un nom qui ne leur convient pas du tout.

Peu importent les noms. Occupons-nous des choses. Que devait être, selon Diderot, la *tragédie domestique* ?

D'abord elle ne devait pas être confondue avec la tragi-comédie, avec le drame, en tant que ce dernier genre veut associer dans une même pièce le comique et le pathétique :

« La tragi-comédie [1] ne peut être qu'un mauvais genre : parce qu'on y confond deux genres éloignés et séparés par une barrière naturelle. On n'y passe point par des nuances imperceptibles; on tombe à chaque pas dans les contrastes et l'unité disparaît. »

Au milieu de ses hardiesses, Diderot fut toujours contenu par un certain fond de bon sens qui lui fit maintenir hautement la nécessité absolue de l'unité d'intérêt, de l'unité d'impression.

Cette unité peut-elle se concilier avec le mélange des deux éléments comique et pathétique? Une si grave question ne saurait être touchée en passant. Qu'il me suffise d'observer que Diderot ne croyait pas cette conciliation possible.

Il poussait le respect de l'unité d'action jusqu'à n'oser point, de peur de l'ébranler, toucher aux deux unités de temps et de lieu. Diderot, ce révolutionnaire audacieux qui prétendait bouleverser l'art dramatique, et le reconstruire à nouveau, Diderot disait encore avec Boileau :

> Qu'en un lieu, qu'en un jour, un seul fait accompli,
> Tienne jusqu'à la fin le théâtre rempli.

Sans briser le cadre des unités qu'il respecte, il veut changer profondément l'économie du théâtre; à la

---

[1]. Le genre cultivé en France sous ce nom n'avait pas été du tout ce que Diderot imagine. Voyez ci-dessus, page 98.

peinture idéale des personnages fabuleux et historiques, substituer la peinture vraie, le portrait des contemporains, dans la réalité de leurs costumes, de leur langage et de leurs sentiments ; laisser l'analyse des caractères, qu'il croit épuisée (comme si elle pouvait l'être jamais) et peindre les *conditions*, mettre en scène des magistrats, des hommes d'épée, des financiers, des commerçants ; faire voir une famille dans son intérieur ; faire agir les pères, les époux, les fils, les frères, chacun selon le rôle qu'il joue dans la maison ; opposer leurs intérêts, leurs affections, leurs passions les unes aux autres. A entendre Diderot, l'on croirait que personne avant lui n'a représenté un père de famille sur la scène. Mais les gens doués d'une imagination facile, abondante et désordonnée, comme était Diderot, sont fort sujets à croire qu'ils inventent tout ce qu'ils pensent, souvent après cent autres.

D'autres aphorismes, chez Diderot, ne sont ni neufs ni justes, celui-ci par exemple : « C'est aux situations à décider des caractères. » Racine avait pensé tout autrement, et chez lui, d'ordinaire, c'est des caractères que résultent les situations. Prétendait-il en faire une loi ? Non certes. Il savait bien que, dans vingt chefs-d'œuvre, un événement fortuit tient une place importante. Ainsi l'incursion des Maures dans *le Cid*. Ni les caractères ne doivent être nécessairement subordonnés aux événements, ni les événements aux caractères. Mais j'observe ceci contre la théorie chère à Diderot : toutes choses égales d'ailleurs du côté du style et de l'invention, on émeut plus, on intéresse davantage en faisant sortir les situations des caractères. En effet, si bien imaginé, si naturellement amené que soit l'événement fortuit dont on fait le nœud de la pièce, le spectateur peut encore se dire qu'il a été imaginé pour le besoin de l'intrigue, amené par la fantaisie de l'auteur. A moins qu'il ne soit très jeune et très naïf, je crois qu'un peu de défiance se mêlera toujours à la satisfaction qu'il a pu goûter en écoutant la pièce. Au contraire, quand les événements eux-mêmes sortent des caractères, quand ils sont produits par le jeu libre et naturel des passions, la pièce en reçoit plus d'unité, plus de force, et paraît plus vraie et plus frappante.

Dans toute cette poétique [1] nouvelle, ce dont il est le moins question, c'est de poésie. Diderot parle beaucoup de la *vérité*, qu'il faut peindre, et de la *sensibilité*, qu'il faut émouvoir, et de la *vertu*, qu'il faut prêcher; mais de poésie, il n'en a cure.

D'abord, il est bien de son siècle; il dédaigne ou du moins il écarte les vers; à quoi bon les vers, puisqu'il ne s'agit plus que de rendre exactement la nature? est-ce que dans la nature on parle en vers?

« Je me suis demandé quelquefois si la tragédie domestique se pouvait écrire en vers, et sans trop savoir pourquoi je me suis répondu que non. Cependant la comédie ordinaire s'écrit en vers; la tragédie héroïque s'écrit en vers. Que ne peut-on pas écrire en vers? Ce genre exigerait-il un génie particulier dont je n'ai pas la notion? ou la vérité du sujet et la violence de l'intérêt rejetteraient-elles un langage symétrisé? »

C'est toujours la même inintelligence de l'idéal. Comme si la poésie était incapable de vérité! comme si le langage des vers excluait la vivacité de l'intérêt! Quelles hérésies singulières!

L'excuse de Diderot, c'est d'avoir senti qu'il vivait dans une époque prosaïque et rebelle à la poésie, et, quoiqu'il ne le dise pas formellement, on sent bien

---

1. Observez que l'essai dédié à Grimm s'appelle bien : *de la Poésie dramatique*.

qu'il veut dire : Un genre né en 1757 ne peut parler qu'en prose. La poésie nous reviendra plus tard. — Il écrit à ce propos ces lignes singulières :

« Quand verra-t-on naître des poètes? Ce sera après les temps de désastres et de grands malheurs ; lorsque les peuples harassés commenceront à respirer. Alors les imaginations ébranlées par des spectacles terribles, peindront des choses inconnues à ceux qui n'en ont pas été les témoins. »

Cette étrange prophétie se lit dans l'essai sur la *poésie dramatique*. Écrite ainsi trente ans juste avant la Révolution, et soixante ans avant l'admirable renaissance de la poésie au XIX° siècle, elle étonne par sa précision et donne à Diderot l'air d'un voyant, d'un illuminé. Prédire ainsi Lamartine et Victor Hugo en plein règne de Louis XV, cela paraît tenir du prodige.

Sans vouloir diminuer le mérite de Diderot qui a eu souvent (je le reconnais) des vues justes et profondes sur les sujets les plus variés, j'observe que ces bonnes fortunes, ces prédictions que l'événement justifie après un long laps d'années, sont moins rares chez les écrivains fougueux, excessifs, inconséquents, qui disent tout, sur toutes choses, même le pour et le contre, que chez les esprits modérés, pondérés, discrets, qui tournent sept fois leur plume et leur langue, avant de rien lâcher. Voilà pourquoi Diderot et Joseph de Maistre, dans deux camps bien opposés, ont touché juste quelquefois dans leur ardeur à prophétiser.

Tout imparfaites que soient les théories dramatiques de Diderot, elles valent mieux que ses pièces, détestables élucubrations d'où se dégage une épaisse nuée d'accablant ennui. Il prétend être vrai, calquer la vérité. *Le Fils naturel* est un tissu d'inventions romanesques, mal reliées par un fil mince et embrouillé, parsemé d'interminables discours de cent vingt lignes, tout gonflés d'emphase, d'exclamations, d'apostrophes à la vertu, à la nature, à l'agriculture. Le fond de la pièce était simple, car Diderot l'avait pris à Goldoni, auteur du *Véritable Ami*. Deux amis aiment la même femme, et celui qui est et se sait aimé se sacrifie à l'autre. Tout ce que Diderot a plaqué sur ce fond forme longueur et digression.

Le Père de famille vaut mieux que *le Fils naturel*; sans être bonne, la pièce a un certain mouvement, un intérêt un peu banal, mais réel. Elle s'est soutenue au théâtre, où on l'a jouée de loin en loin jusqu'en 1835. Mais nous ne pourrions plus supporter aujourd'hui ce style extraordinaire, violent, gourmé, pleurard et solennel que Diderot (ailleurs excellent écrivain quand il veut bien être simple) croit devoir adopter pour l'usage dramatique. Un personnage de Diderot ne dit pas : Je suis sans amis. Il dit : « Abandonné presque en naissant entre le désert et la société, quand j'ouvris les yeux afin de reconnaître les liens qui pouvaient m'attacher aux hommes, à peine en trouvai-je des débris. » Il ne dit pas : J'ai songé à me marier. Il dit : « Je ne suis point étranger à cette pente si générale et si douce qui entraîne les autres êtres et qui les porte à éterniser leur espèce. » Il ne dit point : L'homme aime naturellement les hommes. Il dit : « Une âme tendre n'envisage point le système général des êtres sensibles sans en désirer fortement le bonheur. »

Diderot a échoué au théâtre, non parce que ses idées sur l'art étaient fausses; je les trouve plutôt banales; en tout cas, d'autres les ont reprises avec bonheur; non parce qu'il manquait d'esprit, de verve ou d'imagination; il en avait surabondamment. Mais Diderot, incapable d'échapper à l'obsession de sa propre personnalité, quand il créait un personnage, semblait toujours se figurer que ce personnage fût devenu Diderot, et au lieu de pénétrer dans l'âme de son héros, il apprenait à celui-ci à penser et à parler comme lui-même. Voilà pourquoi il a fallu que Diderot échouât malgré tout son esprit, et il fut donné à un homme modeste, alors obscur et pauvre, sans études, dénué de philosophie et de savoir encyclopédique, à Sedaine enfin, de réussir où Diderot avait échoué, d'écrire le drame que Diderot avait voulu faire, d'enfanter en un mot le chef-d'œuvre de la « tragédie bourgeoise », *le Philosophe sans le savoir*.

Le Philosophe sans le savoir est le meilleur ouvrage de Sedaine, et Sedaine est le meilleur ouvrage de Diderot [1]. Celui-ci avait annoncé pompeusement la « tragédie bourgeoise » et n'avait pas su l'écrire. Sedaine sans bruit, sans préface, fit la pièce. Elle fut jouée pour la première fois le 2 septembre 1765 et, après un peu d'hésitation de la part du public dérouté par une œuvre d'un genre si nouveau, elle réussit brillamment.

Le Philosophe est une pièce bien faite, où l'auteur a su montrer une grande habileté d'arrangement dans une extrême simplicité de moyens. Un riche négociant, Vanderk, a un fils et une fille; le jour où il marie sa fille, son fils est forcé de se battre en duel; le duel a lieu, les adversaires se réconcilient; la joie et le bonheur rentrent dans cette honnête maison un moment bouleversée par une affreuse angoisse. Voilà toute la pièce; joignez-y quelques épisodes, rattachés discrètement au fond; l'amour délicat, silencieux, caché de Victorine pour le fils de Vanderk, son frère de lait; la fidélité touchante du vieux domestique Antoine; les hautes prétentions d'une tante, fort entichée de sa noblesse. D'ailleurs la pièce est courte et sobre-

---

[1]. Michel-Jean Sedaine, né à Paris, en 1719, mort en 1797. Outre *le Philosophe* (1765), il donna aux Français *la Gageure imprévue* (1768) en un acte; il écrivit en outre les livrets de plusieurs opéras-comiques, dont *Rose et Colas* (1764), *le Déserteur* (1769) et *Richard Cœur-de-Lion* (1784), qui obtinrent un très grand et durable succès.

ment conduite; mais cette brièveté est expressive. Tous les personnages, à peine esquissés, sont vivants, tant l'esquisse est juste, et tant le trait qu'elle ne fait qu'indiquer, se complète et se colore dans l'imagination du spectateur. Le rôle de Victorine n'a pas cinquante lignes, et on n'oublie plus cette charmante et chaste figure; elle sourit, elle pleure, elle aime, elle vit. Les moindres figures sont distinctes et animées. C'est là un grand mérite, le plus précieux, le plus rare au théâtre.

Le style de Sedaine, tant maltraité par la critique, n'est pas toujours correct, à la vérité; il est souvent négligé; la phrase est un peu trainante, chargée de mots parasites et de répétitions. Mais ces défauts se sentent à peine au théâtre, où la perfection du style est ce qui importe le moins. Molière est un comique parfait; mais, quoi qu'on en dise aujourd'hui, Molière n'est pas un écrivain irréprochable. Sedaine est loin de valoir Molière; mais il eut, comme lui, dans un genre bien différent, l'instinct du théâtre, ce qui manquait le plus à Diderot. Il y a dans La Bruyère, à la première page des *Caractères*, un mot dont la justesse nous a toujours beaucoup frappé : « C'est un métier de faire un livre, comme de faire une pendule; il faut plus que de l'esprit pour être auteur. » En effet le métier d'écrivain s'apprend comme un autre, et ceux qui ne le savent point ne suppléeront jamais à ce qui leur manque, même par la verve, le talent, l'esprit naturel.

Mais si cela est juste quand il est parlé du livre, combien plus juste encore quand on parle du théâtre! Là il faut bien l'avouer, bon gré, mal gré, le métier tient une place énorme à côté de l'art; il ne suffit pas, pour réussir, de bien penser, ni de bien écrire; il faut encore savoir la scène, être homme de théâtre, et connaître ou deviner les lois toutes particulières d'un genre qui n'a presque rien de commun avec les autres, parce qu'il s'exerce dans des conditions toutes spéciales.

En même temps que Diderot et Sedaine, mais par des moyens différents, et avec un mépris affecté des modèles que Sedaine et Diderot respectaient encore, Mercier travaillait, à sa manière, à infuser un sang nouveau dans les veines de notre théâtre alangui. Persuadé que la scène se mourait, en France, pour avoir trop dédaigné de peindre la réalité des mœurs nationales et surtout populaires, et pour avoir substitué à l'observation vraie l'imagination et la convention, Mercier aborda franchement le drame vulgaire, et parfois trivial, qui montre la vie telle qu'elle est, dans ses accidents journaliers, et met en scène aussi volontiers les petites gens et les pauvres que les grands seigneurs. L'entreprise en elle-même n'avait rien d'absurde; un homme de génie, ou tout au moins d'un grand talent, aurait pu la mener à bien. Mercier, plus journaliste qu'écrivain, observateur précipité, esprit brouillon et déclamatoire, ne fit guère autre chose que de mêler confusément, dans des pièces très mal écrites, l'emphase d'un disciple de Rousseau à la trivialité d'un philosophe de carrefour. Son *Essai sur l'art dramatique* (1773), programme ambitieux du drame nouveau, n'est qu'une diatribe contre Racine, qu'il abhorrait; comme s'il eût senti que, malgré sa prétention affichée d'être vrai, purement vrai, rien que vrai, Mercier paraîtrait un jour à la postérité beaucoup moins vrai, dans son style grossier, que Racine dans sa divine élégance. Les théâtres de Paris refusaient de jouer Mercier; il promena ses drames en province avec un assez grand succès, qui, à la fin, lui ouvrit les portes du Théâtre-Italien, où la mode leur fut quelque temps favorable. Ces pièces oubliées intéressent l'histoire du théâtre, mais, en vérité, n'intéressent pas la littérature. Tout au plus leur devra-t-on le premier chapitre dans l'histoire du réalisme au théâtre, j'entends du réalisme affiché, affecté : car pour celui qui s'ignore et n'est tout simplement que la vérité dans la représentation dramatique, il y a longtemps que les Grecs nous en ont fourni d'assez bons modèles.

Mercier, sincèrement, je crois, reprochait à Corneille et à Racine d'avoir puisé leurs œuvres dans « leur bibliothèque et non dans le livre ouvert du monde. » Mais dans quelle page de ce livre a-t-il trouvé l'idée de ce théâtre emphatique et banal qui ressemble si peu à la vérité? Il faut plus d'esprit que n'en avait Mercier pour faire vivre au théâtre des personnages de pure fantaisie [1]. Beaumarchais, tout seul dans son siècle, a porté ce talent-là jusqu'au génie.

Beaumarchais n'est pas à proprement parler un auteur comique; c'est un homme d'affaires qui a écrit des pièces de théâtre pour faire diversion à d'autres soucis moins amusants. Il l'a dit lui-même : « J'ai toujours été trop sérieusement occupé pour chercher autre chose qu'un délassement honnête dans les lettres. »

Il hésita d'abord sur la voie à suivre. Serait-il gai ou sérieux? morose ou bouffon? Sa vraie nature était la gaieté; mais l'éducation, le milieu, le ton à la mode, l'attiraient aussi vers l'emphase. Il écrivit d'abord deux drames lugubres : *Eugénie* (1767) et *les Deux Amis* (1770). *Eugénie* est un drame bourgeois, selon la recette préconisée par Diderot. Mais Beaumarchais, plus sévère que le maître, en a sévèrement exclu le plus léger élément de gaieté; toute la pièce repose

---

[1]. Louis-Sébastien Mercier, né à Paris (1740), mort en 1814. Voici les dates des représentations des principaux drames de Mercier à Paris : le *Faux Ami*, 1772; *le Juge*, 1774; *la Brouette du Vinaigrier*, 1775; *Jenneval ou le Barneveit français*, 1781; *le Déserteur*, 1782; *l'Indigent*, 1782.

sur l'attendrissement. Dans son *Essai sur le genre dramatique sérieux*, ce grand rieur qui fera tantôt Figaro, s'élève contre le rire, le rire stérile et immoral. En ce temps les plus joyeux compères affectaient, à leurs heures, le rôle d'hommes sensibles et larmoyants, tout comme on affecta la dévotion en d'autres temps, l'incrédulité plus tard. Du reste Beaumarchais ne se croit pas l'inventeur des larmes au théâtre ; il énumère avec franchise les pièces du genre « sérieux » d'où procède son drame : *l'Enfant prodigue* (1736), *Nanine* (1748), *Mélanide* (1741), *Cénie* (1751), *le Père de famille* (1758), *l'Écossaise* (1760), *le Philosophe sans le savoir* (1765). Mais il a tort de confondre dans un même genre des pièces où le rire se mêle aux larmes et d'autres où les larmes coulent, cinq actes durant, sans trêve ni merci. Telle est *Eugénie*. Au reste le trait essentiel du nouveau genre, aux yeux de Beaumarchais, c'était de peindre des infortunes privées et domestiques, les seules, prétend-il, qui puissent intéresser les spectateurs. Que leur importent les aventures des rois et « le meurtre juridique de Charles Ier ?... Je ne puis jamais appréhender rien d'absolument semblable au malheur inouï du roi d'Angleterre. » Le raisonnement est doublement faux. D'abord on s'intéresse fort bien même à des malheurs qu'on ne redoute pas. En outre, il n'est point de malheur qu'aucun homme puisse raisonnablement défier de l'atteindre. Peu d'années plus tard, la Terreur rendit l'échafaud accessible à tous, et beaucoup de simples particuliers, dont Beaumarchais faillit être, finirent juste comme des Stuarts.

Il va de soi que Beaumarchais n'admet pas que son drame « simple et vrai, calqué sur la nature » soit écrit autrement qu'en prose. Cependant les vers ne sont qu'une convention de plus dans le théâtre, où tout est convention : elle peut avoir ses avantages et ses inconvénients; mais certes il ne suffit pas d'écrire en prose pour être plus près de la vérité. Témoin Diderot et Racine; il n'est pas un homme de bonne foi qui n'avoue que Racine qui écrit en vers est plus vrai que Diderot qui écrit en prose.

Eugénie est une œuvre assez banale, mais non ennuyeuse; elle ne manque pas de mouvement, ni de cet intérêt un peu vulgaire qui s'attache si facilement au récit d'une aventure pathétique, où l'on voit le malheur s'acharner sur la faiblesse. C'est l'histoire d'une honnête fille de petite noblesse anglaise qu'une tante ambitieuse et chimérique a mariée, à l'insu du père, à un très grand seigneur, lord Clarendon. Mariée, du moins Eugénie a cru l'être; lord Clarendon a supposé un faux chapelain qui n'est que son intendant; et las d'Eugénie, il va l'abandonner, et se prépare à épouser la fille d'un lord. Tout se découvre enfin; la séduction, l'abandon. Après nous avoir fait trembler par l'étalage des fureurs du père qui apprend successivement que sa fille est mariée, sans qu'il l'ait su, puis qu'elle n'est même pas mariée; des fureurs d'un frère qui traverse la pièce en menaçant fort, mais sans agir; des hésitations du coupable amant, et du désespoir navrant de l'amante; Beaumarchais arrange toutes choses par un retour subit et inexpliqué de Clarendon qui tombe aux genoux d'Eugénie, demande et obtient son pardon et jure d'épouser de nouveau et pour de bon. Tout cela est peu dans la nature; un scélérat, capable d'une telle infamie, n'est guère capable d'un si prompt repentir. Molière n'a pas eu l'idée de convertir don Juan au V° acte du *Festin de Pierre*.

Eugénie avait réussi; *les Deux Amis* (1770) tombèrent lourdement. L'un des deux amis est menacé de déposer son bilan; l'autre, receveur des finances publiques, puise dans la caisse de l'État pour sauver son ami. C'est le drame de la faillite, bourré de chiffres et de calculs; ces pièces d'affaires ont quelquefois réussi dans notre siècle. Celle-ci échoua en 1770; les quolibets plurent de toutes parts sur l'auteur. Il s'obstina, mais en changeant de voie avec l'aisance de sa souple et facile nature; il fit volte-face d'un seul bond, et le détracteur du rire au théâtre, écrivit sans désemparer cet éclat de rire en quatre actes intitulé : *le Barbier de Séville*. Il dira plus tard (en tête du *Mariage de Figaro*) : « Me livrant à mon gai caractère, j'ai tenté dans *le Barbier de Séville* de ramener au théâtre l'ancienne et franche gaieté, en l'alliant avec le ton léger de notre plaisanterie actuelle. »

Il est établi maintenant que *le Barbier de Séville* fut d'abord en germe dans une simple *parade*; au moyen âge on eût dit une farce. (Qu'est-il de plus au fond?) L'auteur, charmé de sa petite pièce, en voulut faire ensuite un opéra-comique, et Rossini a montré plus tard que l'idée n'était pas mauvaise. Cependant les comédiens italiens refusèrent la pièce ; elle se transforma alors en comédie; elle fut reçue au Théâtre-Français dès 1772. Les incidents de l'affaire Goezman en retardèrent la représentation pendant trois années. *Le Barbier* parut à la scène le 23 février 1775. Qui le croirait aujourd'hui? A la première représentation il ennuya. Vite Beaumarchais sans se dépiter retire sa pièce pour un jour; il l'avait d'abord faite en quatre actes ; puis allongée en cinq, par pur respect pour la tradition ; il la ramène à quatre actes, ou comme il dit lui-même : « Je me mets en quatre. » Ou bien : « J'ôte la cinquième roue à mon carrosse. » Il pratique certaines coupures; il allège quelques longueurs, et remet sa pièce au théâtre; elle va aux nues. Le succès était mérité : *le Barbier* dans son genre est un chef-d'œuvre. Certes le fond est bien simple, même banal, vieux comme la comédie en France ; c'est encore une fois le duel de l'amour et de la jeunesse ligués contre la jalouse vieillesse ; une pupille étroitement surveillée ; un tuteur amoureux et ridicule, un jeune amant très épris, et un valet rusé qui le sert ; ces quatre personnages sont exactement les mêmes que dans dix autres comédies et en particulier dans *les Folies amoureuses* de Regnard.

Comment Beaumarchais peut-il rajeunir son sujet et soutenir sa pièce? Est-ce par le style? Sa prose ne vaut pas le vers ailé, léger, charmant de Regnard.

C'est par l'esprit. Mais qu'est-ce que l'esprit dans Beaumarchais? car ici le mot prend un sens tout à fait neuf. Est-ce que Beaumarchais invente l'esprit en France? Est-ce que Villon, Marot, Rabelais n'avaient pas d'esprit? Et Scarron lui-même, et Regnard, et La Bruyère, et Montesquieu dans les *Lettres persanes*, et Voltaire, partout (sauf dans ses comédies)? Beaumarchais n'a pas plus d'esprit que tous ces gens-là, mais il a un autre esprit — je n'ai pas dit un meilleur. Chez tous ceux que j'ai nommés l'esprit se mêle à la trame de l'œuvre ; il faut tout citer pour le faire comprendre et goûter. C'est une flamme diffuse, qui éclaire également toutes les parties de la composition, qui en pénètre la substance ; mais, parce qu'elle la pénètre, on ne l'en détache pas. Un juge très délicat n'en sent pas moins très bien la force et la vivacité de ce genre d'esprit ; mais il est certain que la majorité du public y est moins sensible.

Beaumarchais invente l'esprit de mots et de détails, l'esprit à facettes brillantes, ou à fusées lumineuses, celui qu'on enchâsse dans l'œuvre, comme les pierreries dans une étoffe ; on les y plaque, on les y coud, mais elles n'en font pas partie ; elles n'en sont que plus visibles, et même plus voyantes.

De quoi est fait cet esprit de mots et de saillies? De mille éléments, dont les plus vieux sont aussi vieux que la gaieté française; mais il sait au suprême degré l'art de les rajeunir. De naïveté, de finesses, de hardiesses, d'allusions audacieuses, de crudités brutales, de rapprochements imprévus, du cliquetis es pensées, et parfois du cliquetis des mots, de purs lazzis et quelquefois de simples calembours : il en aura pour tous les goûts; mais le torrent coule si vite et roule un tel flot de paillettes, que le spectateur ébloui n'a presque pas le temps de distinguer l'or du clinquant. Le mérite suprême de l'auteur est là : il a le don du mouvement.

Du succès du *Barbier de Séville* est né *le Mariage de Figaro*. La pièce fut commencée dès 1775. Elle mit neuf ans à parvenir jusqu'à la rampe du théâtre. L'auteur la garda cinq ans en portefeuille; le roi persista quatre ans à interdire la représentation. Il céda enfin, vaincu, mais non persuadé par les supplications de la reine, du comte d'Artois, de la cour, de la nation tout entière. La pièce fut jouée. Ce jour-là, la Révolution était commencée; on l'a pu dire sans hyperbole; car du moment que le roi était forcé par l'opinion publique de faire une chose qu'il trouvait mauvaise, le roi régnait encore, mais ne gouvernait plus. Le succès fut un triomphe; les circonstances l'expliquent assez. La représentation du *Mariage de Figaro*, c'était comme une première prise de la Bastille. Mais ce succès a duré, il dure encore; ceci est plus surprenant. Aujourd'hui qu'on dit tout, qu'on imprime tout, qu'on crie tout ce qu'on veut, le sel de ces hardiesses n'est-il donc pas éventé?

Relisons sans parti pris *le Mariage de Figaro*, et croyons le lire pour la première fois. Nous serons étonnés du vide et du creux de cette pièce fameuse.

Elle est faite de rien! C'est parfois un éloge quand

on veut louer ainsi une comédie réduite à l'expression très complète et très variée d'un sentiment unique. Mais ici, où est le sentiment? Une fantaisie de grand seigneur libertin s'appelle-t-elle un sentiment?

L'intrigue est nulle : au premier acte, tout se réduit à savoir si Chérubin est caché dans le fauteuil ou derrière le fauteuil ; au deuxième acte, s'il est caché dans le cabinet, ou si c'est Suzanne ; au cinquième acte, à tirer un à un tous les personnages des cabinets où ils sont cachés. Ne croit-on pas analyser une pantomime plutôt qu'une comédie? L'acte IV est un pur va-et-vient, absolument inutile dans la pièce ; l'acte III renferme l'amusante scène du jugement, mais pour aboutir à une reconnaissance grotesque.

Quand je vois Figaro retrouver son père dans Bartholo, sa mère dans Marceline, je suis toujours perplexe sur l'intention de Beaumarchais. A-t-il voulu nous faire rire par cette scène absolument ridicule? Je ne le crois pas. Témoin le langage qu'il fait tenir à tous ces personnages dans cette reconnaissance. Il a plutôt voulu varier par un épisode d'un caractère touchant le rire prodigué dans toute la pièce. Cette scène aujourd'hui ne peut se supporter que comme une charge plaisante ; mais nous sommes bien loin de l'intention de l'auteur en la comprenant ainsi. En dehors de ce tohu-bohu amusant, mais fatigant, de cette sarabande de personnages masqués, travestis, ahuris, même abrutis, de cette pantomime enfin que Beaumarchais prolonge cinq actes durant avec une verve endiablée, qu'y a-t-il dans *le Mariage de Figaro*? Des tirades, vingt, trente, cinquante tirades.

Ah! Figaro, que vous êtes changé, mon bel ami, depuis *le Barbier de Séville*! On dit dans la pièce que vous n'avez que trois ans de plus, mais on vous en ajouterait au moins vingt, tant vous avez perdu de votre gaieté, tant s'est développé chez vous le pédantisme et le goût de la morale! Quel prédicateur vous êtes devenu! Sur la politique, sur la noblesse et sur l'amour, et sur la justice, et sur la société, sur les hommes, sur les femmes, sur bien d'autres choses encore, que de tirades!

La tirade est partout dans la pièce; ou plutôt la pièce semble n'exister que pour encadrer les tirades: il y en a dix ou douze dans l'acte III (l'acte du jugement et de la reconnaissance), chacune est un petit pamphlet concentré en douze lignes : contre les diplomates, contre les avocats; pour la revendication des droits des femmes; contre la concurrence que leur font les ouvriers masculins; on passe à l'auteur cette morale et cette politique en faveur de son esprit. Mais qu'il n'essaye pas de prétendre, dans son interminable préface, que sa pièce est hautement morale, ou nous croirons qu'il se moque de nous. Quand il prétend n'avoir inventé le personnage ambigu de Chérubin que « pour ajouter à la moralité de l'ouvrage » il abuse de la naïveté du lecteur. Quand il affirme que Figaro est un parfait honnête homme, il s'expose à se faire dire : que si Figaro est honnête et s'il veut que Suzanne le soit, il devrait l'emmener au plus vite avant la fin de *la Folle Journée*. S'il laisse Suzanne dans la maison d'Almaviva, c'est que Figaro, sans doute, veut bien garder sa femme, mais ne veut pas perdre les profits.

Il plaît malgré tout, et la pièce entraîne encore, amuse, éblouit. « Je ne voudrais pas jurer, disait plaisamment Beaumarchais, qu'il en fût seulement question dans cinq ou six siècles. » Il a déjà cent cinq ans et vraiment il n'a pas trop vieilli. Le fameux monologue semble bien un peu long, et l'on surprend de furtifs bâillements pendant qu'il se débite:

j'ai entendu quelqu'un dire à demi-voix : « J'aime mieux le récit de Théramène. » Pour la scène de l'acte III où Marceline pérore et se croit, dix ans plus tard, en 1794, au club des femmes, dès l'origine, il fallut la couper, comme insupportable à la représentation. Beaumarchais protesta dans sa préface, mais il se soumit, à la scène.

Il y a donc quelques rides sur le joyeux visage de cette joyeuse comédie; mais vraiment elle en a très peu pour une comédie de cet âge. D'où vient cela, encore une fois? et qu'est-ce qui protège cette éternelle jeunesse?

C'est que Beaumarchais n'est pas seulement un novateur, par rapport à son temps, il est un contemporain par rapport au nôtre. En tant qu'auteur comique, il est né cinquante ans en avance. Il devrait n'en avoir que soixante à soixante-dix aujourd'hui, et je garantis bien qu'il serait de l'Académie française.

A son époque, nul n'y songea pour lui. Remarquez bien que nous l'admirons beaucoup plus sérieusement que n'ont fait ses contemporains. Tous le trouvent plaisant; mais pas un ne le prend au sérieux. Ils admirent cette verve de bouffonnerie et de gaieté, cette bruyante et brillante invasion du théâtre de la Foire sur la scène des Français, et se réjouissent volontiers de cette mascarade : mais ils sont persuadés qu'elle ne durera pas, qu'elle passera comme le burlesque a passé; qu'elle finira comme finit le carnaval. Le fou rire n'a qu'un temps. Ce mélange de morale et de drôlerie est infiniment piquant, mais on s'en lassera.

Ils se trompaient; on ne s'en est pas lassé. On en a fait un code dramatique, un genre nouveau, qui fleurit sous nos yeux : je ne nomme personne, à quoi bon? tous les noms sont sur nos lèvres. Cette comédie faite de deux éléments, savamment mixturés, la tirade virulente, et le mot ailé, perçant, nettement détaché; le tout salé de hardiesses (d'idées et de style) et saupoudré d'allusions; n'est-ce pas la fille légitime du *Mariage de Figaro*? Beaumarchais l'avouerait pour sienne et sans doute il en serait fier. Toute cette famille de joyeux écervelés qu'il a jetés sur la scène, a crû, grandi, pullulé, à rendre jaloux Molière, qui n'a certainement pas été si fécond dans sa postérité.

Cette prospérité des petits-fils de Figaro durera-t-elle? Pour cela, je l'ignore et ne me hasarde pas à rien prédire. Persuadé que la comédie suit les mœurs et le goût de la société qu'elle peint plutôt qu'elle ne les dirige, et que les sociétés ont les comédies qu'elles méritent (comme on l'a dit des gouvernements), je laisse à de plus grands prophètes le soin de dire ce que sera dans une cinquantaine d'années la société française [1].

---

[1]. Beaumarchais donna encore au théâtre *la Mère coupable*, qui eut un grand succès : elle plut par ses défauts mêmes. En ce temps le mauvais goût n'effrayait personne, et le faux allait droit au cœur. C'est en 1792. En 1797, la pièce devint l'occasion d'un triomphe décerné à l'auteur, en plein théâtre. Le lendemain Rœderer écrivait à Beaumarchais, dans ce style dont le xviiie siècle a gardé le secret (heureusement) : « Je ne puis vous taire ni vous exprimer le plaisir que j'ai eu hier à *la Mère coupable*. Jamais je n'ai versé de si douces larmes. Voilà du pathétique! Quel quatrième acte! Ma journée d'hier eût été complète si j'avais pu vous embrasser, et votre tête que je voyais devant moi à l'orchestre ajoutait à mon désir. » Beaumarchais, né à Paris, en 1732, mourut en 1799.

CHAPITRE XI

LE THÉÂTRE AU TEMPS DE LA RÉVOLUTION
ET SOUS L'EMPIRE

MARIE-JOSEPH CHÉNIER, ARNAULT, LEGOUVÉ, NÉPOMUCÈNE LEMERCIER
COLLIN D'HARLEVILLE, FABRE D'ÉGLANTINE, LAYA, BAOUR-LORMIAN
LUCE DE LANCIVAL, JOUY, BRIFAUT, RAYNOUARD, GUILBERT DE PIXÉ-
RÉCOURT, ANDRIEUX, PICARD, ALEXANDRE DUVAL, ÉTIENNE

Nous venons de voir que, dès le milieu du XVIIIe siècle, on avait essayé d'étendre et de renouveler le genre dramatique en France; on avait cherché des ressorts moins usés, des moyens plus neufs et plus vifs pour intéresser les spectateurs. La réforme de la scène était pleinement commencée.

Il semble que la Révolution aurait dû hâter ce mouvement, mûrir et achever cette réforme. La gravité des événements devait exciter le génie, troubler et féconder l'imagination. Toutes les traditions étaient abolies; toutes les entraves, mises jusque-là sur la pensée, étaient secouées et rompues. Le théâtre affranchi allait voir naître des merveilles, au moins des nouveautés.

Il n'en fut rien. La Révolution passa, comme un ouragan, laissant tout abattu et gisant derrière elle. Mais quand elle eut passé, la tradition dramatique était seule restée debout, et le théâtre, en 1800, était à peu près tel qu'on l'avait vu vingt années plus tôt.

D'où vint que les hommes les plus ardents aux nouveautés dans l'ordre politique et social, se montrèrent si modérés dans les réformes littéraires? La même contradiction nous frappera encore sous la Restauration, trente ans plus tard. Les *libéraux* seront *classiques*, révolutionnaires en politique, conservateurs en poésie. C'est que la tradition classique et le culte de l'antiquité passaient (à tort ou à raison) pour étroitement unis; mais la nouvelle République se croyait, de bonne foi, héritière et solidaire de Sparte et de Rome; on s'appelait Léonidas ou Brutus; on évoquait Démosthène ou les harangues de Tite-Live, contre Philippe ou les Tarquins. On ignorait, on méprisait, on haïssait le moyen âge, chrétien et féodal. Or, puisque la littérature classique s'était réclamée de l'antiquité, toute rénovation littéraire eût été forcée de se rattacher plus ou moins vaguement au moyen âge. C'est pourquoi il n'y eut pas sous la Révolution une seule tentative sérieuse de rénovation de l'art dramatique. L'ombre de Lycurgue, qui n'y pensait guère, protégea les trois unités.

L'histoire du théâtre révolutionnaire s'ouvre en 1789 avec le *Charles IX* de Chénier. Marie-Joseph de Chénier[1], moins âgé de deux ans que son frère André auquel, de tout point, il ressemblait fort peu, fut, dès vingt ans, avide de bruit, de succès et de popularité. Mais il se méprit d'abord sur sa voie et sur le goût de l'époque; il fit jouer *Edgard ou le Page supposé*. C'est l'histoire d'un roi saxon du x° siècle, qui se déguise en page pour obtenir la main d'une fille d'un simple gentilhomme. On siffla dès la première scène. L'année suivante, *Azémire* obtient le même accueil. Cette infortunée sultane aimait un croisé qui l'abandonnait; nouvelle Didon, elle se tuait, ou plutôt se fût

---

1. Né à Constantinople (1764), mort en 1811.

tuée, si l'on eût écouté la pièce. Marie-Joseph, sans se décourager, changea ses batteries, et renonça au genre féodal ; il cessa de s'appeler « le chevalier de Chénier », passa au peuple et fit *Charles IX*. Ce fut un triomphe.

Un double triomphe, car c'était vaincre déjà que d'obtenir d'être joué. Au lendemain de la prise de la Bastille, Bailly, maire de Paris, refusait l'autorisation de représenter *Charles IX*. L'Assemblée nationale leva l'interdit : la pièce fut jouée le 4 novembre 1789. Tous les vers, et ils sont nombreux, dont le sens pouvait être appliqué ou détourné aux préoccupations du jour, furent applaudis avec enthousiasme. Au milieu du quatrième acte, un honnête négociant nommé Maumené, s'écria, dans le style de l'époque : « Cette pièce est l'Ecole des Rois. » Chénier adopta ce titre et *Charles IX* s'appela désormais : *Charles IX ou l'Ecole des Rois*. Il parut dédié à *la Nation française* ; c'est « l'ouvrage d'un homme libre », offert à « une nation devenue libre. » Un *Discours préliminaire* annonçait ensuite l'intention de l'auteur. « A un peuple renouvelé par la Révolution il faut un théâtre nouveau.... A la tragédie antique, à la tragédie romanesque il est temps que succède la tragédie *nationale*. »

L'idée était belle et bonne. Était-elle entièrement nouvelle ? Il y a longtemps que l'ambition de créer la tragédie nationale, ou le drame national, hante l'esprit de nos poètes français ; elle n'a jusqu'ici pas trop bien réussi à les inspirer. Les premiers essais remontent aussi haut qu'on les voudra placer. N'avons-nous pas un « mystère du siège d'Orléans ? » Mais, sans remonter au moyen âge, nous voyons dès le xvie siècle vingt tragiques chercher des sujets dans notre histoire. En 1747 le président Hénault, plus connu par son *Abrégé chronologique de l'histoire de France*, écrivit une tragédie en prose intitulée : *François II*. Il disait dans la *préface* : « On se plait à voir ensemble Sertorius et Pompée, discutant les plus grands intérêts, Auguste délibérant avec Cinna et Maxime, s'il quittera l'empire. Pourquoi ne trouverait-on pas dans notre histoire d'aussi grands intérêts à traiter et d'aussi grandes passions à peindre?... Est-ce que le cardinal de Lorraine et le duc de Guise méditant la perte du prince de Condé ne sont pas aussi intéressants que les confidents de Ptolémée délibérant sur la mort de Pompée? Est-ce que Catherine de Médicis ne vaut pas bien la Cléopâtre de *Rodogune*, et l'Agrippine de *Néron*? »

Comme on le voit, Marie-Joseph Chénier n'avait pas, autant qu'il pensait, l'honneur d'avoir songé le premier à mettre en scène Catherine de Médicis à la place d'Agrippine? Mais il importe peu que l'idée fût neuve ou non. Elle pouvait être heureuse et féconde. Seulement, à qui veut écrire la tragédie nationale, une première condition s'impose : c'est de connaître et d'aimer l'histoire et le passé de la France, non pour en faire l'apologie, mais pour le comprendre. Or Chénier ignorait l'histoire, et haïssait de confiance tout le passé, sans distinction. Il écrivait pour un public imbu de la même haine et de la même ignorance. Dans ces conditions, le prétendu drame national devait se réduire à un pamphlet déclamatoire. *Charles IX* n'est pas autre chose. Ajoutez qu'à un genre nouveau, il eût fallu peut-être une forme rajeunie. Chénier n'y pensa même pas. Disciple idolâtre de Voltaire, il ne crut pas un moment que le cadre tragique qui avait suffi au maître pût devenir insuffisant à aucun poëte, en aucun temps. Bien plus, il ne touche à ce moule étroit, à ce cadre resserré que pour le rétrécir encore. La tragédie classique, déjà un peu trop abstraite, se réduit, s'amincit, s'évapore entre ses mains. Plus de confidents, plus de monologues, plus d'incidents, plus d'amour, plus de mythologie, nulle digression : tout tient dans un dilemme posé dès le début, balancé cinq actes durant, et résolu au dénouement. La Saint-Barthélemy se fera-t-elle ou non ? Trois personnages veulent qu'on massacre, et donnent leurs raisons : Catherine de Médicis, Henri de Guise et le cardinal de Lorraine. Trois autres veulent qu'on ne massacre pas, et prêchent la tolérance : Henri de Navarre, le chancelier de l'Hôpital et Coligny. Ces six personnages ou plutôt ces six abstractions vont et viennent autour de Charles IX, qui personnifie la royauté faible et lâche, et toujours opine dans le sens du dernier orateur. Si la Saint-Barthélemy est décidée, c'est que la Reine mère parle la dernière. Les longues harangues des six personnages sont remplies de vers sentencieux, où l'on peut louer souvent une facture assez belle, quoique monotone ; mais toute la pièce est dénuée de vie et de vérité. Qu'importait-il au public, en 1789 ? Ce qu'il cherchait au théâtre, c'était un écho des clubs et de l'Assemblée nationale. Il applaudit de bonne foi *Charles IX*, et ne s'aperçut même pas que la pièce de Chénier rappelait beaucoup le *Britannicus* de Racine : l'Hôpital est Burrhus ; le cardinal est Narcisse ; Charles IX est Néron ; la reine est Agrippine ; le jeune roi de Navarre, plein de candeur et de bonté, ressemble à Britannicus. On n'y pensa guère ; on aima mieux voir dans cette tragédie une allusion aux événements contemporains. L'opinion publique était persuadée que la prise de la Bastille avait déjoué un immense complot de la cour, un projet arrêté de massacrer tous les patriotes. N'était-il pas évident que le poète avait représenté ces mortels périls auxquels la liberté venait d'échapper ? Charles IX représentait le faible Louis XVI ; Catherine de Médicis est Marie-Antoinette qui règne sous le nom du roi ; les deux Guise, le duc et le cardinal, figurent la noblesse et le clergé alliés contre le peuple; l'Hôpital est Necker, le ministre patriote, et Coligny figure les chefs du parti populaire, voués aux vengeances de la cour. Ces tragédies tout abstraites semblent écrites en langue algébrique, où les mêmes lettres peuvent servir à désigner tous les nombres.

Après *Charles IX*, Marie-Joseph Chénier composa dix autres tragédies, dont nous parlerons plus brièvement, quoique plusieurs soient peut-être mieux composées et plus intéressantes que *Charles IX*, mais aucune n'a la même importance historique; aucune ne marque une date dans la littérature; jusqu'au bout l'auteur persista dans les mêmes procédés, se montra passable écrivain en vers, mais non poète, et ne sut jamais conduire une action ni faire vivre un caractère. Dans *Henri VIII* (1791), la figure d'Anne de Boleyn est assez touchante; *Calas* (1791), tragédie vulgaire et larmoyante, est plutôt un mélodrame ennuyeux; *Caïus Gracchus* (1792) est purement déclamatoire, mais eut l'honneur d'être interdit; à la veille de la Terreur, le poète osait réclamer *des lois et non du sang; Fénelon* (1793) nous montre l'archevêque de Cambrai semi-déiste et presque libre penseur, arrachant une religieuse du cachot où l'a sequestrée son abbesse; cette ridicule élégie eut du succès; sur la foi de Chénier, beaucoup de braves gens se figurèrent longtemps un Fénelon démocrate, philanthrope et sensible, très différent du Fénelon réel. *Timoléon* (1794), où Robespierre se crut attaqué, fut promptement interdit. Les autres tragédies de Chénier ne furent jamais jouées : *Philippe II*; *Brutus et Cassius*. *Tibère*, sa meilleure pièce, *Œdipe Roi*, *Œdipe à Colone*; dans ces deux pièces, imitées de Sophocle, il conserva les chœurs. *Tibère* fut représenté sans succès longtemps après la mort de Chénier; cependant la figure principale est tracée avec force, et la pièce est mieux écrite que toutes celles de l'auteur. En 1804, Chénier avait essayé de faire sa cour au nouvel empereur, en faisant jouer un *Cyrus* plein d'allusions à Napoléon. Cette flatterie fut mal accueillie et l'auteur redevint républicain et garda le rôle d'opposant, qui convenait mieux à son caractère. Ses *discours* satiriques sont bien meilleurs que ses tragédies.

Toutefois le théâtre de Chénier, où se réflètent vivement les passions de l'époque, doit à ce défaut même une étincelle de flamme, et reste supérieur, en somme, aux tragédies de recette qui continuèrent de s'agiter sur la scène, après comme avant 1789 ; il semblait qu'il ne se fût rien passé de nouveau depuis les *Guèbres* de Voltaire. Arnault [1] fit jouer *Marius à Minturnes* (1791), et Legouvé [2] *la Mort d'Abel* (1793). On vit, du même auteur, *Epicharis et Néron* (1794) et *le Lévite d'Ephraïm* par Népomucène Lemercier (1795). Arnault fit encore jouer *Oscar* (fils d'Ossian) en 1796 ; et Lemercier remporta un succès immense avec un *Agamemnon*, le 24 avril 1797. L'année suivante, c'est le tour d'Arnault, qui donne *Blanche et Montcassin ou les Vénitiens*, tragédie historique et romanesque, où il y a du mouvement, de l'intérêt, du pathétique : un cinquième acte émouvant et habilement amené. Malheureusement la faiblesse du style gâte chez Arnault des inventions parfois heureuses. La dernière année du siècle a vu jouer *Etéocle* de Legouvé, *Ophis* de Lemercier, deux tragédies coulées dans le moule traditionnel. Il n'y avait décidément rien de changé en France, du moins au Théâtre-Français. On avait tout mis à bas, royauté, noblesse, église, parlements, lois, traditions, coutumes, mais les trois unités restaient debout : le style

---

1. Antoine-Vincent Arnault, né à Paris, en 1766, mort en 1834.
2. Legouvé, né à Paris, en 1764, mort en 1812. Ses tragédies sont oubliées ; Legouvé est resté l'auteur du *Mérite des femmes*, petit poème d'une élégance un peu fade, publié avec un certain succès en 1801.

prosaïque et gourmé continuait à passer pour le style propre à la tragédie, et la périphrase florissait sur la scène, avec tous les vieux moyens tragiques : songes, coupes, poignards, imprécations, malédictions, désespoirs ; on « se guindait sur de grands sentiments », on « bravait en vers la Fortune », on « accusait les destins » et on « disait des injures aux Dieux [1]. »

Sans offrir beaucoup plus d'originalité, la comédie a certainement produit des œuvres beaucoup meilleures, qu'on lit encore avec plaisir et qu'on joue avec succès. *Le Vieux Célibataire* de Collin d'Harleville [2] est une pièce d'un mérite durable, où il y a un petit nombre de traits qu'on goûtera toujours, parce qu'ils sont vrais.

Ce n'était pas, d'ailleurs, le coup d'essai de Collin d'Harleville. Longtemps clerc de procureur comme beaucoup de poètes comiques, il avait débuté timidement au théâtre par *l'Inconstant*, plusieurs fois remanié sans grand succès. *L'Optimiste* en eut davantage ; le bon Collin, que tout rendait heureux, a exprimé naïvement son propre caractère et, dit-on, celui de son père, dans le héros de sa comédie. Il a dépeint la même humeur en la poussant jusqu'à la manie dans *les Châteaux en Espagne*, joués en 1789, avec un très vif succès. C'est vraiment une jolie pièce, agréablement écrite. Les premiers actes surtout sont excellents ; d'où vient que l'impression définitive ne vaut pas la première ; et qu'au souvenir, le charme s'évapore ? C'est qu'il y a là plus de bonne grâce que de solidité : l'auteur a de l'esprit, il n'a aucune profondeur. Ses caractères ne sont pas même esquissés : en dehors de leur innocente manie, ils n'existent pas. D'Orlange fait des « châteaux en Espagne. » Arrivé par hasard dans

---

1. *Critique de l'Ecole des femmes.*
2. Jean-François Collin d'Harleville, né près de Maintenon, en 1735, mort en 1806.

un château de France, où il trouve un père riche et une fille aimable, on lui accorde la main de la demoiselle; il trouve cela tout naturel, mais on l'avait pris pour un autre. Il est trop honnête homme pour se prévaloir d'une erreur. Il s'éloigne en se forgeant un idéal de bonheur dans un autre château et près d'une autre Henriette. Cela est plus joli que fortement construit. Mais quelques vers heureux ont sauvé la pièce et tout le monde a retenu ceux où le héros s'abandonne à ses visions dorées et surtout le monologue où son valet, Victor, déraisonnant sur les traces du maître, rêve à son tour qu'il a fait fortune avec un billet de loterie, et, quand il ne retrouve plus ce billet, s'écrie tragiquement : « Hélas! j'ai tout perdu! »

Le Vieux Célibataire (1792) est bien supérieur aux *Châteaux en Espagne*. On y trouve moins de fantaisie, mais plus de vraie comédie. L'idée était heureuse : un vieux garçon très riche est grugé par ses domestiques et assiégé par une gouvernante habile, insinuante, ambitieuse, Mme Evrard, qui veut tout doucement l'amener au mariage. Cette figure câline et odieuse est tracée avec beaucoup de vérité. Malheureusement le vieillard est plus rassoté qu'il n'est nécessaire, et un neveu avec sa jeune femme qui luttent contre Mme Evrard sont deux figures insignifiantes. Leur victoire finale n'est guère plausible, elle est du moins trop facilement obtenue. Pourquoi un vieux garçon égoïste sacrifie-t-il ses aises à des parents qu'il n'avait jamais vus? L'intrigue, en somme, est faiblement nouée, mais la peinture est fine : elle est même vigoureuse, dans certains traits du rôle de la gouvernante.

Le Philinte de Molière ou la suite du Misanthrope, par Fabre d'Eglantine [1], représenté avec succès (le

---

[1]. Fabre, dit d'Eglantine, né à Carcassonne, en 1755, guillotiné avec Danton le 5 avril 1794.

22 février 1790), est une comédie médiocrement comique, où l'auteur, se souvenant du très joli, mais très faux portrait que Rousseau [1] a tracé de Philinte. pousse ce personnage au noir, jusqu'à le rendre méconnaissable. Il suppose que Philinte, pour ménager son repos et son égoïsme, excuse et même approuve une abominable escroquerie: le coup fait, il apprend que c'est lui-même qui en est victime et son impassibilité se change en fureur. Fabre avait voulu protester contre *l'Optimiste* de Collin d'Harleville, représenté l'année précédente; dans la préface de *Philinte*, il accuse l'optimisme d'être un égoïsme déguisé. Qu'il ait ou non raison, sa comédie est trop grave et surtout trop mal écrite pour mériter entièrement la réputation qu'elle a gardée; toutefois l'action est bien ménagée, le style a quelquefois de la vigueur, mais plus souvent il n'est que dur.

L'Ami des lois de Louis Laya [2] fut joué pour la première fois le 2 janvier 1793, pendant le procès de Louis XVI. La pièce était courageuse; à l'heure où les violents allaient triompher dans la Convention. l'auteur mettait en scène des modérés, leur donnait le beau rôle dans toute l'action, et leur opposait trois faux patriotes, trois hypocrites flatteurs de la foule. dénonciateurs intéressés de tous les gens de bien. L'action est sans intérêt, la pièce est mal construite et les vers sont mauvais. Mais au mois de janvier 1793.

---

1. « Ce Philinte est le sage de la pièce. un de ces honnêtes gens du grand monde dont les maximes ressemblent beaucoup à celles des fripons, de ces gens si doux, si modérés, qui trouvent toujours que tout va bien parce qu'ils ont intérêt que rien n'aille mieux; qui sont toujours contents de tout le monde parce qu'ils ne se soucient de personne; qui autour d'une bonne table soutiennent qu'il n'est pas vrai que le peuple ait faim; qui, le gousset bien garni, trouvent fort mauvais qu'on déclame en faveur des pauvres; qui. de leur maison bien fermée, verraient voler, piller, égorger, massacrer tout le genre humain sans se plaindre, attendu que Dieu les a doués d'une douceur très méritoire à supporter les malheurs d'autrui. » (*Lettre à d'Alembert sur les spectacles.*)

2. Jean-Louis Laya, né à Paris, en 1761, mort en 1833. Son fils, Léon Laya, mort en 1872, obtint quelques succès au théâtre: *le Duc Job*, 1859. joué aux Français, eut une vogue extraordinaire et durable.

cette comédie faible et pâle excita dans le public la plus vive émotion. Les Montagnards et les Jacobins se crurent désignés ; leurs adversaires crurent les reconnaître ; et chaque soir on applaudit avec transport aux tirades qui démasquaient les faux patriotes. L'*Ami des lois* fut dénoncé au club des Jacobins et à la Commune qui prit un arrêté pour l'interdire. La Convention, qui n'était pas encore tombée sous le joug de la Commune, fit continuer les représentations. La Commune braqua deux canons contre le théâtre. Le tumulte fut effroyable et les acteurs, intimidés, cédèrent quand la sentence de mort prononcée contre Louis XVI apprit à tous que les Jacobins allaient devenir les maîtres. C'est miracle que Laya ait échappé aux vengeances des terribles adversaires qu'il avait offensés. Il survécut quarante ans à la représentation de l'*Ami des lois* et écrivit plusieurs autres pièces de théâtre [1], sans retrouver un succès qui était dû à son courage plus qu'à son talent. La pièce, reprise après la Terreur, passa même inaperçue.

On pourrait facilement grossir à l'infini l'histoire du théâtre au temps de la Révolution en y faisant une place à quelques centaines, peut-être à un millier de pièces de circonstance jouées sur tous les théâtres de Paris ou de la province, entre 1789 et 1800. La politique envahit la scène et la plupart des pièces furent des pamphlets, si l'on peut donner le nom de pièces à ce débordement de violences et de niaiseries débitées sous forme dialoguée en l'honneur de toutes les idoles éphémères, devant qui l'opinion publique se courba tour à tour, pendant dix années. Chacune eut son jour ou son mois, mais n'eut guère plus d'un mois. Les noms seuls des héros changeaient pério-

---

1. Le jeu profond de Talma faisait valoir le rôle d'une pièce sans valeur littéraire : *Falkland ou la Conscience*, drame en prose de Laya (1798).

diquement, ceux des auteurs étaient quelquefois les mêmes : ils encensaient Marat après Necker, et Bonaparte après Marat. Le style, surtout, ne changeait pas : c'était toujours la même fureur et la même platitude. Ces choses-là n'intéressent pas la littérature, mais l'historien ne peut les négliger et l'on ne connait pas complètement la Révolution quand on ignore son répertoire. Il est vrai que ce n'est pas la plus belle page de son histoire. Sous la Terreur, on joua certaines pièces qui ne semblent pas écrites par des Français, mais par des nègres en délire, au lendemain de l'affranchissement. Quelques-unes de ces étranges élucubrations sont plus niaises que féroces : comme *l'Intérieur d'un Ménage républicain*, ou *la Nourrice républicaine*. Mais d'autres, plus féroces que niaises, ont mérité de rester célèbres : comme *les Victimes cloîtrées* de Monvel [1], et surtout *le Jugement dernier des Rois* de Sylvain Maréchal [2], où l'auteur s'amusait à faire voir tous les rois de l'Europe déportés par les sans-culottes dans une île déserte et volcanique : on les y laissait quelque temps souffrir de la faim, pour venger ainsi leurs sujets qu'ils avaient si longtemps affamés, puis on leur jetait un peu de biscuit et on avait la joie de les voir se bousculer, se battre et se déchirer autour de la pitance. Enfin le volcan faisait éruption, ensevelissait les rois et dénouait la comédie.

Presque aucune pièce du temps n'est tout à fait exempte des passions sincères ou affectées qui troublaient tous les esprits. Il est naturel que la sérénité de l'art s'accommode mal des révolutions. Les œuvres même les plus honnêtes, les plus modérées, celles qu'écrivait consciencieusement un auteur plus sou-

---

1. Boutet, dit Monvel, né en 1745, mort en 1812, acteur et auteur. Il est le père de Mlle Mars, l'illustre comédienne.
2. Né en 1750, mort en 1803.

cieux de bien faire que de flatter les préjugés ou les colères du jour, accusent encore la date fâcheuse de l'époque où elles parurent. Le verbiage révolutionnaire et l'emphase patriotique avaient tout envahi, tout gâté. On ne pouvait plus dire trois paroles sans amener les Droits de l'Homme. La France radotait de politique et d'humanitairerie. Voici une gentille comédie de Desforges, intitulée modestement : *le Sourd ou l'Auberge pleine*. Elle est gaie, amusante et sans prétention ; elle eut un grand succès, qui n'est pas encore épuisé ; on la joue çà et là et elle ne semble pas trop vieillie. Toutefois comme elle porte bien la marque de l'année qui la vit paraître (1790)! Un jeune homme a feint de provoquer en duel un rival qu'il sait poltron ; il rassure ainsi sa sœur qui lui reprochait de mettre en jeu la vie d'un homme : « Est-ce à moi, ma chère Isidore, est-ce à ton frère dont tu connais le cœur brûlant du plus pur amour de son pays, que l'on peut apprendre le vœu de la loi, que la nature a gravé dans nos cœurs? Ce cri sublime que l'amour-propre, l'envie, la jalousie, un faux point d'honneur et mille passions barbares et destructives ont souvent étouffé, peut-il cesser de retentir dans le mien, que tu sais avoir été constamment l'ami de ses devoirs ?.. Si la dernière goutte de mon sang est de droit à ma patrie, pourquoi ne pas respecter le sang d'un citoyen qui, pour être indiscret et peu réfléchi, n'en est pas moins mon frère et n'en appartient pas moins à mon pays ? »

Le Vieux Célibataire de Collin d'Harleville est certainement la meilleure comédie qu'ait produite l'époque de la Révolution ; mais elle a été jouée en 1792, elle ne pouvait échapper à l'épidémie commune ; il fallait bien qu'on y trouvât quelque ennuyeuse tirade, où l'auteur a l'air de mendier les applaudissements du parterre, dans une périphrase démocratique qui ressemble à une énigme :

M. DUBRIAGE
Vous devez donc le jour à d'honnêtes parents?

LAURE
Honnêtes, oui, monsieur; mais non pas dans le sens
Que lui donnait l'orgueil; dans le sens véritable.
Mes père et mère étaient un couple respectable,
Placé dans cette classe où l'homme dédaigné
Mange à peine un pain noir de ses sueurs baigné;
Où, privé trop souvent d'un bien mince salaire,
Un ouvrier utile est nommé mercenaire,
Quand on devrait bénir ses travaux bienfaisants :
Mes parents, en un mot, étaient des artisans.

M. DUBRIAGE
Artisans! Croyez-vous qu'un riche oisif les vaille?
Le plus homme de bien est celui qui travaille.

Il n'est pas juste de dire que l'époque du Consulat et de l'Empire n'a fait que continuer, en littérature, les errements de la période précédente, et prolonger jusqu'en plein XIXe siècle les traditions attardées et les modèles vieillis du XVIIIe.

En effet, le siècle naissait à peine quand Mme de Staël fit paraître son livre *De la littérature, considérée dans ses rapports avec l'état moral et politique des nations*; il avait deux ans quand Chateaubriand mit au jour *le Génie du Christianisme*. Il est vrai que Chateaubriand et Mme de Staël passent aujourd'hui pour des auteurs surannés, mais on reviendra sans doute sur ce jugement dédaigneux et l'on conviendra un jour que ces deux écrivains ont vraiment semé tous les germes de la grande évolution littéraire et poétique accomplie au XIXe siècle, et particulièrement dans la première moitié de ce siècle. Chateaubriand surtout, avec cent défauts, eut une qualité merveilleuse, le don de l'initiative et la vertu d'entraîner et de charmer, cette vertu qui suscita derrière lui des légions de disciples et d'imitateurs. On pourra différer d'avis sur l'estime qu'il faudra faire définitivement des œuvres qu'a produites cette première moitié de notre siècle, mais à quelque rang que l'on place les écrivains et les poètes qui ont fleuri pendant cette période, Chateaubriand méritera d'être regardé comme leur chef, leur ancêtre à tous.

Toutefois, l'influence de ce rare écrivain fut d'autant plus lente à s'établir qu'elle devait être plus durable. Elle fut à peu près nulle dans la poésie et au théâtre pendant la durée de l'Empire.

La postérité s'est montrée sévère pour toute la littérature de l'époque impériale ; en particulier, l'œuvre dramatique de ce temps est tombée dans un discrédit qui n'est pas entièrement juste. Au fond, ce qu'on reproche, avec plus ou moins de raison, aux poètes qui ont fleuri de 1800 à 1815, c'est de n'avoir pas été déjà des romantiques; c'est d'avoir traversé une époque aussi féconde en grands événements sans comprendre que la poésie avait besoin, elle aussi, d'être rajeunie et renouvelée. Il semble par trop étrange que la Révolution, qui avait tout abattu en France, n'y ait laissé debout que les règles surannées du théâtre et les cadres dramatiques du xviiie siècle.

Mais on aurait tort de penser que les auteurs tragiques et comiques qui ont écrit après la Révolution aient eux-mêmes cru et professé qu'un si grand bouleversement ne devait rien apporter de nouveau dans la littérature, et surtout au théâtre. A les mieux lire, à les étudier de plus près, on s'aperçoit qu'au contraire ils ont voulu innover plus qu'on ne pense et que, loin de se traîner de parti pris sur les traces des auteurs du xviiie siècle, ils ont essayé sincèrement d'apporter un répertoire neuf à une France nouvelle, et d'exprimer sur la scène quelque chose des idées, des sentiments, des travers nés de la Révolution. Marie-Joseph Chénier, dans son tableau de la littérature depuis 1789 jusqu'à 1808 (publié en 1809), fait un grand éloge des tragédies représentées depuis la Révolution et paraît croire sincèrement que ce théâtre est bien adapté à l'époque, original et fait de génie « Les tragédies les plus remarquables de ces vingt dernières années se distinguent par une action simple, souvent réduite aux seuls personnages qui lui sont nécessaires, dégagée de cette foule de confidents aussi fastidieux qu'inutiles, de ces épisodes qui ne font que retarder la marche des événements et distraire l'attention des spectateurs; de ces fadeurs érotiques si anciennes sur notre théâtre, introduites, par la tyrannie de l'usage, au milieu de quelques chefs-d'œuvre, prodiguées par les prétendus élèves de Racine, fréquentes dans les sombres tragédies de Crébillon, signalées par Voltaire et désormais bannies de la scène comme indignes de la gravité du cothurne. Le caractère philosophique imprimé par ce grand homme à la tragédie s'est également conservé dans le choix de quelques sujets et dans la manière de les traiter. »

On voit l'illusion où se complaît Chénier en 1809. Il n'a nul soupçon qu'un jour la postérité reprochera à la tragédie de son temps de se traîner « dans l'ornière classique. » Il croit qu'un genre neuf et très vivant est né au milieu du xviiie siècle, du génie de Voltaire, et s'est développé brillamment depuis la Révolution. Au fond, il croit que *Charles IX* a fondé quelque chose et il ose à peu près le dire.

D'où vient que nous sommes aujourd'hui certains que *Charles IX* n'avait rien fondé du tout? Pourquoi l'œuvre de Chénier, celle de ses successeurs, nous paraît-elle si pâle, si décolorée, sans vie, sans force et sans chaleur? C'est que le style a manqué presque également à tous ces écrivains, à qui ne manquait pas toujours le talent. Ils n'ont pas eu ce don de la forme originale et personnelle, ce don qui fut prodigué à la génération suivante. Ils ont parlé, en prose et en vers, la langue du xviii siècle; et, dans leur bouche, elle semble encore plus imprégnée de sécheresse et d'emphase, de cette banalité dans les métaphores, de cette pauvreté dans les images, qui caractérisent la langue courante des contemporains et des disciples de Rousseau. Les poëtes de l'Empire n'ont pas de style; c'est là leur irrémédiable défaut; ils en ont d'autres encore, mais celui-là est le plus grave; et de cette faiblesse est née leur insuffisance: s'ils ont été inférieurs à la tâche où semblait les appeler l'époque où ils ont vécu, au lendemain d'événements qui auraient dû, semble-t-il, éveiller le génie, comme ils avaient bouleversé les imaginations, c'est faute de style. Il faut bien se persuader qu'en ces matières la forme a une très grande importance et qu'à toute époque, les grands chefs d'écoles littéraires ont été, non pas des penseurs très originaux, mais des écrivains très personnels. Ronsard, Malherbe, Chateaubriand, Victor Hugo, ont eu un style à eux, plutôt que des idées très neuves. On a pu dire avec raison que le style au théâtre n'a pas une suprême importance; c'est vrai, mais non quand il s'agit d'y fonder un genre nouveau. Toute réforme littéraire se fait par un style neuf, plutôt que par des idées nouvelles. Si Chateaubriand est, au temps de l'Empire, le seul écrivain dont l'influence ait été durable et féconde, c'est grâce à son style. Mais il ne s'est guère occupé du théâtre, et, comme nous l'avons déjà dit, ce n'est que plus tard, indirectement, c'est seulement à l'époque romantique que la scène a ressenti l'influence de Chateaubriand.

Voici un homme dont l'histoire confirme bien les observations que nous venons de présenter, c'est Népomucène Lemercier [1]. Son œuvre considérable est aujourd'hui entièrement oubliée; on a retenu son nom grâce à son prénom; s'il se fût appelé Charles ou Henri, on le confondrait peut-être avec ses homonymes. Toutefois, ce fut un homme de beaucoup d'esprit et d'un esprit original, hardi, audacieux même, et très ambitieux de nouveauté. Mais la langue et la forme n'ont pas répondu à ses efforts, à ses aspirations; voilà pourquoi ses tentatives sont demeurées comme non avenues.

Il fut d'abord un enfant précoce : la tragédie pseudo-classique étant devenue, à la fin du xviii° siècle, une chose tout artificielle, tout le monde pouvait s'essayer à ce jeu à condition d'en savoir la règle. Lemercier n'avait pas dix-sept ans lorsqu'il fit jouer *Méléagre*; il en avait vingt et un quand il donna *Clarisse Harlowe*. drame en vers, vingt-cinq quand parut *le Lévite d'Éphraïm*. Deux comédies, *le Tartuffe révolutionnaire* (1795) en trois actes, *la Prude* (1797), en cinq actes, furent représentées avec succès avant que l'auteur eût atteint sa vingt-sixième année. Il avait cet âge lorsque fut joué *Agamemnon* (1797) et cette pièce fut saluée universellement comme un chef-d'œuvre; on crut y voir des caractères profonds et y goûter la plus haute poésie. Au même âge, Corneille ébauchait *Mélite*, Molière n'avait rien fait, Racine songeait à peine à *la Thébaïde*. Mais ce n'est pas tout que d'être précoce : Lemercier n'alla jamais plus loin qu'*Agamemnon*.

Du moins, il n'alla pas plus loin dans la tragédie, mais, au risque d'affliger sa mémoire, je suis tenté de croire que son chef-d'œuvre n'est pas *Agamemnon* et que la postérité se souviendra plutôt qu'il est le

---

[1]. Louis-Jean-Népomucène Lemercier, né en 1771, à Paris; mort en 1840.

créateur ou, disons plus modestement, l'inventeur d'un genre nouveau, genre bâtard, inférieur, mais appelé à une assez belle fortune, durant la moitié d'un siècle : la *comédie historique.*

Quelqu'un avait soutenu devant Lemercier qu'il était désormais impossible d'inventer un nouveau genre de comédie. Il soutint l'opinion contraire et s'engagea même à composer un ouvrage « formé d'éléments inconnus encore au théâtre. » A l'en croire, il ne prit que vingt-deux jours pour tenir parole et le fruit de cette gageure fut la comédie historique de *Pinto,* représentée pour la première fois le 21 mars 1799.

Entre les mains heureuses de Scribe, la comédie historique devait, quarante ans plus tard, atteindre à son apogée. Lemercier eut au moins le mérite de l'invention. Mais que vaut ce genre? Au lendemain de la Révolution, il naissait à son heure, du scepticisme et du dégoût d'une génération déçue et fatiguée. La *comédie historique,* ce n'est ni la comédie, ni l'histoire : ou plutôt, c'est l'histoire vue à l'envers par la lorgnette renversée d'un observateur myope, à qui échappent toutes les vues d'ensemble, et qui affecte d'expliquer les grands événements par des causes futiles et mesquines. Remarquez que rien n'est plus faux que cette philosophie étroite et cette clairvoyance écourtée : les faits généraux naissent de causes générales, les petits accidents peuvent déterminer le moment où se produit un événement grave, ils ne peuvent pas en être la cause. Pascal a fait céder la vérité au plaisir d'écrire une boutade quand il a dit : « Le nez de Cléopâtre, s'il eût été plus court, toute la face de la terre aurait changé. » Si Cléopâtre eût été laide, l'Orient eût fourni cent autres Cléopâtres pour corrompre un Marc-Antoine. Il est vraiment trop aisé d'expliquer les révolutions des empires par le jeu des plus misérables ressorts : cette facilité plaît au pessimisme de certains esprits, à la paresse de beaucoup d'autres ; les uns ne croient pas que les faits humains s'enchaînent par d'autres lois que les caprices du hasard, les autres n'ont pas assez de courage ou de jugement pour rechercher des causes plus sérieuses et plus profondes. Enfin la tragédie s'était plu à élever les rois, leurs crimes, leurs misères et leurs passions, au-dessus de l'humanité ordinaire ; la comédie historique, en les rabaissant brusquement au niveau des plus vulgaires mortels, flattait les instincts de la foule, à l'aurore d'un siècle démocratique, épris d'égalité et jaloux de toutes les grandeurs.

Pinto ou la Journée d'une Conspiration, comédie historique en cinq actes et en prose, met en scène l'histoire de la révolution qui chassa les Espagnols du Portugal en 1640 et couronna la maison de Bragance. Le procédé dont Scribe usera victorieusement dans *le Verre d'eau* ou dans *Bertrand et Raton* est là tout entier : réduire un grand fait historique à la taille d'un fait bourgeois ; rattacher les événements illustres à des causes mesquines ; habiller en ducs et en princes des personnages vulgaires par leurs sentiments et par leur langage et donner ainsi aux spectateurs la satisfaction d'apprendre que le monde est conduit et gouverné par des gens tout pareils à lui ; et que, pour être assis sur un trône, on n'en pense, on n'en parle pas moins comme un boutiquier. C'est à peine si, de trois en trois pages, sur la platitude uniforme et terne du style, éclate une poussée d'éloquence emphatique, à grand renfort de phrases inachevées, d'exclamations entrecoupées et de points de suspension. Les procédés dramatiques sont enfantins : l'affranchissement du Portugal est amené par quelques ficelles bonnes pour un vaudeville : deux ou trois déguisements, des substitutions de personnes, un va-et-vient de conjurés qui crient et ne font rien, suffisent pour délivrer Lisbonne et renverser Philippe IV. Le héros de la pièce est un certain Pinto, copié de loin sur Figaro, comme lui, homme de ressources et de sang-froid, ayant réponse à tout et conduisant tout le monde; d'ailleurs parlant encore un plus mauvais français que Figaro, par exemple quand il reproche au secrétaire d'État Vasconcellos *d'être froid aux nœuds du sang.*

Ce Portugais de 1640 a lu Voltaire avec profit : il met un moine dans sa conspiration, il en faut, mais au moment d'agir, il lui crie philosophiquement : « Vous, le rosaire en main! On ne divise et on ne rallie les hommes que par de vains mots et de vains signes. » En se rappelant que de telles niaiseries ont été jadis applaudies comme des tableaux historiques pleins d'ampleur et de vérité, on est vraiment amené à croire que l'histoire n'est pas à sa place au théâtre, et que le temps où nous vivons est le seul que nous puissions peindre sur la scène avec un peu de vérité.

Ce sera peut-être la doctrine de l'avenir. Lemercier était loin de concevoir de pareils scrupules; il pensait plutôt que l'histoire tout entière appartient à l'écrivain de génie; qu'elle en est, pour ainsi dire, tributaire, et que c'est le droit d'un auteur de la plier à ses desseins personnels et particulièrement de chercher dans la peinture du passé une continuelle allusion aux faits et aux passions du présent. Mais l'allusion est un procédé dangereux, autant que commode. Lemercier, républicain sous l'Empire, vit toutes ses tragédies arrêtées par la censure et fut réduit à les publier sans les représenter. Il est vrai qu'il ne ménageait pas au pouvoir impérial les allusions mordantes ou cruelles. Ainsi dans *Charlemagne* (1810) :

Hé quoi ! laisserons-nous ce sanglant oppresseur,
Des droits des souverains injuste ravisseur,
Sur les débris de tous s'asseoir avec audace...
. . . .
On abhorre ses fers ; mais sa grandeur étonne.
L'appareil de ses camps, l'éclat qui l'environne,
Les intérêts trompeurs l'un à l'autre opposés
Enchaînent les partis muets et divisés...
Assez le monde en proie à cet usurpateur
A de sa fausse gloire admiré la hauteur.
Qu'elle s'écroule enfin !...

Sous la Restauration, il fit jouer, sans un grand retentissement, outre son *Clovis*, son *Charlemagne*, son *Saint Louis* et *la Démence de Charles VI*, toutes tragédies arrêtées par la censure impériale, *Frédégonde et Brunehaut* (1821), *Richard III* et *Jeanne Shore* (1823), *les Martyrs de Souli* (1825), mais l'esprit public, à l'affût d'un genre plus neuf et plus vivant, prêta peu d'attention aux œuvres du poète vieilli. Toutefois, Lemercier. qui haïssait les romantiques, qui refusa constamment sa voix à Victor Hugo dans l'Académie française, et réussit à l'avoir pour successeur, mais non pour confrère, Lemercier avait été justement regardé comme une façon de novateur par des classiques sévères, au commencement du siècle. Intraitable quant au style qu'il continuait de modeler sur l'exemple des maîtres, il admettait, quant au fond, les innovations les plus audacieuses. Le poème de la *Panhypocrisiade ou la Comédie infernale du XVI° siècle*, dépasse en bizarreries, en incohérences, en absurdités, semées de quelques beautés, tout ce que les plus fougueux romantiques ont enfanté de plus étrange. En 1809, il avait fait jouer son *Christophe Colomb*, qu'il intitulait sur l'affiche même *comédie shakspirienne* (sic). pour annoncer aux spectateurs qu'il ne s'y conformait pas aux unités de temps et de lieu. A la seconde représentation, cette audace du poète souleva une véritable émeute dans la salle; plusieurs des spectateurs furent blessés dans la bagarre, un d'eux fut tué. Ainsi l'on a vu des dynasties tomber sans qu'une goutte de sang coulât pour les défendre, mais le règne des trois unités n'a pas subi cet affront.

Népomucène Lemercier est assurément le talent le plus original qui ait paru au théâtre entre la fin de la Révolution et l'avènement de l'école romantique. Que dire, en effet, de la tragédie impériale? Ni la faveur du maître, ni la grandeur des événements qui s'accomplissaient : l'Europe en armes, bouleversée; les trônes abattus, les dynasties nouvelles fondées par la conquête et renversées après quelques mois ou quelques années d'éblouissement, rien n'a pu rajeunir l'inspiration, ni conjurer l'épuisement d'un genre vieilli; le prestige d'un incomparable tragédien, Talma [1], a seulement dissimulé la décadence et retardé un peu la fin inévitable. Les genres dramatiques ont besoin de grands acteurs en tout temps, mais surtout dans leur jeunesse et dans leur décrépitude: jeunes, l'art du comédien aide à les faire accepter, avec leurs hardiesses encore inouïes; vieux, le même talent sert à dissimuler leurs rides et prête un éclat factice à leurs grâces expirantes.

Les poètes ne manquaient pas, mais le génie. Baour-Lormian [2] fit jouer *Omasis ou Joseph en Égypte* (1806); Luce de Lancival [3], *Hector* (1809), qu'on jugeait dans ce temps-là « véritablement homérique », et qui valait

---

[1]. Talma, 1763-1826. Les principaux rôles de ce célèbre tragédien furent : Auguste (*Cinna*); Oreste, Néron, Achille, Joad (*Andromaque, Britannicus, Iphigénie, Athalie*); Manlius (*Manlius* de La Fosse) ; OEdipe (*OEdipe* de Voltaire); Hamlet (*Hamlet* de Ducis); Égisthe (*Agamemnon* de Lemercier); Marigny (*les Templiers* de Raynouard); Leicester (*Marie Stuart* de Lebrun); Sylla (*Sylla* de Jouy); Oreste (*Clytemnestre* de Soumet), etc.

[2]. Baour-Lormian, né à Toulouse, en 1770, mort en 1854.

[3]. Luce de Lancival, né à Saint-Gobain, en 1764, mort en 1810.

à l'auteur une pension de six mille francs. Baour-Lormian donnait *Mahomet II* (1811); de Jouy[1], *Tippo-Saeb* (1813); Brifaut, la même année, *Ninus*. Qui croirait que de Jouy avait servi trois ans aux Indes orientales et qu'il avait réellement connu Tippo-Saïb, dont il n'a su tracer qu'une si pâle image? N'est-ce pas la preuve qu'une étincelle de vrai génie vaut mieux au théâtre que dix années d'observation sans génie et que le « document » sert à peu de chose si le talent ne le vient féconder?

Au reste, tous les contemporains de Victor de Jouy ne composaient pas ainsi d'original. Au contraire, Charles Brifaut[2] doit la renommée qui lui reste à la singulière genèse de son *Ninus II*, joué avec succès en 1813. Dans l'intention de l'auteur, cette tragédie assyrienne avait dû être d'abord une tragédie espagnole. Il raconte ainsi dans la préface les mésaventures de sa pièce : « La scène se passait sous le règne de don Sanche, roi de Léon et de Castille. Les principaux événements ne sont point d'invention, l'auteur s'était contenté de les lier à une fable aussi intéressante qu'il avait pu l'imaginer. Bientôt nos troupes en armes franchirent les Pyrénées. La moitié de la pièce était faite; il fallut y renoncer. L'auteur se réfugia en Assyrie avec ses héros. » C'est dit avec esprit, mais quel argument contre le genre que cette aptitude à revêtir au hasard un pourpoint espagnol ou la robe assyrienne?

Le plus grand succès dans la tragédie appartient sous l'Empire à Raynouard[3] et à ses *Templiers* (1805). Une première tragédie, *Caton d'Utique* (1794), non représentée, n'était guère qu'une protestation hono-

---

1. Victor-Joseph Etienne, dit de Jouy, né à Jouy, en 1764, mort en 1846.
2. Charles Brifaut, né à Dijon, en 1781, mort en 1857. Une tragédie de lui, *Jane Gray* (1807), fut interdite par la censure.
3. François-Just-Marie Raynouard, né à Brignoles, en 1761, mort en 1836.

rable, mais emphatique, contre la Terreur. *Les Templiers* valent beaucoup mieux, quoiqu'ils nous semblent aujourd'hui très inférieurs à l'immense applaudissement qui les accueillit. L'action dramatique est à peu près nulle dans cette pièce, toute en plaidoyers pour ou contre les chevaliers. Corneille tombe dans le même défaut au cinquième acte d'*Horace*, mais, avant celui-là, il y en a quatre autres. En outre, Raynouard peint assez mal les Templiers. Tous innocents, tous résignés, ils tendent les mains aux fers, le cou à la hache et excitent la pitié plutôt qu'un vif intérêt. Le style de Raynouard est généralement mou, creux et emphatique. On ne s'explique le triomphant succès de sa tragédie que par le talent des acteurs et surtout de Talma; peut-être aussi par le secret désir que les Français (nous l'avons dit plus haut) semblent avoir longtemps ressenti de posséder un répertoire tragique national et puisé dans leur histoire. Toutes les fois qu'ils ont cru que ce genre allait naître et fleurir, ils ont accueilli avec faveur ce qui semblait, même de loin, le promettre. De Belloy et *le Siège de Calais* avaient profité de la même prévention flatteuse. Mais cet enthousiasme, fondé sur une illusion, est éphémère comme elle; Raynouard, comme de Belloy, en fit l'expérience. *Les États de Blois* (1810) n'obtinrent pas la fortune des *Templiers*. Raynouard renonça au théâtre; il devint érudit, philologue et grammairien; il eut encore quelquefois la main heureuse dans ce nouveau domaine. Il y a émis plus d'une erreur, et on l'a beaucoup dépassé dans la voie qu'il avait ouverte. Il demeure toutefois le fondateur incontesté de la philologie romane en France. Les travaux de Diez ont fait oublier les siens; mais il est juste d'ajouter que ceux-ci parurent les premiers (de 1816 à 1821).

Ainsi, malgré d'honorables efforts de la part des auteurs, malgré la bonne volonté du public, malgré le talent des acteurs, la tragédie était en pleine décadence. Un genre inférieur, le drame, dont nous avons vu la naissance et les débuts dans les dernières années du xviii° siècle, avait envahi la scène et conquis la popularité aux dépens des représentations tragiques, devenues de plus en plus rares. Le peuple ne connaissait plus guère d'autre théâtre que celui-là : le drame, conçu, écrit, joué pour lui, l'enthousiasmait. Un écrivain qui fut célèbre à son heure, Guilbert de Pixérécourt [1], écrivait et faisait représenter plus de cent drames ou mélodrames entre 1798 et 1835 [2]. Aucune de ces pièces oubliées n'intéresse précisément la littérature ; elles sont trop faiblement écrites, et trop pauvres d'observation sérieuse et de vérité psychologique pour qu'on ose leur donner rang parmi les œuvres durables. Toutefois le grand succès du drame de Pixérécourt n'a peut-être pas été sans influence sur les destinées du théâtre romantique. Il y a quelque chose au moins de commun entre *Victor ou l'Enfant de la Forêt* (1798) et *Hernani* : c'est le mouvement scénique, et l'importance attachée au matériel théâtral, au décor et à la machine. Par là, le drame populaire a ouvert, en partie, la voie au drame romantique ; il lui a préparé un public ; il a habitué les spectateurs, longtemps idolâtres des règles, à en faire meilleur marché, pourvu que la pièce leur fît plaisir ; il a accoutumé leurs yeux et leurs oreilles au mélange, si longtemps inouï sur la scène française, du tragique et du comique, du grotesque et du sérieux, du rire et des larmes.

Poussons plus loin un rapprochement moins paradoxal qu'il ne semble. Quels sont les quatre person-

---

[1]. Né à Nancy, en 1773, mort en 1844.
[2]. Nous avons déjà nommé Mercier. Avant la Révolution, Fenouillot de Falbaire avait fait jouer avec un succès bruyant *l'Honnête criminel*, drame en cinq actes et en vers, où il avait représenté les vertus et les malheurs d'un calviniste, Jean Favre. La pièce, interdite longtemps, fut jouée en 1767.

nages essentiels du drame populaire tel que Pixérécourt l'a conçu et cent fois reproduit en variant le jeu des ressorts, mais non les ressorts eux-mêmes? C'est d'abord un héros, un *jeune premier*, plein de feu et de mélancolie, plein de vaillance et d'amour; c'est une jeune femme ou une jeune fille, pure comme les anges, passionnément éprise et atrocement persécutée; celui qu'elle aime et dont elle est aimée, c'est le jeune premier, naturellement; celui qui la hait et qui a juré sa perte, c'est le traître, le méchant traître de mélodrame, noir tout entier, des pieds jusqu'à la tête. Enfin, comme ces trois personnages sont plus touchants ou plus effrayants que gais, le drame, pour varier l'impression, pour dérider les spectateurs, et pour mieux reproduire la vie où, à ce qu'il paraît, on passe son temps à rire aux éclats si l'on ne pleure à chaudes larmes; le drame comporte un quatrième personnage, héritier direct du *fou* de nos vieux mystères et du *gracioso* espagnol, un personnage purement grotesque et dont la seule entrée doit exciter dans le théâtre une allégresse convenue. Tels sont bien les quatre ressorts essentiels du drame populaire, les quatre « grands rôles » dans tout le répertoire de Pixérécourt.

Nous les retrouverons bientôt dans presque tout le répertoire romantique, par exemple chez Victor Hugo, dans *Ruy Blas*. Ils s'appelleront alors Ruy Blas, la reine d'Espagne, don Salluste et don César de Bazan. La filiation d'un théâtre à l'autre, pour avoir été, probablement, inconsciente, n'en est pas moins très réelle. Mais la ressemblance finit là. Entre les deux théâtres, il reste cette différence : que Pixérécourt n'écrit pas du tout; que Victor Hugo, dans ses moins bons ouvrages dramatiques, reste un grand poète et un grand écrivain.

Sous l'Empire, la comédie, sans beaucoup d'originalité, se soutient honorablement, et vaut, en somme, beaucoup mieux que la tragédie, ennuyeuse et froide : mieux que le drame populaire amusant, mais vulgaire, trop mal écrit et superficiel. Les poètes comiques de ce temps furent sans grande ambition; mais, ne s'élevant guère, ils ne tombent pas de trop haut; ils imitent timidement Molière et Regnard, ou même Dancourt; comme ils sont gens d'esprit, ils réussissent à tirer encore de ces moules un peu usés des médailles assez fines.

S'il fallait s'en rapporter aux distributions de récompenses que l'Empire avait officiellement instituées en faveur des poètes et des écrivains, la meilleure comédie représentée en ce temps aurait été *le Trésor* d'Andrieux [1]. Cet aimable auteur survit encore dans quelques récits, gentiment contés et rimés; mais son théâtre est oublié. Sa plus agréable pièce est antérieure à la Révolution : *les Étourdis* (1787), amusante peinture des frasques d'un jeune homme qui se fait passer pour mort, afin de soutirer à un oncle débonnaire l'argent nécessaire aux funérailles. La pièce n'est pas bien forte, mais elle est plaisante. C'est la veine du *Légataire* de Regnard, mais amincie, affaiblie; surtout dénuée de cette poésie du style qui fait valoir chez Regnard les inventions les plus banales.

Le Trésor (1804). *Molière avec ses amis ou la Soirée d'Auteuil* (1804), *le Vieux Fat* (1810), *la Comédienne* (1816), toutes ces fines esquisses un peu pâles, décorées du nom de comédies, mais faiblement comiques, montrent chez Andrieux plus d'esprit que de verve, et restent, en somme, inférieures à son premier ouvrage. Personne n'est plus propre que l'auteur des *Étourdis* à faire comprendre quelle différence il y a,

---

1. François Andrieux, né à Strasbourg, en 1759, mort en 1833.

malgré la ressemblance des mots, entre un écrivain ingénieux et un écrivain de génie.

Picard [1] avait, bien plus qu'Andrieux, le vif instinct du théâtre.

C'est quelque chose de n'être pas oublié, après un siècle (ou peu s'en faut), et Picard a ce bonheur; tout le monde sait son nom, et on se souvient que *la Petite Ville* (jouée le 18 mai 1801) ouvrit gaiement l'histoire de la comédie au xixe siècle. La pièce n'est qu'un tableau piquant des tracasseries de la province, une *Comtesse d'Escarbagnas* élevée à la dignité d'une comédie en quatre actes; mais l'esprit, la finesse, un vif sentiment du ridicule, une certaine vérité qui est, il est vrai, moins la vérité du portrait que celle de la caricature, ont sauvé cette comédie de l'oubli. Sous le Directoire, Picard avait eu des ambitions plus hautes; dans *Médiocre et Rampant ou le Moyen de parvenir* (1797), il avait voulu peindre la société française au lendemain du bouleversement révolutionnaire. *L'Entrée dans le monde* (1799) opposait les nobles ruinés aux parvenus, enrichis de la veille. Ces vastes tableaux dépassaient les forces du peintre. Picard a bien mieux réussi dans la satire plus bénigne des mœurs privées, des petits travers domestiques : *les Marionnettes* (1806), *les Ricochets* (1807), *les Deux Philibert* (1816). Picard a le même mérite (toutes proportions gardées) qui a fait la gloire de Regnard : il est gai. C'est si rare dans la comédie! Pour sa gaieté on lui pardonnera ses négligences, et d'avoir écrit cinquante pièces, sans trop savoir ce que c'est qu'écrire. Il a même un don de vérité dans l'observation qui souvent manque à Regnard; celui-ci n'a pas fait la peinture de son temps, mais celle de sa fantaisie; Picard a mérité qu'on dit de lui (Ville-

---

1. Louis-Benoît Picard, né à Paris, en 1769, mort en 1828.

main) qu'il avait donné, sinon l'histoire, au moins le journal de son époque.

Alexandre Duval [1], successivement marin, ingénieur, architecte, peintre, acteur, soldat, avant de finir bibliothécaire à l'Arsenal, fut encore auteur dramatique, et pendant trente-cinq ans donna cinquante pièces de tout genre au théâtre : en prose, en vers, drames, comédies, vaudevilles, livrets d'opéra ou d'opéra-comique; il fut le collaborateur et l'ami de Picard, et plus tard ils se brouillèrent; leurs talents se ressemblaient; ils avaient la même aisance de plume et la même fécondité d'invention; mais Picard a su donner à quelques scènes une vérité d'observation et une valeur dramatique rares chez Alexandre Duval; celui-ci offre souvent un dialogue assez vif et des situations plaisantes ou pathétiques : mais il écrit faiblement, et ses personnages manquent de vie. Son œuvre est oubliée; à peine se souvient-on qu'*Édouard en Écosse ou la Nuit d'un proscrit*, drame historique, en prose, joué en 1802, obtint un immense succès, dont s'inquiéta la police de Bonaparte; on suspendit la pièce. On avait cru qu'une partie des applaudissements s'adressaient moins à l'auteur qu'aux Bourbons exilés. Alexandre Duval, inquiet de son triomphe, s'enfuit jusqu'en Russie où il passa un an. L'Académie française l'admit parmi ses membres en 1812. Il déploya une grande vigueur dans la campagne entreprise par les partisans des classiques contre les innovations romantiques. Il regardait Victor Hugo comme le mauvais génie de notre théâtre, et prophétisait la ruine de la saine littérature. Il eût fallu un autre bras pour arrêter ou détourner le courant romantique. Au reste, Alexandre Duval était moins autorisé qu'il ne pensait, à défendre la tradi-

---

1. Alexandre Duval, né à Rennes, en 1767, mort en 1842.

tion classique. Il s'en était fort écarté dans la plus grande partie de son théâtre en mêlant sans cesse l'élément comique et le rire avec les larmes. Ce n'est pas non plus des classiques, ce n'est ni de Boileau ni de Racine qu'il avait appris le mépris du style : il se vante lui-même dans ses préfaces de regarder le souci d'écrire purement comme une erreur dangereuse, dont se doit préserver l'écrivain dramatique.

Étienne [1], après avoir donné au théâtre quantité de petites pièces assez plaisantes, mais sans valeur littéraire [2], obtint un très grand succès avec sa comédie des *Deux Gendres*, en cinq actes et en vers, donnée le 11 août 1810. Elle lui ouvrit l'Académie française : il n'avait que trente-trois ans; il avait déjà obtenu la charge importante de censeur de la police des journaux. Tant de bonheur lui fit des envieux : on déterra une pièce oubliée d'un jésuite du xviie siècle, *Conaxa ou les Gendres dupés*, et l'on prouva sans peine que le sujet de cet exercice scolaire était le même que celui des *Deux Gendres*. Étienne, sans nul doute, avait connu la pièce; il eut le grand tort de paraître le nier d'abord : il aurait dû dire que cette histoire est partout, et que le jésuite auteur de *Conaxa* n'en est pas l'inventeur. Un fabliau du xiiie siècle nous montre déjà un vieillard maltraité par ses enfants auxquels il a partagé son bien; il feint devant eux d'avoir conservé quelque chose, un gros coffre tout plein d'écus; il les ramène ainsi, par l'avarice, à feindre au moins l'affection : Piron, dans *les Fils ingrats*, avait déjà exploité cette invention qui est, on peut le dire, à tout le monde. Il fallut le désœuvrement littéraire de l'époque, la maladresse de l'auteur qui voulut être trop habile, et la jalousie de ses rivaux pour soulever autour d'un évé-

---

[1]. Charles-Guillaume Étienne, né en 1778, mort en 1845.

[2]. La meilleure est *Bruey et Palaprat*, jouée en 1807.

nement aussi ordinaire, une telle nuée de pamphlets et de satires. Plusieurs mois durant, Paris ne parla d'autre chose. On n'avait rien vu de semblable depuis la *Querelle du Cid*. Les ennemis d'Étienne crurent triompher en faisant jouer *Conaxa* au second Théâtre-Français, dirigé alors par Alexandre Duval, concurrent malheureux d'Étienne à l'Académie. On s'aperçut aisément qu'il n'y avait pas dix vers dans *les Deux Gendres* tirés peut-être de *Conaxa*. Cela ne suffit pas pour apaiser la querelle: on soutint qu'Étienne, en usant, même librement, du fond emprunté, avait volé son succès. On le mit au défi d'écrire une autre comédie; et soit impuissance, soit dégoût, il est certain que l'auteur ne fit plus rien de durable. *L'Intrigante* (1812) n'eut qu'un succès de circonstance dû aux allusions politiques qu'on crut y voir; *Joconde* (1814) fit courir tout Paris, mais un médiocre livret d'opéra-comique n'est pas un titre sérieux; non plus qu'une féerie (*Aladin ou la Lampe merveilleuse*, 1822). Les succès d'Étienne à partir de 1814 furent plus politiques que littéraires; disgracié, exclu de l'Académie en 1815, il y rentra triomphalement en 1829; fut deux fois élu député en 1822 et 1827, et fait pair de France en 1839. Censeur des journaux sous l'Empire, et comme tel exposé aux attaques d'une multitude d'ennemis, il devint, sous la Restauration, l'apôtre ardent de la liberté de la presse, et refit sa popularité dans ce rôle, très différent de ceux qu'il avait joués dans sa jeunesse.

CHAPITRE XII

LE THÉATRE DE 1815 A 1848. L'ÉCOLE ROMANTIQUE

VICTOR HUGO, ALEXANDRE DUMAS, ALFRED DE VIGNY FREDÉRIC SOULIÉ, CASIMIR DELAVIGNE, SCRIBE

Le terme de romantique autour duquel on s'est battu pendant vingt-cinq ans en France, n'a jamais été bien clair. Au XVIII° siècle, ce mot nouveau apparait d'abord comme un synonyme de romanesque : une imagination romantique est une imagination chimérique et aventureuse. Dans la langue de Jean-Jacques Rousseau il prend le sens de pittoresque, avec une teinte de mélancolie sauvage ; les rives du lac de Bienne sont romantiques. Mais Mme de Staël parait avoir donné la première à ce mot une signification littéraire ; dans son livre *de l'Allemagne*, elle oppose l'une à l'autre deux poésies : l'une classique, née de l'imitation des anciens ; l'autre romantique, née du christianisme et de la chevalerie. Plus tard la littérature romantique fut simplement celle qui prétendait abolir les règles classiques. Le mot prit une signification pour ainsi dire négative. Les romantiques furent les protestants de la littérature, soulevés contre l'Église établie.

Mme de Staël disait : « La littérature des anciens est chez nous une littérature transplantée. » Ce n'est pas tout à fait juste ; nous avons reçu des Romains un peu de notre sang, beaucoup de nos institutions, presque toute notre langue ; nous n'avons pas le droit de traiter Rome en étrangère.

Mais l'auteur ajoutait avec plus de raison : « Cette imitation a donné tout ce qu'elle pouvait donner. Rien ne peut être comparé à l'ensemble imposant de nos chefs-d'œuvre dramatiques ; mais si l'on s'en tient exclusivement à des copies toujours pâles des mêmes chefs-d'œuvre, on finira par ne plus voir au théâtre que des marionnettes héroïques sacrifiant l'amour au devoir, préférant la mort à l'esclavage, inspirées par l'antithèse dans leurs actions comme dans leurs paroles », mais n'ayant plus qu'un faible rapport avec l'homme véritable. « Rien dans la vie ne doit être stationnaire ; et l'art est pétrifié quand il ne change plus. »

Ces lignes remarquables sont comme la préface de l'œuvre romantique. L'auteur mourut en 1817, trop tôt pour voir naître, et rapidement grandir et fleurir une nouvelle école poétique.

L'avènement du romantisme au théâtre se fit d'ailleurs longtemps attendre ; les novateurs s'annoncèrent par un manifeste avant de s'imposer par une œuvre. Ainsi avaient fait deux cent soixante-dix-huit ans plus tôt Ronsard et Joachim Du Bellay, dans la *Défense et illustration de la langue française*.

La « Défense et illustration » du romantisme dramatique fut la *Préface* de *Cromwell*. En ces temps heureux, telle était l'importance que le public attribuait à ces querelles littéraires, que les poètes en avaient conçu quelque orgueil. Ils parlaient volontiers de leur mission, de leur sacerdoce, des destinées du monde, liées à celle de leur poésie. Ne nous étonnons pas si Victor Hugo, à propos d'un drame non joué, remue beaucoup plus d'idées qu'il n'eût été nécessaire pour exercer pendant un siècle l'esprit de tous les penseurs.

Il divise la carrière de l'humanité en trois phases : l'enfance du monde, qui est lyrique ; la jeunesse, qui est épique ; la maturité, qui est dramatique. Division fort problématique : si l'enfance du monde fut lyrique, les monuments de cette lyre sont perdus ; l'auteur est réduit à chercher cette poésie lyrique dans la Genèse. La jeunesse du monde ne fut pas purement épique ; c'est forcer les faits à se plier aux mots, que de dire, avec Victor Hugo : Pindare est plus épique que lyrique ; ou bien : Sophocle est tout épique. Enfin pourquoi prétendre que la maturité du monde, c'est-à-dire, selon l'auteur, sa phase chrétienne, est toute dramatique ? Le moyen âge a eu ses épopées. Les poètes modernes. Victor Hugo le premier, vivront surtout comme lyriques. Mais en 1827, Victor Hugo, dédaigneux de ses premières œuvres, semblait ne vouloir plus demander qu'au théâtre seul la gloire et la renommée.

Le drame, forme littéraire par excellence des siècles chrétiens, se caractérise, selon lui, par la vérité. La vérité dramatique consiste à peindre l'homme complet, c'est-à-dire à exprimer tout ce qui est en lui, le beau et le laid, le sublime et le grotesque.

Le grotesque est un élément essentiel de l'art. L'antiquité l'a négligé (*c'est inexact*). Les temps modernes, auxquels le christianisme a enseigné à mieux connaitre l'homme, le réhabiliteront.

Le drame consiste essentiellement dans le mélange perpétuel et, pour ainsi dire, à dose égale du tragique et du comique, du pathétique et du grotesque. Toutefois Victor Hugo, comme Aristote, proclame l'unité d'ensemble, l'unité d'impression une loi absolument nécessaire de l'œuvre dramatique ; et même, il maintient d'autant plus fermement la nécessité de cette unité fondamentale qu'il abolit sans réserve les règles arbitraires de l'unité de temps et de lieu.

Reste à savoir si l'unité d'impression est conciliable avec la multiplicité des éléments incohérents qu'on faisait entrer dans le drame romantique. On nous dit : « La vie elle-même est incohérente, décousue et contradictoire! » Mais l'art consiste peut-être à imiter la vie, en ajoutant à l'image l'ordre et l'unité, que n'a pas l'objet. Autrement qu'est-ce que l'art? A quoi sert l'art? Regardons vivre les hommes; et que le monde nous serve de théâtre! car la copie la plus réaliste est toujours moins réelle que la réalité.

La réforme du théâtre devait commencer par celle du style. Victor Hugo proposait d'assouplir le vers alexandrin par quelques libertés : tantôt par l'enjambement, qui le prolonge ou l'accourcit; tantôt en variant la place de la césure principale (sans jamais supprimer l'accent tonique nécessaire au milieu du vers); surtout en relâchant quelque chose de la noblesse continue imposée par la tradition classique, en mêlant davantage les tons, les nuances, les langages les plus opposés. Il promettait d'être « fidèle à la rime, cette esclave-reine, cette suprême grâce de notre poésie, ce générateur de notre mètre »; il a tenu parole. Mais il s'engageait à « fuir la tirade » et à laisser parler toujours le personnage, et non l'auteur; au contraire, il allait abuser des tirades, et parler plus ou moins lui-même et lui seul par la bouche de tous ses héros; de sorte que beaucoup des choses qu'ils diront, pourraient être qualifiées de superbes morceaux lyriques, placés directement sur les lèvres de Victor Hugo. A la suite de la *Préface* on lisait un drame immense, *Cromwell*, écrit d'abord en vue de la scène; mais la pièce heurtait trop brusquement toutes les idées reçues, et elle était d'ailleurs trop peu propre à la scène pour qu'aucun directeur de théâtre se hasardût à la monter. L'auteur renonça lui-même à faire jouer son drame ; et *Cromwell* fut lu, mais non vu. Il se peut qu'il y ait gagné. La cause du romantisme aurait été compromise par un échec bruyant et inévitable.

Qu'avait voulu faire le poète? Il nous le dit fort clairement. Peindre un Cromwell complet, au lieu du Cromwell résumé, tronqué, amoindri (selon Victor Hugo) que Bossuet a retracé dans l'*Oraison funèbre de la reine d'Angleterre*.

Si la tragédie avait voulu mettre en scène Olivier Cromwell, elle aurait d'abord dégagé de cette personnalité complexe, le trait dominant : à savoir le soldat politique ; ensuite, autour de cette seule donnée, elle aurait reconstruit la personnalité tout entière, et montré au spectateur un Cromwell idéal, plus simple et plus un que le personnage réel. Mais quelle vivante figure un poète de génie, Corneille, par exemple, s'il fût né trente ans plus tard, aurait pu tirer de cette conception et de ce procédé !

Ici le poète se propose un dessein beaucoup moins simple ; il veut peindre un Cromwell complet, avec tous ses contrastes, et rassemblant tous les contraires, « sorte de Tibère-Dandin, tyran de l'Europe, et jouet de sa famille... à la fois homme de guerre, homme d'État, théologien, pédant, mauvais poète, visionnaire, bouffon. » L'entreprise était grandiose et curieuse ; mais il reste à savoir si le drame peut rassembler sans confusion tant de points de vue dans une œuvre unique. A la vérité la vie aussi déroule sous nos yeux ses anomalies et ses contradictions, mais lentement, successivement ; un homme réel ne se montre pas sous vingt aspects absolument contraires dans un espace de trois heures. Le poète a si bien senti la difficulté, qu'il a donné à son œuvre des proportions très inusitées. *Cromwell* est trois ou quatre fois plus étendu qu'une tragédie ordinaire. Il en est résulté que ce premier drame de Victor Hugo n'a jamais pu être joué, et ne le sera jamais probablement.

Mais ce n'est là qu'un accident de composition. Supposons un *Cromwell* ramené aux proportions ordinaires du drame. Sera-t-il plus conforme aux lois nécessaires du genre? Cette reproduction scrupuleuse de la réalité, qui peint le détail le plus insignifiant avec autant de soin qu'elle fait le trait principal, convient peut-être à la chronique, et charme dans Saint-Simon, mais ne convient pas du tout au drame. La conception essentielle du drame, et les conditions mêmes dans lesquelles il se produit, exigent que l'image soit, pour ainsi dire, concentrée, afin d'être bien vue, et que les traits secondaires ne soient pas aussi fortement marqués que les lignes principales. Donner aux moindres travers de Cromwell, à ses tics, à ses manies, à ses lourdes plaisanteries, à ses bouffonneries pédantesques, le même relief qu'à ses qualités maîtresses, qu'à ses vices dominants, qu'à tout ce qui fait enfin qu'il est Cromwell, et non Dandin, c'est brouiller sa physionomie, c'est la rendre indécise et confuse sous prétexte de l'exprimer plus complètement. Victor Hugo, malgré son incontestable génie et les excellentes beautés de sa langue et de sa versification, n'a réussi qu'à composer une œuvre confuse, impossible au théâtre, absolument antidramatique; moins vraie qu'il ne le pense, et moins historique, au fond, quelles qu'aient été la conscience et l'étendue de ses recherches. Mais en histoire aussi, la proportion est nécessaire; et qui ne connaîtrait Cromwell que par le drame de Victor Hugo s'en ferait l'idée la plus vague et la plus incohérente, pour ne pas dire la plus fausse; car enfin ce n'est pas par leurs petitesses que les grands hommes « changent le monde [1]. »

---

[1]. Bossuet.

Cromwell n'était pas jouable, et par conséquent la pièce demeurait comme non avenue. Victor Hugo pour éprouver ses théories fit *Marion Delorme*, que la censure arrêta. Il fit alors *Hernani*, qui fut représenté au Théâtre-Français le 25 février 1830. Cette première représentation fut une grande bataille, et se termina par la victoire des romantiques. Il y eut coups de poing et coups de canne échangés des deux parts; mais les romantiques étaient plus nombreux, plus jeunes, plus vigoureux, mieux disciplinés; ils l'emportèrent, et la pièce passa. Elle est d'ailleurs remplie de beautés, et elle a gardé, après soixante ans écoulés, un certain charme de fraicheur qu'on ne trouve pas au même point (tant s'en faut) dans tout le théâtre d'Hugo. Quelque chose de l'immortelle jeunesse de Rodrigue et de Chimène illumine les fronts de doña Sol et de Hernani.

Faut-il juger *Hernani* comme drame ou simplement comme poème? Comme poème, il étincelle de sublimes beautés; les beaux vers, les belles pages, les beaux sentiments, les beaux mouvements oratoires, les traits hardis, touchants, les choses « qui font frissonner », comme disait Mme de Sévigné en parlant de Corneille, abondent dans *Hernani*. Comme drame, l'œuvre est mal composée; les personnages ne se tiennent pas: ils ne ressemblent à rien qu'on ait vu vivre et agir dans aucun temps: l'action est mal conçue, mal liée, mal conduite: les événements sont décousus, le dénouement odieux et très peu sensé. Il est également impossible de rêver un plus grand poète que Victor Hugo, et un homme moins doué du vrai génie dramatique que l'auteur de *Hernani*. *Marion Delorme*, composée avant Hernani, arrêtée par la censure sous Charles X. et jouée seulement en 1831, offre des qualités plus proprement dramatiques, et peut-être, au fond, une plus grande originalité qu'*Hernani*.

Aussi ce drame eut-il au théâtre et dans le roman une postérité florissante, mais fâcheuse; car le succès de ce qui est faux doit toujours être déploré. De *Marion Delorme* ont procédé tant de courtisanes réhabilitées par l'amour, que l'on a entendues, pendant cinquante ans, ressasser en diverses formes le vers de Marion à Didier :

Car ton amour me fait une virginité.

Le poète s'engageait déjà dans cette voie funeste, où il devait s'enfoncer de plus en plus. Il ne laissait subsister rien de pur et de bon que dans les âmes les plus corrompues, et les « honnêtes gens » devenaient dans ses drames, comme ils seront dans ses romans, les vrais scélérats. On pourrait ici le blâmer d'avoir noirci Richelieu et de n'avoir pas compris la grandeur de son œuvre. Abaisser un tel homme devant un Didier de hasard, c'est de la pure rhétorique, et de la plus creuse. Mais il est de tradition chez nos poètes et nos romanciers de mal juger Richelieu. Au reste, l'histoire n'a rien à voir avec les drames de Victor Hugo; quoiqu'il aimât les vieilles chroniques et les feuilletât avec plaisir, son génie se prêtait peu à la restitution exacte et fidèle d'une époque précise. L'imagination l'emportait sans cesse, hors et loin du cadre choisi; il voyait les hommes et les sociétés revivre devant lui avec une intensité singulière, mais non pas toujours telles qu'elles furent; plus souvent, telles qu'il se les figurait.

Le vrai mérite de *Marion Delorme* est dans le style, plein de tendresse et d'émotion dans les parties lyriques, plein de force dans les parties oratoires; en somme, les qualités et les défauts s'équilibrent encore dans cette pièce, et elle ajoute à la gloire de son auteur.

On ne peut en dire autant du drame intitulé *le Roi s'amuse*, joué en 1832, une seule fois, et suspendu aussitôt par la censure; ce n'est ni une bonne pièce, ni une bonne action; le héros est un bouffon, ignoble de laideur physique et morale: et c'est Triboulet que l'auteur prétend racheter, réhabiliter, parce qu'il aime sa fille: mais est-ce une vertu d'aimer sa fille comme le loup aime son louveteau? La conduite de la pièce est pénible, heurtée, brutale: les détails sont choquants, froidement grossiers: le dénouement est atroce: le drame finit dans la boue et le sang. Il est semé de beaux vers, parce qu'il était impossible à Victor Hugo de n'en point faire de tels.

Le poète n'en est pas moins répréhensible, autant au point de vue de l'art qu'au point de vue de la morale; il l'est d'autant plus que ce n'était ni la fougue d'un génie impérieux, ni l'essor d'une imagination inconsciente qui l'entraînait dans ces excès; il obéissait à un système conçu d'avance et froidement. *Lucrèce Borgia*, drame en prose, joué en 1833, fut publiée avec une préface où Victor Hugo expliquait avec précision l'idée mère de tout son théâtre : « Prenez la difformité morale la plus hideuse, la plus repoussante, la plus complète, placez-la où elle ressort le mieux, dans le cœur d'une femme, avec toutes les conditions de beauté physique et de grandeur royale qui donnent de la saillie au crime; et maintenant mêlez à toute cette difformité morale un sentiment pur, le plus pur que la femme puisse éprouver, le sentiment maternel; dans votre monstre mettez une mère : et le monstre intéressera, et le monstre fera pleurer; et cette créature, qui faisait peur, fera pitié; et cette âme difforme deviendra presque belle à vos yeux; *la maternité purifiant la difformité morale*, voilà Lucrèce Borgia. »

Mais cette maternité, qui n'est qu'un instinct de

fauve, cette maternité honteuse qui se cache et se renie, ne purifie rien du tout : le monstre demeure un monstre ; il n'intéresse pas, il ne touche point, mais il bouleverse l'âme des spectateurs ; il étonne leurs sensations. *Lucrèce Borgia* est, d'ailleurs, au point de vue purement théâtral, le meilleur drame de Victor Hugo, le mieux conduit, le plus intéressant à la scène ; la prose de l'auteur, moins lyrique que ses vers et d'une moindre valeur artistique, est peut-être moins dénuée des vraies qualités dramatiques ; elle n'est guère plus voisine du langage de la nature et de la vérité : mais son éloquence un peu tendue, pleine de figures, d'antithèses, de métaphores, ne laisse pas de frapper vivement, ou plutôt de captiver l'attention. Ceux même qui résistent, sont émus, ébranlés, intéressés.

Il plaît à l'auteur, à propos de cette pièce, de répéter dans la préface, tous les grands mots dont l'École romantique abusait : mission nationale du drame, mission humaine. Quelle moralité peut bien sortir de *Lucrèce Borgia*? Corneille, Racine, Molière avaient modestement réduit leur mission à « plaire aux honnêtes gens. »

Marie Tudor, jouée en 1833, est en prose comme *Lucrèce Borgia*. Ce drame manque de probité historique : l'auteur y calomnie les mœurs d'une femme irréprochable comme femme, si elle ne l'est pas comme reine. Quelle façon d'enseigner « l'histoire au peuple ! » Mais à mesure que Victor Hugo s'enfonçait davantage dans son système dramatique, il se souciait moins de « vérité humaine » et de « vérité historique », et oubliait davantage les promesses de la *Préface* de *Cromwell*. Le seul but était désormais de troubler profondément l'âme ou plutôt d'ébranler les sens des spectateurs ; l'objet du théâtre était tout entier dans l'émotion produite. Le style, violent, heurté, coupé, saccadé n'était plus qu'une suite de cris déchirants: cris de colère ou d'amour, cris de haine ou de jalousie.

Dans la *Préface* du drame, Victor Hugo déclarait, selon ce ton apocalyptique dont la postérité s'étonnera, qu'il avait voulu y présenter « un mélange de tout ce qui est mêlé dans la vie... Ce serait le rire, ce seraient les larmes; ce seraient le bien et le mal, le haut, le bas, la fatalité, la Providence; le génie, le hasard, la société, le monde, la nature; et au-dessus de tout cela, on sentirait planer quelque chose de grand. » En vérité, c'était surtout l'incohérence. Le faible esprit des lecteurs et des spectateurs ne peut plus suivre l'auteur jusque dans cet empyrée où il plane. A force de vouloir faire entrer dans son drame un monde, il en a fait un chaos.

Angelo, tyran de Padoue, joué au Théâtre-Français le 28 avril 1835, est peut-être de tous les drames de Victor Hugo celui où s'accuse le plus ce défaut. Quelques pages mises à part, airs de bravoure et morceaux d'éclat soignés par l'auteur, la pièce n'est qu'un mélodrame à surprises, bien encadré dans le château fort d'un podestat. Le style baisse, avec le respect de l'art et du spectateur. Sous prétexte de plus de vérité, il devient trivial, et quelquefois puéril : déjà dans *Marie Tudor*, la reine pour s'excuser à Jane de lui tuer son amant parlait ainsi : « Il fallait un homme obscur. On n'avait que celui-là sous la main. Je t'explique cela, pour que tu comprennes, vois-tu! Oh! mon Dieu! Il y a de ces fatalités-là! On se trouve pris. On n'y peut rien. » Il y a beaucoup de simples bourgeoises qui ne parlent pas aussi platement dans la vie privée. Est-il nécessaire qu'une reine s'exprime au théâtre comme une femme de chambre? En quoi est-ce *vrai*, si réellement ce n'est pas vrai? D'ailleurs, dans *Angelo*, la recherche affectée du style alternait avec la simplicité vulgaire, affectée aussi, quoique d'une autre manière. Homodéi s'écrie : « Quand on a une idée qui peut tuer quelqu'un, la meilleure lame qu'on y puisse emmancher, c'est la jalousie d'une femme. »

Ainsi la prose dramatique de Victor Hugo se relâchait, devenait emphatique ou négligée. Il revint aux vers heureusement. *Ruy Blas* (1838) par sa langue éclatante et sonore, par l'unité d'action et d'intérêt mieux respectée, par le développement suivi et la conduite logique des parties qui composent le drame, est peut-être le chef-d'œuvre de Victor Hugo au théâtre. Toutefois l'élément comique et même bouffon déborde dans cette pièce, y fait souvent longueur et semble plaqué sur le fond qui s'en passerait si bien. Pour la valeur historique de la pièce, il n'en faut point parler; le personnage principal, ce Ruy Blas, un simple laquais, amoureux d'une reine, aimé d'elle, devient premier ministre, va relever l'Espagne et lui rendre en Europe le premier rang; mais ce grand homme est assez niais pour ne pas se garder du seul homme qui sait son secret. Cet homme reparaît, le trahit devant la reine, tombe sous les coups de Ruy Blas, qui s'empoisonne craignant le mépris de celle qu'il aime. C'est une fantasmagorie toute pure. Au prix de *Ruy Blas*, *Ninus II*, de Brifaut, étincelle de vérité historique. Mais *Ninus II* n'est pas écrit du tout; et *Ruy Blas* est un chef-d'œuvre non de goût, mais de langue, de style, de poésie. Quand il ne restera plus rien à la scène, des drames de Victor Hugo, il en restera la poésie, le style et la langue; et ce qui aura péri comme pièce, vivra comme poème.

La violence fatigue; et le public se lasse à la fin d'être ballotté trop brutalement entre des émotions contraires; il veut bien qu'on sollicite ses larmes, non qu'on les fasse couler, en le frappant si fort qu'il croit qu'on le blesse. La réaction contre le drame romantique allait commencer, née de l'épuisement qui succède aux secousses trop prolongées.

Les Burgraves, joués au Théâtre-Français (le 7 mars 1843), sont le dernier drame que Victor Hugo ait donné à la scène; l'insuccès fut complet et découragea le poète. Le public refusa de suivre plus loin et plus longtemps le chef du romantisme. Il faut avouer que jamais il n'avait poussé plus loin l'exagération de sa manière et de ses procédés. *Les Burgraves* ne sont plus un drame, c'est un cadre à déclamations sublimes quelquefois, mais souvent creuses et boursoufflées. Les personnages n'y sont plus que des masques grandioses, dont la voix sonore et retentissante exprime, non les passions humaines, mais les visions du poète. Or un drame se joue devant des hommes qui veulent s'y reconnaître dans des portraits agrandis, idéalisés, mais vrais néanmoins; et la scène est faite pour représenter la vie, non pour incarner le rêve. Il peut être vrai que *les Burgraves* renferment des pages qui sont parmi les plus admirables que Victor Hugo ait jamais écrites; c'est assez pour qu'on lise ce poème isolément avec plaisir, avec émotion, même avec enthousiasme; mais il faut autre chose que de beaux vers pour donner aux hommes rassemblés l'illusion de la vérité dramatique. La chute du poème était méritée; depuis quarante-cinq ans, même dans les circonstances qui semblaient le plus favorables, les admirateurs du poète n'ont pas osé en appeler, au moins devant le public, de l'arrêt du premier jour.

L'entreprise romantique avait échoué définitivement au théâtre, malgré le génie incomparable du maître et le merveilleux talent de plusieurs de ses compagnons d'armes et de ses disciples. Quelques-uns même, inférieurs comme poètes, comme écrivains à Victor Hugo, étaient certainement mieux doués que lui des qualités qui font le véritable auteur dramatique. Alfred de Vigny [1] et Alexandre Dumas vivront à la scène plus longtemps que Victor Hugo.

Othello, traduit de Shakespeare, fut joué au Théâtre-Français, le 25 octobre 1829 (quatre mois avant *Hernani*). Alfred de Vigny tâtait d'abord le public par une traduction. Il savait fort bien où il voulait l'amener: il le disait dans sa préface : A admettre au théâtre le tableau large de la vie au lieu du tableau resserré d'une catastrophe; des caractères complets, au lieu de rôles concentrés; des scènes de comédie mêlées parmi les scènes tragiques; et d'autres scènes « paisibles », c'est-à-dire purement expressives, peignant la vie, en dehors du drame. L'épreuve réussit : le style hardi, varié, noble et familier, simple et lyrique tour à tour, fut goûté du public après quelque hésitation. L'auteur a raconté d'une façon amusante comment il avait réussi à nommer dans son drame un *mouchoir* sans périphrase. Sauf quelques protestations indignées, le mot passa. Il ajoutait avec un peu d'amertume : « Ridicule triomphe! Nous faudra-t-il toujours un siècle par mot vrai introduit sur la scène? »

La Maréchale d'Ancre (en prose), représentée en 1830, n'obtint qu'un faible succès; le personnage principal est manqué; l'action se perd dans les détails; cette diffusion qui se supporte dans le roman est un défaut grave au théâtre. Voilà pourquoi *Cinq-Mars* est bien supérieur à *la Maréchale d'Ancre*, quoique écrit de la même main, et peignant à peu près la même époque, avec les mêmes couleurs, sur un dessin analogue.

---

[1] Alfred de Vigny, né à Loches, en 1799, mort à Paris, en 1863.

Chatterton (1835) est de tous les drames romantiques celui que l'on a revu de notre temps avec le plus de plaisir ; non que cette pièce n'offre au plus haut point la marque des défauts propres à l'école ; elle est surtout remplie de déclamations ; mais il s'y trouve autre chose que des tirades, et même que de belles tirades ; elle est profondément attachante par l'heureuse invention du caractère de l'héroïne, Kitty Bell, et avant tout par la sincérité de la passion ; car c'est encore par là qu'on prend le mieux le public. La plupart des personnages romantiques crient plus fort encore qu'ils ne sentent vivement ; celui-là, Kitty Bell sent profondément, et parle à voix basse, et presque étouffée. D'autres drames avaient violemment secoué les nerfs du public ; *Chatterton* émut son cœur, et il en fut charmé. Quoique les sentiments du personnage principal fussent absolument faux et factices, il les avait vraiment éprouvés ; Chatterton était un esprit malade et vaniteux, mais qui avait véritablement souffert ; il se trouvait ainsi dans la pièce une réalité historique, dont le spectateur avait conscience. Chatterton avait tort de crier à la société : « Vous devez m'entretenir honorablement ! » La société n'est pas plus tenue de nourrir un poète ignoré, qu'un menuisier méconnu ou un cordonnier incompris. Mais si l'esprit du héros est faux, le pathétique de la pièce est réel. En outre, elle est bien composée, sobre de style et de moyens dramatiques. Faut-il ajouter que les *unités* tant maudites y sont scrupuleusement observées [1] ?

Alexandre Dumas [2], qui a composé quelques centaines de romans, ne fut guère moins fécond au théâtre ; et c'est peut-être là qu'il acquit ses titres les

---

[1]. *Le Marchand de Venise*, comédie imitée de Shakespeare, ne fut pas représenté. Alfred de Vigny l'avait écrite en 1828. Voy. ci-dessous, p. 384, n. 1

[2]. Alexandre Dumas, né à Villers-Cotterets, en 1803, mort en 1870

plus sérieux à une renommée durable. Il était vraiment né dramaturge.

Une année juste avant *Hernani*, dont la gloire envahissante a éclipsé tout ce qui l'avait précédé, Alexandre Dumas fit représenter *Henri III et sa cour* [1]. le 11 février 1829 ; et par cette pièce inaugura le théâtre romantique, puisque *Cromwell* ne fut jamais joué, ni ne pouvait l'être. Dans *Henri III*, Dumas poussait à bout déjà tous les défauts du genre : idolâtrie des détails, violence dans les procédés scéniques, excès d'imagination, pauvreté de sens critique et d'observation psychologique ; et malgré tout, un intérêt brutal s'attache à ces tableaux habilement jetés et décousus : ce n'est certes pas un bon drame, mais c'est une lanterne magique bien amusante, faite de verres éblouissants.

Stockholm, Fontainebleau, Rome, trilogie en un prologue, cinq actes et un épilogue, tirée de l'histoire de Christine, reine de Suède, pièce ébauchée avant *Henri III*, non représentée alors, puis entièrement refaite et améliorée, fut enfin jouée le 30 mars 1830, à l'Odéon, et obtint un grand succès, en partie mérité ; car à travers une foule de détails postiches ou puérils, que l'auteur y a semés à profusion, autant pour satisfaire à son propre goût pour le commérage historique, que pour suivre la loi du genre nouveau, et n'être pas convaincu de manquer de couleur locale ; au milieu des brimborions archéologiques, plus ou moins fidèlement rassemblés, il y a dans cette pièce cinq ou six scènes vraiment pathétiques, vraiment dramatiques, vraiment humaines. Alexandre Dumas avait le sens du théâtre, et non seulement il savait composer le drame en vue du spectacle, mais, sans

---

1. La pièce était en prose, et la *Préface de Cromwell* avait dit que le drame attendu devait être en vers. Voilà peut-être pourquoi *Henri III* laissait attendre quelque chose qu'apporta *Hernani*.

bien écrire absolument, il écrivait bien pour la scène : sa langue est mauvaise, mais elle paraît bonne au théâtre; elle a des défauts qu'on ne sent pas à la représentation et des qualités qu'on y sent très vivement.

L'année suivante, il mit à la scène une œuvre bien différente, au moins quant au cadre et aux procédés, quoique la violence du style décelât bien le même auteur. Le théâtre de la Porte-Saint-Martin représenta, le 3 mai 1831, *Antony*, drame moderne, *intime*, comme on dirait aujourd'hui, dépouillé de tous ces brillants oripeaux, qui avaient donné tant d'éclat à la représentation de *Henri III*. *Antony* est un bâtard, qui ignore son nom et sa naissance, que la société régulière dédaigne et repousse et qui hait cette société par ressentiment du dédain dont il se sent ou se croit l'objet. Il aime avec fureur une femme faible et passionnée; il la domine, il la séduit, et finit par l'assassiner! par jalousie, ou par folie; car le personnage est, en somme, incompréhensible. Est-ce à dire qu'il fût entièrement faux? Non sans doute. Antony représentait assez fidèlement l'état d'imagination où se complaisait une partie de la jeunesse en 1831. Il procède à la fois de Werther et de René, par la mélancolie et le désenchantement; de Byron par l'orgueil et l'égoïsme, poussés jusqu'au crime et jusqu'à l'aberration. Sans doute il y a eu, de tout temps et dans toute société, des malades et des méchants; ce qui est particulier à l'époque et au romantisme, c'est d'avoir voulu qu'on admirât ces âmes corrompues et détraquées; bien plus, qu'on excusât leurs vices, qu'on aimât leur folie et leur perversité. En 1831, on s'enthousiasma pour la pièce, pour l'auteur et pour le héros; on est beaucoup revenu de cette admiration; nos contemporains ne se privent pas d'étaler le vice au théâtre; au moins essayent-ils de le peindre avec plus d'impartialité, sans lui prêter cette grandeur mystérieuse qui est tout imaginaire. On n'écoute plus sans ennui les tirades d'Antony contre la société; son emphase rebute, et son crime étonne plus qu'il n'intéresse. On sait pourquoi Macbeth assassine, et Shakespeare a pris soin de l'expliquer. Mais suffit-il d'être orgueilleux pour devenir meurtrier, à moins qu'on ne soit halluciné?

Quels que soient les défauts de l'œuvre, elle garde une place importante dans l'histoire de notre théâtre. Le drame historique, tel que les romantiques l'avaient conçu, n'a pas vécu; il a péri pour avoir menti à son titre et à ses promesses, pour avoir faussé l'histoire plus grièvement que n'avait fait la tragédie elle-même. Au contraire, le drame moderne et contemporain dont *Antony* est le premier type, a fourni une longue et brillante carrière, qui est loin d'être achevée. Tant d'œuvres récentes, où les misères, les douleurs, les hontes de la famille et du foyer sont étalées violemment, brutalement même, aux yeux du spectateur; où tous les problèmes sociaux et domestiques que soulève notre civilisation moderne, sont exposés passionnément; enfin toutes les « tragédies bourgeoises » que fait naître à chaque pas la vie réelle du XIXe siècle, procèdent de la lignée d'*Antony*, quelques différences qu'elles puissent offrir quant aux intentions de l'auteur ou quant à l'exécution du drame. Un genre nouveau, à peine entrevu au XVIIIe siècle par La Chaussée, est né au XIXe, avec ce drame de Dumas.

Charles VII chez ses grands vassaux (1831); *Angèle* (1833); *Caligula* (1837); *Catilina* (1848); *Hamlet* (1848), imité de Shakespeare, mais fort librement, et tantôt allongé, tantôt raccourci sans scrupule, et surtout altéré, pour faire du héros un demi-frère d'Antony; l'*Orestie* (1855), tragédie en trois actes et en vers, étrange paraphrase des modèles antiques, singulièrement accommodée aux goûts et aux procédés romantiques; toutes ces pièces, et cent autres, offrent avec une complète variété de mise en scène et de décor, d'événements et d'épisodes, les mêmes moyens dramatiques, les mêmes ressources d'imagination, de vivacité, de mouvement, d'intérêt superficiel et banal, mais attachant et même amusant. Quant à la vérité historique dont les romantiques faisaient si grand état, il va sans dire qu'on ne peut s'attendre sérieusement à la trouver dans des drames, bâclés en quelques semaines, après quelques jours de hâtives recherches, faites d'une main fiévreuse à travers vingt chroniqueurs, où l'auteur cueille en courant le détail matériel et pittoresque, et laisse, faute de temps, ce qui est bien plus difficile à comprendre et à dérober, l'âme des siècles éteints et des civilisations disparues. L'illusion des romantiques sur leur propre valeur en tant qu'historiens fut assurément sincère, mais ce fut une pure illusion. Aucune école n'a su moins que celle-là se dégager du temps où elle a fleuri ; les personnages du drame romantique, sous quelque habit qu'on les introduise et de quelque nom qu'on les décore, parlent et sentent comme des hommes de 1830. Alexandre Dumas met Caligula en scène, mais il semble se dire : « Comment aurais-je parlé, senti, pensé, aimé, haï, si j'avais été Caligula, tout en restant Alexandre Dumas? »

Il a fait illusion toutefois, même à des esprits sérieux, à des têtes rassises. Beaucoup de gens ont cru, croient peut-être encore que les romantiques, et Dumas en particulier, évoquaient devant leurs yeux la couleur et l'aspect d'ensemble des époques qu'ils voulaient peindre. On a passé condamnation sur les erreurs de détails; on a soutenu que l'impression générale est juste autant que vive. Mais c'est une pure illusion ; on confond là deux choses très distinctes : la vie et le mouvement d'une part; et de l'autre, la vérité. Le drame romantique, au moins celui que forgeaient ces mains prestigieuses, est animé, intéressant; il a l'air d'avoir vécu; on croirait « que c'est arrivé. » Mais cette couleur historique n'est qu'un brillant effet de l'imagination et du talent des auteurs. Ils ont su rendre à merveille un certain état d'esprit, une certaine civilisation vivement conçue par eux. Mais il ne s'ensuit nullement que cette conception répondît à aucune réalité historique. En un mot, ils rendaient avec force tout ce qu'ils imaginaient; voilà comment ils sont historiens ; mais tout ce qu'ils imaginaient n'avait souvent existé que dans leur imagination, et dans celle de la société contemporaine, qu'ils ont surtout dépeinte, toujours la même, sous les costumes changeants du drame historique. Quand on prend l'histoire au sérieux, on avoue qu'elle ne s'improvise jamais, et qu'elle ne dit son secret qu'à ceux qui l'ont patiemment et longtemps interrogée. Or on sait comment Dumas s'y prenait : lui-même a raconté les origines de son *Henri III*. Il était alors expéditionnaire; sur le bureau d'un commis, son voisin, quelqu'un laissa traîner un volume d'Anquetil ouvert. « J'y jetai machinalement la vue, et j'y lus le passage relatif à l'assassinat de Saint-Mégrin. Trois mois après *Henri III* était reçu au Théâtre-Français. »

Il y a longtemps que les drames de Frédéric Soulié [1] sont tombés dans l'oubli. Ce théâtre affreux, suant le crime et le vice, uniquement peuplé de scélérats et de victimes, d'ailleurs invraisemblable, absurde, incohérent, c'est le cauchemar élevé à la dignité d'un genre littéraire. Frédéric Soulié fut l'un des premiers

---

1. Frédéric Soulié avait fait jouer en 1828 une imitation de *Roméo et Juliette*. Emile Deschamps (1791-1871) fit jouer *Roméo et Juliette*, en 1839, et *Lady Macbeth*, en 1844, traduits de Shakespeare.

à faire des drames avec ses romans [1]; innovation fâcheuse au fond, qui ne peut réussir que par un heureux accident; mais qui répugne, en principe, à la distinction nécessaire des deux genres. Une seule fois, dans sa féconde carrière, Frédéric Soulié mêla un élément plus pur à ses sombres inventions, et fit voir quelques honnêtes gens à côté des coquins ordinaires de son répertoire : de là sortit un drame qu'on joue encore aujourd'hui, et qu'on voit avec plaisir, *la Closerie des Genêts* (1846), où il y a des choses touchantes et des scènes habilement faites, à défaut de style et de caractères vivants; en somme une des rares épaves qui aient échappé au grand naufrage du théâtre romantique.

Car, il faut bien le dire, tous ces drames ont terriblement vieilli, je parle des meilleurs: les autres sont morts. Le plus vieux n'a que soixante ans, et, certes, il apparaît à la scène beaucoup plus suranné que ceux de Corneille écrits il y a deux siècles et demi. La langue elle-même, en beaucoup de passages, semblerait plus ancienne à un spectateur ignorant des dates, parce qu'elle est plus démodée. La Bruyère disait : « Marot par son tour et par son style semble avoir écrit depuis Ronsard; il n'y a guère entre ce premier et nous que la différence de quelques mots [2]. » Bientôt, peut-être, on dira : *Angelo*, qui est de 1835, semble écrit avant *le Cid*, qui est de 1636. Dans *le Cid*, quelques mots seulement ont vieilli; tandis que, dans *Angelo*, c'est le style entier qui n'a plus cours aujourd'hui.

Dans les époques de brusque réformation poétique et littéraire, tous les écrivains ne se partagent pas

---

1. Du moins d'une façon systématique. Car on a de tout temps transporté des romans célèbres à la scène. Boursault y mit *la Princesse de Clèves*, en 1678; La Chaussée, *Paméla*, en 1743. *L'Astrée* défraya vingt ans la scène au commencement du XVIIe siècle.

2. Jugement d'ailleurs fort contestable.

nettement en deux groupes ennemis : les révolutionnaires et les conservateurs ; ceux qui applaudissent aux nouveautés avec enthousiasme et s'y jettent à corps perdu : ceux qui les repoussent avec horreur. Tous les poètes ne furent pas nettement, sous la Restauration, et pendant le règne de Louis-Philippe, ou *classiques*, ou *romantiques*. Il y eut des essais de conciliation, de transaction, tentés par des esprits modérés, que les témérités romantiques ne charmaient guère, mais qui sentaient la nécessité de concéder quelque chose aux nouveaux goûts du public. Comment lutter contre le bruit, l'éclat, le mouvement du drame romantique avec les ressorts usés, le jeu monotone et le pauvre appareil de la tragédie classique ?

Il est curieux d'observer dans certaines œuvres très classiques un souffle avant-coureur du romantisme prêt à naître. *Marie Stuart*, tragédie de Pierre Lebrun [1], obtint en 1820 un très grand succès, et le méritait en partie. L'auteur y devançait plusieurs des innovations romantiques avec beaucoup de tact et d'intelligence ; attaché de cœur à la tradition classique, il croyait néanmoins pouvoir s'affranchir au besoin de certaines conventions trop étroites, comme l'unité rigoureuse de temps et de lieu : varier davantage le style tragique, en y souffrant parfois la simplicité, la familiarité même à côté de la noblesse. *Marie Stuart* n'est dénuée ni de vie, ni d'émotion, ni de style. Lebrun fit voir aussi de grandes qualités de forme et de fond dans *le Cid d'Andalousie* (1825), où il essaye de refaire autrement *le Cid* de Corneille ; mais il est des entreprises qui fatalement échouent, parce qu'elles sont impossibles ; celle-là était du nombre : il n'y a, il n'y aura plus jamais qu'un seul *Cid* ; et *le Cid d'An-*

---

[1] Pierre Lebrun, né à Paris (1785), mort en 1873. Avant *Marie Stuart*, il fit un *Coriolan*, un *Ulysse*, un *Pallas, fils d'Évandre*.

dalousie, malgré de réelles beautés, est mort en naissant.

Parmi les poètes qui, pendant les quinze années que dura le triomphe de l'école romantique, s'efforcèrent de chercher une sorte de transaction entre la tragédie classique et le drame nouveau, Alexandre Soumet[1] tient un rang distingué ; il mériterait assurément d'être moins oublié. Ses tragédies ont du mouvement, de l'éclat ; son style, souvent emphatique et quelquefois peu correct, a de réelles qualités théâtrales ; il avait surtout un remarquable talent de mise en scène. Mais les époques de bruyante rénovation littéraire sont peu favorables à ces génies moyens, qui, partagés toujours entre la tradition et l'inspiration personnelle, veulent se tenir à égale distance de tous les excès. Il n'a peut-être manqué à Soumet que de paraître dans des circonstances plus heureuses pour laisser un nom plus célèbre et une œuvre plus durable.

Ainsi les plus fidèles disciples des grands maîtres classiques convenaient eux-mêmes qu'il était nécessaire d'infuser un peu de sang nouveau dans les genres anciens. Celui qui réussit le plus habilement à pratiquer ce savant mélange est Casimir Delavigne ; son succès fut immense et sa popularité ne se démentit pas un jour. Il expie aujourd'hui ces triomphes exagérés, par l'oubli où il est tombé, peut-être injustement. Son œuvre n'est nullement méprisable ; il possédait plusieurs des qualités qui font un homme de théâtre, un véritable auteur dramatique : il aimait son art, et il le savait. *Les Vêpres siciliennes* (23 septembre 1819) furent son début, un début éclatant. Cette pièce, accueillie avec transport, nous semble aujourd'hui bien

---

1. Alexandre Soumet, né à Castelnaudary (1788), mort en 1845. Il donna *Clytemnestre* et *Saül*, joués en même temps, 1822 ; *Cléopâtre*, 1824 ; *Jeanne d'Arc*, 1825 ; *Elisabeth de France*, 1828 ; *Une Fête de Néron*, 1829.

froide. C'est qu'en effet un tel sujet, si touffu, si vaste, eût exigé plus que tout autre une liberté d'allure et de développement que refusait le cadre classique. Palerme soulevée, la Sicile en armes, tout un peuple debout, le poignard à la main, pour anéantir jusqu'au dernier homme l'armée des envahisseurs; les prêtres, les nobles, les femmes excitant la populace: huit mille Français tombant sous le fer: quel tableau! quelle vision affreuse! Est-il possible de réduire un tel sujet aux proportions des trois unités? De rétrécir cette conjuration d'un peuple entier aux limites d'un petit palais, où cinq actes se dérouleront dans un vestibule? D'étrangler dans les vingt-quatre heures les préparatifs du soulèvement, et l'explosion, et le massacre? De peindre la Sicile en feu sans sortir de ce vestibule, et sans dépasser ce jour? Non, cela n'était pas possible. Aussi qu'a fait le poëte? Il a aminci, exténué son sujet jusqu'à ce qu'il pût tenir dans les règles: il a personnifié la France envahissante dans un homme; la Sicile, vaincue et frémissante, dans deux autres hommes: trois hommes en tout, ou plutôt trois abstractions, représentant deux idées aux prises: et pour échauffer un peu l'action, l'amour mêlé aux passions politiques: une femme parmi ces hommes, une femme que se disputent Montfort et le fils de Procida. Mais, dans un cadre étroit, il est plus aisé de peindre l'amour qu'une révolution populaire. Aussi la tragédie, soi-disant politique, se réduit-elle à une simple tragédie d'amour: les fameuses *Vêpres* ne sont qu'un épisode caché à l'arrière-plan. Pièce bien faible en somme, mais dont le succès s'explique par la date où elle parut. On y entendait beaucoup parler de patrie et de liberté: ce fut assez pour éveiller l'enthousiasme. Les étrangers venaient de sortir de France. Il est vrai que, dans la pièce, ce sont les Français qui sont les envahisseurs, et c'est la Sicile qui les rejette et les extermine. On n'y regardait pas de si près; l'orgueil national trouvait son compte dans l'héroïsme prêté à Roger de Montfort; quand il tombait sous les coups de Lorédan, et lui pardonnait en disant :

O France, ô ma patrie!
Fais que ces étrangers admirent ta vengeance;
Ne les imite pas; il est plus glorieux
De tomber comme nous que de vaincre comme eux,

la foule applaudissait jusqu'au délire, et croyait venger Waterloo.

Le Paria (1er décembre 1821), qui valait mieux que *les Vêpres siciliennes*, fut accueilli plus froidement, quoiqu'il ne fût pas vide d'allusions politiques. Ce paria que son mérite a conduit au premier rang dans la caste des guerriers, figurait la démocratie moderne, capable de toutes les grandeurs, quoique méprisée des nobles. Dans l'action, un peu vide (car une fois qu'Idamore a révélé sa naissance, il n'a plus qu'à mourir), le poète inventa de mêler des *chœurs*, qui ne sont pas sans beauté; la facture en est savante, et les sentiments élevés. On y sent d'ailleurs un disciple de Racine, qui sait par cœur *Esther* et *Athalie*: il imite habilement le maître, plutôt qu'il ne crée lui-même.

Durant les années qui suivirent, le poète, témoin attentif des premiers succès de l'école romantique, apprit à modifier sa forme et ses procédés, jusque-là purement classiques, et il essaya de prendre position entre les deux doctrines ; d'emprunter à chacune ce qu'elle renfermait de juste. Il prétendit garder le cadre et le moule tragique, mais le varier, l'élargir, et donner au style plus de liberté. *Marino Faliero* (1829) rejeta l'unité de lieu, admit des scènes de comédie. *Louis XI* (1832) mit sur la scène des bourgeois et des paysans à côté d'un roi, que le poète rendit d'ailleurs plus bourgeois lui-même que tout son entourage roturier. *Les Enfants d'Edouard* (1835) étaient imités, de loin, d'un épisode du *Richard III* de Shakespeare; et l'histoire des deux jeunes princes, lâchement assassinés par leur oncle, est si pathétique et si touchante, que la tragédie de Casimir Delavigne obtint sans peine un grand succès de larmes. Aujourd'hui le tableau nous semble un peu étriqué, comme en général toute l'œuvre dramatique de son auteur. Casimir Delavigne ne manquait ni d'habileté, ni de goût, ni, dans un certain sens, de talent; mais son habileté calculait trop; son goût était timoré; son talent montrait trop l'effort; et il était irrémédiablement dénué de génie. Il obtint de grands succès: il fut applaudi, fêté, populaire; parce que ses qualités et ses défauts, assez heureusement combinés, étaient en harmonie exacte avec l'esprit de la plus grande partie du public; comme Béranger, il satisfaisait pleinement le petit besoin d'idéal qui reste au fond des esprits médiocres; ni trop haut, ni trop bas; il volait, mais en rasant le sol; on voyait bien qu'il avait des ailes, mais on était satisfait de ne le perdre jamais de vue. Les romantiques le raillaient de n'oser entrer franchement dans la liberté du drame; les classiques grondaient sur les vulgarités qu'il mêlait artificiellement dans la tragédie; mais la plus grande partie du public le louait d'être à la fois sage et vigoureux.

Ses comédies sont meilleures que ses tragédies, parce qu'il avait, après tout, beaucoup d'esprit, et que l'esprit dans la comédie, sans tenir lieu du reste, empêche du moins qu'on ne tombe tout à fait. Dans un genre moyen qui côtoie la satire, et la tempère par une douce gaieté, cet esprit naturellement délicat, fin, sensé, joint à beaucoup de goût et à un riche fonds de verve (à défaut d'imagination), suffit à Delavigne pour écrire de fort jolies pièces. Par un singulier caprice, il se plut à faire jouer alternativement d'une façon presque régulière, pendant vingt-trois années (1818-1841), une tragédie, puis une comédie. On lui en a fait un reproche ; on a tiré de ce hasard, ou de cette fantaisie, un argument contre l'originalité de son inspiration. Mais quand une comédie est bonne, elle est toujours la bienvenue. Je n'en voudrai jamais à Corneille d'avoir fait *le Menteur* et *la Suite* entre *Pompée* et *Rodogune*.

Les Comédiens (6 janvier 1820) ne sont encore qu'une agréable ébauche, bien rimée, mordante sans amertume, où l'auteur s'est vengé doucement des comédiens du Théâtre-Français qui avaient refusé ses *Vêpres siciliennes*. Pour signer la paix, il leur donna (6 décembre 1823) *l'École des vieillards*, sa meilleure comédie : elle est restée au répertoire et le mérite bien. Non seulement la pièce est agréablement écrite, bien composée, très attachante, et fort spirituelle dans certaines parties, mais elle est surtout nouvelle ; et cette nouveauté, qui était vraie, fut féconde. Qu'avait voulu l'auteur ? Montrer le danger des unions disproportionnées qui associent des âges et des goûts trop différents ; un homme de soixante ans à une jeune femme de vingt ans. Entre les mains de Molière, il n'est guère douteux que cette donnée eût été traitée ainsi : le vieux mari eût été quelque tyran haï, ou quelque sot berné. La femme coquette, avide, ingrate, n'eût aimé que le bien du vieux, et n'eût espéré qu'en sa mort. Je conviens que la pièce eût été plus franchement comique, et la leçon morale plus directe. Mais Delavigne n'avait-il pas le droit de composer autrement ses personnages : de peindre un vieux mari, qui a le cœur jeune et chaud ; une jeune femme légère et frivole, mais bonne et honnête au fond ? Comme il n'y a plus là rien de comique, il relègue le rire dans les rôles accessoires : il confie le soin de nous amuser à une belle-mère mondaine et dépensière, au vieux caissier Bonnard, célibataire endurci, que Danville prêchera tour à tour pour et contre le mariage, selon que les choses vont bien ou mal dans son ménage. Ainsi le vieux mari échappe au ridicule par la profondeur de son amour ; et c'est justement cet amour que Molière eût châtié par le ridicule. Notre époque est devenue indulgente à toute passion, pourvu qu'elle soit sincère. Si nous remettions Arnolphe au théâtre, il y aurait le beau rôle et mettrait Horace à la porte. Cette déviation de la comédie remonte à Nivelle de La Chaussée. Mais le grand succès de *l'École des vieillards* a surtout contribué dans notre siècle à mettre en crédit ces rôles nouveaux, que leur situation seule eût voués jadis au ridicule, et qui désormais y échappent à force de tendresse et de sincérité dans la passion. Aussi le grand tragédien Talma voulait-il jouer le rôle de Danville en face de Mlle Mars qui jouait Hortense.

La Princesse Aurélie (6 mars 1828) n'eut pas tout le succès qu'en attendait l'auteur, et qu'elle méritait ; car c'est peut-être la plus spirituelle de ses comédies, et certainement c'est la plus originale : mais elle subit le sort des œuvres d'à-propos qui tombent hors de propos. C'était, au fond, une pièce toute politique, une fine satire du ministère Villèle, et quand la pièce fut jouée, le ministère était par terre.

Don Juan d'Autriche (17 octobre 1835), comédie historique en prose, appartient au même genre que *le Pinto* de Lemercier, *le Verre d'eau* de Scribe. On y voit de grands personnages, mêlés à des inconnus, se rapetisser à la taille des hommes vulgaires, et montrer la même petitesse dans leur langage et dans leurs actions. D'ailleurs l'œuvre est amusante, remplie de verve et d'esprit, bien intriguée, bien conduite et vivement dénouée. Scribe ne faisait pas mieux dans le même genre ; Casimir Delavigne pouvait mieux faire dans un autre.

Sa dernière comédie en vers, *la Popularité* (jouée

le 1ᵉʳ octobre 1838) fut accueillie froidement, comme elle était froidement écrite : le public s'obstinait à goûter peu Casimir Delavigne dans la comédie politique. *Le Conseiller rapporteur*, en prose (17 avril 1841), est la plus gaie de ses pièces, et veut rappeler les joyeuses folies de Regnard. Mais quoique Delavigne eût beaucoup d'esprit, il n'avait pas naturellement l'esprit folâtre ; et le goût du temps n'était pas d'ailleurs très favorable à ce genre, qui fleurit par phases. Il y a des temps où l'on ne veut pas rire au théâtre. *Le Conseiller rapporteur* n'eut qu'un médiocre succès. Casimir Delavigne mourut peu après (11 décembre 1843), à cinquante ans ; son beau et facile talent pouvait donner encore des œuvres remarquables. Il travaillait, il cherchait, il méditait. C'était un écrivain consciencieux, épris de son art : il ne lui a manqué peut-être que la hardiesse pour s'élever plus haut. Mais qu'est-ce que la hardiesse en littérature, en poésie, et dans l'art ? Tantôt c'est l'outrecuidance de la médiocrité qui s'ignore ; tantôt c'est la conscience du génie. Casimir Delavigne savait ses forces et s'y tenait. Victor Hugo en recevant à l'Académie française Sainte-Beuve qui succédait à Delavigne, a caractérisé finement cette modestie, qui est un défaut et une qualité ; mais que lui-même n'eut jamais, ni comme défaut, ni comme qualité. « Quoique la faculté du beau et de l'idéal fût développée à un rare degré chez M. Delavigne, l'essor de la grande ambition littéraire, en ce qu'il peut avoir parfois de téméraire et de suprême, était arrêté en lui et comme limité par une sorte de réserve naturelle qu'on peut louer ou blâmer selon qu'on préfère dans les productions de l'esprit le goût qui circonscrit, ou le génie qui entreprend ; mais qui était une qualité aimable et gracieuse, et qui se traduisait en modestie dans son caractère et en prudence dans ses ouvrages. »

Casimir Delavigne n'avait eu, dans la comédie, qu'un seul grand succès, avec *l'École des vieillards*. Son contemporain, son ami, Eugène Scribe [1] en remporta cent, ou beaucoup plus, en se donnant beaucoup moins de peine que le laborieux auteur de *la Popularité*.

Il est traditionnel dans la critique de parler de Scribe avec l'accent d'un profond dédain. Convenons toutefois que, tout mis en balance, Scribe est peut-être bien le meilleur auteur comique de la première moitié de ce siècle [2] ; et que, s'il n'eût pas existé, il eût manqué quelque chose, non seulement à l'amusement de nos pères, mais encore à notre histoire littéraire ; je n'ose dire à notre littérature.

Il est certain, en effet, que Scribe n'est ni un écrivain, ni un observateur sérieux des mœurs, ni un peintre habile à en exprimer la vérité. Ayant écrit quatre cents pièces de théâtre, il a trouvé le moyen de ne pas composer un seul caractère, un seul personnage dont on se souvienne. Les gens qu'il met en scène, existent par leur costume, et par l'étiquette qu'il leur attache ; il est entendu ainsi que l'un est un colonel, et l'autre une veuve ; celui-ci un notaire, et celle-là une jeune fille ; d'ailleurs, ni hommes, ni femmes réels ; tous mannequins et marionnettes. Mais ces mannequins et ces marionnettes sont merveilleusement conduits par une main très habile, et suffisamment invisible ; ils entrent, ils sortent avec une précision parfaite, et sans vivre eux-mêmes donnent l'illusion de la vie

---

1. Né à Paris, en 1791, mort en 1861.

2. Rappelons toutefois qu'Alexandre Dumas, qui avait assez de verve et d'esprit pour réussir dans les genres les plus différents, a donné quelques comédies qui furent jouées avec succès et qu'on voit encore avec plaisir ; elles sont surtout très bien construites avec une rare entente de l'action théâtrale : quelques-uns estiment qu'elles valent mieux que les drames de l'auteur et qu'elles survivront au reste de son œuvre immense. Citons surtout *Mademoiselle de Belle-Isle*, 1839 ; *Un mariage sous Louis XV*, 1841 ; *les Demoiselles de Saint-Cyr*, 1843.

par l'agencement bien combiné des scènes, la variété des mouvements et des attitudes, le ménagement adroit des surprises; les pièces de Scribe sont très bien faites, beaucoup mieux que celles de Molière; on l'a pu dire sans paradoxe et sans blasphème. Elles sont amusantes; elles ne languissent jamais, elles vont droit au but par des détours infinis, ce qui peut passer pour le triomphe d'un art prestigieux ; l'auteur excelle à nouer et à embrouiller une intrigue, à doubler, à tripler le nœud ; à faire craindre au spectateur qu'on ne puisse jamais sortir d'embarras, puis, le moment venu, d'un tour de main, comme certains prestidigitateurs, il fait que les nœuds tombent, et que la pièce finit. Sans doute il n'y a là ni vérité, ni poésie ; mais c'est attachant ; et l'on comprend que le public, cinquante années durant, ait assisté, sans se lasser, à ce tour de force perpétuellement renouvelé. Scribe était fait pour charmer la moyenne partie des spectateurs, comme la bourgeoisie du temps semblait faite pour le goûter. Trop raffiné pour plaire au peuple, trop terre à terre dans ses procédés, trop négligé dans son style pour satisfaire les délicats et les artistes, il offrait à la bourgeoisie ce juste mélange d'aspirations tempérées et de vulgarité décente et bien mise, qu'elle devait apprécier en s'y reconnaissant elle-même. L'homme qui a le mieux exprimé pendant un demi-siècle l'état d'esprit et les sentiments d'une partie considérable de la société française, mérite assurément l'estime des historiens à défaut de l'admiration des lettrés.

Si Eugène Scribe avait eu le respect de l'art dramatique autant qu'il avait le goût du théâtre, il n'est pas douteux qu'il n'eût réussi à donner des œuvres plus profondes, et à obtenir des succès plus durables. Dans ses moindres pièces il n'en est pas une où l'on ne trouve quelques traits excellents, qui échappaient sans travail et sans réflexion à sa verve naturelle ; on ne saurait mesurer tout ce qu'il a disséminé de très bonne comédie dans les cent cinquante vaudevilles qu'il composa (de 1815 à 1830) pour le théâtre de Madame (Gymnase). Ils semblaient revenus les jours du vieil Alexandre Hardy où un seul auteur fournissait de matière une troupe de comédiens. Un de ces vaudevilles, *le Solliciteur* (1817), enchantait si fort le critique allemand, Schlegel, qu'il mettait cette bluette au-dessus du *Misanthrope*. Schlegel se trompait, naturellement, comme il arrive assez souvent aux Allemands quand ils jugent notre littérature ; mais toutefois quel honneur pour Scribe ! et que n'eût-il pu faire, si au lieu de cent cinquante pièces en quinze ans, il en eût écrit quatre ou cinq ? Dira-t-on qu'il était voué par la nature de son génie à composer facilement des choses éphémères ? Ce serait méconnaître la réelle supériorité de quelques pièces écrites par lui, sans collaborateurs, avec un peu plus de lenteur et de réflexion. *Bertrand et Raton ou l'Art de conspirer* (1833), *le Verre d'eau* (1842) ne sont que le chef-d'œuvre de la « comédie historique », ou soi-disant telle : ni historique, ni comique, mais amusante. *La Camaraderie ou la Courte Échelle* (1837), *Bataille de dames* (1851), ne sont que des vaudevilles élevés à la dignité de comédies par un développement plus large et un style plus soigné. Mais *Une chaîne* (1841) est une véritable comédie, une étude de mœurs, observée avec vérité, rendue avec force. Malheureusement une telle œuvre est un accident heureux dans cette carrière trop féconde. Que peut-on attendre ou exiger de sérieux d'un auteur dont le nom occupait l'affiche de cinq ou six théâtres à la fois : comédie, grande, moyenne, ou petite ; opéra, opéra-comique ?

Ainsi la littérature, dans les dernières années du règne de Louis-Philippe, glissait peu à peu dans le domaine de l'industrie, et devenait une denrée, comme la betterave et le calicot. Le drame romantique avec Alexandre Dumas et Frédéric Soulié en était venu au même point que la comédie avec Scribe. Alexandre Dumas, tout en fournissant en moyenne soixante volumes de romans par an, faisait jouer parfois quinze ou vingt actes, signés de son seul nom, dans l'espace d'une saison. Frédéric Soulié, plus modeste, en quinze ans, n'écrivait guère plus de cent cinquante volumes. Un cerveau de dramaturge ou de romancier semblait un haut fourneau, jour et nuit en ébullition; et cette usine avait, comme une autre, ses manœuvres, ses ingénieurs, son gérant responsable et ses commanditaires. Rien ne contribua davantage à dégoûter le public du romantisme que cette chute dans l'industrialisme, où il finit par s'abîmer.

La nouvelle école n'avait d'ailleurs pas tenu les brillantes promesses de ses débuts. Après tout le bruit qu'il avait fait en venant au monde, après le mépris qu'il avait étalé contre la tradition classique, le romantisme devait au théâtre un chef-d'œuvre au moins, mais un chef-d'œuvre absolu, incontesté. Quinze ans après la *Préface* de *Cromwell*, ce chef-d'œuvre n'avait pas paru; loin de là, l'échec éclatant des *Burgraves* semblait annoncer celui de l'école romantique elle-même; le maître allait se retirer de la scène, découragé, comme le public, et las d'un si grand effort. Comme autrefois la Pléiade, les poètes novateurs n'avaient pas rempli entièrement leur ambitieux programme; ils n'avaient pas cette conscience de la tâche pleinement accomplie qui inspirait au xviie siècle un juste et sincère orgueil, et qui permettait, par exemple, aux académiciens auteurs du *Dictionnaire*, d'écrire fièrement dans leur *Préface* (en 1694) : « Le *Dictionnaire de l'Académie* a été commencé et achevé dans le siècle le plus florissant de la langue française. »

Après une révolution qui échoue, ou bien ne réussit qu'à moitié, laissant derrière elle plus d'illusions déçues que d'espérances satisfaites, la réaction se fait d'elle-même. Le plus habile et le plus heureux en recueille l'honneur, mais elle est un peu l'œuvre de tous. Le 22 avril 1843, l'on joua à l'Odéon *Lucrèce*, une tragédie d'un jeune homme inconnu, François Ponsard ; la pièce avait du mérite ; mais, dix ans plus tôt, elle eût passé inaperçue : au lendemain des *Burgraves* elle alla aux nues, et *Lucrèce* est restée une date dans l'histoire du théâtre. Du même coup une école nouvelle fut fondée, qui s'appela l'école du bon sens ; ce nom disait assez qu'elle était surtout l'école de la protestation contre le romantisme. Tout plut dans la pièce nouvelle, tout transporta les spectateurs : la nudité de l'action, la sobriété du style, la couleur antique et le souffle républicain. Il s'en fallait beaucoup toutefois que l'œuvre fût purement classique : en maint endroit l'influence romantique s'y faisait sentir : on tient toujours un peu de ceux que l'on combat, et qu'on veut renverser. Mais, comparée au dévergondage romantique, la nouvelle pièce semblait d'un dessin aussi sobre, aussi sévère qu'une métope de Phidias. Dans le même temps, une tragédienne incomparable, Rachel [1], ramenait la foule enthousiasmée aux pièces de Corneille et de Racine qu'on avait jouées par ordre depuis vingt ans devant des salles vides. Cliton aurait pu crier de sa voix railleuse au romantisme déçu :

Les gens que vous tuez se portent assez bien [2].

---

[1]. Elle avait débuté le 12 juin 1838, dans le rôle de *Camille*.
[2]. *Menteur*, IV, II.

CHAPITRE XIII

LE THÉATRE CONTEMPORAIN

D'Alembert écrit (dans le *Tableau de l'esprit humain au milieu du* xviiie *siècle*) que, depuis trois cents ans, le milieu de chaque siècle coïncide avec une révolution générale dans les intelligences et commence une phase nouvelle dans l'histoire de la civilisation.

Il serait puéril de transformer en loi ce qui n'est qu'une simple rencontre. Le millénaire suit sa marche fatale, sans se soucier comment vont les affaires humaines.

Mais il est bien vrai que, vers 1750, l'avènement subit de Jean-Jacques Rousseau fit prendre au xviiie siècle une orientation toute nouvelle. Il n'est pas moins vrai que beaucoup de choses furent ébranlées ou changées dans l'esprit français autour de 1850, entre 1848, qui vit tomber un trône, naître une République, et 1852, qui rétablit l'empire avec le pouvoir absolu. Ces événements coïncidaient avec un immense développement des sciences, surtout des sciences appliquées et pratiques; l'industrie se transforma; le commerce fut décuplé. L'esprit positif remplaça l'esprit romantique; l'imagination, convaincue d'avoir trompé tout le monde depuis trente ans, cessa d'être à la mode ; on la tint pour suspecte ; on devait plus tard mieux faire et la chasser avec mépris. Mais ce qui succédait à son règne n'était pas la raison, si chère au XVIIe siècle. Sa prétention d'être absolue et universelle la faisait paraître presque aussi vaine et surannée que l'imagination elle-même ; pour faire régner la raison il faudrait qu'on crût qu'elle existe, et l'on en doutait fort. N'y a-t-il pas autant de raisons qu'il y a d'êtres pensants? Descartes avait enseigné le contraire ; mais que restait-il du cartésianisme, en 1850? La littérature et le théâtre ne se piquèrent plus d'imaginer, ni de raisonner ; mais seulement d'observer. Était-ce donc là un principe nouveau? Boileau disait déjà : *Que la nature donc soit votre étude unique*. Ou bien : *Etudiez la cour et connaissez la ville*. Et peut-on dire que Molière, et La Bruyère, et Saint-Simon n'observaient pas? Il est vrai ; mais l'observation, dans la seconde moitié du XIXe siècle, n'est pas tout à fait l'observation telle que le XVIIe siècle l'avait pratiquée ; celle-ci était un moyen, l'autre a son but et son objet en elle-même ; l'une cherchait à connaître l'homme général dans le personnage particulier ; l'autre se défie de la psychologie, accumule les faits, se hasarde rarement à énoncer des lois, et surtout ne conclut jamais. Il s'en faut bien que ces caractères se rencontrent également chez tous nos contemporains ; mais tous en retiennent quelque chose ; et nos auteurs dramatiques, en particulier, se sont vantés souvent d'avoir moins le souci du beau que celui du vrai.

La décadence du romantisme commence avant le milieu du siècle, le lendemain de l'échec des *Burgraves* de Victor Hugo, joués au Théâtre-Français au commencement de 1843. La pièce était tombée lourdement, moins pour ses défauts (qui sont après tout ceux du genre et que tant de beautés compensent) que par la lassitude du public. On était fatigué du lyrisme au théâtre, et presque entièrement revenu des illusions et des espérances que le premier essor de la nouvelle école avait fait naître quinze ans auparavant. L'heure était favorable à un retour offensif de la tragédie classique ; *Lucrèce* de François Ponsard[1], jouée à l'Odéon le 22 avril 1843, dut à ces circonstances singulières un succès qui fut un triomphe, et certainement dépassa la valeur de la pièce. Au reste l'auteur était un homme d'un grand talent, qui excellait à donner l'illusion de la simplicité antique et de la majesté cornélienne ; après le fracas romantique on fut ravi de retrouver au théâtre cette habile restauration des procédés tant honnis de nos maîtres classiques, on crut leur faire amende honorable en applaudissant Ponsard et jusqu'au *songe* de Lucrèce.

Mais Ponsard devait sa victoire à d'autres qualités qu'à son esprit d'à-propos. Il y a des vers touchants et simples, des situations vraies, des traits naturels dans *Lucrèce*, et le poète avait su même y faire entrer très habilement quelques ornements romantiques, choisis parmi les plus discrets et sobrement employés. Il y a du pathétique et parfois de l'éloquence dans *Agnès de Méranie*, qu'il donna trois ans plus tard au théâtre, sans retrouver tout le succès de *Lucrèce* (1846). *Charlotte Corday* (1850) est peut-être le chef-d'œuvre de Ponsard ; ce n'était pourtant pas une œuvre aisée que celle de faire parler, de faire agir sous nos yeux des personnages aussi voisins de nous, et à qui l'imagination prêtait toutefois des proportions gigantesques ; il était difficile de mettre en scène Danton, Marat, Robespierre sans tomber dans l'emphase ou dans la vulgarité. L'influence exercée sur l'auteur par les *Girondins* de Lamartine n'est pas

---

1. Né à Vienne (Isère), en 1814 ; mort à Paris, en 1867.

douteuse; mais il y a plus de vérité dans le poème, s'il est vrai qu'il y a plus de poésie dans l'ouvrage en prose. A juger *Charlotte Corday* comme une œuvre purement littéraire, elle est intéressante ; c'est un curieux essai de transaction entre l'école romantique et la tradition classique; l'auteur accepte et emploie toutes les libertés du drame; l'action change de lieu et de décor; elle remplit treize mois et exige dix tableaux ; la mise en scène est splendide et compliquée ; mais le style est ou veut être celui des maitres du xvii° siècle. Cet éclectisme ingénieux faisait décerner à Ponsard un titre bruyant, dont il se fût peut-être passé, celui de fondateur d'école ; et cette école nouvelle s'appelait, nous l'avons dit, l'école du bon sens. Au fait, Ponsard continuait l'entreprise de Casimir Delavigne, avec plus de vigueur et peut-être moins de facilité. Comme Casimir Delavigne, il se plaisait à plier son beau talent à des œuvres très différentes. Il avait peint la République romaine à son berceau dans *Lucrèce*, le moyen âge dans *Agnès*, la Révolution française dans *Charlotte*. Il revenait hardiment à l'antiquité, il esquissait la Rome d'Auguste dans *Horace et Lydie* (1850); il remontait jusqu'à Homère dans *Ulysse*, tragédie avec chœurs (1852), où il s'efforçait de retrouver l'inspiration de la Grèce épique ; mais, en s'attachant à être simple et nu comme l'antique, il lui arrive quelquefois d'être plat, ce qui n'arrive jamais à Homère.

Tandis que son goût hésitait à mêler, même prudemment, le comique dans la tragédie, il croyait (toujours comme Casimir Delavigne) que le même génie peut exceller tour à tour dans le drame pathétique et dans la comédie. Corneille, auquel il aspirait à ressembler, lui donnait l'exemple : Ponsard fit donc des comédies. Un entraînement général emportait alors toutes les classes de la société vers les spéculations financières; le poète, ému sincèrement du danger social que créait l'agiotage, écrivit deux comédies pour le combattre : *l'Honneur et l'Argent* (1853), *la Bourse* (1856). Il y dépeignait avec amertume cette soif de l'or qui avait sévi de tout temps, mais dont la recrudescence était certaine. La première pièce eut un succès retentissant; tout le monde se hâta d'applaudir avec transports, pour n'être pas suspect de tremper dans les bassesses que le poète avait dénoncées. De l'une et l'autre comédie il restera quelques bonnes pages satiriques, mais ni l'une ni l'autre n'ont une grande valeur dramatique. *Turcaret*, né en 1709, semble aujourd'hui moins vieilli que ces financiers de 1853.

Ponsard revint à l'époque révolutionnaire, qui lui avait déjà fourni sa plus heureuse création [1]. *Le Lion amoureux* (1866) est un tableau animé, pittoresque et impartial de la première année du Directoire, et des conflits ardents de passions et de sentiments qui naissaient du bouleversement politique et social, après la Révolution. La peinture est vraie; les couleurs sont fortes; l'action est intéressante: le style a plus de souplesse et le vers plus de variété qu'on n'en trouve ordinairement chez Ponsard. Sa dernière œuvre (*Galilée*, 1867) n'est qu'un honorable essai de tragédie scientifique; cette histoire ne convient guère au drame. L'auteur était déjà mourant lorsque sa pièce fut représentée, au milieu d'applaudissements qui s'adressaient à l'homme plus qu'à l'ouvrage.

Il est probable que Ponsard n'obtiendra pas, chez la postérité, une renommée égale à son mérite, et aux grandes espérances qu'avaient conçues de lui ses admirateurs. Il aura le sort commun réservé, en lit-

---

1. En 1860, il fit jouer sans succès *Ce qui plaît aux femmes*, sorte de comédie, bizarrement mêlée de féerie.

térature comme en politique, aux hommes de transaction. Tout le monde les estime et les appelle sages; mais personne ne s'enthousiasme pour eux. Leur génie, car ils en ont quelquefois, est trop concerté; il lui manque la spontanéité, la flamme, l'essor. Peu d'hommes furent plus intelligents que Ponsard, eurent une âme plus ouverte et plus compréhensive. Il avait su s'assimiler à demi des qualités fort différentes. Il avait presque deviné la tendance, chère à nos contemporains. qui les porte à demander à la scène une expression plus exacte de la vérité humaine. Il avait presque réussi à conserver (dans *Charlotte Corday*, dans *le Lion amoureux*) le pittoresque et le mouvement, par où les romantiques avaient excellé. Il avait presque retrouvé, dans ses meilleurs jours, la vigueur, la simplicité, le naturel des maîtres et fait dire à quelques-uns, trop pressés d'applaudir : « C'est du Corneille! » Du compromis de tous ces à peu près naquit un théâtre un peu ambigu, varié dans ses sujets, monotone dans son accent; qui intéresse l'esprit, mais qui ne le ravit jamais; très supérieur au médiocre, mais toujours au-dessous du sublime et du parfait; un théâtre enfin dont on pourrait dire justement ce que Saint-Evremond disait très injustement de l'*Andromaque* de Racine : « qu'elle a bien de l'air des belles choses; il ne s'en faut presque rien qu'il y ait du grand. » Il n'y a que « ceux qui veulent des beautés pleines, qui y chercheront je ne sais quoi qui les empêchera d'être tout à fait contents. »

Charlotte Corday, pièce de transition et de transaction, par le genre et par le style, par ses qualités et par ses défauts aussi bien que par la date (1850), se plaçait juste au milieu du siècle, entre le romantisme expirant et le théâtre contemporain prêt à naître. Il naît alors avec les premières pièces de M. Dumas fils, avec les premières pièces de M. Augier (dans sa seconde manière), avec celles de M. Sardou. Depuis ce temps, près de quarante années se sont écoulées, et ce théâtre, fondé avec le second Empire, dure encore à peu près tel qu'au premier jour. Quelques symptômes de décadence, il est vrai, se font sentir, et le public un peu las d'entendre les mêmes questions s'agiter dans les mêmes cadres, par les mêmes procédés, demande vaguement autre chose, mais il ne sait pas bien ce qu'il veut.

Tel qu'il est, ce théâtre qui menace, ou promet d'achever son demi-siècle a ses profondes racines dans l'époque antérieure. Il procède visiblement de ce grand et fécond romancier, qui fut Honoré de Balzac [1]. Deux traits originaux et neufs avaient marqué surtout l'œuvre de Balzac, et distinguaient la *Comédie humaine* dans la multitude des romans éclos à la même époque. D'une part, c'est une analyse des passions et des caractères, patiente, exacte et minutieuse; les éléments de l'âme humaine étaient décomposés rigoureusement avec des procédés qui rappelaient ceux de la chimie. D'autre part l'étude des circonstances infiniment diverses au milieu desquelles une âme peut se mouvoir et se développer, contribuait aussi à faire mieux connaître le personnage, éclairé ainsi comme d'une double lumière par le dedans et par le dehors. L'art classique avait isolé l'être humain dans un milieu vague et abstrait. Balzac le replaçait dans un milieu précis et réel: la province, la ville, la rue, la maison, le mobilier, les relations, le voisinage, les habitudes, les manies, l'aspect physique, enfin le cadre entier du personnage était observé, décrit, expliqué minutieusement. Tels sont bien les deux traits dominants du roman de Balzac: une profondeur sub-

---

1. Né à Tours, en 1799; mort à Paris, en 1850.

tile dans l'analyse des sentiments, une exactitude scrupuleuse dans l'énumération des circonstances. Le but de l'auteur est, avant tout, de donner au lecteur la sensation très vive d'une reproduction exacte du vrai.

Tel est aussi l'objet, tels sont les procédés du théâtre contemporain. La plus haute ambition des maîtres est celle d'être vrais, et ils ont cherché à obtenir la vérité par la rigueur dans l'analyse, et par la précision pittoresque des détails.

Nous touchons à l'œuvre d'hommes qui, heureusement, vivent encore, qui même écrivent encore, et dont la carrière dramatique n'est pas achevée. Dans un livre tel que celui-ci, la polémique, fût-ce la plus discrète, ne serait pas à sa place; il n'est pas temps encore de juger définitivement des œuvres si récentes dont le vrai caractère et l'exacte valeur ne peuvent guère être aujourd'hui appréciés d'une façon sûre; elles sont pour ainsi dire trop vivantes, trop engagées dans la mêlée des opinions et des partis, elles nous charment, ou elles nous choquent, par des traits trop saillants, pour qu'on ose fixer déjà la place où la postérité mettra leurs auteurs. Qu'il nous suffise de rappeler les œuvres qui ont le plus ému l'attention publique et de signaler les tendances et les caractères dominants du théâtre contemporain.

M. Émile Augier[1] débuta au théâtre à vingt-trois ans, par *la Ciguë*, comédie en deux actes où, dans le cadre élégant d'un pastiche de l'antiquité, le poète donnait de graves leçons au libertinage à la mode. Cette sagesse précoce, chez un si jeune auteur, annonçait l'aurore d'un théâtre nouveau; non pas toujours plus retenu, mais plus vertueux que celui des romantiques; au moins, plus ami de la vertu, et très peu

---

1. Emile Augier, né à Valence (Drôme), le 17 septembre 1820)

complaisant au vice gracieux [1]. *L'Aventurière* (1848), une des œuvres excellentes [2] de l'auteur, et surtout *Gabrielle* (1849) accusent plus vivement cette tendance hautement morale; déjà le temps n'est plus où la passion, dans le roman, au théâtre, se déclarait souveraine, et prétendait être admirée, jusque dans ses crimes. Dans *l'Aventurière*, dans *Gabrielle*, l'auteur a voulu montrer qu'il n'y a de bonheur et même qu'il n'y a de vraie poésie que dans l'amour légitime. Il est peut-être plus sage et plus vrai de commander le devoir au nom du devoir lui-même. Autrement que répondre à ceux qui s'obstineraient à trouver ailleurs le bonheur? Mais ce triomphe assez nouveau de la vertu au théâtre, cette réhabilitation de la famille et de l'ordre légal, renouvelait la littérature dramatique, et y produisait une classification différente des personnages traditionnels. Le favori des romantiques, et aussi des classiques, l'amant, qui si longtemps avait été peint jeune, beau, fidèle, passionné, fut relégué au second rang, et quelquefois réduit à n'être rien qu'un bellâtre banal sans cœur et sans esprit [3]. Le mari, que tant de drames avaient fait odieux, tant de romans, ridicule, fut vengé de ces longs outrages; et *Gabrielle* lui apprit qu'il était à la fois l'honneur, le bonheur, et encore la poésie :

O père de famille, ô poète, je t'aime [4].

Jusque-là [5] M. Augier avait montré plus d'originalité dans sa morale dramatique que dans sa manière;

1. Après *la Ciguë*, *Un homme de bien*, en trois actes, en vers (1845), eut peu de succès.
2. Remaniée en 1860.
3. Il est juste de rappeler que déjà Casimir Delavigne avait interverti les rôles de la même façon dans *l'École des vieillards*.
4. Dernier vers de la pièce.

5. *Le Joueur de flûte*, 1850, en un acte; *Diane*, 1852, en cinq actes et en vers, faible imitation de *Marion Delorme*; en 1853, *la Pierre de touche* (en prose), avec Jules Sandeau; et *Philiberte*, 1853, trois actes, en vers, agréable esquisse des mœurs convenues, que la tradition prête au XVIIIe siècle.

il flottait d'un genre à l'autre, et son vers, aisé, coulant, souvent vigoureux, parfois un peu prosaïque, s'adaptait tour à tour aux cadres les plus divers, et aux époques les plus opposées. Il tenait des romantiques cette ambition de peindre au théâtre un moment historique; mais pour son goût, plus sobre et plus simple, on le rattachait à l'école de Ponsard, ce qui faisait trop honneur à l'auteur de *Lucrèce* et n'en faisait pas assez à l'auteur de *l'Aventurière*. Le moment était venu, où l'influence ambiante, le mouvement général de la société, la transformation du goût et des mœurs publiques, peut-être aussi l'éclatant succès d'un rival jeune et audacieux, allait jeter M. Augier dans une voie très différente. Avec *le Mariage d'Olympe* (1855) il fit une adhésion éclatante aux procédés du théâtre réaliste. Depuis ce temps *le Gendre de M. Poirier* (1856), *Ceinture dorée* (1856), *la Jeunesse* (1858), *les Lionnes pauvres* (1858), *Un beau mariage* (1859), *les Effrontés* (1861), *le Fils de Giboyer* (1862), *Maître Guérin* (1864), *la Contagion* (1866), *Paul Forestier* (1868), *Lions et Renards* (1869), *Jean de Thommeray* (1873), *Madame Caverlet* (1876), *les Fourchambault* (1878) [1], tant d'œuvres éminentes, pour la plupart consacrées par un succès bruyant, mais toutefois durable, ont conquis à M. Augier, dans le théâtre contemporain, le rang le plus élevé, malgré des inimitiés assez vives, qui s'en prenaient d'ailleurs à ses tendances plutôt qu'à son talent, mis par tous hors de cause. Deux grandes qualités seront toujours à louer dans ce vaste répertoire : la variété des figures et la vie que l'auteur excelle à leur donner. L'invention n'est pas toujours heureuse; on s'intéresse peu à la

---

1. Toutes ces pièces de la seconde manière de M. Augier sont en prose, excepté *la Jeunesse* et *Paul Forestier*. Il a eu quelquefois des collaborateurs : Jules Sandeau pour *le Gendre de M. Poirier*; Edouard Foussier pour *Ceinture dorée*, *les Lionnes pauvres* et *Un beau mariage*.

fable, on l'oublie ; mais on n'oublie pas les personnages. Grand mérite s'il est vrai qu'il y a plus d'art véritable à faire vivre une physionomie, qu'à bien débrouiller une intrigue. M. Augier a eu l'honneur de créer un certain nombre de types, qui resteront, qui vivent, même en dehors des comédies où il les avait incarnés ; qui ont enrichi de leur nom la langue française ; tel rival éclatant de M. Augier n'a pas créé une seule figure qui soit ainsi sortie de son cadre pour entrer dans le commerce public. Au reste depuis *Pathelin*, combien avons-nous vu naître de ces types imaginaires devenus plus réels par le génie d'un poète que tant de personnages obscurs qui ont réellement vécu ? Nous n'en avons pas cent peut-être ; et, dans le nombre, combien sont enfants du seul Molière !

Il faut avouer que la galerie de M. Augier est moins riche et moins variée. Son théâtre est rempli d'honnêtes gens, qui font très bonne figure dans la comédie où il les introduit ; mais aucun ne s'élève au type, et ne grave son nom dans notre mémoire en traits ineffaçables. Ses personnages de femmes ont un peu de raideur ; ses jeunes filles sont si sensées qu'elles semblent manquer de jeunesse. Ses jeunes hommes ne se distinguent pas d'un type trop général fait de franchise, de vaillance et d'honneur. Mais il excelle dans la peinture des sots et dans celle des coquins. Tel est le mauvais sort du théâtre contemporain : il a voulu sincèrement nous prêcher la vertu ; il n'est parfait qu'en peignant le vice.

M. Augier, vivement frappé de l'importance exceptionnelle du rôle que joue l'argent dans la société moderne, a fait une place énorme dans son théâtre à la peinture des ridicules, des désordres, des infamies qui peuvent naître de ce vice profond de notre civilisation. Certes l'amour de l'or est vieux ; il est déjà maudit dans Homère, mais il est vrai que dans aucun siècle la nécessité de « gagner de l'argent » n'a pesé plus lourdement sur les hommes qu'elle ne fait dans la société moderne, si complexe et si exigeante. De là des luttes, des compromis, des bassesses, des travers, des fautes, des crimes, qu'excelle à peindre l'auteur du *Gendre de M. Poirier*, des *Lionnes pauvres*, de *Maître Guérin*. Les drames de l'argent sont ceux qu'il sait le mieux retracer, avec le plus de force et de variété. Cent ans auparavant, Grimm se plaignait déjà qu'il n'y eût plus de comédies de caractères; pouvait-il y en avoir quand une politesse banale avait pris soin, selon lui, d'émousser tous les angles, d'adoucir toutes les aspérités, d'imposer à tous les individus une ennuyeuse uniformité? En effet l'opposition des conditions et des professions n'existait déjà plus guère; elle a disparu aujourd'hui. Mais l'opposition des situations sociales et celle des opinions politiques, religieuses, morales subsiste bien plus violente qu'en aucun temps; et M. Augier a montré quel parti le théâtre pouvait tirer des conflits intimes ou publics qui divisent la société moderne. Peut-être a-t-il parfois fait jouer trop brusquement ces ressorts dangereux, et traité sur la scène des questions politiques avec plus de vigueur que d'adresse (*le Fils de Giboyer*, *Lions et Renards*), ou bien des thèses sociales et presque juridiques avec plus d'âpreté que de profondeur (*Madame Caverlet*). C'est la partie la moins durable de son œuvre; tout ce qui tient du pamphlet, qu'il soit dirigé contre un homme ou contre un article du code, vieillit vite au théâtre, et c'est justice : car la pièce-pamphlet nécessairement tourne au plaidoyer, peint en beau ceux à qui l'auteur veut donner le beau rôle, et noircit leurs adversaires. Le seul Aristophane a su porter à la scène une polémique amère et virulente, et la faire impérissable par l'exquise beauté de la forme.

La langue dramatique de M. Augier est éclatante et solide ; manquant un peu quelquefois de souplesse dans la prose et de poésie dans les vers, mais excellente après tout, pour le théâtre, où le style, nous l'avons dit déjà, n'exige pas, ne veut point peut-être une perfection aussi délicate que celle qui convient au livre. De tous nos contemporains qui ont écrit pour la scène, M. Augier est assurément celui qui par la force et la franchise de la forme et du fond s'est le plus approché des maîtres classiques, et méritera le mieux d'être nommé avec eux, sinon parmi eux.

M. Alexandre Dumas [1] débuta jeune par des romans, dont les meilleurs devaient lui fournir ses premières pièces. De bonne heure il avait renoncé à imiter et prolonger l'œuvre paternelle, soit qu'il eût senti l'imprudence de poursuivre une veine prête à s'épuiser ; soit que son talent le portât vers d'autres moyens scéniques, plus neufs ou plus appropriés à l'esprit nouveau du temps. Tout de suite il se montra, tel qu'il devait rester, avec un talent toujours croissant : observateur exact, peintre hardi des mœurs contemporaines dans ce qu'elles ont de violent et de déréglé. En 1852, il donne au théâtre *la Dame aux Camélias*, tirée de son premier roman. Le succès fut immense ; le fond de la pièce n'était pas bien nouveau ; il était même encore franchement romantique, c'était l'histoire d'une courtisane, réhabilitée moralement par un amour sincère ; en un mot la fable usée de *Marion Delorme* ; mais les procédés dramatiques, le cadre de la pièce, étaient aussi neufs que la donnée était surannée ; jamais le souci de rendre vivement l'aspect et le mouvement de la vie réelle, n'avait encore été

---

1. Alexandre Dumas, fils de l'auteur d'*Antony*, naquit à Paris, le 28 juillet 1824. Son premier roman, *la Dame aux Camélias*, parut en 1848.

poussé si loin au théâtre. Quant à la vérité morale des caractères et des sentiments, elle demeurait beaucoup plus douteuse ; et le même reproche peut s'adresser à plusieurs autres pièces de l'auteur, même parmi les plus applaudies. Il sait donner à ses personnages une allure de vie très intense et un relief de formes très frappant. Il a au plus haut point l'instinct de la scène, le don du mouvement, l'art d'intéresser, de captiver même. Est-ce à dire que son théâtre soit aussi vrai qu'il est vivant? D'où viennent ses personnages? Dans quel monde, en quel pays vivent-ils? Où les peut-on rencontrer, en dehors de la scène? Qui le saurait dire? La plupart appartiennent à une aristocratie singulière, conventionnelle, mitoyenne entre la noblesse et la finance, mais où la noblesse vraie et la finance sérieuse, probablement, ne se reconnaissent guère. Ce sont des abstractions personnifiées et animées ; sans doute l'observation est au fond et à la source de ces créations ; mais c'est une observation déjà éloignée, que la réflexion dissèque, recompose, élabore, non l'observation simple et directe d'un La Bruyère, qui voit, regarde, pénètre, et puis note, recueille et transcrit. Ici la logique intervient, s'approprie l'observation, la dirige même, et parfois lui commande. Dans une œuvre très étendue déjà, et qui s'augmente encore, dans un répertoire très varié, quant au fond et à la donnée (s'il l'est moins par le style et l'accent — l'auteur a dit de lui-même qu'il avait plus d'esprit de suite que d'imagination [1]), M. Dumas a fidèlement conservé ces caractères, qui sont ceux de sa première œuvre.

Il a déjà donné vingt pièces [2] au théâtre depuis *la*

---

1. *Préface de l'Etrangère.*
2. *La Dame aux Camélias*, 1852 ; *Diane de Lys*, 1853 ; *le Demi-Monde*, 1855 ; *la Question d'argent*, 1857 ; *le Fils naturel*, 1858 ; *le Père prodigue*, 1859 ; *l'Ami des Femmes*, 1864 ; *le Supplice d'une femme* (avec Emile de Girardin), 1865 ; *Héloïse Paranquet* (avec M. Durantin), 1866 ; *les Idées de Madame Aubray*, 1867 ; *une Visite*

Dame aux Camélias (1852) : les unes sont de purs drames, les autres sont des comédies; dans la plupart le pathétique et le tragique même se mêlent très habilement au comique; non pas seulement en alternant les actes ou les scènes, mais souvent dans la même scène; l'auteur, sans se mettre en peine de trouver un nom pour ces œuvres mixtes, les appelle simplement : *pièces*. A notre avis, nul n'a su mélanger d'une main plus habile ces deux éléments opposés, que l'on serait parfois tenté de croire inconciliables, après tant d'expériences malheureuses faites sans succès pour les concilier.

Nous avons dit que la plupart des pièces de M. Augier mettent en scène les vices et les ridicules qui naissent, dans notre société, de l'inégalité des fortunes et de la passion des richesses. L'amour de l'or en est le ressort principal. Un autre amour, ou, comme eût dit Bossuet, dans son rude langage, une autre concupiscence, plus furieuse encore et plus déréglée, fournit de matière la plupart des pièces de M. Dumas [1]. Les situations fausses ou cruelles, tragiques ou ridicules qui naissent du désordre des mœurs, adultère, séduction, libertinage, les conséquences douloureuses ou tout au moins honteuses, qu'entraînent les violations faites à la loi morale et sociale, dans la famille et dans la cité, tels sont les graves sujets qu'il a constamment portés sur la scène, et traités avec une hardiesse étonnante, un talent hors de pair et un bonheur qui s'est rarement démenti. Les pièces de M. Alexandre Dumas ont de grandes prétentions morales, que nul n'a le droit de ne pas croire très sincères; dans ses

---

de noces, 1871; *la Princesse Georges*, 1871; *la Femme de Claude*, 1873; *M. Alphonse*, 1873; *l'Étrangère*, 1876; *la Comtesse Romani* (sous un pseudonyme), 1877; *la Princesse de Bagdad*, 1881; *Denise*, 1885; *Francillon*, 1887.

1. Il y a eu quelquefois comme un échange de genre entre les deux auteurs. *La Question d'argent* de M. Dumas ressemble aux pièces de M. Augier; *le Mariage d'Olympe*, *Madame Caverlet* de M. Augier ressemblent aux pièces de M. Dumas.

Préfaces et ailleurs, l'auteur s'est plu à parler du théâtre comme d'un apostolat ; de l'auteur dramatique en disant qu'il a charge d'âmes ; de ses comédies en particulier, en affirmant qu'il avait voulu prêcher la vertu et qu'il ne croyait pas avoir échoué dans cette entreprise. Cependant beaucoup de spectateurs et de lecteurs sont demeurés incrédules, et, tout en admirant chez M. Dumas l'auteur dramatique, ils ont fait meilleur marché du prédicateur et du moraliste. Ne sont-ils pas un peu excusables ? Le monde où M. Dumas introduit le public depuis près de quarante ans, est un monde si étrange ! ou plutôt si corrompu. L'auteur a fait dans ses peintures, une si grande place aux mauvaises mœurs, qui enfin ne sont pas les seules. Toute son apologie, dix fois reprise par lui-même, revient à dire ceci : « Osera-t-on m'accuser d'avoir flatté le vice ? de l'avoir loué, admiré ? de l'avoir seulement absous ? de l'avoir même excusé ? » Non sans doute, nulle part (non pas même dans sa première pièce, la seule dont l'intention puisse paraître douteuse) l'auteur n'a voulu donner raison au vice contre la vertu. Il a glorifié ou acquitté tant de maris vengeurs ; il a tué ou honni tant d'amants ou de séducteurs ! C'est bien, mais est-ce assez pour être *moral* ? Osons l'avouer (contre l'opinion à la mode), il ne suffit pas, pour faire aimer la vertu, de peindre le vice tel qu'il est, sans le flatter ; non, cela ne suffit pas. Croyez-vous donc l'homme si sage, qu'il choisisse toujours le bien, dès qu'il le reconnaît ? Disons plutôt qu'il peut y avoir dans la seule peinture du mal et dans la mise en scène du vice un honteux et troublant attrait qui la rende funeste, au moins aux âmes faibles, c'est-à-dire à presque toutes les âmes ; mais est-elle plus salutaire à ceux qui sont ou se croient forts ? Si elle attire les faibles par le vertige, elle endurcit les autres par le scepticisme, et les enfonce dans la conviction que l'humanité ne vaut pas cher, et qu'on perdrait sa peine à la vouloir améliorer. Ainsi, au spectacle de tant de coquins et de femmes perdues, qui ne sont pas flattés, mais qui sont charmants tout de même, le faible peut dire : « C'est plus fort que moi ; je tâterai du mal, seulement pour en savoir le goût. » L'autre, le fort, le blasé, se dit : « Puisque le monde est si mauvais, c'est duperie que d'être vertueux ; bon pour les gens qui y prennent plaisir. Quant aux autres, que chacun aille où le vent le pousse, où son goût l'entraîne ! » Telles sont les réflexions que produira le plus souvent l'étalage de la corruption au théâtre. Voilà pourquoi en dépit de toutes les préfaces et malgré notre foi complète aux bonnes intentions de l'auteur, nous nous refusons à croire que les pièces de M. Dumas aient jeté le germe d'une seule vertu dans l'âme d'un seul de ses millions de spectateurs. Les bonnes intentions ne font rien ici. Le théâtre ne peut prétendre à l'austérité de la science ; elle seule purifie tout, par son objet qui est sacré. Mais la dissection, qui est un travail respectable et nécessaire dans le laboratoire, serait un scandale sur la place publique.

Au reste, il serait injuste et déplacé de faire tomber sur un seul écrivain, si grand qu'il soit, la responsabilité d'un mal qui est celui de toute son époque, et qu'il a pu contribuer à accroître, mais qu'il n'a pas créé. L'école moderne est sensualiste jusqu'aux moelles ; les personnages qu'elle excelle à peindre (je ne dis pas ses héros, car on ne crée plus de héros) sont tout entiers conduits par leur tempérament physique. Le théâtre classique avait su, lui aussi, exprimer les passions les plus violentes, même les plus déréglées, sans que la suprême grâce du langage dissimulât ou affaiblit l'acuité des sensations ; l'amour de Roxane pour Bajazet, de Phèdre pour Hippolyte, n'a rien, je pense, de fade ni de doucereux. D'où vient que le poète a pu rester chaste en peignant des passions coupables? Est-ce seulement par le prestige des noms antiques, par l'illusion de la distance? C'est surtout par l'adresse exquise d'un art délicat, qui, sans trahir la vérité de l'image, échappait à la grossièreté brutale grâce au charme de la beauté.

La plupart des pièces de M. Dumas sont des thèses, c'est-à-dire que l'auteur les compose pour démontrer et prouver quelque chose; le plus souvent, c'est l'injustice ou l'absurdité de tel préjugé social; ou bien c'est la nécessité d'abolir ou de modifier un article du code, taxé à tort ou à raison de flagrante iniquité. L'auteur excelle à mettre ainsi le drame au service d'une idée; à en faire un plaidoyer en dialogue, toutefois vivant et animé. C'est un art dangereux, et son succès dans ce genre devra rester une exception dans l'histoire du théâtre. En principe il ne doit pas plus y avoir de pièces à thèse, qu'il n'y a de tableaux à thèse: et l'art n'est pas une démonstration. Le véritable drame est tout à fait désintéressé. Il faut plaire, il faut émouvoir, il faut captiver; mais ne rien vouloir prouver. Que prouver d'ailleurs? et comment? C'est à faire à la tribune, à la chaire, à l'école ou au livre. Le théâtre, qui nous présente une situation fictive, choisie, inventée à plaisir, ne peut en dégager qu'une leçon douteuse, partiale et accidentelle. Le spectateur sent très bien que la situation pourrait être entièrement retournée en vue d'une conclusion tout opposée. Les pièces qui peignent les passions fondamentales de l'âme humaine ont toute chance de survivre à celles qui attaquent les accidents éphémères de la législation. Le malheur de la pièce à thèse, c'est d'être exposée à vieillir vite, si l'accident qui y a donné lieu vient à disparaître. On fait une pièce pour plaider en faveur du divorce. Quelques années plus tard, le divorce est rétabli. Du même coup la pièce devient archéologique. Mais si, dix ans plus tard, on s'aperçoit que le divorce rétabli n'a pas beaucoup changé les mœurs ni en bien ni en mal, le plaidoyer reconnu vain perd enfin tout intérêt.

Il y a déjà bien des années qu'on a rapproché pour la première fois M. Sardou de Scribe et, depuis, ce parallèle a été souvent refait : mais les uns trouvaient la comparaison injurieuse pour Scribe ; et d'autres, plus nombreux, s'indignaient du tort fait à M. Sardou. Au fait l'un et l'autre n'ont guère en commun que l'extrême habileté de l'arrangement dramatique ; d'autre part Scribe eut peut-être une fécondité d'imagination plus inépuisable encore et plus variée : mais probablement quelques figures esquissées par M. Sardou dureront encore quand on ne jouera plus rien de Scribe depuis longtemps. Tous deux intéresseront éternellement les historiens des mœurs ; tous deux seront une source à consulter pour l'étude du XIXᵉ siècle, tous deux seront une mine féconde où les auteurs comiques, à court d'idées, de moyens scéniques, de procédés, d'effets et de ressorts, puiseront longtemps sans le dire et peut-être sans le savoir.

Depuis trente ans M. Sardou [1] a donné quarante pièces de tout genre à différents théâtres ; et la variété de son œuvre étonne encore bien plus que sa fécondité. Il a écrit des comédies de mœurs [2], des comédies politiques et sociales [3], des comédies bouffonnes [4] ; plusieurs grands drames historiques [5] ; des pièces de fantaisie pure [6] qui ne rentrent dans aucun genre.

---

1. Né à Paris, le 7 septembre 1831. Sa première pièce tomba en 1854. Il ne reparut au théâtre qu'en 1859.
2. *Nos intimes*, 1861 ; *les Ganaches*, 1862 ; *les Vieux Garçons*, 1865 ; *la Famille Benoîton*, 1865 ; *nos Bons Villageois*, 1866 ; *Maison neuve*, 1867.
3. *Rabagas*, 1872 ; *Daniel Rochat*, 1880.
4. *Divorçons*.
5. *Patrie*, 1869 ; *la Haine*, 1874.
6. *Don Quichotte*.

Ses plus grands, ses plus durables succès sont dans la comédie de mœurs. Il excelle à résumer vivement, dans un tableau animé sans confusion, toute une face mobile et brillante des mœurs, des modes, des travers, des ridicules contemporains. La plupart de ces pièces s'ouvrent par une sorte de tableau vivant et parlant, dont le mérite pittoresque est toujours très vif et très attrayant. D'ordinaire sur ce début, tout comique, tout en saillie et en mouvement, l'auteur se plaît à greffer une action plus particulière et tout à fait pathétique, qui ne se rattache pas toujours très bien au cadre général de la pièce, malgré l'incontestable habileté que possède M. Sardou à lier et à délier les fils de son intrigue. A la fin la situation, qui n'a cessé de s'assombrir pendant le troisième acte et le quatrième, s'éclaircit tout à coup ; drame et comédie viennent se fondre dans un dénouement heureux, très habilement préparé, mis en réserve dès le premier acte.

Les drames historiques de M. Sardou, malgré de belles parties, malgré des intentions généreuses, ne valent pas ses comédies et dureront moins : celles-ci peignent au moins certains détails de notre époque avec beaucoup d'exactitude et une verve très amusante ; ceux-là peignent seulement les aspirations de leur auteur vers un genre qui n'est pas le sien. Malgré une science archéologique très scrupuleuse, la vérité historique fait défaut ; et la vérité humaine n'est pas assez fortement saisie pour compenser le vice d'un anachronisme latent dont le spectateur instruit a conscience. Il faut que le drame historique soit décidément impossible à notre époque pour que M. Sardou, avec tout son beau talent, y ait en somme échoué. Mais tel a été le premier fruit des progrès immenses qu'a faits depuis cinquante ans la critique historique : elle nous a pénétrés d'un sentiment, parfois confus, mais toujours délicat, des différences profondes qui séparent les sociétés et les civilisations ; ce sentiment fait que nous sommes choqués d'entendre des Flamands du xvi⁰ siècle ou des Italiens du xv⁰ parler et penser comme nous sur la scène. D'autre part, si l'auteur s'efforce de les faire parler et penser comme ils pensaient et comme ils parlaient, cette résurrection du passé nous paraît froide, bizarre et même peut nous sembler ridicule. Dans ces conditions le drame historique devient à peu près impossible. Attendons l'homme de génie qui lui rendra la vie et saura par un chef-d'œuvre imposer aux spectateurs ou l'anachronisme ou la vérité.

On a fait grand bruit des emprunts ou, comme on a dit, des plagiats de M. Sardou. Il n'emprunte pas plus que Molière : souhaitons seulement qu'il use aussi bien de ce qu'il emprunte. La matière comique est éternelle et toujours la même ; elle passe de main en main comme une argile commune, dont chacun, tour à tour, tire des effigies différentes. L'important c'est d'ajouter sa marque à sa signature : il faut avouer que M. Sardou n'y manque guère. Il a de grandes qualités de théâtre ; il est presque toujours amusant : ce qui est beaucoup. Il excelle à faire servir le décor et la mise en scène à la conduite de la pièce ; chez lui, tout joue son rôle, jusqu'aux accessoires. Il trouve souvent le bon style comique et toujours le trait : sa langue n'est pas merveilleuse, mais elle est suffisante ; et ses défauts ne sont pas de ceux qui choquent beaucoup au théâtre. Il est inépuisable en sujets, en moyens variés : on veut qu'il ait pris aux autres ; mais, à son tour, il sera pillé. On retournera ses pièces comme un brillant costume ; et on s'en fera encore honneur, en les mettant à l'envers.

Mais le plus grand mérite de l'œuvre de M. Sardou, c'est encore sa facilité : qualité secondaire si l'on veut, mais charmante. Parmi ces athlètes forains qu'on voit sur les places publiques soulever à bras tendu des poids de cent kilos, il en est de deux écoles différentes. Les uns, affectant de ne se donner aucune peine, restent aisés dans leur travail, et semblent vouloir faire dire au public qu'ils en feraient bien d'autres, pourvu qu'on les en défiât. D'autres, au contraire, semblent plier sous l'effort; leurs veines se gonflent, leurs muscles se tendent; leurs os craquent: c'est une autre manière d'étonner le spectateur; on lui donne une effroyable idée du travail accompli. Tel de nos contemporains appartient à la seconde école. Mais M. Sardou est assurément de la première: l'on pourrait, sans faire injure à Regnard, appliquer à M. Sardou le joli rondeau que Palaprat fit en l'honneur de l'auteur du *Légataire* :

> *Il est aisé* de dire avec hauteur,
> Fi d'une pièce en faisant le docteur
> Qui pour arrêt nous donne sa grimace.
> Contre Renard la grenouille coasse.
> En est-il moins au goût du spectateur?
> Je le soutiens, et ne suis point flatteur.
> De notre scène il sait l'art enchanteur,
> Il y fait rire, il badine avec grâce.
>   *Il est aisé.*

Si l'on avait pensé au lendemain du *Misanthrope* à faire entrer Molière à l'Académie française (mais nul n'y songea), le digne Chapelain, consulté, eût répondu sans doute : « Cela ne se peut pas, Molière est comédien. » Si l'on eût insisté, en lui disant : « Il cessera de jouer », Chapelain eût dit encore : « Cela ne se peut pas; il a fait trop de bouffonneries avant *le Misanthrope;* il en fera sans doute encore. » Et si Boileau fût entré à l'Académie du vivant de Molière, peut-être eût-il pensé comme Chapelain. L'Académie française en jugea tout autrement, lorsqu'elle nomma Labiche[1] en 1880, non pas malgré qu'il eût fait *la Cagnotte* et *le Chapeau de paille d'Italie*, mais bel et bien pour ces bouffonneries. Dans ce fol éclat de rire, elle avait senti le véritable génie comique ; elle avait voulu consacrer par une récompense éclatante le mérite d'une œuvre supérieure à son cadre : d'un homme qui dépassait le genre où il s'était réduit par prudence ou par goût. Tant d'autres ne remplissent jamais ni leur genre, ni leur cadre. Ainsi la farce obtint droit de cité dans l'Académie française. Cent cinquante ans plus tôt, Dancourt avait été moins heureux que Labiche. Le plus ancien de nos genres dramatiques, la farce, a été reconnu et légitimé le dernier.

Labiche est en effet l'héritier direct de la farce du moyen âge, de cette comédie courte et preste, aisée, rieuse, que nous définissions ainsi tout à l'heure : « elle saisit et met en scène et en action tous les ridicules et tous les travers de la maison et du carrefour, toutes les petitesses de la vie privée et journalière, tout ce qu'on peut rencontrer de grotesque en courant à travers le monde. Elle n'a pas de hautes idées morales ou philosophiques, politiques ou religieuses ; son seul objet est de faire rire par une représentation frappante du ridicule. La gaieté y déborde, sans arrière-pensée ni sous-entendu ; sans retour amer ou sérieux sur nous-mêmes, sur nos défauts, sur nos vices dont elle s'amuse, sans perdre le temps à s'en plaindre, sans prétendre à nous corriger. » Telle était la farce au XVe siècle ; telle est aussi la comédie de Labiche au XIXe. Elle a deux caractères marqués ou plutôt elle est faite de deux éléments : elle est très

---

1. Eugène Labiche, né à Paris, en 1815 ; mort à Paris, en 1887. Seul ou en collaboration, il a composé plus de cent pièces dont les plus célèbres sont *le Chapeau de paille d'Italie*, 1851 ; *le Voyage de M. Perrichon*, 1860 ; *Célimare le bien-aimé*, 1863 ; *Moi*, 1864 ; *la Cagnotte*, 1864, etc. Il fut élu à l'Académie française, le 26 février 1880.

gaie, elle est très vraie. Mais entendons-nous sur cette gaieté, sur cette vérité. La vérité y est relative, incomplète, comme celle d'une caricature, quand cette caricature est bien faite ; le trait ridicule est grossi, jusqu'à presque effacer les autres. De même ici l'homme est vu, il est dépeint uniquement par son côté grotesque ; or jamais le ridicule n'est tout l'homme. Ni ange, ni bête, dit Pascal, c'est-à-dire l'un et l'autre, à la fois. L'ange, le héros, le monstre, la tragédie nous les fait voir ; la bête, la bête difforme et laide, mais risible et non effrayante, elle était déjà dans Molière ; elle est ici, plus crûment, dans Labiche. Nul rayon d'idéal n'en vient dorer la face burlesque ; il y a des contes de fées où un ours épais se métamorphose en Prince Charmant ; mais ici, le ridicule est incurable : et la bêtise aussi. Par là cette comédie follement gaie paraît triste à quelques-uns ; car tout le monde n'a pas le goût et le sentiment du comique, surtout de ce comique à outrance, qui fait, au fond, l'humanité si mesquine et si vilaine, et ne nous laisse aucun espoir qu'elle change jamais. Il n'est pas une de ces pièces bouffonnes dont on ne puisse tirer un drame, sans en modifier beaucoup la donnée. Ce Perrichon qui arrive à haïr les gens qui l'ont obligé ; ce bourgeois orgueilleux à qui les bienfaits sont une injure, et la reconnaissance un supplice, qu'est-il, au fond, qu'un type affreux d'ingratitude ? La peinture d'un tel vice est-elle plaisante en elle-même ? Qu'on ne croie pas qu'il soit aisé de tourner au ridicule un si vaste tableau de l'humanité ! C'est l'œuvre d'un génie très particulier, très rare ; et les grands rieurs ne sont pas plus communs que les « pathétiques », ceux qui ont le don de faire couler les larmes. Quant à préférer les uns ou les autres, c'est à faire au goût de chacun et à sa façon d'entendre la vie. Il y a des gens qui ne sont ni tristes, ni même graves, et qui n'aiment pas à rire.

Ceux-là ne priseront jamais beaucoup une œuvre comme celle de Labiche, immense risée en deux ou trois cents actes. D'autres, qui ne sont pas toujours plus gais pour cela, aiment le rire, peut-être parce qu'il les arrache à un fond de pensées tristes, et qu'ils ont hâte, comme Figaro, de rire, pour ne pas pleurer. Ceux-là diront avec Nisard, le plus grave et le plus altier des critiques [1] : « Heureux le génie à qui il a été donné d'exciter le gros rire! Heureux le spectateur qui se dilate au théâtre! Le rire délicat, le rire de l'esprit que provoque le ridicule finement exprimé, laisse une arrière-pensée triste, et comme un arrière-goût d'amertume. Le gros rire, que ne suit aucune réflexion, réjouit le cœur et fait circuler le sang. »

Quelques délicats ont blâmé les libertés dont la comédie de Labiche a usé ou abusé, moins dans le choix des mots que dans celui des données et des situations. Sur ce point, Labiche, comme Dancourt jadis, peut certainement donner prise à de justes scrupules. Sans absoudre l'un ni l'autre de tout reproche, sans prétendre, comme ont fait quelques-uns, que la farce est une chose profondément édifiante, on peut du moins alléguer que la peinture bouffonne du désordre moral est généralement moins périlleuse qu'une peinture plus grave, qui flatte le cœur, tout en le remuant.

Le théâtre le plus singulier de notre époque, le plus particulier, le plus propre aux jours qui l'ont vu fleurir et en même temps le plus complexe, et même le plus composite [2], c'est bien assurément celui dont MM. Meilhac et Halévy ont semé, sous différents titres,

---

1. *Histoire de la littérature française*, II, 85.
2. Telle pièce comme *la Petite Mère* est un mélange singulier de bouffonnerie et de sensiblerie. Telle autre (*Froufrou*), commence presque en farce, et se termine par la mort de l'héroïne qui expire sur la scène.

les actes décousus, mais amusants, colorés et chatoyants. Laissons de côté l'*opérette*, simple forme de l'ébriété, contenue et rythmée par la musique. Leurs comédies sont une lanterne magique où défile tout ce qu'il y a d'éphémère et d'artificiel, de brillant et de bruyant, d'un peu fou (pour tout dire) dans la société moderne, et surtout parisienne. Au rebours des comédies de Labiche, toujours composées, celles-ci ne sont pas faites du tout, ni ne semblent chercher à l'être : l'intrigue est comme supprimée ; l'action est à peu près nulle ; elle tient à un fil. Même y a-t-il un fil entre ces scènes juxtaposées qui se succèdent à peu près au hasard, comme les verres enluminés d'un kaléidoscope ? L'unité de la pièce est dans l'esprit qui n'y tarit pas, et aussi dans un accent de vérité à fleur de peau, que la postérité ne saisira peut-être pas aussi bien que les contemporains ont pu faire. Elle consiste en effet plutôt dans la façon vive de rendre l'aspect extérieur du ridicule, que dans une analyse profonde des sentiments qui le produisent. Or ce qui change sans cesse dans le ridicule, c'est son allure, son habit, ses mots favoris, ses tics ; ce qui persiste c'est son fond, sa façon de sentir et de penser ; en un mot, son corps se transforme, et son âme est toujours la même. Voilà pourquoi les comiques qui ont saisi l'âme vivace du ridicule à travers les formes changeantes de son corps, dureront plus longtemps que ceux qui n'ont guère fait qu'illuminer vivement les surfaces.

Tels sont les auteurs qui, dans cette seconde moitié du siècle qui s'achève, ont déployé dans l'œuvre dramatique, un talent plus éclatant, une grande originalité. D'autres, bien plus nombreux, ont obtenu des succès non moins bruyants au théâtre, et ont mérité leur renommée par des qualités estimables ; ceux-ci par une gaieté spirituelle ; ceux-là par une rare entente de la scène ; d'autres par des inventions touchantes ou plaisantes. Mais l'œuvre de ces aimables esprits, quoique souvent fort étendue, ou bien n'a pas reçu ce sceau de l'originalité personnelle qui distingue nettement une pièce de M. Augier, de M. Dumas, même de MM. Sardou, Meilhac, Halévy, ou bien manque de style et de mérite littéraire ; et, quoique bonne au théâtre, n'existe pas hors des planches et se refuse à la lecture.

Toutefois, si nous n'étions résigné d'avance à demeurer fort incomplet, combien de noms célèbres, combien d'œuvres charmantes n'aurions-nous pu nommer, à côté ou un peu au-dessous de celles que nous venons de citer ? Qu'il nous suffise de rappeler que l'Académie française renferme aujourd'hui onze auteurs dramatiques vivants, qui sont, par ordre d'âge : MM. Legouvé, Camille Doucet, Octave Feuillet, Emile Augier, Alexandre Dumas, Victorien Sardou, Meilhac, Halévy, Pailleron, Claretie et Coppée ; qu'elle a perdu depuis peu d'années Jules Sandeau, Victor Hugo et Labiche ; que Théodore Barrière, Louis Bouilhet, Gondinet, Mallefille, et tant d'autres qui ont obtenu de brillants succès de théâtre, n'ont pas appartenu à l'Académie. Enfin, grâce à l'usage fâcheux, mais établi, de transporter à la scène les romans bien accueillis du public, la plupart de nos romanciers sont devenus de nos jours, avec ou sans collaborateurs, des auteurs dramatiques. Mais il est rare qu'un bon roman soit devenu un beau drame. C'est ainsi que George Sand a porté au théâtre avec toutes ses qualités tous ses défauts ; mais ses qualités y sont moins sensibles ; son beau dialogue, trop largement développé, y manque tout à fait de mouvement ; et ses défauts y sont plus saillants. Un roman de grand style cache plus aisément, sous le prestige de la forme, la faiblesse du plan, l'invraisemblance des caractères et la monotonie des situations.

Chaque année voit paraître un nombre infini de pièces nouvelles de tout genre, et surgir une foule de jeunes auteurs qui cherchent à se faire une place à côté des anciens obstinés à garder leur rang. Qu'on ne croie pas que cette multitude de pièces soient dénuées de valeur ou de prétentions littéraires ; écrites seulement en vue d'un succès tout éphémère, pour amuser pendant quelques jours et disparaître ensuite. Beaucoup d'auteurs même parmi les plus nouveaux, les plus obscurs, apportent à la scène des préoccupations d'art très sensibles ; et plusieurs justifient par le mérite de leurs ouvrages l'estime qu'ils ont pour leur métier. A aucune époque, on n'a vu un si grand nombre d'hommes de talent travailler pour le théâtre ; et nous n'excepterons pas l'âge classique de notre tragédie et de notre comédie. A côté de Corneille il n'y avait que Rotrou ; à côté de Molière, il n'y avait que Hauteroche ou Montfleury ; à côté de Racine, il n'y avait personne. Au XVII° siècle, il n'y eut presque pas de degré du parfait au médiocre, dans la littérature dramatique, et l'on sait que Boileau affirme qu'il n'en est pas non plus, dans aucun genre, du médiocre au pire.

Qu'on laisse donc à notre temps l'honneur de cette supériorité dans la valeur moyenne des œuvres dramatiques. Est-ce à dire que le XIX° siècle ait donné beaucoup de chefs-d'œuvre à la scène ! j'entends par là beaucoup de ces pièces qui ne doivent rien de leur succès aux circonstances ; et qui, après deux cents ans, sont aussi admirées qu'au premier jour, et parfois le sont davantage. A dire vrai, je ne le crois pas. Notre répertoire moderne est riche en ouvrages brillants ; mais nos descendants trouveront sans doute qu'il offre peu d'œuvres parfaites. Il s'est fait dans les genres les plus divers une dépense énorme de talent; mais le résultat définitif est resté un peu au-dessous des promesses, un peu au-dessous des espérances. L'entière liberté accordée aux auteurs, affranchis définitivement de toutes les traditions, de toutes les règles, n'a pas produit tous les fruits qu'on en attendait. Il est possible que l'esclavage contraigne le génie; mais il est encore plus certain que l'affranchissement ne tient pas lieu du génie.

Si la perfection est rare dans le théâtre contemporain, nous pouvons espérer du moins que l'avenir en admirera la variété. Nous avons vu fleurir et briller tous les genres dramatiques, depuis la comédie la plus franchement bouffonne jusqu'au drame le plus sombre; sans parler de l'inepte féerie et des pièces de pure « exhibition » faites pour étaler aux yeux des troupes de ballerines, ou des cortèges d'animaux. Oublions toutes ces œuvres décoratives qui ennuyaient déjà Horace, il y a deux mille ans, comme elles nous ennuient aujourd'hui. Dans le reste du théâtre, la variété des genres est telle, et leur libre mélange fait naître encore tous les jours tant de formes nouvelles, que l'aspect de notre répertoire contemporain jette d'abord l'esprit dans une sorte de confusion; l'on a peine à démêler le trait commun qui caractérise tant d'efforts divergents et tant d'œuvres disparates. Si ce trait commun se rencontre quelque part, c'est sans doute dans cet effort, sensible chez tous, vers une plus grande vérité dans la reproduction de la nature. L'excès de cette tendance légitime a produit le *naturalisme* [1], qui n'est pas si nouveau qu'il se croit ou se prétend; on trouve la chose à toute époque, et le mot même au XVIIᵉ siècle, déjà très nettement défini :

---

1. Cité par David-Sauvageot, *le Réalisme et le Naturalisme*, Paris, 1889, p. 7. Cette définition se produisit dans les conférences de l'Académie de peinture, vers le milieu du XVIIᵉ siècle.

« l'imitation exacte du naturel en toutes choses. »
Le goût du fait cru et brutal n'est pas né d'hier
comme on se l'imagine; et, de tout temps, il s'est
trouvé des esprits raffinés qui en ont vanté la saveur.
La popularité des *Causes célèbres* en est un signe,
qui date de loin. Mme du Deffand écrivait déjà, en
plein xviiie siècle : « Je ne puis lire que des faits
écrits par ceux à qui ils sont arrivés, ou qui en ont
été témoins; je veux encore qu'ils soient racontés
sans phrases, sans recherches, sans réflexions; que
l'auteur ne soit point occupé de bien dire. » Mme du
Deffand aurait dû prolonger sa longue vie d'un siècle
encore; elle serait servie à souhait aujourd'hui.

Vieille ou neuve, il n'importe pas, la théorie de la
vérité absolue dans l'art est fausse, en tant que ce
mot de vérité signifie la reproduction stricte du réel.
Elle est surtout fausse au théâtre, où l'art est absolument obligé de simplifier beaucoup les conditions
de la vie, en essayant de la dépeindre. Toute action
humaine a ses racines lointaines et ses conséquences
éloignées. Il n'en est pas une, fût-elle la plus simple
en apparence, où n'aient contribué des centaines de
personnages et des milliers de causes secondaires,
sans parler même de ces causes latentes, dont la philosophie et la physiologie font aujourd'hui grand
bruit. Combien d'ancêtres ont contribué à former un
seul homme, le premier venu, le plus insignifiant des
humains! Admettons qu'on exagère l'importance de
ces faits d'atavisme (et je crois qu'on l'exagère en
effet), il demeure vrai que toute action réelle est infiniment plus complexe dans ses éléments que ne peut
être l'action théâtrale qui prétend la reproduire.
Shakespeare avec cinquante personnages n'est guère
moins au-dessous de la complication vraie des événements que Racine avec cinq ou six. Tous les deux
sont contraints d'abstraire et de simplifier : l'un, un

peu plus ; l'autre, un peu moins ; la différence de degré dans la convention n'est pas grande, au prix de la réalité.

Mais non seulement la vie réelle est très compliquée, beaucoup plus que le théâtre ne peut être ; elle est en outre absolument incohérente. Rien dans la vie n'est arrêté dans ses limites ; rien n'a jamais ni commencement précis, ni suite logique, ni dénouement définitif. Veut-on introduire cette incohérence au théâtre? Quelques-uns y tâchent déjà. Ils disent qu'en choisissant dans le vrai, on le fausse ; et qu'en composant, on travestit. Donc il ne faut ni composer, ni choisir. Si l'œuvre est décousue, si elle ne commence pas, si elle semble inachevée, elle n'en est que mieux conforme à la vie, et par conséquent à la vérité.

Ces théories, déjà pleinement acclimatées dans le roman, ont quelque peine à s'établir au théâtre où le besoin d'une certaine unité restera toujours impérieux chez le public, en dépit de tous les systèmes que caresseront les auteurs. Le roman, qui se lit, est jugé surtout sur les détails ; la pièce, qu'on voit, sur une impression d'ensemble ; et celle-ci se dérobe, si la pièce n'est pas composée.

Nous verrons donc encore longtemps au théâtre des pièces à peu près « faites » ; ayant un commencement, un milieu et une fin : une exposition, un nœud et un dénouement ; comme *le Cid* ou comme *Athalie* ; le public, jusqu'ici, se refuse obstinément à comprendre et à goûter les drames ou les comédies incohérentes. Mais ce n'est pas à dire que la doctrine régnante de la « vérité pure », de la vérité crue, de la vérité à outrance, ne menace le théâtre d'un très grave péril.

Qui nous dira pourquoi le goût exagéré de l'exactitude aboutit au goût dépravé du laid ; le goût du laid à la recherche nauséabonde des turpitudes morales et matérielles? Sans doute la dépravation existe, et, comme tout ce qui est dans la vie, elle appartient à l'art. Boileau, chez qui on trouve tout ce qu'on veut, même le naturalisme, a bien dit dans l'*Art poétique* :

> Il n'est point de serpent ni de monstre odieux
> Qui par l'art imité ne puisse plaire aux yeux.

Ajoutons qu'il est vrai aussi que la peinture d'une vie bien réglée, d'une âme en équilibre, si elle occupait seule la scène, y offrirait peu d'intérêt. Le théâtre appelle à soi, nécessairement, tout ce qui sort de la mesure, crimes, passions, vices, ridicules. Mais le théâtre n'a-t-il pas abusé, de nos jours, de ce droit qu'il eut en tout temps, et dès le vieil Eschyle, d'étaler sous nos yeux les misères de la vie? En faisant son objet exclusif d'une humanité dévoyée, n'est-il pas sorti du *vrai*, dont il se prétend l'interprète jaloux? Certes le mal moral est grand; mais n'est-il pas d'autant plus frappant qu'il contraste avec le bien qui existe aussi? Voit-on assez le bien sur notre scène? La complaisance du théâtre contemporain à creuser surtout le vice, est fâcheuse et injustifiable. On aura beau alléguer les droits de l'art, et dire que l'analyse doit être « impitoyable » sous peine de cesser d'être vraie; ce sont là de grands mots qui n'éblouissent que les simples. Il y a une limite, qu'on ne saurait franchir : au théâtre, on ne pourra jamais tout dire, jamais tout peindre; une foule assemblée garde toujours une certaine pudeur, qu'elle ne laissera pas insulter. Il y a des recoins dans le mal qu'aucun drame n'osera fouiller; il y a des laideurs humaines qu'il faudra toujours voiler. Si loin qu'on aille, on n'ira pas jusqu'au bout. Le naturalisme peut promettre et jurer qu'il transportera sur la scène la réalité toute crue; nous le défions d'y réussir : elle est inconciliable avec l'art, qui veut des œuvres composées, faites d'abstractions, de choix, de limites; elle est inconciliable avec certaines répugnances des spectateurs, qui se laissent bien entraîner plus ou moins loin, selon les temps, et selon la mode, mais qui, à un moment donné, finiront toujours par se révolter.

Il y a un autre mal profond, mal non seulement moral, mais littéraire, au fond de tout le théâtre contemporain. La Bruyère, en pensant au *Cid*, disait qu'une œuvre est bonne, quand elle inspire des sentiments nobles; et qu'il n'y a pas à chercher une autre règle pour juger des ouvrages. D'où vient que si rarement le théâtre d'hier ou d'aujourd'hui inspire des sentiments nobles? Pourquoi les coquins qui y foisonnent, et qui n'y sont pas flattés, ne font-ils pas sérieusement horreur? Pourquoi ce qu'il nous montre encore d'honnêtes gens, respirent-ils une vertu si peu contagieuse? La cause en est tout entière dans la philosophie qui est au fond de notre théâtre, et s'appelle, de son nom, le pur déterminisme. La grande antinomie de principes qui sépare la tradition classique du théâtre contemporain, est là: car tout le reste est question de forme et de cadre; et tous les cadres sont bons, si l'œuvre est bonne; toutes les formes valent autant que vaut le génie qui les emploie.

Mais le théâtre classique mettait en scène des hommes libres et responsables, dans leur héroïsme, ou dans leurs vices: le théâtre contemporain, sans le dire expressément, ne nous présente plus que des hommes asservis à des circonstances qu'ils n'ont point faites; et, par conséquent, irresponsables du bien comme du mal qu'ils font.

Tous les personnages mis en scène, bons ou mauvais, semblent conduits par leurs seuls instincts; tranchons le mot, par leur tempérament. Leurs vices et leurs vertus sont le produit fatal des éléments qui composent leur personnalité. Les mauvais obéissent à une force corrompue contre laquelle ils n'essayent jamais de combattre. Les bons mêmes semblent bons, comme les brebis, parce que telle est leur nature. Nulle part la volonté n'a un rôle; nulle part on ne voit la lutte, cette lutte d'un homme contre lui-même, de la raison contre la passion, qui fit la grandeur et la beauté du théâtre classique. Tous sont fatalement poussés, quelques-uns au bien, la plupart au mal. En dépit de l'habileté suprême où les maîtres sont parvenus dans la façon de concevoir et de représenter le personnage humain, cette philosophie prise en elle-même nous paraît antidramatique. Elle laisse subsister la lutte des passions rivales qui mettent aux prises deux personnages opposés; mais elle supprime, ou peu s'en faut, le conflit intérieur d'une âme, divisée contre elle-même, et déchirée ainsi entre deux sentiments ennemis. Ce combat, profondément dramatique, ou n'est même plus livré, ou cesse d'être intéressant, quand la défaite est prévue d'avance, quand la volonté est captive, la conscience obscurcie, la responsabilité supprimée.

De toutes les réflexions que suggère l'étude du théâtre contemporain, celle-là est la plus grave. Au triomphe du naturalisme, semble attaché celui du déterminisme; et, sans nous demander ce que le déterminisme vainqueur ferait de la société, contentons-nous de montrer ici que, s'il s'emparait du théâtre, il détruirait le théâtre en supprimant l'élément le plus essentiel de l'intérêt dramatique. On peut s'intéresser, même à des marionnettes, pourvu qu'on s'imagine qu'elles représentent des hommes; on ne s'intéressera plus même aux hommes, du jour où l'on croira qu'ils sont au fond des marionnettes.

FIN

TABLE DES MATIÈRES

Préface... v
CHAPITRE I. — Les mystères...................... 1
— II. — Moralités, farces et sotties.......... 36
— III. — La tragédie et la comédie au xvi° siècle (1552-1600)........................ 71
— IV. — Le théâtre au xvii° siècle avant Corneille (1604-1630).................... 92
— V. — Corneille et ses contemporains...... 112
— VI. — Racine et ses contemporains....... 148
— VII. — Molière et ses contemporains...... 186
— VIII. — La tragédie au xviii° siècle......... 220
— IX. — La comédie durant la première moitié du xviii° siècle.................. 247
— X. — Tentatives de renouvellement dramatique au xviii° siècle............ 294
— XI. — Le théâtre au temps de la Révolution et sous l'Empire................ 333
— XII. — Le théâtre de 1815 à 1848. L'école romantique...................... 365
— XIII. — Le théâtre contemporain........... 399

A la même Librairie

Théâtre choisi de Racine. Nouvelle édition annotée par M. Petit de Julleville, agrégé de l'Université, professeur à la Faculté des lettres de Paris. 1 volume in-18 jésus, broché.   3 »

Théâtre choisi de Molière. Nouvelle édition annotée par M. Maurice Albert, agrégé de l'Université, professeur de rhétorique au collège Rollin. 1 volume in-18 jésus, broché, de 600 pages.   4 »

Œuvres poétiques de Boileau. Nouvelle édition annotée par M. A. Gazier, docteur ès lettres, maître de conférences à la Faculté des lettres de Paris. 1 vol. in-18 jésus, broché, 2 fr.; cart.   2 50

Les aventures de Télémaque, par Fénelon, nouvelle édition ornée de vignettes accompagnée d'extraits d'auteurs anciens se rapportant au texte avec notes, par M. R. Pessonneaux, agrégé de l'Université, professeur au lycée Henri IV, 1 vol. in-18 jésus, cartonné, 2 fr. 25, relié toile.   2 50

Cours de lecture expliquée, textes choisis des auteurs français du XVIᵉ au XIXᵉ siècle expliqués et annotés par M. Léon Robert, agrégé de l'Université, inspecteur de l'Académie de Paris. 1 vol. in-18 jésus, broché.   3 »

Rabelais, sa personne, son génie, son œuvre, par P. Stapfer, professeur à la Faculté des lettres de Bordeaux. 1 vol. in-18 jésus, broché.   4 »

Racine et Victor Hugo, par Paul Stapfer, professeur à la Faculté des lettres de Bordeaux. 1 volume in-18 jésus, broché.   3 50

www.ingramcontent.com/pod-product-compliance
Lightning Source LLC
Chambersburg PA
CBHW071102230426
43666CB00009B/1790